# 성城과 왕국

## 북한산성이 전하는
## 스물여섯 가지 한국사 이야기

조윤민 지음

우리 역사 이천 년의 창窓
- 한 성城으로 보는 왕국의 영욕과 성쇠

북한산성이 전하는 스물여섯 가지 한국사 이야기

## 일러두기

- 이 책은 기존 연구자료를 바탕으로 집필했다. 참고자료와 주(註)에 선행 연구자료를 밝혔다.

- 각주(脚註)는 별표(*)로, 후주(後註)는 숫자로 표시했다. 후주에는 대체로, 참고하거나 내용 정리에 도움을 받은 자료를 밝혔다. 특정 인용문구는 출처를 따로 표시하지 않고 후주로 갈음했다.

- 『삼국사기(三國史記)』, 『조선왕조실록(朝鮮王朝實錄)』, 개인 문집 등의 원전자료 출처는 인용 시에 표기하고 각 장의 참고자료에는 따로 표기하지 않았다.

- 원전자료 인용에 표기된 날짜는 음력을 따랐다. 양력으로 표기한 경우 '양력'이라 따로 표시했다.

- 북한산(北漢山)은 시대에 따라 다른 이름으로 불렸는데, 명칭 혼란을 피하고 책의 내용 이해를 위해 가능하면 '북한산'으로 표기했다. 단, 그 명칭이 시대상과 밀접하게 관련되거나 문맥이나 의미 해석과 연관될 때에는 당대에 주로 사용한 이름으로 표기하고 '북한산'을 병기했다. 대체로 삼국시대에는 북한산을 부아악(負兒嶽)이라 했으며, 고려시대와 조선시대에는 삼각산(三角山)이라 일컬었다.

# 오랫동안 사람들은
# 그 성(城)에 대해
# 이야기했다

**1.**　　　아주 오래 전, 그곳 사람들은 그 산을 부아악(負兒嶽)이라 불렀다고 한다. 그리고 그곳에서 가장 높고 험한 그 산의 암벽 산봉우리 아래에 산성(山城)을 쌓아 도성(都城)의 요새로 삼았다고 한다.

그곳 영토 전쟁의 한복판에서 수백 년 동안 뺏고 빼앗기는 처절한 전투가 벌어졌다. 북벌을 단행한 왕의 군사들이 그 성에 진을 쳤고, 이어 남진(南進)의 야망 아래 다른 왕의 군사들이 그 성을 차지했다. 뒷날, 또 다른 나라의 왕이 전투에서 승리해 성이 있는 산 정상에 올라 그 성과 산, 강이 이제 자기 나라 땅임을 온 세상에 알렸다. 그래도 전쟁은 계속됐고 그 성을 사이에 두고 죽고 죽이는 비명과 함성이 그치지 않았다.

**2.**　　　한때 그 성은 다른 세상을 꿈꾼 반란군의 거점이었으며, 또 한때 그 성의 숲은 권력 투쟁에서 밀려난 왕자가 승려 생활을 했던 곳이라 한다.

뒷날 이 승려가 왕이 되고, 그 성에는 불심(佛心)의 숲 무성했다. 성 안팎으로 사찰이 들어서고 석굴에 불상이 모셔지고 암벽에는 자비의 부처 어느새 자리했다. 사람들은 성이 있는 그 산을 이제 삼각산(三角山)이라 불렀고, 그 산에는 왕가(王家)와 귀족의 발길 끊이지 않았다. 그들은 그곳에서 나라의 융성과 가문의 부귀, 천하의 태평성대를 기원했고 백성들은 안위의 날과 풍요의 집을 꿈꾸며 겸허히 절을 올렸다.

**3.**　　　　　　　　　그 성은 새로운 나라를 연 장군과 학자를 품은 곳이라 했다.

한 장군이 그 성의 숲에서 자신의 나라를 일으키려는 염원을 담아 백일 동안 기도를 올렸으며, 그 장군과 함께 새 세상을 펼치려 했던 학자가 유배의 세월 동안 그 숲에서 글을 읽고 미래를 그렸다. 지금의 나라를 지키려는 장군도 있어, 이 장군은 그 성에 더 튼튼한 성벽을 쌓고 군사들을 훈련시켜 외적과의 항쟁을 준비했다. 그러나 이 장군의 바람은 이뤄지지 않았고, 한때 이 장군과 새 나라를 세우려는 장군이 그 성에서 일대 격전을 벌였다는 소문만 오래도록 떠돌았다.

마침내, 그 성이 있는 산을 남쪽에서 바라보고자 했던 이들에 의해 새 나라가 세워졌다. 그 성의 숲엔 불심의 기운이 예전만 못했지만 그 후로도 오랫동안 사람들은 그 성을 잊지 않았다. 그 성의 사찰엔 무병장수를 비는 왕실 여인들의 발길이 이어졌고, 그 성의 산엔 비가 내리기를 기원하고 유행병을 막아달라는 나라의 제단이 차려졌다.

먼 옛날부터 그랬던 것처럼, 영험하다는 그 산의 바위와 나무엔 여전히 백성들의 소원이 차곡차곡 쌓여갔다. 그 성의 숲은 가난한 자들의 거처이기도 했다. 신분의 굴레에서 벗어나려는 천민과 죄지은 하층민의 도피처였으며 오갈 데 없는 유랑민들이 움막을 짓고 살았다.

**4.**　　　　　　오랫동안 사람들은 그 성(城)을 찾아 헤맸다고 한다. 그 성의 흔적을 찾아 지난 시대를 돌아보고 오늘을 헤아렸다 한다.

　사람들은 전쟁에 대비해 그 성의 터에 새 성을 쌓자고 했다. 왕과 신하들은 긴 시간 의견을 나누었고, 마침내 그 옛 성터에 새로운 성이 들어섰다. 사람들은 이제 그 성이 있는 숲을 북한산(北漢山)이라 불렀다. 긴 성곽이 산줄기와 계곡을 품고 성랑(城廊)과 장대(將臺)가 세워지고 군인들이 진(陣)을 쳤다. 사찰이 새로 들어서 구도(求道)의 뜻 높아지고 승병(僧兵)들이 성곽을 지켰다. 행궁(行宮)이 지어지고 왕과 왕자가 그 성에 올라 강한 나라를 꿈꾸었다. 성내(城內)에는 작은 마을이 생겨 가난한 이들과 오갈 데 없는 자들이 삶을 꾸렸다.

　그 성의 숲은 유생(儒生)들의 독서 공간이자 선비들의 풍류 공간이기도 했다. 이들은 유유자적 산길을 오르며 자연의 그러함과 삶의 충일을 마음껏 노래했다. 시인들은 그 성을 찾아 숲의 흥취에 젖었고 때로는 비감(悲感)을 투영했다. 그 성과 그 숲에서 세상의 본연과 삶의 이치를 구하려 했다.


**5.**　　　　　　그렇게 수백 년이 흐른 어느 날, 그 성은 홀로 버려졌다고 한다.

　군인도 승려도 마을 사람들도 모두 그 성을 떠났다. 강한 나라를 일으키고자 했던 왕과 왕자의 꿈도 스러졌다. 그 성이 호위하던 궁궐에 다른 나라의 깃발이 흔들리고, 그 숲에 새 성을 쌓자고 했던 이들의 후예는 다른 나라가 쌓아준 또 다른 성으로 들어가 안전을 구하고 부귀를 취했다.

　그들은 미처 몰랐다. 자신들의 생명과 재산을 당당하게 지키려면 숲만이 아니라 백성들의 저잣거리에 돌의 성이 아닌 다른 견고한 성을 쌓아야 했던 사실을. 하지만 그 성의 주인들은 무능했고, 또 다른 주인들은 탐욕스러웠다. 그들을 믿고 따랐던 많은 사람들은 그 성의 시대보다 더 암담한 시기를 견뎌야 했고, 그래도 그 성과 숲을 잊지 못해 피폐의 그늘에서도 가끔씩 그 성과 숲을 바라보며 맑고 기운찬 세상을 꿈꾸었다.

**6.** 그렇게 수십 년이 흐르고, 다시 그 성과 숲에 사람들의 발길이 이어진다 한다.

붉고 푸른 인파가 그 성과 숲을 앞다투어 찾았다. 산에 구획을 지어 숲을 보존하고 낡은 성곽에 새 성첩(城堞)을 올리고 성문도 단장했다. 산허리를 두르는 길을 곳곳에 텄다.

때로는 그 숲의 산길에 담소(談笑)의 목소리 가득하고, 때로는 그 숲의 성곽 아래 깊은 독경 소리 흐른다. 누군가는 그 숲의 큰 바위에 꿈을 싣고, 누군가는 그 숲의 계곡에서 옛 선비의 풍류를 그리워한다. 누군가는 성곽의 흔적을 찾아 창을 든 옛 병사의 고된 어깨를 떠올리고, 누군가는 성의 장대(將臺)에 서서 옛 장군의 호령소리를 듣는다. 또 누군가는 그 성의 바위 봉우리에 올라 한강, 그 큰 강을 보며 마르지 않을 자신의 강줄기를 가슴에 품는다.

**7.** 새로운 나라를 연 약속과 희망의 산, 전쟁터이자 항쟁의 성, 믿음과 구도의 숲, 삶의 언덕이자 풍류의 계곡 ……. 이 책은 크고 깊었던 그 성과 숲, 맑고 높았던 그 성과 산, 원대하고 웅혼하며 그러면서도 멋스럽고 질박했던 그곳 사람들에 대한 이야기이다.

**8.** 모자라는 능력과 보잘것없는 글솜씨로 어디 그 이야기를 제대로 담을 수 있을는지. 숨길 수 없는 부끄러움에도, 그동안 북한산성과 한국의 성곽을 알리고 이와 관련된 정치·군사·사회·문화를 탐구해온 전문가들에게는 감사를 드려야겠다. 이 책은 이들의 연구업적을 토대로 가능했으니, 분명 이 책의 절반은 이들 연구자의 몫이다.

2013년 9월
조 윤 민

차례

北漢圖三

# 1

# 북한산성,
# 나라와 운명을
# 같이 하다

- 북한산 1891년
  영국의 젊은 탐험가, 북한산성에 오르다

- 북한산 1902년
  일본 고건축학자, 북한산성과 행궁을 조사하다

- 북한산성 최후의 날

## 북한산 1891년
## 영국의 젊은 탐험가, 북한산성에 오르다

푸른 빛살이 연회색 바위 봉우리로 흘러내린다. 순간, 하늘과 구름이 만나 이루는 선이 흐려지고 거대한 바위 봉우리가 구름을 뚫고 하늘에 몸을 섞는다. 숲을 디딘 바위 봉우리가 깊고 투명한 하늘을 안고 암벽의 성(城)을 쌓아올린다.

하나의 거대한 반구형의 바위 봉우리, 랜도어(Arnold H. Savage-Landor, 1865~1924)는 그게 돔(dome) 같다고 여긴다.* 어린 시절을 보낸 이탈리아의 피렌체에선 돔 양식의 건축물을 자주 볼 수 있었다. 벌써 그리워지는 걸까. 삼각산, 혹은 북한산이라 부르는 이곳 조선의 산을 오르며 랜도어는 오랜만에 유년 시절의 산과 집을 떠올린다. 낮고 완만한 산자락과 길게 뻗은 구릉, 강렬해 보이지만 틀에 맞춘 듯한 거리의 집들. 자라면서, 고풍스럽지만 단조로운 그 도시에서 얼마나 벗어나고 싶어 했는가.

영국인이지만 이탈리아에서 자랐고, 또 프랑스에서 젊은 날을 보낸 랜도어는 마침내 더 먼 곳의 낯선 땅을 찾아보기로 했다. 그렇게 아시아의 동쪽에 이르렀고, 1891년엔 조선의 수도 외곽에 위치한 미지의 산을 밟고 있었다.

랜도어는 1890년 12월 하순에 일본을 거쳐 조선의 인천항에 도착했다. 이후 한양에 머물며 조선 사람들을 만나고 조선의 풍습을 체험한다. 화가이기도 한 랜도어는 고종의 어진(御眞: 임금의 초상화)을 그리기도 했지만 정치나 외교보다는 조선의 문화와 일상생활, 지리에 더 많은 관심을 가졌다. 한양과 주변 지역을 여행하며 글과 그림을 남겼는데, 북한산도 그 한 여정이었다.

이곳의 산은 자태도, 향기도, 색도 고향의 산과는 무척 다르다. 초록, 연갈색, 재색, 연회색, 흰색 ……. 산을 오르는 내내 숲과 바위 봉우리는 잠시도 색을 고정시키지 않는다. 바위와 수목(樹木)을 품은 산은 거칠면서도 부

* '북한산 1891년 - 영국의 젊은 탐험가, 북한산성에 오르다'는 새비지-랜도어A.H. Savage-Landor가 북한산성을 여행한 뒤 남긴 기록을 토대로 재구성했다. 새비지-랜도어가 지은 『고요한 아침의 나라 조선』(신복룡·장우영 역주, 집문당, 2010)의 '제20장 북한산성北漢山城'을 참고했다.

드럽고 험준하면서도 수려하다.

이날 랜도어가 찾은 북한산은 한양 근교의 산 중에서 가장 높고 산세가 웅장하며, 백두산·지리산·금강산·묘향산과 더불어 오악(五嶽)으로 꼽히는 명산이었다. 수도 한양을 호위하는 진산(鎭山)이기도 했다. 한양 북부와 경기도 고양·양주의 경계 지역에 위치한 산으로 최고 높은 백운대(白雲臺, 836.5m)를 필두로 400m에서 800m에 이르는 수십 개의 봉우리가 능선을 따라 이어졌다. 산봉우리가 하나의 거대한 암괴(巖塊)로 돼 있어 가파른 기암절벽이 형성돼 있으며, 바위로 된 전망이 좋은 봉우리란 뜻으로 만경대(萬景臺)·원효대(元曉帶)·소요대(逍遙臺) 등의 대(臺)로 일컬어지는 봉우리들이 많았다. 이들 산봉우리 사이엔 깊은 계곡에 절경을 갖춘 골짜기라는 의미를 가진 동(洞)이 산재했다. 중흥동(重興洞)·옥류동(玉流洞)·은선동(隱仙洞)으로 불리는 골을 산 곳곳에서 만날 수 있었다.

산길을 오르던 랜도어는 걸음을 멈추었다. 구름이 잠시 비껴나자 산비탈 아래 평지로 햇살이 내리고 돌탑이 선명하게 색을 드러낸다. 한눈에 보아도 오래된 돌탑임이 분명하다. 죽은 승려를 기리는 무덤, 안내한 사람의

북한산
거대한 암괴로 이루어진 여러 봉우리가 모여 다시 '큰 산'을 이룬다. 험준한 능선과 암벽은 북한산을 하나의 성이자 천연의 요새로 만든다. 숲을 품은 연봉은 웅장하고 장엄하며 구름과 하늘에 닿은 바위 봉우리는 위엄과 신비를 담고 있다.
북한산성 동쪽 성곽지대에서 본, 북한산을 대표하는 바위 봉우리들이다. 왼쪽부터 영취봉·노적봉·백운대·만경대·인수봉이 이어진다.

말로는 부도(浮屠)라 했다. 옅은 재색 돌에 흙의 색과 하늘의 색을 살짝 섞어놓은 듯한 색감, 우람하지 않지만 그렇다고 시선을 끌지 못할 정도로 작지도 않은 크기. 수백 년 전부터 산비탈에 뿌리를 내린 듯하다. 부도는 주변의 나무와 풀, 돌 그 어느 것 하나 밀쳐내지 않는다. 이곳의 산 또한 그러했다. 돌과 풀, 나무가 한데 어울려 큰 숲을 이루며 서로를 살려내고 있다.

랜도어는 조금 전 거쳐온 사찰을 떠올린다. 경내는 고요했지만 가볍지 않았다. 위압적이지 않았지만 엄숙했다. 활달하지 않았지만 승려들의 얼굴은 온화해 보였고 걸음걸이엔 깊은 신앙심이 서려 있는 듯했다. 랜도어는 사찰과 주변 숲으로 흐르는, 형언하기 힘든 어떤 힘을 느꼈다. 산 위로 오를수록 그 힘은 더 깊고 맑게 랜도어의 가슴을 열었다.

고개를 들고 다시 바위 봉우리를 올려다본다. 이젠 구름에 섞인 산과 하늘이 구분조차 되지 않는다. 그 순간 랜도어의 몸이 깊게 떨린다. 이 산 어디에선가 흘러나오는 힘과 신비, 랜도어는 사찰이 아니라도 이 산 자체가 하나의 신앙 공간일지 모른다고 여긴다.

그렇게 한참을 서 있던 랜도어는 천천히 발길을 옮긴다.

**북한산성 행궁**
일본인 고건축 전문가 세키노 타다시가 1902년에 촬영한 북한산성 행궁. 맨 뒤쪽 건물이 임금과 왕실 가족이 거처하는 내전이고 그 앞의 건물이 임금이 업무를 보는 외전이다. 새비지 랜도어는 자신의 저서에 이 북한산성 행궁을 "조선의 국왕과 왕비를 위한 안전한 은신처"로 기록해 놓았다.

**성城과 왕국** I 북한산성이 전하는 스물여섯 가지 한국사 이야기

> 드디어 왼편에서 나는 오래된 궁궐을 발견했다. 다른 궁궐들처럼
> 이 궁궐에도 중앙의 큰 건물 옆으로 궁중 관리들이 사용하는 낮은
> 건물들이 몇 채 있었다.
>
> A.H. 새비지-랜도어, 신복룡·장우영 역주, 『고요한 아침의 나라 조선』

랜도어는 흥분을 가라앉히고 궁궐 가까이로 다가간다. 본채로 보이는
큰 건물 주위를 여러 채의 작은 건물이 감싸고 있는 구조다. 산을 오르면
서 성곽을 거쳤고, 산성 안에 작은 궁궐이 있다는 말을 들었지만 산 깊은
곳에서 궁궐을 마주치자 지금껏 보아온 이곳의 산과 숲이 더욱 낯설어 보
인다. 랜도어는 궁궐 저편으로 솟아오른 산봉우리를 다시 올려다본다. 거
대한 바위 봉우리들 아래 자리 잡은 이곳 궁궐은 마치 조선의 수도인 한양
의 궁궐을 옮겨다놓은 듯하다.

랜도어가 본 궁궐은 행궁(行宮)이었다. 북한산성 내에 자리 잡은 행궁
으로, 전란이 발생하거나 나라에 위급한 일이 있을 때 임금과 왕실 사람
들이 피신하기 위해 지어놓은 별궁(別宮)이었다. 평소엔 임금이 거처하
지 않지만 군주의 존엄과 왕실의 위엄을 상징하는 왕궁과 다름없는 곳
이었다. 그런데 이곳 행궁은 제대로 관리를 하지 않은 듯 낡고 퇴락한
상태였다.

> 목조 서까래가 썩었기 때문에 작은 건물들의 지붕은 대부분 완전
> 히 무너져 내렸으며 중앙의 주요 건물들은 매우 황폐한 상태였다.
> 그럼에도 불구하고 적당하게 떨어져 밀집되어 있는 이 건물들을
> 보면 전체적으로 조화를 이룬 모습은 마치 한 폭의 그림처럼 아름
> 다운데, 이러한 효과는 필경 그 주변의 더럽고 낡아빠진 것들과 대
> 조를 이루었기 때문이었다.
>
> A.H. 새비지-랜도어, 신복룡·장우영 역주, 『고요한 아침의 나라 조선』

랜도어가 북한산성을 찾을 당시 조선은 세계로 문을 열고 있었지만 나
라의 앞날이 위태로운 상태였다. 왕조국가였지만 왕권은 미약했고 외세
에 대적할만한 군사력도 뒷받침되지 못했다. 지배층은 혼란을 헤쳐나갈

힘을 잃은 지 오래였다. 랜도어가 본 북한산성 행궁은 당시 조선의 운명 그대로였다.

## 북한산 1902년
## 일본 고건축학자, 북한산성과 행궁을 조사하다

랜도어가 북한산성을 다녀간 10여 년 뒤인 1902년, 이번엔 일본인 학자가 북한산성을 찾는다. 그는 북한산과 북한산성의 정취에는 처음부터 관심이 없었다. 고건축과 고미술 전문가로 구성된 일단의 학자들과 동행한 그는 성곽 곳곳을 유심히 살피고 북한산성 내의 건축물과 시설물을 하나하나 점검했다. 사찰과 관아 건물을 돌아보고 군사시설인 무기창고와 식량창고도 둘러보았다. 특히 북한산성 행궁에 큰 관심을 가져 이곳의 건축물을 면밀히 조사하고 사진으로 기록까지 남겼다.

고건축 전문가인 세키노 타다시(關野貞, 1867~1935)가 이끈 이날의 작업은 도쿄제국대학교 명의로 시행되는 2개월에 걸친 '조선 고건축 조사사업'의 하나였다. 서울과 개성, 경주 지역에 있는 성곽·궁궐·능묘·서원·석조물 등의 실상을 파악하는데 주력하면서 조각과 공예 분야도 조사했다. 표면상으론 학술연구단의 활동이었지만 실은 일본 정부와 관이 주도하는 국가 규모의 사업이었다. 세키노 타다시가 행한 이날의 북한산성 행궁 조사는 이후 수십 년에 걸쳐 행해질 일제 문화침탈의 시작이었다. 식민지 지배 이데올로기 확립에 동원된 조선문화재 연구와 훼손의 서막이었다.*

조선 고건축 조사는 7년 뒤인 1909년에 다시 실시됐다. 이제 세키노 타다시는 조선통감부의 지휘 아래 이전보다 규모가 훨씬 큰 조사사업을 추진했다. 통감부는 당시 조선의 국정을 사실상 장악했던 통치기구였는데, 이 시기에 행해진 조선 고건축 조사는 조선통감부가 실시한 식민화 정책의 하나로 기획됐다. '고건축물 조사 촉탁'이란 신분을 가진 세키노 타다시는 한반도 전역의 고건축을 면밀히 살피면서 성곽과 고분에 대한 조사

* 1902년에 행해진 세키노 타다시의 조사는 2년 뒤에 발간된 『한국건축조사보고』라는 책으로 결실을 맺는다. 일본에 조선의 유물과 유적을 체계적으로 소개한 최초의 서적인 『한국건축조사보고』는 이후 조선문화를 말살하기 위한 기초자료로 활용되고 조선 문화재 수탈의 원부原薄가 된다.

를 병행했다. 이 조사사업은 조선 병탄 뒤인 1915년 무렵까지 계속됐으며, 학술연구라는 명목으로 조선의 유물이 일본으로 유출되기도 했다. 세키노 타다시의 조선 고건축 조사결과는 이후 조선의 문화재 수탈과 역사 왜곡의 기초자료로 활용된다.

　일본은 조선 지배의 정당성을 확보하기 위한 근거를 역사에서 찾았다. 역사적 사실을 왜곡해 조선이 오래 전에 일본의 통치를 받은 민족임을 드러내고, 이를 통해 조선 식민지화 정책의 근거를 마련하려 했다. 삼한정벌(三韓征伐)과 임나일본부(任那日本府)에 의한 한반도 지배 주장이 그 대표적인 역사왜곡 사례다. 일본의 주장에 따르면 고대 일본이 한반도를 정벌하여 삼한(三韓)인 신라와 백제, 고구려를 복속시켰으며, 이후 가야 지역에 통치기구인 임나일본부를 설치해 6세기 중반까지 약 200년 동안 한반도 남부를 지배했다고 한다. 일본은 이러한 주장을 뒷받침하기 위해 문헌과 유물, 유적 등의 사료를 조작하고 왜곡하기를 주저하지 않았다. 조선의 성곽 또한 고대 일본의 한반도 지배를 입증할 증거로 동원됐다.[1] 진주와 부산, 창원 등 한반도 남단 지역에 소재한 성터와 성곽을 삼한정벌 시기와 임나일본부 시대에 조성한 성지(城址)나 성곽이라 단정하며 조선지배의 정당성을 주창했다.

　16세기 말의 임진왜란은 조선정벌(朝鮮征伐)이라 부르며, 이 또한 조선 식민지화 정책 추진의 한 방편으로 활용했다. 일본은 임진왜란 당시 남해안을 중심으로 약 30개소에 이르는 성곽을 구축했는데, 일제강점기엔 이들 왜성(倭城)을 적극적으로 보전하는 정책을 추진한다. 울산과 사천 등지의 왜성에 벚나무를 심고 성곽 주변을 공원으로 조성해 일본 민족의 우수성을 널리 알렸으며, 이를 통해 조선 지배가 역사적으로 정당하다는 인식을 심어주려 했다.* 반면 일본과 치열한 전투를 벌여 조선이 승리를 거둔 성곽은 훼손하거나 방치하는 이중적인 정책을 취했다. 일제는 반일감정을 희석시키고 식민정책에 대한 저항정신을 약화시키기 위해 항쟁의 공간이라는 상징성을 갖는 조선의 성곽을 하루 빨리 없애려 했다.

*일제는 왜성뿐 아니라 백제시대의 성곽 보존에도 관심을 쏟았다. 공주의 공산성을 공원으로 만들고 부여의 부소산성에 신궁 조성을 꾀했다. 백제를 일본이 지배했다는 역사왜곡을 전제로 고대에 이미 조선과 일본은 내선일체의 관계에 있었다고 선전함으로써 일본에 대한 저항정신을 사전에 차단하고 조선인을 전쟁에 수월하게 동원하려 했다.

누가 어떤 목적으로 어떻게 보이느냐에 따라서 유적은 지난 시대의 증언을 넘어 현재를 규정하는 강력한 도구가 된다. 이 뒤틀린 역사의 궤적은 오늘에 머무르지 않고 때론 미래의 향방까지 결정한다.

일제의 이러한 성곽정책은 이미 조선을 보호국으로 만든 1905년 무렵부터 시작됐다. 맨 처음 대구의 성곽을 없애 도로로 만들었다. 이후 성벽처리위원회(城壁處理委員會)를 구성해 도성(都城)인 한양 성곽을 훼손하는데, 먼저 숭례문(崇禮門: 남대문) 좌우의 성곽을 헐어버린다. 이와 함께 전주읍성과 남원읍성 등 지방 읍성의 성벽도 철거한다. 강제 병합 이후엔 돈의문(敦義門: 서대문)과 소의문(昭義門: 서소문), 혜화문(惠化門: 동소문) 등을 없애고, 한편으론 궁궐까지 훼손해 경복궁의 건물 대부분이 철거되기에 이른다. 반면, 숭례문과 흥인지문(興仁之門: 동대문)은 임진왜란 때 일본군 장수가 이 문을 통해 입성했다는 역사적 유래를 들어 보존하는 조치를 취한다. 식민지배의 정당화라는 이런 장기 구상 아래 조선의 성곽은 훼손되고 변형되고 파괴돼 갔으며 북한산성 또한 예외가 아니었다.


## 북한산성 최후의 날

북한산성은 나라의 운명과 함께 제국주의 침략 아래 힘없이 무너져 내렸다. 세키노 타다시가 첫 번째 조사를 벌인 3년 뒤인 1905년 무렵, 일제는 의병 활동을 막는다는 구실로 북한산성 일대를 대대적으로 수색한다. 이후 북한산성 내에 일본군 헌병분견소까지 설치해 실질적으로 북한산성을 자신들의 통제 아래 둔다. 조선의 성(城)이 적의 수중에 떨어진 것이다.

조선의 성곽은 국가방위의 근거지이자 외세에 대항하는 투쟁의 공간이었다. 북한산성은 수백 년 동안 수도 한양의 도성을 호위하고 도성 주민을 지켜온 방어기지였다. 하지만 북한산성은 이제 적에 맞설 수 있는 방패막이 아니었다. 시대는 이미 성곽전투의 시대가 아니었다. 아니, 정확히는 지켜줄 백성조차 없었다. 조선의 지배층과 백성은 북한산성에 들어가 적과 싸울 진지를 구축하지 않았다. 성이 무력했던 게 아니라 성의 주인들이 무력했던 것이다.

1910년 일제의 강제 병탄 뒤 북한산성은 급격한 쇠락의 길을 걷는다. 산성 내에는 원인 모를 화재가 잦았고, 주인 잃은 산성은 한때 서양의 한 종교단체에 행궁을 내주어야 했다. 성곽은 방치되었으며 군사시설물은 버려졌다. 큰 홍수가 나 성내(城內) 시설물 일부가 떠내려갔고, 거기다 일제가 행궁 건축물을 헐어가 북한산성은 폐허나 다름없이 변해갔다.

옛 성터에 성곽을 다시 쌓은 지 200여 년 만의 몰락이었다. 그렇게, 거기에서 하루하루 엮어온 천 년 성(城)의 역사도, 그 역사를 이룬 사람들의 이야기도 마지막 버티고 선 성곽의 어둔 그림자에 묻혀갔다. 그래도 북한산의 바위 봉우리는 구름 머금고 하늘에 몸 비비며 무너진 왕국의 도성을 한없이 굽어보았다. 오래 전부터 그래왔던 것처럼 그 영욕의 세월마저 안으려는 듯 조선의 땅과 하늘을 잇고 있었다.

대성문

1911년 독일인 신부 노르베르트 베버 Norbert Weber가 촬영했다. 대성문은 북한산성 남쪽 성곽에 위치한 주요 출입문이다. 문루가 없어진 초라한 성문의 안쪽에 촌부들이 모여 있는데, 한 사람은 술병을 기울이고 있다. 일본에 국권을 빼앗긴 뒤에 밀어닥친 조선 사회의 피폐함과 조선 민중의 울분과 절망의 정서가 전해온다.

北漢圖三

白雲峰

麻嶠峰

將臺

城門十

出門

祥雲寺

元曉菴

重興寺

國寧寺

國普寺

# 2

# 북한산성,
# 숙종시대 최대의
# 국가 프로젝트

- 왕의 울음

- 38년 만의 거둥
  숙종, 북한산성에 오르다

- 왕과 왕자, 스승과 제자

## 왕의 울음

깊고 뜨거웠다. 속 깊은 곳에서 오르는 울음이 행궁(行宮) 외전(外殿)을 무겁게 가라앉혔다. 포진(鋪陳, 방석)을 만지는 손이 잠시 떨리더니 왕은 다시 울음을 삼킨다. 오래됐지만 아직 정갈해 보이는 포진, 선왕(先王)의 자취를 찾으려는 듯 왕은 한참 동안 포진에서 시선을 떼지 않는다. 선왕 숙종(肅宗)이 48년 전(1712년) 이곳 북한산성 행궁에 행차했을 때 앉았던 그 포진이었다.* 그때 왕의 나이 열아홉, 당시 연잉군(延礽君)으로 불렸던 영조(英祖, 1694~1776)는 총관(摠管)의 지위로 부왕(父王)인 숙종을 모시고 지금 이 행궁을 찾았다.[1]

* 2장은 '1712년 숙종의 북한산성 행차'와 '1760년 영조의 북한산성 행차' 사실을 참고해 구성했다.

어느새 왕은 어깨까지 가늘게 떨고 있다. 대신들의 얼굴에도 숙연함이 깊어졌다. 권신(權臣)들의 목소리를 조정하고 붕당(朋黨) 간의 암투를 조율해온 강한 왕, 경제를 일으키고 문물을 정비해 문화 조선의 기틀을 다진 임금, 신중하면서도 과감하게 정책을 추진해온 결기 있는 그 군주의 당당함은 잠시 찾아볼 수 없었다. 군주의 자리에 오른 지 36년, 신하들 앞에서 이런 모습을 보인 적이 없지만 이날 북한산성 행궁에서 부왕의 온기를 마주한 순간 영조는 북받쳐 오르는 감정을 제어할 수 없었다.

부왕 숙종(재위: 1674~1720)은 아버지이자 스승이었다. 영조는 연잉군 시절, 국왕 중심의 지배질서를 세우고 강한 나라를 일으키는데 필요한 안목과 통치술을 서탁(書卓)의 제왕학(帝王學)이 아니라 부왕 숙종의 행보를 지켜보면서 배웠다. 이날 영조의 울음은 그런 선왕에 대한 그리움이었으리라. 하루하루가 위태로웠던 연잉군 시절의 절박함과 아픔에 대한 기억 때문이기도 했으리라. 연잉군은 비록 왕자의 신분이었지만 또한 무수리 출신 후궁의 자식이기도 했다. 그 은근한 멸시의 눈길과 목숨을 걸어야 했던 왕위승계 다툼을 딛고 오른 왕좌가 아니던가.

부왕의 뒤를 이을 왕세자는 희빈 장씨(禧嬪 張氏)의 아들로 이미 정해져 있었지만 붕당 세력과 연계된 후계 다툼은 그치지 않았다. 연잉군은 궁녀의 하인으로까지 취급받던 무수리 출신 숙빈 최씨(淑嬪 崔氏)의 아들이었지만 나이가 들면서 어느새 이 권력다툼의 한복판에 내몰렸다. 다음 군주 자리를 두고 생존을 걸어야 하는 위치에 서 있었던 것이다. 부왕은 승하하기 3년 전에 "연잉군의 앞날을 부탁한다."는 말을 남겼고, 이게 더 큰 빌미가 돼 왕세자가 경종(景宗, 재위: 1720~1724)으로 왕위에 오른 뒤에도 다음 왕권을 두고 목숨을 건 권력투쟁이 이어졌다. 결국 연잉군은 살아남았고, 경종이 후사 없이 재위 4년 만에 승하하자 임금의 자리에 올랐다.

그렇게 36년 군주의 세월이 흐르고, 이제 부왕과 함께 올랐던 그 북한산성을 다시 찾은 것이다. 1760년 8월이었다.

마음을 가라앉힌 영조(재위: 1724~1776)는 선왕의 포진을 궤(櫃)에 넣어 간직하라고 이른 뒤, 성곽 관리와 군량미 보관 등 북한산성 관련 업무를 지시하고 처리해나갔다. 왕은 다시 그 강한 군주로 돌아와 있었다. 예순 일곱, 이제 몇 년 후면 고희(古稀)에 이를 나이지만 왕은 여전히 열정에 차 있었다. 영조는 숙종의 뒤를 잇는 조선의 강한 군주였다.

가을로 접어든 날씨는 더없이 맑았고 아직 푸름을 잃지 않은 수목(樹木)은 햇살에 몸을 뒤척이며 행궁 지붕으로 그림자를 내리고 있었다. 외전을 나온 영조는 행궁 내전(內殿)으로 천천히 걸음을 옮겼다. 북한산성의 관리를 책임지고 있는 총융사(摠戎使)의 안내를 받으며 영조는 행궁 곳곳을 살폈다. 내전도 말끔히 단장돼 있고, 내전과 외전 주변에 지은 행각(行閣)도 잘 정돈돼 있다. 행궁 건물 주변을 두른 담장엔 50년 가까운 세월의 티가 묻어난다. 흙빛 머금은 담장의 돌 은은하고, 담장 너머로 나뭇가지 솟아 햇살과 그림자를 섞는다.

북한산성 행궁 조성은 성곽 공사가 한창이던 1711년 8월에 시작해 다음해 5월에 끝이 났다.[2] 북한산성 중앙부에서 약간 남쪽으로 내려간 곳에 자

영조
치켜 올라간 눈, 한 곳을 응시하는 날카로운 눈매, 붉은 기운이 도는 얼굴. 물러섬이 없을 것 같은 결기와 강인한 군주의 위엄이 느껴진다. 1744년, 51세 때 영조의 모습이다.

리를 잡았는데, 계곡 사이에 형성된 경사지에 터를 잡았다. 행궁은 124칸 규모로, 크게 세 구역으로 나뉘었다. 행궁 진입부에 해당하는 외대문(外大門)과 마당, 임금이 신하들과 정사(政事)를 보는 외전(外殿), 임금과 왕실 일가족이 생활하는 공간인 내전(內殿)으로 구성되는데, 각 구역마다 부속건물인 행각이 마련됐다. 건물 주변으로는 담장을 둘러쳤다.

영조는 내전 뒷문을 지나 후원으로 들어섰다. 넓진 않지만 산 아래 숲과 꽤 어울리는 정원이었다. 작은 대숲 옆으로 적송(赤松) 서너 그루가 솟구쳤다. 검붉은 나무껍질이 제법 제 빛깔을 갖추었다.

그 사이 저 솔이 이렇게 자랐는가?

**도성과 북한산성**
18세기에 제작된 『해동지도海東地圖』에 수록된 「경도 오부 북한산성부京都五部北漢山城附」. 도성과 함께 북한산 지역까지 그려놓았다. 지도 맨 위쪽에 북한산의 주봉인 백운봉·인수봉·만경봉이 표시돼 있고, 이들 북한산의 연봉을 따라 성곽이 띠를 두르고 감싸듯이 그려져 있다. 이 성곽이 1711년에 완공된 북한산성이다. 숙종은 성곽 완공 이듬해에 북한산성에 행차했다. 궁궐에서 숭례문을 거쳐 도성의 서쪽 지역인 무악재와 홍제원을 경유해 북한산성의 북서쪽 출입문인 대서문을 통해 북한산성 내로 들어갔다.

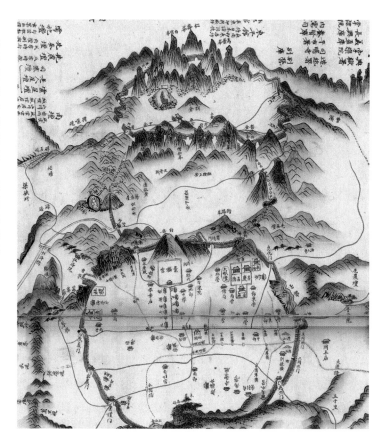

**성城과 왕국 l** 북한산성이 전하는 스물여섯 가지 한국사 이야기

후원을 돌아 나온 영조는 내전을 지나 외전 앞의 뜰로 나섰다. 북한산의 갈래 봉우리와 골이 행궁 아래로 펼쳐지며 시야로 가득 찼다. 북한산 연봉(連峰)이 호위한 저 아래에 자신이 앞서 끌고 가야 할 이 나라의 도성(都城)과 궁궐이 있을 터였다. 영조는 그렇게 한참 동안 도성으로 이어진 산줄기로 시선을 던지고 있었다.

어찌 보면 이 북한산성은 부왕 숙종이 재위 기간 내내 이루고자 했던 꿈이 아니던가. 48년 전 부왕 숙종과 함께 했던 그날의 북한산성 행차가 마치 오늘의 일인 것처럼 산 아래로 펼쳐지고 있었다. 행궁까지 완공되면 행차하길 권유했지만 부왕은 북한산성 행차를 서둘렀고, 행궁 완공 한 달 정도를 앞두고 거둥길에 나섰다.\* 부왕 재위 38년, 임진년(壬辰年: 1712년) 4월 10일 새벽이었다.

\* 거둥擧動은 임금의 행차를 뜻하는데 행행行幸이라 이르기도 한다.

## 38년 만의 거둥
## 숙종, 북한산성에 오르다

> 난리에 대비한 계책으로 쌓은 새 성에 거둥하고자
> 새벽에 남문(南門)을 나서니 북소리와 피리소리 울려 퍼지네
> 날랜 기병 수천 명이 대오를 나누어 호위하고
> 훈풍 불어오는데 해는 길어 어느덧 여름이 되었구나
>
> - 숙종(肅宗) 어제시(御製詩) 「북한산성」 『열성어제(列聖御製)』

이날 숙종은 저녁 무렵 도성으로 돌아올 계획으로 새벽길을 나섰으며, 도성 북서쪽 지역을 거쳐 북한산성의 대서문(大西門)으로 오르는 길을 잡았다. 궁궐에서 북한산성까지의 최단거리는 대성문(大成門)이나 대남문(大南門)을 거치는 길이지만 이날의 행차는 대서문으로 향했다.\* 산성의 남쪽과 동쪽은 산세가 험해 경사가 급한 비탈길을 거쳐야 하지만 대서문이 위치한 서쪽은 비교적 오르기 편한 길이었다. 도성 북쪽인 세검정을 거쳐

\* 지금의 대성문은 숙종 당시에는 대동문이라 불렸으며 대남문은 소남문이라 했다. 혼란을 피하기 위해 숙종이 북한산성에 행차했을 때의 성문 이름을 사용하지 않고 지금의 성문 이름을 사용했다.

대성문이나 대남문을 경유하는 최단거리 길은 유사시 왕의 긴급 대피로가 될 터였다. 북한산성은 전란이나 나라에 위기가 닥쳤을 때 왕과 도성민이 함께 대피해 항전할 목적으로 축성한 성곽이었다. 요새이자 긴급 피난지이며 장기 항전을 펼칠 근거지였다.

서문(西門) 초입에서 고개 돌려 뒤돌아보니
기개 장건하고 마음 웅대해져 시름 절로 풀리네
도성(都城) 지척에 금성탕지(金城湯池) 있으니
내 어찌 우리 백성 수호하는 도성을 버리랴

- 숙종(肅宗) 어제시(御製詩) 「북한산성」 『열성어제(列聖御製)』

대서문

1890년대 초반에 조선 주재 프랑스 외교관을 지낸 이폴리트 프랑뎅Hippolyte Frandin이 촬영했다. 1890년 말에 조선을 방문한 새비지 랜더어도 이 대서문을 거쳐 북한산성 내로 들어갔다. 랜더어는 조선을 여행한 뒤 남긴 책에 대서문과 그 주변을 이렇게 기록했다.
이 길은 언덕져 있으며 산성의 서대문(대서문) 어귀는 빼어나게 아름답다. (……) 문을 들어서자마자 수많은 바위들을 품은 산들로 둘러싸인 멋진 계곡이 우리의 눈앞에 모습을 드러냈는데, 가장 높은 봉우리는 동쪽에 우뚝 솟아 있었다.

행차는 북한산성에 이르렀고, 숙종은 북한산성 주요 출입문 중 하나인 대서문(大西門)에서 마침내 38년 동안 마음에 쌓았던 성곽을 찬찬히 둘러본다. '쇠로 만든 성과 끓는 물을 채운 못', 그 금성탕지(金城湯池)의 견고한 성곽은 이제 도읍을 지키고 백성의 안전을 지켜줄 든든한 버팀대였다.

부왕은 행궁보다 북한산 줄기에 들어선 이 성곽을 하루라도 빨리 보고 싶었는지는 모른다. 그래서 행궁이 완성되기도 전에 그토록 행차를 재촉했던 것이리라. 숙종을 모시고 행차에 나선 연잉군은 부왕의 마음을 그렇게 헤아렸다.

성곽 공사는 이미 6개월 전에 끝난 상태였다. 험한 능선을 따라 약 13km에 이르는 성곽을 쌓았다. 자연 지세를 최대한 활용해 방어력을 높인 요새 성격의 성곽이었다. 북한산성은 돌로 쌓은 석성(石城)으로, 성 내부를 포함한 면적이 6,200,000㎡(약 188만 평)에 이르며, 여기에 동서남북으로 모두 13개의 성문(城門)을 갖춘 대규모 산성으로 축조됐다.

대서문을 지나 산성 안으로 들어서자 부왕은 흥분을 감추지 못했다. 감정은 고양되고 맑은 기운이 넘쳐 보였다. 그도 그럴 것이 북한산성은 신하들과 40년 가까운 축성논쟁(築城論爭)을 거쳐 쌓은 성이 아니던가. 연잉군은 부왕의 마음을 알 것도 같았다.

북한산성 축성 논의는 숙종 즉위년(1674년)에 시작됐다. 외침에 대비한 국방책의 하나로 제시됐지만 처음부터 찬성파와 반대파로 나뉘어 쉽게 결말이 나지 않았다. 당시 숙종의 나이 열네 살, 군주가 되어 부딪친 가장 큰 국가 사안이었다. 대신들과 1년 동안 논의를 거쳤지만 결정은 후일로 미뤄졌고, 연잉군이 열 살 무렵이던 1703년에 다시 격론이 벌어졌

다. 당파의 이해관계가 얽혀들어 대립은 이전보다 더 날카로웠다. 거기에 한양 성곽을 보수하자는 도성 수축(都城修築) 사안까지 겹쳐 북한산성 축성 사안은 해를 넘겼고, 결국 이 시기에도 결말을 보지 못했다. 성곽 공사가 시작되기 전 해(1710년)에도 북한산성 축성을 두고 격렬한 논쟁이 오고 갔다. 심지어 공사 준비를 하던 1711년 4월 전후에도 축성을 미루자는 목소리와 축성을 반대하는 상소가 이어질 정도였다.

임진왜란과 병자호란의 참화를 수습한 조선은 18세기를 전후해 안정기에 들면서 한편으론 새로운 사회로 진입하고 있었다. 북한산을 등지고 나라의 도읍을 연 이래 이제 3세기를 넘기면서 한 왕조사회가 변혁의 물꼬를 트던 시기였다. 붕당 세력 간의 권력다툼은 더 치열해져갔고 한 붕당 내에서 또 다른 당파가 갈라져 나갔다. 정책과 국가사업은 종종 붕당의 이익을 위해 취해졌고, 특히 국방과 군사 정책은 붕당세력의 권력기반을 다지는 통로로 활용되기도 했다. 비대해진 신권(臣權)에 맞설 왕권(王權)을 구축하기 위해 왕은 가능한 모든 정책과 지략을 동원했다. 왕비와 후궁을 비

롯한 궁중의 여인들도 왕과 신하 간의 대립, 거기에 신하들 간에 벌어지는 이 권력다툼의 소용돌이를 피해갈 수 없었다.

한양은 외형과 규모 면에서 점점 커져갔다. 상업과 수공업이 발달하고 농촌을 떠난 유랑민이 도성으로 유입돼 인구가 크게 증가했다. 부를 쌓은 새로운 계층이 목소리를 높이고, 다른 한편에선 빈민층이 늘어났다.

빈민구제책을 마련하고 납세제도와 군제를 개혁해도 변란이 끊이지 않았다. 검계(劍契)와 살주계(殺主契) 사건, 승려 여환과 미륵 신도들의 변란 시도, 장길산 무리의 도적 활동, 명화적의 변란, 화전민의 항거, 무장 유민단의 난입. 특히 양반층을 살해하고 재물을 약탈하던 검계와 살주계 조직원들은 지금의 북한산성 자리에 있던 옛 성터에서 무장훈련을 했으며, 승려 여환과 미륵신도들은 북한산 지역에 속하는 양주 관아를 습격하려는 계획을 세우기도 했다. 도성 주민의 안전이 위협받고 있었다.

외침의 위협도 남아 있어 국방과 영토방어 문제는 최대의 현안이었다. 울릉도에 왜인들이 들어와 영토를 어지럽혔으며 북방에선 청나라가 국경을 확실히 정하자며 압력을 가해왔다. 군사력을 키워야 했고, 외적 침입에 대비해 도성을 지킬 방비책과 피난처가 필요했다.

1711년 2월 초순, 마침내 왕은 결단을 내린다. 즉위년에 시작해 37년을 끌어온 북한산성 축성논쟁에 마침표를 찍은 것이다.

> 임금이 말했다. "도성은 넓고 커서 수비하기가 어렵고 남한산성은 나루를 건너기가 어려우며, 강화도는 바다로 침입해 들어오는 도둑 무리에 취약해 얼음이 녹아버리면 믿을만한 곳이 못된다. 오직 북한산만은 극히 가까워 백성과 함께 들어가 지키려고 한다. 군량을 마련하는 등의 조치는 이들 먼 지역과는 달리 어렵지 않을 것이다. 만약 의견이 같아지기만을 기다린다면 어찌 이룰 수 있는 날이 있겠는가?"
> - 『숙종실록(肅宗實錄)』 권50, 숙종 37년(1711년) 2월 5일

축성 결정이 나자 공사는 빠르게 진행됐다. 1711년 4월에 축성을 시작해

그해 10월에 성곽 공사를 마쳤다. 숙종이 연잉군과 함께 북한산성에 행차한 1712년 4월 무렵엔 행궁과 군사시설물 조성이 진행되고 있었다.

배수시설인 수문(水門)까지 살펴본 숙종은 이어 행궁을 찾았다.

> 도성 10리 거리 행궁에 이르니
> 높고 험한 시단봉(柴丹峯)이 바로 동쪽에 있네
> 노적봉(露積峯) 머리엔 아직 구름 걷히지 않았고
> 백운대(白雲臺) 위에는 안개 자욱하네
> – 숙종(肅宗) 어제시(御製詩)「북한산성」『열성어제(列聖御製)』

행궁은 마무리 공사가 한창이었는데 수라간을 제외한 행궁 건물 대부분이 완성된 상태였다. 숙종은 행궁을 둘러본 뒤 북한산성 업무를 처리했다. 우선, 지금의 산성 지역 내에 또 다른 성을 쌓자는 중성(重城) 축성안을 결정했다. 성의 북서쪽 지역이 비교적 평탄해 쉽게 함락될 소지가 있으니 또 다른 성을 쌓아 이를 방비하자는 것이었다. 산성 내에 들어설 사찰 건립에 필요한 경비조달 문제도 논의했다. 성곽 방어와 관리 일부를 승려들로 조직된 승군(僧軍)이 맡기로 했는데 이를 위해선 산성 내에 사찰이 필요했다. 비상시 필요한 군량미 확보 방안과 적절한 관리 방법도 앞으로 해결해야 할 중점 사안이었다. 식량과 무기를 보관할 창고도 필요했고, 병사들의 거처인 성랑(城廊)도 조속히 마무리 지어야 했다. 성곽 축성을 마치고 행궁 건립도 거의 끝나가지만 산성이 제 기능을 갖추려면 아직도 해야 할 일이 한두 가지가 아니었다. 어쩌면 이제 시작인지도 몰랐다.

행궁을 나온 숙종은 동장대(東將臺)로 향했다. 장대는 전쟁 때 지휘관이 전황을 살피고 군사들을 지휘하는 누각 형태의 대(臺)로 성곽 주변을 한눈에 파악할 수 있는 곳에 설치했다. 북한산성에는 성의 세 요지에 동장대, 남장대, 북장대를 두었다. 동장대는 총지휘소로 규모가 가장 컸다.

동장대에 선 숙종은 한동안 말없이 성곽을 내려다보았다. 능선과 골짜기를 따라 성곽이 띠를 둘렀다.

호쾌하고 장대하다. 산줄기가 험하고 경사가 급해 누구도 범접하지 못할 천혜의 방어막이라 할만하다. 산봉우리가 연이어 솟아 있어 적이 성곽을 포위하기도 매우 어려운 지형이다. 비교적 평판한 서쪽만 잘 방어한다면 수만의 적도 막아낼 수 있을 것 같은 지세다.

만족한 듯, 숙종의 입가에 잠시 미소가 번졌다.

> 하늘 위에 있는 것 같은 저 동장대(東將臺)에 오르니
> 무수한 봉우리 깎아지른 듯 서서 구름에 접해 있네
> 도적과 외적이 감히 다가올 수 없고
> 원숭이도 기어오를 수 있을지 근심할 정도라네
> - 숙종(肅宗) 어제시(御製詩)「북한산성」,『열성어제(列聖御製)』

숙종은 어깨를 펴고 38년 동안 가슴에 쌓아온 성(城)을 풀어헤쳤다. 짙어가는 신록 사이로 천 년을 버텨온 큰 바위 거침없고, 굽이지며 이어지는 성곽을 따라 조선 왕의 응어리진 마음이 흘러내렸다. 그것은 전쟁에 패하고 무릎을 꿇어야 했던 선대(先代)의 굴욕이기도 했고, 다시는 패하지 않으리라는 조선 왕의 다짐이자 이 땅 이 나라 절대 군주의 기개이기도 했다.

**동장대**
해발고도 586m, 동장대는 북한산성의 3개 장대 중 가장 높은 곳에 위치해 있다. 지금의 동장대는 1996에 복원했다.

**성城과 왕국** | 북한산성이 전하는 스물여섯 가지 한국사 이야기

연잉군은 부왕의 뒤에 서서 북한산 줄기를 내려다보았다. 부왕의 어깨 뒤로 성곽이 잡혀오고, 성곽은 산등성이를 따라 이내 아래쪽으로 이어졌다. 그렇게 행궁을 지나 도성의 궁궐을 감싸고 이 나라 남녘까지 이어질 것 같았다. 그 어디쯤 자신만의 성을 쌓고 싶다고 연잉군은 생각했다.

연잉군은 동장대 아래 성곽에서 시선을 거두었다. 부왕이 그렇게 커 보인 적이 없었다. 그 긴 시간 신하들과 부딪치면서도 부왕은 왜 이곳에 성을 쌓으려 했던 것일까? 부왕에게 이곳 산성은 어떤 의미일까? 국가 방위와 항전지, 요새지와 피난처 ……. 그게 다는 아닐 것이다. 그게 '부왕의 북한산성'의 전부가 아님을 연잉군은 어렴풋이 감지하고 있었다. 부왕의 탄탄한 어깨가 긴 성곽을 감싸고 험준한 북한산을 안아 들이고 있었다.


## 왕과 왕자, 스승과 제자

어느새 성곽 그림자가 길어지고 있었다. 산성에서 예상보다 많은 시간을 보낸 숙종은 환궁(還宮)을 서둘렀다. 환궁 길은 성의 동쪽으로 난 대동문(大東門)을 이용해 우회하는 길을 택했다. 북한산성을 오를 때 경유한 지역의 맞은편이 되는데, 지금의 우이동 방면을 지나 민가로 내려갔다.

> 도성암(道成庵)이란 절간 지나니 평탄한 길 이어지네
> 바람과 먼지 눈앞에 자욱한데 해는 저물어가네
> 백성들이 숲처럼 모여 행렬 바라보고
> 억울함 품은 사람들의 어가(御駕) 앞 하소연을 모두 허락하였네
>    - 숙종(肅宗) 어제시(御製詩) 「북한산성」 『열성어제(列聖御製)』

해가 뉘엿해지고 있었지만 왕과 시위대(侍衛隊)가 지나는 거둥길(御路)에는 수많은 도성 주민이 몰려나와 있었다. 그야말로 인산인해였다. 화려한 어가(御駕)와 형형색색의 깃발, 대소(大小) 신하와 수천의 시위대 ……. 당시 어가 행렬은 최대의 구경거리였다. 하지만 왕의 이 궁궐 밖 행차는

단순한 구경거리에만 그치지 않았다. 장엄하고 화려한 행렬은 왕의 존재를 분명하게 확인시켰고 통치자의 권위를 드높였다.[3] 더구나 그 확인과 권위 부여는 지배자 측에서 힘으로 강제하는 것이 아니라, 구경나온 백성들이 알게 모르게 받아들이고 인정하는 것이어서 군주의 권위 강화와 함께 통치 행위의 정당화와 합리화라는 이중의 효과를 거둘 수 있었다.

실제로 숙종은 이전의 왕들과 달리 국왕 행차에 특별한 의미를 부여해 행차 장소의 다양화를 꾀했다. 숙종 이전인 현종(顯宗) 대와 효종(孝宗) 대에는 사신을 맞이하기 위한 칙사 관련 행차가 많은 비중을 차지했는데, 숙종 대에 들면 칙사 관련 행차가 줄어들고 종묘(宗廟)와 문묘(文廟) 행차가 늘어난다. 역대 왕들의 어진(御眞)을 모신 진전(眞殿)에 거둥하는 일도 잦아졌으며 능행(陵幸)이 늘어나고 기우제(祈雨祭) 행차도 증가했다. 숙종은 여러 장소로의 거둥을 위해 도성 안팎의 길을 정비하고 도로 유지를 위한 기준을 만들기도 했다.

거둥길은 왕과 백성이 만나는 정치의 공간이기도 했다. 당시 억울함을 가진 백성이 왕 앞에 나아가 사연을 호소할 수 있었으니, 이는 임금이 가는 곳에 행복이 있다는 행행(行幸)의 원뜻에 가장 걸맞은 사안이기도 했다. 거둥길에 행하는 이 상언(上言) 행위는 국왕의 행차가 일방적인 과시가 아니라 왕과 백성의 소통에 있음을 알려주는 학습효과를 가져왔다. 왕은 군림하고 명령만 내리는 억압적 지배자가 아니라 백성의 편에서 백성의 목소리를 들어주고 이를 풀어주는 덕치(德治)의 왕으로 비춰졌다. 이런 과정을 통해 백성의 지지에 의한 왕의 권위는 강화되었고, 이는 비대해진 신권(臣權)을 제어하고 왕 중심의 통치질서를 확립할 수 있는 기반으로 작용했다.

숙종 대에 들어선 거둥길에서의 상언이 잦아지고 상언을 받는 장소도 다양해진다. 도성 밖에서뿐만 아니라 도성 내 지역에서도 상언을 받는다. 숙종은 1697년 기우제를 지내고 환궁하면서 도성 안 큰길에서 60여 명의 죄인을 풀어주는 사면을 단행한다.[4] 숙종은 여기서 그치지 않고 수많은 백성이 보는 앞에서 죄인을 풀어주는 뜻까지 설명함으로써 왕의 권위와 힘, 아량과 덕을 백성의 가슴에 각인시킨다.

  국왕의 행차 길은 통치의 길이었다. 왕도정치의 이상을 현실로 끌어내
리고 통치자로서의 왕의 존재를 각인시켜 결국은 군주 중심의 지배질서
를 확립하려는 고도의 정치 행위였다. 길과 민가가 있는 장소에서 왕과 백
성이 얼굴을 대면하고 일어나는 이 정치 행위는 사람들의 삶터에서 통치
전략을 구사하는 현장 정치였다. 숙종은 삶의 현장에서 통치술을 직접 발
휘하기 위해 삶터의 하나인 도로를 넓히고, 이에 따라 민가를 이전시켰다.
그리고 이곳에서 백성과 만났다. 도로와 주거지라는 삶의 공간은 통치의
공간이기도 했던 것이다. 이처럼 통치의 목적을 달성하고 그 효과를 높이

기 위해 삶의 현장이라는 공간 자체를 통치의 수단으로 활용한다는 점에서, 나아가 삶의 현장이라는 공간 자체가 정치 행위의 한 과정에 포섭된다는 측면에서 이는 일종의 '공간의 정치'이기도 했다. 숙종은 이러한 '공간의 정치'를 본격적으로 시도한 조선시대의 첫 번째 왕이었다.

연잉군은 부왕 숙종의 이런 통치술을 가까이서 지켜보면서 군주로서의 역량을 키워나갔다. 연잉군에게 부왕 숙종은 살아 있는 제왕학(帝王學) 교과서였다. 실제로 연잉군은 뒷날 왕위에 오르면서 이전보다 더 잦은 행차를 통해 다양한 장소에서 백성을 만난다. 종묘와 사직, 왕릉뿐 아니라 역대 왕들의 자취가 어린 거처와 옛 궁궐터까지 찾아간다.[5] 큰길만을 고집하지 않고 도성의 작은 길에까지 나아가 백성을 만나고, 이를 왕권 강화와 정치 목적을 달성하는 통로로 활용했다. 숙종에서 시작된 국왕 중심의 통치질서 확립 시도는 영조와 그 뒤를 이은 정조를 거치면서 일정한 성과를 거두고, 이를 바탕으로 이 시기 조선 사회는 상업 발달과 문화의 융성이라는 '조선 후기의 르네상스 시대'를 열게 된다. 숙종은 새로운 시대로 이어질 문을 열었고, 뒷날 영조가 될 연잉군은 그 문으로 들어가 목숨을 건 암투와 권력투쟁을 거쳐 새로운 시대로 펼쳐진 길을 닦고 나무를 심었다. 뒤이은 정조는 그 길의 나무를 키우고 또 꽃나무를 심었다. 열매는 풍성하게 열렸고 꽃은 화려하게 만개했다.

어슴푸레한 저녁이 되어서야 어가 행렬은 궁궐 근처에 닿았다. 부왕 숙종은 이날의 행차가 만족스러운 듯 용안(龍顏)이 여전히 맑아 보였다. 연잉군은 그런 부왕의 존재감에 한없는 안도를 느꼈다.

줄곧 부왕에게 시선을 주던 연잉군은 무엇이 부르는 것 같은 소리에 뒤를 돌아보았다. 도성 곳곳엔 등불이 하나 둘 걸리고, 그 불빛 위로 저녁의 마지막 빛살이 밤의 어둠으로 빨려들고 있었다. 멀리, 희미한 산세를 드러낸 북한산이 버티고 서서 도성을 감싸고 있었다. 그때, 북한산성 동장대에서 부왕과 함께 내려다본 성곽이 떠올랐고, 순간 연잉군의 가슴으로 날카로운 화두 하나가 꽂혀 들었다.

어쩌면 부왕의 북한산성은 단순한 요새지나 피난처, 항쟁지가 아닐지도 모른다. 권위와 통치의 당당함을 보장해줄 버팀목, 군주의 존재와 힘을 받아들이게 하는 눈에 보이고 만질 수 있는 상징물 …….

연잉군은 밤의 북한산으로 가슴을 열었다. 차지만 맑고 깊은 기운이 온몸으로 흘러들었다. 마치 낮의 동장대에서 부왕이 그러했던 것처럼 연잉군은 잠시 그렇게 말없이 서 있었다. 북한산 아래 도성의 밤이 충만하게 익어가고 있었다.

# 3

## 북한산성은
## 어디에 있는가?
### 최초의 북한산성을 찾아서

• 숙종시대의 젊은 실학자, 북한산성에 오르다

• 성호 이익, 삼국시대의 북한산성을 말하다

• 북한산성에서 고려시대의 중흥산성을 보다

• 삼국시대의 북한산성은 어디에 있었는가?

북한산성 성벽
산의 등줄기를 따라 성벽이 한층 날을 세웠다. 북한산성 북쪽 성벽이 510m 가량의 원효봉 능선을 타고 넘는다.

## 숙종시대의 젊은 실학자, 북한산성에 오르다

새로 쌓은 성첩(城堞, 성가퀴)은 아득해 보여 잡고 오르기 어렵겠다. 그렇지만 산지에 터놓은 길은 제법 평탄해 두 말이 나란히 달려도 괜찮을 정도다.

1712년 숙종이 연잉군과 북한산성에 오르기 몇 개월 전, 한 젊은 선비가 북한산성을 찾는다.* 성곽 공사는 끝났지만 행궁은 아직 완성되기 전이었다. 젊은 선비는 성곽을 따라 걸으며 곳곳을 유심히 살폈다. 성벽을 만져보며 잠시 생각에 잠기기도 했다. 성문은 물론 배수시설인 수구(水口) 하나하나까지 빠짐없이 점검한다. 이 선비는 이미 5년 전에 이곳을 찾아 지세를 살폈었다. 북한산성 축성이 결정되기 전으로, 왕과 대신들이 북한산성 축성을 두고 찬반 의견으로 팽팽히 맞서던 시기였다.

젊은 선비는 성곽을 둘러본 뒤, 실제 전투가 있을 경우 어떤 점이 이롭고 어떤 점에 유의해야 할지를 차분히 헤아린다.

이 성을 지키는 이들은 포(砲)와 화살이 주는 이로움에만 기대지 않아도 될 것이다. 높은 성벽 위에 올라가 몽둥이를 사용하고 돌을 던지는 것으로

*이익은 1712년 북한산성과 북한산을 둘러보고 「유북한기游北漢記」를 남겼다. 이를 참고해 구성했으며, 「유북한기」의 내용을 빌려와 당시 이익의 심정을 표현했다.

도 맹수처럼 훈련된 군대를 물리칠 수 있을 듯싶다. 하지만 수구문(水口門)이 있는 지역은 제법 낮고 평탄해 성을 공격할 때 쓰는 수레와 긴 사닥다리로 기어오를 수 있을 것이다.

이 젊은 선비는 뒷날 조선 실학(實學)의 토대를 마련한 성호(星湖) 이익(李瀷, 1681~1763)이었다. 이익은 주자학(朱子學)에 치우친 당시의 학풍을 비판하고 수기치인(修己治人)의 학문과 경세실용(經世實用)의 자세를 중시했다. 양반 사회와 관료 제도의 모순을 지적하고 조선 사회의 개편을 주장했으며, 역사 인식에 있어서는 실증적이고 비판적인 태도를 지녀야 한다고 믿었다. 지리와 국방 문제에도 관심을 가져 성곽의 방어 기능과 주거 기능을 일치시키는 방안을 강구하기도 했다. 이익의 실학사상은 그의 호를 딴 성호학파가 형성될 정도로 후대에 큰 영향을 미쳤으며, 경세치용의 개혁사상은 실학을 집대성한 다산(茶山) 정약용(丁若鏞)에게 계승된다.

이익은 평생 관직에 나아가지 않고 학문 탐구와 저술에 힘쓰며 후학 양성에 힘을 기울였는데, 거기엔 당쟁에 휩쓸린 비극의 가계사가 가로놓여 있었다. 숙종 대에 사간원 대사간을 지낸 그의 아버지 이하진(李夏鎭)은 1680년 경신환국으로 서인 정권이 들어서자 당쟁에 휘말려 유배지에서 생을 마감했다. 형인 이잠(李潛)은 1706년 집권세력인 서인 노론계 대신들을 비판한 상소를 올렸다가 참혹한 국문(鞫問)을 당하던 중 47세의 나이로 죽음을 맞았다. *

이날 북한산성을 찾았을 땐 형 이잠이 죽은 지 6년이 흐른 뒤였다. 아버지와 형의 죽음이 가져온 상처야 평생 아물랴마는, 갓 서른을 넘긴 이익은 이제 자신의 학문체계를 잡아가던 중이었다.

* 이익의 삶은 그 출발부터 당쟁의 영향 아래 놓여 있었다. 이익은 아버지의 유배지인 평안북도 운산에서 태어났으며, 이듬해 그곳에서 아버지를 여읜다. 그 뒤 경기도 안산에서 형인 이잠을 스승으로 삼아 공부에 전념하지만 정쟁으로 형마저 잃게 되니, 이익은 벼슬길을 단념하고 학문 연구에 매진한다. 18세기를 전후한 당쟁의 소용돌이가 한 가문을 휩쓸었지만 이는 한편으론 새로운 학문을 모색할 수 있는 계기를 만들어주었다.

## 성호 이익, 삼국시대의 북한산성을 말하다

이익은 성곽 구조와 그에 따른 장점과 단점을 논한 뒤, 북한산성의 앞날을 내다본다. 북한산성이 장차 나라와 백성에게 이득이 될지, 아니면 해가 될지는 이를 관리하는 자의 태도에 달렸다는 것이다.

> 장차 백성의 일을 긍휼히 여기지 아니하고 오로지 급히 완성시키는 데만 뜻을 둔다면, 이는 넓적다리의 살을 베어 배를 채우는 일과 다르지 않다. 비록 성을 지키는 장비는 갖추었다 하더라도 적을 막을 군사가 없지 않을까 걱정된다. 또 예로부터, 성을 빼앗기게 되는 것은 이 성을 소홀히 여기는데 대부분 그 원인이 있었다. 병자호란 때 방심하고 있다 청나라에 강화성(江華城)이 함락된 게 바로 그런 경우이다. 천연의 험준한 지형은 믿을만하지만 한편으론 두려워해야 하니, 성은 성을 관리하고 책임지는 자의 처신에 좌우되는 것이다. 이 성(북한산성)이 비록 흠은 있으나, 백제 왕 때 100여 년 동안 터전을 굳힌 곳이다.
>
> – 이익(李瀷), 「유북한기(游北漢記)」, 『성호전집(星湖全集)』

그런데, 이익은 「유북한기(游北漢記)」에서 당시 북한산성 자리에 백제의 옛 성이 있었다고 언급한다.

> "백제 왕 때 100여 년 동안 터전을 굳힌 곳"
> "북쪽은 백운봉에서 동쪽으로 옛 성터까지 뻗었고"

이러한 사실은 이익보다 앞선 실학자 유형원(柳馨遠, 1622~1673)의 글에서도 살필 수 있다. 숙종이 북한산성을 쌓기 50여 년 전인 1656년, 유형원은 『동국여지지(東國輿地誌)』에 "성의 둘레는 9,400척인데, 이는 삼국시대의 북한산성이다."라고 밝힌다.\* 북한산성을 축성하기 전, 축성 여부를 두고 논쟁을 벌인 숙종 대 당시의 사서(史書) 기록에서도 이를 확인할 수 있다.

> 행판중추부사(行判中樞府事) 이여(李畲)가 아뢰었다. (……) "신(臣)이 듣건대, 그 지세가 안팎이 모두 험준해 평탄한 남한산성(南漢山城)보다 못하다 합니다. 그렇지만 백제의 시조(始祖)가 처음 성을 쌓고 그 후 백 년 뒤에야 도읍을 옮겼으니, 한때 머무는 곳으

\* 『동국여지지』는 유형원이 1656년에 편찬한 우리나라 최초의 사찬私撰 전국 지리지이다. 우리 문화와 역사에 대한 자부심을 바탕으로 북부 지방과 만주 지역에 대한 적극적인 고찰이 이뤄졌다. 국토를 사실적이고 실증적으로 파악한 실용적인 지리지라는 평가를 받고 있다.

**성城과 왕국 I** 북한산성이 전하는 스물여섯 가지 한국사 이야기

로는 부족함이 없다고 생각합니다."

- 『숙종실록(肅宗實錄)』 권49, 숙종 36년(1710년) 11월 10일

이처럼 조선시대 사람들은 당시의 북한산성 터에 삼국시대의 북한산성이 있었다고 여겼다. 삼국시대의 북한산성에 대한 이러한 인식은 조선시대 관찬도서 편찬자들의 공통된 인식이기도 했다.[1)]

## 북한산성 지역에서 고려시대의 중흥산성을 보다

당시 일부에서는 이 옛 산성을 고려 시대의 성으로 여기기도 했다.

> 그 이튿날 중흥동(重興洞)으로 들어가니, 고성(古城)이 산봉우리를 빙 둘러 석문(石門)의 수구(水口)에 이르러 끝이 났는데, 이것이 고려의 북한성(北漢城)이다. 석문(石門)을 지나니 너른 바위의 물은 더욱 맑고 돌은 더욱 희었다.
>
> - 허목(許穆), 「고양산수(高陽山水)」 『미수기언(眉叟記言)』

중흥동(重興洞)은 북한산성 내에 있는 한 지역을 이르는데, 이 명칭은 이곳에 있었던 옛 산성인 중흥산성(重興山城)과 관련이 깊다. 중흥산성은 중흥동 석성(重興洞石城), 중흥동 고성(重興洞古城), 고려의 북한성(北漢城)과 같이 여러 이름으로 불렸다. 유형원도 『동국여지지』에서 삼국시대의 북한산성을 소개한 뒤 이를 세간에서는 중흥동 석성(重興洞石城)이라 부른다 했다.

임진왜란이 끝나갈 무렵인 선조 때에도 북한산성 내에 있는 옛 산성, 곧 중흥산성에 대한 언급이 보인다.

> 비변사에서 아뢰었다. (……) "중흥동에 옛 산성이 있는데, 지금까지 석축(石築)이 완연합니다. 사람들의 말에 의하면 고려 때 최영(崔瑩)이 군사를 주둔시켰던 곳이라 하는데, 지금도 그 상봉(上峯)에 있는 암석에는 깃대를 꽂았던 구멍이 있습니다."
>
> - 『선조실록(宣祖實錄)』 권71, 선조 29년(1596년) 1월 28일

중흥동과 중흥산성터

왼쪽의 첫 바위 봉우리가 용혈봉이고
그 오른쪽으로 용출봉과 의상봉이 이
어진다. 의상봉 우측 골짜기에 대서
문이 자리 잡고 있다. 골의 오른쪽으
로는 원효봉과 영취봉이 솟았고, 이
어 노적봉이 산자락을 내린다.
중흥동은 크게 보면 용혈봉과 노적봉
안쪽의 비교적 평탄한 산지를 이르는
데, 북한산성의 중심부에 해당한다.
중흥산성은 이 중흥동을 중심으로 사
방으로 성벽이 이어졌던 고성古城으
로 추정된다.

　　고려 말 최영 장군이 활약하던 1388년 무렵, 우왕(禑王, 재위:1374~1388)
이 요동정벌을 결정하면서 전국의 성곽을 수리하도록 지시하는데, 이때
중흥산성도 수축(修築)하도록 한다. 요동정벌 과정에서 발생할지 모를 만
약의 사태에 대비한 것으로 보인다.

　　이 중흥산성은 언제 쌓은 성일까? 아쉽게도 『고려사(高麗史)』에는 고려
말 우왕 때 수축을 지시했다는 기록이 있을 뿐 언제 처음 성을 쌓았는지에
대한 언급은 찾을 수 없다. 유사시 피난처나 요새지로 삼은 고려시대의 석
성(石城)으로 추정하고 있을 뿐이다.


## 삼국시대의 북한산성은 어디에 있었는가?

　　그러면 지금의 북한산성 터에 있었다는 "백제 왕 때 100여 년 동안 터
전을 굳힌 곳", "삼국시대의 북한산성", "백제의 시조가 처음 쌓은 성"은
또 어떤 성인가? 고려시대의 중흥산성을 말하는가? 아니면 숙종 대에 축
성한 북한산성 자리에 있었던, 백제 시기의 또 다른 성을 이르는가?

　　『삼국사기(三國史記)』에 이 백제 시기의 북한산성에 대한 언급이 보인다.

사서(史書)에 기록된 최초의 북한산성이다.

> 5년(132년), 춘(春) 2월에 북한산성(北漢山城)을 쌓았다.
> - 『삼국사기(三國史記)』 권23, 「백제본기(百濟本紀)」 1, 개루왕(蓋婁王) 5년(132년)

그동안 『삼국사기』의 이 기록은 지금의 북한산성 자리에 백제시대의 북한산성이 있었다는 근거로 제시돼 왔다. 이 입장에 따르면, 삼국시대의 북한산성은 당시 한강 유역에 위치한 백제 도읍을 지키던 산성이었다고 한다. 조선시대 사람들이 말한 삼국시대의 산성 또한 삼국사기에 기록된 이 북한산성을 이른 것이다. 조선시대 사람들은 당시 남아 있었던 옛 성곽을 두고 한편으론 고려시대의 중흥산성이라 부르고 또 한편으로는 삼국시대의 북한산성이라 표현했던 것이다. 아니면 지금의 북한산성 자리에 고려시대의 중흥산성 흔적뿐 아니라 백제시대의 성곽 흔적이 남아 있어, 이를 백제시대의 북한산성이라 따로 불렀을 수도 있지만, 백제시대의 산성 흔적이 분명하게 파악되지 않는 지금 이를 확인할 순 없다. 당시엔 "북한산성 터에 있던 옛 성이 백제의 도읍터"라는 이야기도 전해 내려왔는데, 이러한 전승(傳承)도 삼국시대의 북한산성에 대한 믿음을 강화시켜 주었다.

삼국시대의 북한산성에 대한 이러한 인식은 최근까지 이어져 왔다. 삼국시대의 북한산성이 고려시대의 중흥산성이나 숙종 대의 북한산성과 그 규모나 위치가 일치하지는 않겠지만 지금의 북한산성 터에 있었다고 보고 있다. 지금의 북한산성 자리에 삼국시대의 북한산성이 있었고, 이어 고려시대엔 중흥산성으로, 다시 조선시대 숙종 대엔 북한산성 축성으로 이어졌다는 것이다.

하지만 근래 들어선 『삼국사기』에 기록된 북한산성은 지금의 북한산성 자리가 아니라 다른 곳에 있었다는 주장이 설득력을 얻고 있다. 지금의 북한산성 터에서 백제시대의 산성을 추정해 볼 수 있는 유적이나 유물이 발견되지 않고 있다는 사실이 이 주장을 뒷받침한다.

백운대와 인수봉, 만경대는 북한산을 상징한다. 아래쪽에 만경대의 정상이 보이고, 그 뒤로 백운대 우뚝하고, 그 오른쪽으로 인수봉이 자리를 잡았다. 시인은 관조한다! 나무와 물, 돌과 대기, 숲과 강의 경계가 지워지고 너와 나의 분별마저 없어지고, 땅과 하늘이 이어져 마침내 그곳은 지상의 천계天界, 천상의 현세現世. 거기 서면 그런 세상을 누군들 꿈꾸지 않으랴!

북한산(北漢山)이라는 명칭에 대한 의미 해석도 근거가 되고 있다. 사서(史書)에 나오는 삼국시대의 북한산이란 기록은 산 이름이 아니라 한강 이북의 서울 지역을 가리키는 영역 개념의 명칭이라는 것이다. 이러한 입장은 조선 후기 실학자인 정약용의 견해이기도 하다.[2]

이 북한산성(北漢山城)이 혹시 높은 산 위에 있었던 것이 아닐까 하는 사람도 있지만, 북한산성은 한강 이북 지역을 말하는 북한산(北漢山)에 있는 성이란 말이지, 삼각산을 말하는 북한(北漢)에 있는 산성이 아니다.
- 정약용(丁若鏞), 「한성고(漢城考)」, 『아방강역고(我邦疆域考)』

삼국시대엔 지금의 북한산을 부아악(負兒嶽)이라 불렀다. 북한산의 주봉인 인수봉이 마치 어머니가 아이(兒)를 업고 있는(負) 것처럼 보인다고 해서 부아악이라 이름 지었다고 한다. 한편으론 '부아'를 '뿔'의 향찰 표기(鄕札表記)로 해석하기도 하고, '부아'를 남성의 음낭인 '불'의 향찰 표기로 보기도 한다.

고려시대 초기엔 지금의 북한산을 삼각산(三角山)이라 일컬었으며, 이후 일상적인 명칭으로 자리를 잡는다. 당시 고려의 수도인 개성에서 지금의 서울로 내려오다 보면 북한산의 주봉인 백운대·만경대·인수봉 세 봉우리가 삼각 형태로 솟아올라 마치 세 개의 뿔(角)처럼 보인다 하여 삼각산이라 불렀다고 한다. 북한산이란 말이 산 이름으로 언급된 때는 18세기 후반이나 19세기 무렵으로 보고 있는데, 이 시기에도 삼각산이라는 이름을 주로 사용했다. 숙종 시대에 북한산성을 축조하면서 북한산이란 이름이 혼용되었다는 주장도 있다.

북한산에 대한 이 같은 명칭 용례에 따르면 『삼국사기』에 기록된 개루왕 5년(132년)의 북한산성은 "한강 북쪽 지역에 있는 어느 산성"이 된다. 삼국시대의 북한산성이 지금의 북한산성 자리에 있으려면 『삼국사기』에 "북한산성(北漢山城)"이 아니라 "부아악성(負兒嶽城)"이나 "부아악에 성을 쌓았다."라고 기록되어야 할 것이다. 아니면, "삼각산성(三角山城)", "삼각산에 성을 쌓았다."라고 표기하는 것이 더 적절했을 것이다.

『삼국사기』에 나오는, 개루왕 5년(132년) 이후의 북한산성 관련 기록을 분석해 삼국시대 북한산성의 위치를 찾기도 한다.

> 20년(661년) 5월에 왕이 장군 뇌음신(惱音信)을 시켜 말갈의 무리를 이끌고 신라의 북한산성(北漢山城)을 포위하게 했다. 포위 후 10일이 지나자 신라는 양도(糧道: 군량미 보급선)가 끊어져 성내(城內)가 위태로웠다.
>
> – 『삼국사기(三國史記)』권22, 「고구려본기(高句麗本紀)」10, 보장왕 20년(661년)

이 입장은 위의 기록처럼 고구려 군대가 북한산성을 포위하려면 성이 평지나 구릉 지대에 위치해야 한다고 말한다. 지금의 북한산성 자리는 사방이 험준하고 높은 산줄기로 둘러싸여 있어 당시의 군대가 포위하기 어려운 지형으로 보고 있다.[3]

삼국시대의 북한산성이 지금의 북한산성 자리에 없었다면 『삼국사기』에 기록된 삼국시대의 북한산성은 어디에 있었던 것일까? 그동안 여러 주장이 제기됐지만 아직까지는 정설이 없는 실정이다. 유물과 유적이 나오지 않고, 『삼국사기』의 삼국시대 북한산성에 대한 기록과 이에 따른 후대의 기록 외에는 다른 기록이 없는 상태에서 추정만 할 뿐이다. 그동안 북한산 아래인 북악산 지역과 청와대 부근, 세검정 지역, 미아리와 우이동 일대, 중랑천 유역, 면목동과 중곡동 지역, 아차산성 지역 등 삼국시대 북한산성의 위치에 대한 여러 가능성이 제기됐다. 이러한 추정을 지역별로 크게 나누면 다음과 같다.

- 지금의 북한산성 앞쪽 지역이나 그 주변 지역
- 지금의 북한산성 우측 지역
- 중랑천 유역과 아차산 지역

물론 삼국시대의 북한산성 위치 추정에 대해선 지금의 북한산성 자리에 삼국시대 북한산성이 있었다는 주장도 포함되어야 할 것이다.

앞으로 이 책에서 다룰 삼국시대 북한산성의 위치에 대해선 여러 주장이 제기하는 가능성을 고려해 그 문을 폭넓게 열어두려 한다. 분명한 것은 삼국시대에 서울 지역의 한강 이북 어딘가에, 그것도 이 한강에서 그리 멀지 않은 곳에 북한산성이라고 부른 성(城)이 있었다는 사실이다.

이제 그 최초의 북한산성을 찾아보자. 시간을 거슬러 그 전쟁의 시대로 들어가 보자.

北漢圖（三）

白雲峰

康峰

峰

將臺

訓局

北門

祥雲寺

元曉菴

中城門

國華寺

西巖寺

重興寺

下倉

暗門

暗門

# 4

## 삼국시대의
## 성곽 전시장,
## 우리 성곽의 요람

## 온조(溫祚), 북한산에 올라 나라를 열다

강줄기가 은빛 햇살을 감아올린다. 눈이 부시다. 부아악(負兒嶽, 북한산) 바위 봉우리 정상 아래로 야산과 구릉이 펼쳐지고 그 뒤로 큰 강이 완만한 곡선을 그리며 꿈틀거린다. 큰 물줄기 아리수(阿利水, 한강), 뒷날 이 지역에선 욱리하(郁里河), 한수(漢水)라 부른 그 강이다. 강은 드넓은 한산(漢山: 지금의 서울 지역)을 남과 북의 두 곳으로 나누며 서쪽으로 힘차게 흘러간다.

바위 봉우리 정상에 선 온조(溫祚, 재위: 기원전 18년~기원후 28년)는 그 큰 물줄기로 시선을 던진 채 한동안 미동도 하지 않는다.* 이윽고 잠시 눈가가 젖는가 싶더니 온조는 이내 두 다리에 힘을 준다. 바위 감촉이 다시 생생하게 살아난다. 그렇게 아리수로 먼 시선을 둔 채 온조는 얼마 전 떠나온 고구려의 혼강(渾江)을 떠올린다. 도성인 홀슬골성(紇升骨城) 앞으로 넓은 들판이 펼쳐지고 그 들판을 가로질러 혼강이 흘렀다. 한데 이제는, 푸른 빛 가득한 혼강의 아침을, 노을 내린 들판을 껴안던 혼강의 저녁을 다시는 보지 못하리라.

아버지 고주몽(東明聖王)이 부여에 있을 때 둔 아들이 태자가 되자, 온조는 자신을 따르는 신하들과 함께 고구려를 떠나기로 했다. 그렇게 새로운 땅을 찾아 남으로 향했고, 그 장정의 길에서 한산을 호위하듯 솟은 이곳 부아악에 올랐다.

한동안 모두 말이 없다. 바위 봉우리 아래 펼쳐진 연봉(連峰)과 구릉, 강과 들판 풍경에 온통 마음을 빼앗기고 있다. 온조는 함께 온 열 명의 신하를 천천히 둘러본다.

> "저 아래 땅은 큰 강을 곁에 두고 있습니다. 한쪽은 높은 산으로 막혀 있고 다른 한쪽은 해안 지역과 인접해 있습니다. 게다가 주변엔 비옥한 토지까지 충분합니다. 이는 하늘이 내린 지세이니, 이런 곳은 어디에서도 찾기 힘들 것입니다. 이곳을 도읍(都邑)으로 삼는 게 어떻겠습니까?"

*'온조, 북한산에 올라 나라를 열다'는 기원전 18년 온조가 부아악에 올라 도읍터를 정했다는 『삼국사기』의 기록(『삼국사기』 권23, 「백제본기」 1, 시조 온조왕)을 토대로 구성했다. 온조의 '한반도 백제' 건국 외에 또 다른 백제에 대한 건국설도 있다. 고주몽의 부인으로 고구려 건국을 도운 소서노와 그의 아들 비류가 요서 지역에 나라를 건국했다는 '대륙 백제설'이 있으며, 부여계 왕족인 구태가 백제를 세웠다는 설도 전해온다.

온조는 머리를 끄덕인다. 부아악 정상에 올라 아리수를 대면한 그 순간, 온조는 이미 결정을 내렸다. 거부하기 힘든 운명, 온조는 이게 계시일지도 모른다고 여긴다. 그때 바위 봉우리 아래로부터 묵직한 뭔가가 몸으로 흘러드는 듯했다. 전신을 뒤흔드는 견고한 힘, 온 마음을 채우는 땅과 하늘의 기운, 온조는 부아악의 바위 봉우리와 하나가 돼가고 있었다.

이곳에서 나라를 열리라. 아버지의 나라 고구려가 아닌 나의 나라, 나를 따르는 신하들과 또 나와 함께 할 백성들, 이 모두의 세상을 이곳 부아악 아래 저 강과 들판에 펼치리라.

## 한강과 북한산 지역을 점령하라

기원전 18년, 온조가 북한산에 올라 한강 유역에 도읍을 정하면서 한강과 북한산은 우리 역사의 전면에 등장한다. 이날 온조의 북한산 등정은 삼국쟁패의 서막이었고 이후 수백 년 계속될 삼국전쟁의 전주곡이었다. 고대국가의 형성과 발전 과정은 전쟁의 역사라 해도 과언이 아닌데, 백제의 건국 이후부터 신라가 삼국을 평정하는 7세기까지 백제와 고구려, 신라는 밀고 밀리는 치열한 전투를 벌인다. 이는 크게 보면 한강과 북한산 지역을 두고 벌어지는 영토전쟁이었다.

한반도의 중앙부에 위치한 한강 하류 지역은 큰 강을 낀 곡창지대이면서도 주변이 산지로 적당히 둘러싸여 있다. 더구나 북쪽의 높은 산줄기는 천혜의 장벽이 되어준다. 사철 마르지 않는 한강은 물자를 옮기고 사람이

**북한산의 얼굴**
백운대와 만경대 너머로 북한산의 연봉이 큰 줄기를 이루며 뻗어내리고, 그 아래에 넓고 큰 땅을 펼쳐놓는다. 거기에 더해, 마르지 않는 강줄기까지 내어주니 ……. 대지가 열린 이래 북한산은 하나의 얼굴, 하나의 동일한 이미지와 상징으로 고정되지 않았다. 그곳은 신들의 소요지이자 신앙의 숲이며, 생명의 터이자 삶의 언덕이었다. 개국의 땅이자 욕망과 약속의 전쟁터였다.

이동할 수 있는 최적의 수운(水運) 교통로이며, 바로 서해와 연결돼 바닷길 이용에도 유리하다. 이 바닷길을 통해 중국 대륙과 직접 교섭하고 문화교류까지 가능해, 한강 하류 유역은 문명 발전의 지정학적 토대가 되기도 했다.

이런 요건을 갖춘 한강 지역은 삼국 간의 패권 경쟁 내내 최우선 전략요충지였다. 삼국 각국은 한강 지역을 방어하고, 또 한강 지역을 빼앗기 위해 국력을 총동원해 전투와 전쟁을 벌였다. 한강과 여기에 인접한 북한산 지역은 고대 시기 국가 발전에서 그만큼 중요한 지역이었다.

한강과 북한산을 차지하는 자, 천하를 얻으리라!

백제는 한강과 북한산 지역의 첫 맹주였다. 한강 지역을 기반으로 고대 국가의 기틀을 다져나갔는데, 백제는 주변 국가와 크고 작은 전쟁을 치르면서 4세기까지 한강과 북한산 지역에서 강력한 지배권을 행사한다. 4세기 말엔 고구려의 남진 정책에 맞서 예성강과 임진강, 한강 지역에서 공방전을 벌이다 475년 들어 고구려에 한강 지역을 내주고 웅진(熊津, 공주)으로 도읍을 옮긴다.

> 21년(475년) 추(秋) 9월에 (……) 고구려의 대로(對盧)인 제우(齊于)·재증걸루(再曾桀婁)·고이만년(古爾萬年) 등이 병사를 거느리고 와서 북성(北城)을 쳐 7일 만에 함락하고, 옮겨 남성(南城)을 치니 성 안이 흉흉하였다.
> - 『삼국사기(三國史記)』 권25, 「백제본기(百濟本紀)」 3, 개로왕(蓋鹵王) 21년(475년)

*고구려가 475년에서 551년까지 한강 하류 지역을 점령했다는 통설에 대한 반론도 만만치 않다. 이 시기에도 백제가 한강 하류 지역 전체를 지배했다고 보는 경우, 한강 이북 지역은 고구려가 차지하고 한강 이남 지역은 백제가 점령했다는 설, 백제가 일부 시기에 한강 하류 지역을 차지했다는 주장 등 조금씩 다른 학설이 제기됐다.

백제의 남하 이후엔 고구려가 한강과 북한산 지역의 실력자로 군림한다. 고구려는 6세기 중반 백제와 신라 연합군에 의해 한강 유역에서 물러날 때까지 80년 가까이 한강 지역을 지배한다.*

이후 한강과 북한산 지역의 패권은 백제도 고구려도 아닌 다른 나라에게 돌아간다. 6세기 중엽 신라의 진흥왕이 북한산에 올라 국경비인 북한산순수비(北漢山巡狩碑)를 설치함으로써 한강과 북한산 지역은 신라의 영

**성城과 왕국** ┃ 북한산성이 전하는 스물여섯 가지 한국사 이야기

토가 된다. 한강 유역의 세 번째 점령자로 등장한 신라는 이 지역을 기반으로 중국과 교류하고 국력을 키워 삼국통일의 물적 기반을 마련한다.

> 총장(摠章: 당 고종 대의 연호) 원년(668년)에 (……) 문무대왕(文武大王)이 인문(仁問)과 함께 군사 20만 명을 동원하여 북한산성에 이르렀다. 왕은 이곳에 머무르고 먼저 인문 등을 보내 군사를 거느리고 당의 군사와 만나 평양을 공격하게 했다. 이에 한 달여 만에 보장왕(寶藏王)을 잡았다.
>
> ─『삼국사기(三國史記)』권44, 「열전(列傳)」4, 김인문(金仁問)

## 삼국시대의 성곽 전시장

### 성(城)의 얼굴은 다양하다

고대사회에서 성(城)은 통치의 거점이자 행정의 중심지였다. 생산물이 모이고 재화가 유통되는 경제의 구심점이기도 했다. 한 지역의 문화표현물이 창조되고 문화양식이 형성되던 문명의 공간이었다. 통치자와 지배층의 거주지인 성은 지배의 정당성과 정치권력의 지속을 보장하는 이데올로기적 상징 구조물이기도 했다.

그러면서도 성은 전쟁이 수행되는 현실의 공간이었다. 전투가 벌어지는 장소이자, 적과 아군의 군사적 물리력이 충돌하는 전쟁터였다. 적에 대항해 생명과 재산을 지키고 삶의 터전과 영토를 안전하고 지속적으로 점유하려는 방어시설이었다.

고대 시기 삼국 간의 전투는 대부분 성곽전투였다. 성곽을 사이에 두고 성을 지키려는 군대와 성을 함락시키려는 군대와의 수성전(守城戰)과 공성전(攻城戰)이 삼국시대 전투의 기본 양상이었다. 그런 만큼 삼국은 모든 역량과 기술을 동원해 요충지마다 성을 쌓았다. 국가 자본과 대규모 인력이 투여된 성곽은 당대 최고의 기술과 지식이 구현된 첨단 시설물이기도 했다.

수 세기 동안 치열한 전투가 벌어진 한강과 그 주변 지역엔 다른 지역에 비해 그만큼 많은 성곽이 축조됐다. 한강 남쪽에 풍납토성(風納土城)·몽촌토성(夢村土城)·이성산성(二城山城)·주장성(晝長城), 한강 북쪽에 북한산성(北漢山城)·아차산성(阿且山城)·불암산성(佛岩山城)·대모산성(大母山城)·고봉산성(高峯山城)·아차산 및 구의동 일대의 보루(堡壘) 등이 축성돼 삼국쟁패의 격전지가 됐다. 이밖에도 지금은 이름만 전해오는 크고 작은 성곽이 한강과 그 주변 지역에 축성됐다가 전쟁의 소용돌이에 명멸해갔다.

이처럼 삼국시대 전 시기에 걸쳐 한강과 북한산 지역에는 여러 성곽이 축조됐으며, 이는 이후 우리 성곽 발전의 모태가 된다. 한강과 북한산 지역을 중심으로 한 지금의 경기 지역은 가히 삼국시대의 성곽 전시장이라 할만 했다.[1]

성곽(城郭)은 내성(內城)을 뜻하는 성(城)과 외성(外城)을 지칭하는 곽(郭)을 함께 이르는 말이지만 지금은 대개 성(城)과 같은 의미로 사용한다.[2]

성곽은 축조된 지형에 따라 산성(山城)과 평지성(平地城)으로 구분된다. 성벽의 일부분이 산지나 평지의 일부를 포함하고 있는 성곽을 평산성(平山城)이라 해 따로 구분하기도 한다.

목적과 기능에 따라서도 다양하게 나뉜다. 도성(都城)은 한 나라의 왕궁과 행정 중심지인 수도를 지키기 위한 성이며, 읍성(邑城)은 지방의 행정·경제·군사 중심지 역할을 하는 성곽이다. 전쟁이나 민란에 대비해 축성한 산성(山城)이 있으며, 군사 요충지에 쌓은 진보(鎭堡), 국경과 요새지에 쌓은 대규모 성곽인 행성(行城)도 있다. 행재성(行在城)은 왕이 행차할 때 일시 머무는 행궁(行宮)을 둘러싼 성곽이며, 창성(倉城)은 창고를 보호하기 위해 쌓은 성을 말한다.

성곽 축조에 사용된 재료에 따라 성을 구분하기도 한다. 대부분의 성곽은 흙으로 성벽을 쌓은 토성(土城)과 돌로 쌓은 석성(石城)에 해당되는데,

흙과 돌을 함께 사용한 토석혼축성(土石混築城)도 있다. 익산 토성의 경우가 토석혼축성이다. 벽돌로 쌓은 전축성(塼築城)은 우리나라에선 드문 성곽으로 강화산성과 수원 화성 일부가 벽돌로 축조됐다. 나무를 사용해 만든 성곽은 목책성(木栅城)이라 했는데, 이는 초기 성곽의 한 형태이다. 주요 길목에 나무를 심어 이를 방어벽으로 활용하는 목성(木城), 목책에 진흙을 발라 방어력을 높인 목책도니성(木栅塗泥城), 사슴뿔 모양의 목재를 활용해 적의 접근을 막는 녹각성(鹿角城)도 있었다.

### 한강 유역에 성곽을 축조하라! 한성시대의 백제 성곽

삼국이 서로 반목하고 전쟁을 벌이면서도 문물을 교류하고 영향을 주고받으며 나름의 문화를 발전시켜 나갔듯이 성곽 또한 마찬가지였다. 삼국은 한국의 성곽이라는 공통된 기반을 가지면서도 지역과 풍토에 맞고 전투전략에 적합한 각자의 성곽을 이 땅에 쌓았다.

백제는 한강 유역에 근거지를 둔 한성시대(漢城時代)에 가장 활발한 축성사업을 벌였다. 『삼국사기』에 따르면, 온조의 건국에서 5세기 중반에 이르는 한성시대에 모두 18회의 축조가 이뤄졌다. 이는 웅진시대의 7회나 사비시대의 4회에 비해 월등히 많은 축성 횟수다. 기원 전후 1세기 동안에만도 12회에 이르는 축성 사업을 벌였다.[3] 이는 백제 초기에 주변국과의 전쟁이 많았다는 뜻이기도 한데, 백제는 한강 지역에 도읍을 정한 뒤 연맹체 형태의 작은 나라를 흡수하고 주변 국가와의 전쟁을 거치면서 영토를 확장해 나갔다. 주변 세력과의 갈

**풍납토성**

서울 올림픽대교와 천호대교 사이의 한강 남단에 위치해 있다. 평지 토성으로 지금은 2.1km 정도가 남아 있는데, 전체 길이가 약 3.5km 달하는 큰 성이었을 것으로 추정한다. 일부 구간은 성벽 높이가 8m, 기초 부분의 너비가 약 30m에 이른다. 기원 전후에 성을 쌓기 시작해 늦어도 서기 200년 무렵에 축조가 끝났을 것으로 보고 있다. 이 시기에 이런 대규모 성을 쌓을 수 있다는 사실은 백제가 이미 이 무렵에 강력한 왕권을 갖춘 고대국가였음을 말해준다.

등이 국가 존립에 위협이 되기도 했지만 이를 극복해나가는 과정에서 비교적 이른 시기에 고대국가의 기틀을 마련하게 된다. 한성시대 백제의 성곽 축성사(築城史)는 곧 백제의 고대국가 발전사와 다름없다.

백제 초기의 성곽시설은 주로 한강 유역을 따라 펼쳐진다. 한강 남쪽과 북쪽에 크고 작은 성곽을 쌓아 외침에 대비하고 도성을 보호했다. 사서(史書)에 기록된 위례성(慰禮城)·북한산성(北漢山城)·한성(漢城)·북성(北城)·남성(南城) 등이 이 시기에 축성됐다.

한성백제 시기의 성곽은 토성(土城)이 주류를 이룬다. 도읍을 웅진으로 옮긴 5세기 후반 이후에는 점차 석성(石城)이 늘어나지만 이 시기엔 평지나 야트막한 구릉 지대를 택해 흙을 층층이 다져가면서 성벽을 쌓아올리는 판축기법(版築技法)으로 토성을 쌓았다. 백제 초기의 도성으로 추정되는 한강 남단의 풍납토성(風納土城)과 인근의 몽촌토성(夢村土城)이 대표적이다. 풍납토성은 한강을, 몽촌토성은 한강의 지류인 성내천(城內川)을 자연 해자(垓子)로 이용해 방어력을 높였으며 주변 지역에도 소규모 성곽시설을 두었다.

산성(山城)의 경우엔 중형과 소형 산성이 대부분이었다. 이 시기 백제는 대규모 양상의 장기전이 아니라, 중소 규모의 단기전에 의해 주변 국가와 맞서나갔던 것이다.

**남부 최전선을 사수하라! 한강 유역의 고구려 보루**

고구려는 성곽(城郭)의 나라였다. 지금까지 알려진 고구려 성곽만도 200여 개에 이르며, 나라 이름 자체가 성(城)에서 유래했을 정도다. 고구려 사람을 '구려(句麗) 사람'으로 불렀는데 구려는 성(城)이나 고을을 뜻하는 구루라는 고구려 말을 한자로 옮긴 것이라 한다.

4세기 후반 남진정책을 실시한 고구려는 5세기 초반엔 임진강과 한탄강, 양주와 한강 지역까지 진출해 백제와 접전을 벌인다. 이 시기 고구려는 기존의 백제 성곽시설을 활용하기도 하지만 점령지에 새 성곽시설을 축조해 전쟁을 수행해나갔다. 고구려 남부전선이랄 수 있는 이 지역에는

**성城과 왕국 l** 북한산성이 전하는 스물여섯 가지 한국사 이야기

특히 보루(堡壘)가 많이 축조됐다. 소규모 방어시설이자 진지인 이 보루는 같은 시기 주변 국가에서는 찾아보기 힘든 관방시설이었다.[4]

당시 고구려의 남부 최전선이었던 한강 북단의 경우 지금의 아차산 일대와 구의동 지역을 중심으로 보루 시설이 구축됐다. 주로 해발 300m 내외의 능선을 따라 배치됐으며, 일부는 구릉에 설치된 보루도 있었다. 둘레 400m 이하로 규모는 작지만 능선을 따라 여러 개의 보루가 서로 연결돼 있어 대규모 방어기지 못지않은 역할을 수행했다. 이 보루에서 한강 남단에 있는 적의 동태를 살피고, 필요할 땐 보루를 근거지로 국지전을 펼치기도 했다. 한강을 건너 북상하려는 적을 막기 위한 방어기지이자 고구려 군대가 한강을 건너기 위한 교두보 역할을 하기도 했다.

보루 시설은 크게 보아 외곽의 성벽과 보루 내부의 시설물로 이뤄져 있었다. 성벽은 높은 곳이 4m 내외이며, 거의 대부분의 성벽이 돌로 축조됐다. 고구려 성곽의 한 특징으로 석성(石城)을 꼽는데, 한강 북단의 보루 또한 이런 전통을 이었다.

내부 시설은 막사용 건물이 중심을 이뤘으며, 여기엔 온돌이 설치돼 있었다. 또한 보루 내에는 저수시설과 배수시설을 마련하고 군수품과 식량을 보관하는 창고를 두었다. 간이 대장간도 있어 보루에서 무기를 수리하

**구의동 보루** _왼쪽
**철솥과 시루** _오른쪽

1977년 발굴조사 당시의 구의동 보루이다. 한강 북쪽에 위치한 구릉 정상에 구축돼 있어 한강 남쪽에 있는 백제 풍납토성과 몽촌토성이 한눈에 조망된다. 고구려 군대의 최전방 초소였다. 구의동 보루에서는 철솥이 온돌 아궁이에 걸린 채로 출토됐다. 다른 보루에서는 이런 예가 없다는 사실을 감안할 때 이곳에 주둔한 병사들은 기습공격으로 전멸한 것으로 짐작된다.

고 간단한 철제 기구를 제작했다. 최근의 발굴에선 디딜방앗간과 토기 공방으로 추정되는 시설이 나왔으며, 무기류 외에 보습·낫·호미 등의 농기구, 물레로 실을 지을 때 쓰는 부품인 방추차, 물고기를 잡는데 필요한 어망추도 발견됐다. 이로 미루어, 한강 북단의 고구려 보루에 주둔했던 병사들은 군사 임무를 수행하며 한편으론 자급자족의 의식주 생활을 영위했던 것으로 파악된다.

### 한반도 패권의 제1 전선, 한강과 북한산 지역의 신라 성곽

6세기 중엽 한강 유역에 진출한 신라는 이전 시기의 이 지역 성곽시설을 수축해 활용하고, 한편으론 한강 지역 요충지에 새로운 성곽을 축조해 영토전쟁을 벌였다. 삼국항쟁 후반기인 7세기엔 주로 북한산성과 칠중성(七重城, 파주) 등 한강 이북 지역에서 고구려와 전투를 벌인다. 삼국항쟁기인 이 시기에 이성산성(二城山城, 하남)·아차산성(阿且山城, 서울)·대모산성(大母山城, 양주)·고봉산성(高峯山城, 고양)·반월산성(半月山城, 포천) 등이 축성되고 수축된 것으로 보인다.[5]

7세기 후반 한반도에서 당나라를 축출하기 위한 전쟁은 주로 한강에서 대동강에 이르는 지역에서 벌어졌다. 이 시기엔 남한산성(南漢山城)의 전

**아차산성**

서울 한강 북단의 광장동과 구의동에 걸쳐 있는 석성으로 백제 풍납토성과 약간 비껴서 마주하는 곳에 있다. 백제가 3세기 후반에 축조했지만 고구려의 성이 되었다가 이어 신라가 점령했다. 475년 백제 개로왕이 고구려군에 죽임을 당한 곳이며, 590년 고구려의 온달 장군이 신라군과 싸우다 전사한 곳이기도 하다. 지금의 석성은 7세기 초에 신라가 축성했다. 성내에서 출토된 기와에 새겨진 '북北', '한漢', '한산漢山' 등의 명문銘文을 근거로 아차산성이 신라의 북한산성北漢山城이었을 가능성이 제기되기도 했다.

신으로 보고 있는 주장성(晝長城, 경기도 광주)이 축조됐다. 덕진산성(德津山城, 파주)·호로고루(瓠蘆古壘, 연천)·당포성(堂浦城, 연천) 등 임진강 유역의 성곽시설을 확장하기도 했다.

한강을 중심으로 한 경기도 지역의 신라 산성은 대부분 해발 100～300m 이하의 낮은 지역에 위치하고 있다. 이로 보아 신라의 성곽은 전투뿐 아니라 행정 기능까지 겸비했던 성곽시설로 파악된다. 아차산성에서 출토된 '북한(北漢)'이나 오두산성에서 나온 '천정(泉井)' 등 지방행정 명칭이 찍힌 기와 유물도 이러한 사실을 뒷받침한다.

또한 이 시기 신라 성곽은 대부분 석성(石城)으로, 일정한 크기로 다듬은 화강암계의 돌을 사용해 성벽을 쌓았다. 이는 토성(土城)이 주류를 이룬 한성백제 시기의 한강 지역 성곽시설과 차이를 보이는 부분이다. 이 시기 신라인들은 정교하고 수준 높은 축성기술로 견고한 성벽을 쌓았는데, 이런 점으로 보아 축성기술자로 구성된 공병부대가 군대 내에 따로 있었을 것으로 보고 있다.

신라는 한강 유역을 점령하고 이 지역을 기반으로 삼국통일의 대업에 매진할 수 있었다. 이 과정에서 한강 지역을 중심으로 한 여러 성곽이 안전한 방어기지이자 튼튼한 거점 구실을 했다.

北漢圖(三)

白雲峰

廉峭峰

將臺

訓局

國華寺

西藏寺

元曉菴

祥雲寺

下倉

中城門

國覺寺

暗門

暗門

# 5

## 신라 진흥왕은
## 왜 북한산에
## 비를 세웠나?

- 추사(秋史) 김정희,
  북한산순수비(北漢山巡狩碑)를 세상에 알리다

- 북한산에 새긴 진흥왕의 꿈

- 북진과 남진, 5~6세기 삼국쟁패기

- 패도정치(覇道政治)와 왕도정치(王道政治),
  그리고 영토확장

## 추사(秋史) 김정희, 북한산순수비(北漢山巡狩碑)를 세상에 알리다

북한산 남서쪽 연봉(連峰)의 한 봉우리, 능선과 바위가 어우러져 절경을 이룬다. 오른쪽으로 서해 연안 지대가 긴 띠를 두르며 열려 있고, 앞으로는 한강이 잡힐 듯 다가온다. 그 바위 봉우리 정상, 오래된 비석 하나가 묵묵히 도성(都城)을 내려다보고 있다. 낡고 거칠어 보이는 색과 질감, 비석 상단부에 나있는 균열, 비면(碑面)에 낀 이끼. 오랜 풍화를 견뎌온 듯 세월의 무게가 역력하다. 신라 말기의 승려인 도선(道詵)의 비석이라느니, 고려 말에서 조선 초에 활동한 승려 무학(無學)의 행적과 관련이 있다느니 하며 세간에 전해온 그 비(碑)이다. 높이 1m 55cm 폭 71cm 가량, 이곳에 비석이 있다 해 봉우리 이름마저 비봉(碑峯)이라 불러왔다.

비면(碑面)에 이끼가 두껍게 끼어 있어 마치 글자가 없는 것 같다. 문지르니 자형(字形)이 만져진다. 처음부터 이지러진 비석이 아닌 것이다.

*1816년 김정희는 북한산 비봉의 진흥왕순수비 현장을 답사했다. 이때의 정황을 김정희가 쓴 「진흥이비고眞興 二碑考」의 기록을 토대로 구성했다.

비석 표면을 만지는 추사(秋史)의 손이 떨리고 있었다.* 비석 가까이 몸을 가져가자 손끝으로 글자의 요철이 좀 더 확연하게 느껴진다. 비석의 주인이 누구인지, 또 비석에 새긴 글자의 내용이 무엇인지 그 진위를 확인하는 순간이었다. 근래 몇몇 학자들 사이에서 이곳 비석을 두고 신라시대의 왕이 세운 비석이란 말이 전해왔다. 1816년 가을, 추사 김정희(金正喜, 1786~1856)는 그 비석의 내용을 분명히 밝히기 위해 북한산 비봉에 오른 것이다.

비문(碑文)은 마멸로 상당 부분 판독이 어려운 상태였다. 추사는 이 비석을 탁본하고 비문의 글자를 해독해 그 내용을 세상에 알린다.

> 마침내 이를 진흥왕(眞興王)의 고비(古碑)로 단정하고 보니, 1천2백 년이 지난 고적(古蹟)이 하루 아침에 밝혀져서 무학비(無學碑)라고 하는 황당무계한 설이 변파(辨破)되었다.
> - 김정희(金正喜), 「진흥이비고(眞興二碑考)」 『완당전집(阮堂全集)』

비봉 정상에 놓인 북한산진흥왕순수
비, 서울 지역과 멀리 한강 유역을 굽
어보고 있다. 일제강점기에 촬영된
사진이다.
이 북한산진흥왕순수비는 지금은 국
립중앙박물관에 보관돼 있으며 비봉
정상에는 모조 비석을 세워놓았다.

신라의 진흥왕(眞興王, 재위: 540~576)이 북한산에 오른 뒤 1260여 년, 한
강 하류와 북한산 지역을 점령하고 삼국통일의 기틀을 마련한 진흥왕의
원대한 포부가 추사 김정희에 의해 다시 세상에 알려지는 순간이었다. 동
맹과 전쟁을 거듭했던 6세기 중반 삼국 간의 영토전쟁 내막이 장막을 벗
고 있었다.

## 북한산에 새긴 진흥왕의 꿈

555년, 진흥왕은 한성(漢城: 지금의 서울 지역)을 거쳐 북한산을 찾았다. 백
제를 연 온조가 북한산에 오른 지 570여 년이 지난 뒤, 이제 신라의 왕이
북한산에 오른 것이다. 한강 하류 점령의 주역인 신하들도 이 순행(巡幸)에
참가했다. 백제의 지난 도읍지였던 한성을 확보하고 한강과 북한산 지역
이 신라의 영토임을 다시 한번 확인하는 자리였다.

진흥왕은 4년 전 백제와 연합해 한강 지역에서 고구려를 격파하고, 뒤
이어 백제까지 밀어냄으로써 한강 하류 유역까지 신라의 영토로 편입시
켰다. 이렇게 한강 하류와 북한산 지역을 점령함으로써 신라는 수백 년 계
속된 삼국 간의 한반도 패권전쟁에서 이제 극히 유리한 고지를 점령하게

**비봉**

사진 가운데에 솟은 바위 봉우리가 진흥왕이 올랐던 비봉 정상이다. 그 오른쪽으로, 조선시대 벼슬아치들이 관복을 입을 때 쓰던 모자인 사모紗帽를 닮았다는 사모바위가 보인다. 능선 아래 골에는 8세기 중반에 창건돼 지금까지 이어오는 승가사僧伽寺가 자리 잡고 있다.

됐다. 서해로 통하는 교통로를 확보해 중국과 직접 통교하며 문화교류를 해나갈 수 있는 발판 또한 마련됐다. 이전까지의 신라가 동해문화권에 한정돼 있었다면 이제 한반도의 중앙에 진출해 서해문화권까지 아우르게 된 것이다. 낙동강 지역과 한강 지역을 하나로 묶어내는 신라의 한강 하류 진출은 이후 한반도 단일문화권 형성의 탄탄한 출발점이 될 터였다.[1]

비봉 정상에 서서 왕은 한참 동안 한성을 내려다보았다. 그곳은 수백 년 동안 반목하며 전쟁을 벌여온 백제의 이전 도읍지였고, 북방의 강국인 고구려가 남진정책을 펼치던 전략요충지였다. 이제 진흥왕 자신이 다스리는 신라가 그곳 한성을 차지한 것이다. 그 한성의 한가운데로 이날도 어김없이 큰 강 아리수가 흘렀다. 진흥왕은 쉼 없이 흐르는 그 물줄기를 마음에 안아 들이려는 듯 가슴을 활짝 열었다.

그동안 이곳에 오기 위해 얼마나 많은 군사들이 피를 흘렸는가?
또 얼마나 많은 장벽을 넘어야 했는가?

*진흥왕의 즉위에 대해 『삼국사기』에는 7세 즉위로, 『삼국유사』에는 15세 즉위로 기록돼 있다. 여기서는 『삼국사기』의 기록을 따랐다.

이제 왕의 나이 스물셋. 일곱 살에 왕위에 올라, 한때 정치력이 미숙하기도 했고 왕권이 흔들릴 때도 있었다.* 하지만 외부의 적은 어린 왕을 단련시켰고, 젊은 왕은 전쟁을 거치면서 강한 군주의 면모를 하나하나 갖추

**성城과 왕국 ┃ 북한산성이 전하는 스물여섯 가지 한국사 이야기**

어나갔다. 분노를 감춰야 했던 굴욕의 전쟁터도 있었고, 수많은 병사의 죽음을 뒤로 한 채 처참히 물러나야 했던 패전의 퇴각로도 있었다. 승리의 함성을 들으며 대신들과 다음 진격로를 찾기도 했고, 일진일퇴의 교전 아래 마지막 결단을 내려야했던 위기의 순간도 있었다.

그리고 이날의 북한산 등정. 왜구와 주변 국가에 시달려온 약소국 신라라는 부끄러운 이름을 던지고 마침내 한강의 주인으로 당당히 북한산을 밟은 것이다. 이날의 순행은 꿈과 패기만을 갖춘 청년 왕이 아니라, 지략과 넓은 시야까지 갖춘 성년 왕으로서의 진흥왕을 세상에 알리는 자리이기도 했다. 왕은 다짐했다.

> 이곳에서 다시 비상하리라. 저 푸른 아리수 강줄기 마르지 않는 한, 이 굳건한 부아악의 산봉우리 무너지지 않는 한, 더 높이 날아오르리라. 지금보다 더 넓고 깊은 창공을 이 땅 위에 펼치리라.


## 북진과 남진, 5~6세기 삼국쟁패기

신라의 본격적인 북방 진출은 5세기 중반 이후에 시작됐다. 신라는 보은·청원·옥천·영동·상주 등에 성곽을 축조해 전진기지로 삼은 뒤, 이후 소백산맥 이남과 낙동강 상류 지역을 확보했다. 하지만 신라의 영토 확장은 고구려의 남진에 막혀 주춤하게 되고, 신라는 소백산맥을 경계로 고구려와 한동안 대치 국면에 들어간다.[2]

백제는 고구려의 장수왕에 밀려 475년 한강을 넘겨주고 남쪽으로 도읍을 옮긴 상태였다. 그 이전, 고구려의 남진정책에 맞서 신라와 백제는 우호관계를 맺고 고구려에 함께 대항해 왔다. 이른바 나제동맹(羅濟同盟, 433~553)의 시기였다.

5세기 중반에서 6세기 전반, 삼국은 경기 지역과 경북 북부 지역, 충청 지역을 전쟁터로 삼아 뺏고 빼앗기는 크고 작은 전투를 계속했다. 고구려가 우세해 보였지만 실은 어느 한쪽도 확고한 지배권을 확보하지 못했다. 오늘의 아군 점령지가 내일은 적의 영토가 되는 전황(戰況)이어서 장기적인 국경선을 설정하는 것 자체가 무리일 정도였다. 한편으론 동맹의 밀월 속에서도 신라와 백제는 군사적 대처를 계속했는데, 양국은 국경지대에 성곽을 쌓으며 긴장을 늦추지 않았다.

이러한 시기에 등장한 진흥왕은 이전보다 더 강력한 영토확장 정책을 추진했다. 550년 무렵 진흥왕은 고구려와의 대치를 끝내고 소백산맥(죽령)을 넘어 단양 지역에 진출한다. 진흥왕은 이곳에 단양 적성비(丹陽赤城碑)를 세워 영토 확장을 알리고 전투에 공을 세운 인물과 지역민을 위로한다.* 이어 진흥왕은 단양 지역에서 서진(西進)해 충주와 청주 지역을 점령하고 남한강을 따라 북진을 계속했다.

551년, 백제와 연합한 신라는 한강 지역의 고구려 군대를 공격해 고구려를 한강 이북으로 밀어낸다. 이때의 승리로 신라는 한강 중상류로 진출하고 백제는 한강 하류를 차지한다. 백제에겐 한강 재점령이자 옛 도읍지 탈환이었다. 하지만 자국의 발상지인 한강 유역 차지도 잠시, 553년 신라의 급습으로 백제는 한강 하류 지역에서 물러나게 되고 신라는 이제 한강 하류 지역까지 점령하게 된다.

나제동맹은 결렬되고 백제는 사활을 건 전투를 감행한다. 554년 백제는 가야(伽倻)와 일본 열도의 왜군(倭軍) 세력까지 규합해 지금의 충청북도 옥천 지역에 위치한 신라의 관산성(管山城)으로 진격한다. 신라는 백제의 군사력을 분산시키기 위해 고구려에 원군을 요청하지만 백제는 이마저 물리치고 여세를 몰아 관산성을 함락시킨다. 한데, 백제의 승리로 끝날 것 같던 이 전투는 백제 왕인 성왕(聖王)이 피습됨으로써 전세가 급속하게 신라에 기울게 되고 백제는 약 3만 명의 군사를 잃는 참패를 당한다.

이 관산성 전투의 승리로 진흥왕은 한강 유역을 안정적으로 지배할 수 있는 확고한 토대를 마련한다. 그리고 다음 해인 555년, 진흥왕은 이제 신라의 영토가 된 한강 유역의 한성을 둘러보고 이 한성을 호위하는 북한산에 오른다.

*단양 적성비 설치는 전승을 기념하고 적성 출신으로 전투에서 공을 세운 인물을 널리 알리는데 목적을 두고 있다. 이는 이 지역 주민을 신라의 지방민으로 무리 없이 포섭하려는 점령지 통치전략의 하나로 볼 수 있다. 회유와 포상, 거기에 더해 공로에 대한 공개적이고 영속적인 기념이라는 신라의 점령지 통치방식은 상징물 조성을 통해 적대 지역의 구성원까지 하나로 묶을 수 있는 구심점을 마련하고 사상까지 통제하는 통치술의 일단을 보여준다. 이러한 신라의 점령지 통치방식은 단양 적성비가 설치된 지 몇 년 뒤에 북한산에 세운 진흥왕순수비를 통해 더욱 확실하게 드러난다.

## 패도정치(覇道政治)와 왕도정치(王道政治), 그리고 영토확장

진흥왕의 북한산 순행은 순수비(巡狩碑)에 기록돼 비봉 정상에 남겨지게 된다. 하지만 오랜 세월, 북한산의 빛과 바람만이 젊은 왕의 꿈을 감싸 안았고, 19세기 초 추사의 발길이 닿고서야 젊은 왕의 웅대했던 꿈이 긴 잠에서 깨어난다.

북한산 비봉에 세워진 진흥왕순수비는 신라가 한반도의 심장인 한강과 북한산 지역을 온전히 장악했다는 사실을 온 천하에 알리는 징표였다. 진흥왕은 백제의 도읍지였던 한성을 굽어보고 한강 유역을 품어 안은 비봉의 정상에 순수비를 세움으로써 강대한 나라를 건설하려는 포부를 다시 한번 다졌다. 진흥왕의 북한산 등정과 순수비 건립은 한반도 전역에 신라의 힘과 꿈을 싣는다는 의지의 표명이었다. 그것은 신라 제2의 건국을 알리는 상징적 사건과도 같았다. 그것은 백제의 온조가 북한산에 올라 새 나라를 개창한 것에 버금가는 일대 사건이자 고대 한반도 역사의 또 다른 시대로의 전환점이었다.

비문(碑文)에는 진흥왕이 북한산을 순행한 사적(事蹟)을 기록해놓았다.[3] 당시 신라의 영토로 편입된 한성을 행차하는 길에 북한산 산줄기인 비봉에 올랐다는 사실과 함께 순행(巡幸) 길에서 행한 진흥왕의 행적을 밝혔다. 진흥왕을 수행한 인물들이 누구인지도 새겨놓았다. 모두 330여 글자로 파악되는 비문에서 읽을 수 있는 글자는 150여 글자 정도. 이중에서 판독 가능한 글자는 약 135자, 여기에 연구자들 사이에 견해가 일치하지 않는 글자까지 여럿 포함돼 있다.

**북한산진흥왕순수비**

보존을 위해 국립중앙박물관으로 옮겨놓은 북한산진흥왕순수비와 그 탁본이다. 비의 일부분이 절단되고 손상돼 있으며 뒤쪽에는 한국전쟁 때의 총탄 흔적이 남아 있다.

이처럼 판독할 수 없는 글자가 더 많아 비문의 전모를 명확하게 파악할 수 없지만, 밝혀진 글자를 통해 순수비 설립의 배경과 진흥왕의 통치방식을 엿볼 수 있는 실마리를 찾을 수 있다.

진흥왕의 북한산 등정과 북한산순수비 설치는 신라 북진정책의 의지로 해석된다. 실제로 진흥왕은 북한산 순행 2년 뒤 한강 북단에 북한산주(北漢山州)를 설치한다. 이는 한강 유역 방어를 공고히 하려는 조치이자 북한산주를 전진기지로 삼아 북진정책을 더욱 강하게 추진하겠다는 진흥왕의 의지 표명으로 읽힌다.

비문에는 유교의 덕목을 보여주는 여러 구절이 등장한다. 충신정성(忠信精誠), 채민심(採民心), 국진절(國盡節) 등이 그것인데, 이를 중앙집권적인 통치체제를 지향하면서 한편으론 왕도정치(王道政治)의 이념을 드러낸 것으로 해석한다. 왕도정치는 인(仁)과 덕(德)을 근본으로 도덕적 교화를 통해 다스리는 정치인데, 말하자면 진흥왕은 당시 신라로 편입된 한강 유역 백성을 무력으로만 지배하지 않겠다는 뜻을 나타낸 것이다.

또한 비문의 패주(覇主), 갑병(甲兵) 같은 구절을 풀이해 진흥왕이 무력(武力)에 의한 패도정치(覇道政治)의 정당화를 꾀한다고 보고, 갑병은 이 과정에서 동원된 무장한 군인을 의미한다고 해석한다. 종합해보면, 진흥왕은 군사력과 힘에 의한 정복과 지배를 감행하면서도 한편으론 왕도정치를 행하겠다는 전제 군주적 통치술의 일단을 보이고 있는 것이다. 실제로 진흥왕은 북한산 순행 뒤, 무력으로 점령한 지역의 조세를 감면해주고 죄수를 석방하는 시혜 조치를 취하기도 했다.

신라는 한강 유역 진출 이후 점차 이 지역의 영역화를 시도해 나갔다.[4] 중요 거점을 확보하고 군대를 통해 지역을 지배하는 군사 거점 중심의 지배방식에 치중하기보다는 행정 조직을 강화해 지역민을 흡수하고 점령 지역을 자국화하는 영역화 지배방식을 시도한 것이다. 이러한 정책의 일단으로 점령지에 성곽을 축조하거나 수축해 이를 지역 관리와 행정, 지역 문화의 거점으로 삼았다. 고구려와 백제는 점령 지역에 군대를 주둔시켜

지역민을 간접적으로 지배하는 통치방식을 주로 택했지만 신라는 군사적 지배와 함께 지역행정 체계를 통한 주민 통치를 병행하고, 때로는 자국민을 이주시켜 점령 지역에 대한 지배의 영속화를 꾀하는 직접적인 지배방식을 시도했다. 7세기 이후 신라의 이런 영역화 지배방식은 더욱 강화되며, 이러한 정책은 삼국통일의 한 기반으로 작용한다. 왕도정치와 패도정치의 적절한 적용이라는 진흥왕의 통치철학이 점령지에 대한 영역화 지배방식으로 나타나고, 이는 다시 성곽 중심의 행정체계 강화를 통한 지역민 흡수와 영토 확장으로 이어졌던 것이다.

北漢圖（三）

# 6

## 성곽전투의
## 시대

- 성곽전투의 나날

- 성곽축조 공병부대

- 공·수성(攻守城) 무기, 성곽전투 특수부대

- 성곽전투와 전략전술

- 우리 성곽, 무엇이 다른가?

## 성곽전투의 나날

> 25년(603년) 추(秋) 8월, 고구려가 북한산성을 침범했다. 왕(신라 진평왕)이 몸소 군사 1만 명을 이끌고 가서 이를 막았다.
>
> - 『삼국사기(三國史記)』 권4, 「신라본기(新羅本紀)」 4, 진평왕(眞平王) 25년(603년)

> 40년(618년), 북한산주(北漢山州)의 군주(軍主) 변품(邊品)이 가잠성(椵岑城)을 회복하려고 군사를 일으켜 백제와 싸우는데, 해론(奚論)이 종군하여 적진에 들어가 힘써 싸우다 죽었다.
>
> - 『삼국사기(三國史記)』 권4, 「신라본기(新羅本紀)」 4, 진평왕(眞平王) 40년(618년)

긴 포물선을 그리며 날아온 돌이 성벽을 때린다. 동시에 성내(城內)의 쇠뇌(弩: 노) 부대에서 적진을 향해 돌과 대형 철촉(鐵鏃)을 날린다. 일순, 성곽 주위를 감싸던 정적이 깨어지고 병사들의 함성이 한낮의 산성 위로 솟아오른다. 마침내 전투가 시작됐다.[1]

적진의 쇠뇌에서 발사한 화살과, 포차(抛車)를 동원해 날린 돌이 연이어 성벽 주위로 쏟아지고 적군의 함성이 점점 크게 들린다. 바람을 타고 펄럭이는 군기(軍旗) 아래로 수천은 됨직한 보병들이 진열을 갖추어 서서히 움직인다. 북소리와 나팔소리가 어지럽다. 이제 이 성(城)을 지키지 못하면 내가 죽는다.

구릉 지대에 진을 친 적군이 1차 포격선을 뚫고 좀 더 가까이 다가온다. 그 뒤 망루차(望樓車)에선 적장(敵將)이 성 이쪽을 관측하며 진격을 다그친다. 궁수들이 일제히 장궁(長弓)을 쏘았다. 적 몇몇이 여지없이 쓰러진다. 성 이쪽으로도 화살과 돌이 날아들고 성벽 위 아군의 함성에도 비릿하고 뭉클한 피 냄새가 섞인다. 적은 양진차(揚塵車)까지 동원해 연기를 피워 시계(視界)를 차단하려 안간힘이다.

2차 저지선마저 뚫고 적병이 성벽 가까이 다가온다. 적의 얼굴을 분간할 수 있을 정도의 거리, 그때 찢는 듯한 울음소리와 함께 군마(軍馬)가 앞발을 쳐든다. 기마병 두 명이 굴러떨어지고 성문 쪽으로 진군하던 다른 기마병들이 주춤거리며 뒤로 물러난다. 군마가 성벽 주위에 뿌려놓은 철질려(鐵蒺藜)를 밟은 것이다.

위기다! 적이 성벽에 닿기 전에 막아야 한다. 화살과 돌을 퍼붓고 석회를 뿌리지만 적군은 목재에 가죽을 덧댄 목만을 방패삼아 성벽 바로 앞까지 진입한다. 한 무리의 적병은 운제(雲梯)를 밀어 진격시킨다. 뒤이어 운제 상단에서 사다리가 펼쳐지더니 성벽 쪽으로 내리꽂힌다. 아래쪽에선 충차(衝車)가 성벽을 부수는 소리가 둔중하게 울리고 성문으로도 충차가 돌진해온다. 병사들의 돌진구호에 적의(敵意)의 살기와 두려움의 떨림이 뒤섞인다.

마침내 적군이 성벽을 기어오른다. 이젠 접근전이다. 이곳에서 밀리면 정말 죽음뿐이다. 사다리를 타고 오르는 적에게 양지창(兩枝槍)을 내지르고 삼지갈고리로 적의 가슴을 찍는다. 적도 물러서지 않는다. 물러서도 죽음뿐이란 걸 적도 잘 알고 있는 것이다. 철겸(鐵鎌)을 휘두르고, 창으로 찌르고, 갈고리창으로 적을 걸어 올린다.

망루 옆 군기(軍旗) 아직 펄럭이고 노을 짙어져 깃발을 안는다. 산성(山城) 위의 노을은 어느새 깊고 투명한 가을 하늘에 핏빛 깃발로 번져간다. 삶과 생명의 끝을 알리는 짧고 높은 외마디, 정직하고 가식 없는 그 몸의 소리가 성벽 이쪽과 저쪽에 넘쳐난다. 성곽전투는 장엄하지 않다. 영웅의 서사시도 펼쳐지지 않는다. 삶과 죽음이 순간순간 교차할 뿐이다.


## 성곽축조 공병부대

정복전쟁, 영토전쟁, 근접전, 보병과 기마병의 전투 ……. 고대의 전쟁과 전투를 여러 측면에서 바라볼 수 있지만 삼국시대 이 땅에서 벌어진 전투는 무엇보다 성곽전투였다. 고대국가 형성과 발전 과정이 전쟁과 전투의 연속이었던 만큼 성곽전투의 승패는 때론 한 나라의 운명을 가르기도 했다. 성곽전투에서 승리하기 위해선 우선 견고하고 방어력이 뛰어난 성곽을 쌓아야 했다.

지금까지 서울 지역을 포함한 경기도 일원에서 확인된 성곽은 300여 개소에 달한다. 한강 남쪽의 이성산성(二城山城)과 한강 북쪽의 북한산성(北漢山城)이 그 대표적인 성곽이다.

경기도 지역의 성곽 중 상당수는 신라에 의해 축조됐다고 한다. 이 중에서 한강 유역을 중심으로 배치된 성곽이 군사와 행정의 거점이었다. 신라는 한강 하류 점령 이후 이 지역 축성에 힘을 쏟았다. 성곽 축조 임무를 맡은 공병부대까지 특별 편제했던 것으로 파악된다. 신라 군대의 편제에 대장척당(大匠尺幢)이라는 부대가 속해 있었는데, 이 부대를 성곽 축조를 담당한 공병부대로 보고 있다.* 이 대장척당에는 당시 장척(匠尺)이라 부르던 성곽축성 기술자뿐 아니라 무기를 만드는 기술자까지 속해 있었다. 이들은 지금의 경기 지역을 관할하던 한산주(漢山州)의 직할부대인 한산정(漢山停)에 소속돼 임무를 수행했다.[2] 당시의 전투가 대부분 성곽전투였던 점을 감안하면 대장척당의 활약 여부가 전투 승패에 큰 영향을 미쳤을 것이다. 신라시대의 성이 전쟁이 끝난 뒤에도 오랜 기간 남아 있을 수 있었던 요인이 바로 이 축성전문 공병부대의 운용에 있었다.

성곽의 구조와 축성기법은 당시 운용된 전술이나 무기의 영향을 받았다. 삼국시대에는 성곽의 방어력을 높이기 위해 대체로 성벽을 높게 조성했으며, 이에 적합한 축성법이 발달했다.[3]

성벽을 높일 수 있는 축성기법으로 협축공법(夾築空法)이 동원됐다. 협축은 석재로 성곽의 내벽과 외벽을 일정한 폭과 높이로 쌓아 올린 다음 그 상부에 흙을 덮어다지는 방식이다. 고구려와 신라의 성곽에 이 협축 방식

*대장척당은 특수부대이자 지방민으로 편성된 지원부대였다. 대장척당 외에 신라 지방군에 편제된 지원부대로는 징발된 농민으로 구성된 군사당(軍師幢)이 있었다. 또한 검은색 군복을 입고 장창長槍을 사용하는 보병전투부대인 흑의장창말보당黑衣長槍末步幢도 편제돼 있었다. 이 흑의장창말보당은 승려로 구성된 장창부대로 보기도 한다.

의 성이 많았다. 지형상 평지성(平地城)이나 평산성(平山城)에 적합한데, 의외로 삼국시대의 산성에서도 협축 공법의 성이 많이 보인다. 당시의 성곽전투 양상에 맞추어 성곽을 높게 조성하려는 의도에서 비롯된 것으로 보고 있다.

이에 비해 편축(片築)은 성벽의 외벽만을 석축으로 쌓고, 그 내부는 일정 부분 석재를 채운 다음 바깥과 상부에 흙을 채워 마감하는 방식이다. 산지 경사면을 활용한 산성을 축조할 때 많이 사용했다. 조선시대의 남한산성과 북한산성도 주로 이 공법으로 축조됐다. 편축성(片築城)은 협축성(夾築城)에 비해 재료와 공력을 줄일 수 있다는 장점이 있다. 방어효과 또한 협축성과 크게 차이가 나지 않아 우리 성곽의 과학적인 면을 보여주는 축성법으로 평가받고 있다.

산성의 경우 계곡과 능선, 구릉지에 따라 성벽 높이와 기울기를 달리 해 지세가 가진 자연 방어력을 최대한 활용하기도 했다. 방어 측면에서 볼 때 가장 완벽한 성곽은 성벽을 수직에 가깝게 높게 쌓아서 적이 성내로 들어올 수 없게 하는 성곽을 말한다. 하지만 성벽의 기울기가 수직에 가까우면 방어력은 커지지만 성벽의 안정성은 낮아진다. 이와 반대로 성벽의 기울기가 크면 성벽이 완만해 안정성은 높으나 방어력은 부족해진다.


## 공·수성(攻守城) 무기, 성곽전투 특수부대

삼국시대의 성곽전투는 성곽 공격용 무기와 성곽 방어용 무기를 발달시켰다.

> 8년(661년) (……) 고구려 장군 뇌음신(惱音信)이 말갈 장군 생해(生偕)의 군과 연합해 술천성(述川城)을 공격했으나 이기지 못했다. 북한산성으로 옮겨 포차(抛車)를 벌려 세우고 돌을 날리니 성 위의 여장(女墻)과 건물이 이내 무너졌다. 성주(城主)의 대사(大舍) 동타천(冬陁川)이 사람을 시켜 철질려(鐵蒺藜: 마름

쇠)를 성 밖에 던져 펴 놓으니, 인마(人馬)가 범접하지 못했다. 또한 안양사(安養寺)의 창고를 헐어 그 재목을 실어다가 성곽이 무너진 곳에 누로(樓櫓)를 만들었다. 거기에 굵은 줄로 망을 얽고 우마(牛馬)의 가죽과 솜옷을 걸어 맨 뒤 노포(弩砲)를 설치해 성을 지켰다.

-『삼국사기(三國史記)』 권5, 「신라본기(新羅本紀)」 5, 태종왕(太宗王) 8년(661년)

성곽전투는 단거리 접전보다 원거리 공격을 최우선 전략으로 삼는다. 이런 배경에서 삼국시대에는 원거리 무기가 발달했다. 포차(抛車)·노(弩, 쇠뇌)·활 등이 대표적이다.[4]

7세기 중반의 북한산성 전투에서 고구려 장군 뇌음신이 사용한 포차(抛車)는 성곽 공격용 무기였다. 나무의 탄력성을 이용해 돌을 성 안으로 날려보내는 투석기(投石機)로 바퀴를 달아 끌고 다니기도 했다.

고구려 군대의 공격에 대항해 신라 장군 동타천이 내세운 성곽 방어용 무기 중 하나인 철질려(鐵蒺藜)는 쇠로 만든 가시 모양의 수성(守城) 무기이다. 적이 진입하는 길목에 뿌려 적군의 성곽 접근을 차단했다. 마름쇠라고도 불렀다.

신라 병사들이 준비한 노포(弩砲)는 일명 쇠뇌라 하는 노(弩)를 달리 부른 것으로, 발사 장치를 갖추어 화살이나 돌을 연달아 쏠 수 있게 한 기계식 활의 일종이

철질려_맨 위
포차_위
노_오른쪽

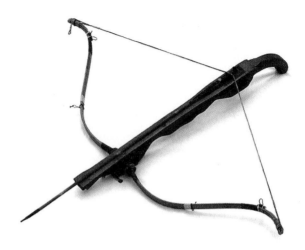

**성城과 왕국 I** 북한산성이 전하는 스물여섯 가지 한국사 이야기

다. 공성전(攻城戰)과 수성전(守成戰)에 모두 쓰였는데 특히 수성전에서 큰 위력을 발휘했다.

삼국시대 우리 민족은 동아시아에서 가장 우수한 활을 보유했다. 당시의 활은 길이에 따라 단궁(短弓)과 장궁(長弓)으로 구분된다. 장궁은 원거리 전투를 벌어야 하는 성곽 전투에 적합한 무기였다. 단궁은 기마용 활로 길이가 1m를 넘지 않았다. 고구려 고분벽화인 무용총 수렵도에 보이는 활이 바로 이 단궁으로, 고구려 기마병의 주력 무기이기도 했다. 백제와 신라도 고구려에 뒤지지 않는 활을 보유했다. 신라는 활을 전문으로 다루는 궁척(弓尺)이라는 특수부대를 두어 성곽 방어력을 강화하기도 했다.

신라는 성곽전투 특수부대로 사설당(四設幢)을 운용하기도 했다. 이 사설당은 쇠뇌를 쏘는 노당(弩幢), 투석기를 다루는 석투당(石投幢), 성벽을 오르기 위한 사다리차를 담당한 운제당(雲梯幢), 성벽과 성문을 부수는 충차(衝車)를 맡은 충당(衝幢)으로 구성됐다. 사설당은 6세기 중엽 이후 신라군에 편재돼 성곽전투의 주력부대로 활약했다.

고구려와 백제에서도 신라와 유사한 성곽전투 전문부대를 운용했다.

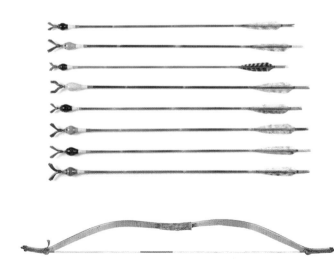

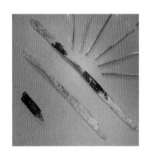

활, 화살

위에서 예로 든 7세기 중반 북한산성 전투에서 고구려의 뇌음신 장군이 포차(抛車)를 이용해 성 안으로 돌을 날려 공격하는데, 이 포차를 담당한 부대를 석투당으로 보고 있다. 한강 북단의 고구려 요새인 구의동 보루에서도 투석기를 다룬 석투당의 흔적을 찾을 수 있다. 6세기 전반기까지 고구려군이 주둔했던 이곳 보루에는 투석기를 설치했음직한 돌출부가 강을 향해 나 있다. 또한 보루 내에는 투석기에 적합한 머리 크기 정도의 돌을 쌓아 둔 돌무더기(石壇)가 발견됐다.

**횡공부**_위
**꺽창**_아래 가운데
**투겁창**_아래 오른쪽

고구려 보루 중 한 곳인 아차산 보루에선 철도(鐵刀), 철촉(鐵鏃)과 함께 횡공부(橫孔斧)라는 전투용 도끼가 출토됐다. 횡공부는 자루에 양날을 갖춘 철제 도끼로 철부(鐵斧)라고도 한다. 고구려 고분인 안악 3호분의 벽화 행렬도와 약수리 고분 벽화의 행렬도에 이 횡공부를 메고 행진하는 병사가 표현돼 있다. 횡공부는 근접전에서 사용하는 무기로 삼국시대 산성 유적에서 많이 출토된다. 이로 보아 횡공부는 성곽 내에서 전투가 벌어졌을 때 흔히 사용한 무기로 추정된다. 성곽전투의 근접전에는 대체로 일반 전투의 근접전에서 사용한 무기가 사용됐을 테지만 창의 경우 꺽창과 투겁창이 효과적이었다.

성벽을 오르는 적을 제어하기 위한 무기로는 적의 손목을 베기에 적합한 양지창(兩枝槍), 적을 걸어 당기기에 알맞은 삼지갈고리가 사용됐다. 갈고리창과 대형 철겸(鐵鎌)도 활용됐다.

### 성곽전투와 전략전술

성곽전투는 견고한 성벽과 수성(守成) 무기만 잘 갖춘다면 10배 정도의 적을 막아낼 수 있다고 한다. 지형상 적보다 유리한 위치에 있는 산성의

갈고리창 _왼쪽

철겸 _아래

철겸은 쇠낫이라고도 하며, 성곽전투
에서는 주로 성벽을 오르는 적의 목
을 베거나 거는 병기로 쓰였다.

경우는 그 효과가 더 커진다. 7세기 중반 고구려가 중국 당나라와 벌인 전
투에서 이러한 산성 전투의 효과가 여실히 입증됐다.

우리 성곽전투의 기본 방식은 흔히 청야수성(淸野守城)으로 불린다.[5] 적
이 쳐들어오면 군인뿐 아니라 민간인까지 성에 들어가 적과 대치하며 장
기 항쟁을 벌이는데, 성에 들어갈 땐 인근 들판을 불사르고 우물까지 메웠
다. 적군이 취할 수 있는 양식을 성 밖에 남기지 않으려는 조치였다. 이 청
야수성은 우리만의 독특한 전술은 아니지만 많은 성곽전투를 거치면서
우리 전투 방식의 한 전형으로 자리 잡았다.

청야수성은 우리의 산지 지형이 낳은 결과물이기도 했다. 물이 풍부한
산이 많지 않았다면 장기적인 산성 전투는 처음부터 불가능했을 것이다.
사계절이 뚜렷하다는 기후 조건도 한몫을 했다. 어떤 경우에도 산성에
의지해 혹한기까지만 항전하면 적은 추위와 배고픔으로 철군할 수
밖에 없었던 것이다.

향촌 사회라는 전통사회의 성격도 청야수성 전략에 부합됐
다. 우리 향촌 사회는 대체로 큰 산줄기를 경계로 형성되고 이
곳 지역민은 강한 유대감으로 결속돼 있었다. 향촌 사회의 이
러한 성격은 산성에 들어가 생사를 함께 하며 장기전을 펴야
하는 청야수성 전략에 적합했다. 지역민의 참가와 적극적인 협조 없이는
청야수성 전략의 효과는 기대하기 어려웠다. 향촌 사회와 청야수성, 이는
우리 성곽전투가 지역 총력전을 펼치게 된 배경이기도 했다.

산지 지형으로 인한 산성의 발달은 기각방어(掎角防禦)라는 전략으로 이

어졌다. 기각방어는 전방의 읍성(邑城)과 후방의 피난성인 산성에서 동시에 적을 몰아치는 전략이다. 이 기각방어 전략은 행정 중심지로서의 읍성이 평지에 축성되면서 나타난 전략으로 볼 수 있다. 실제로 한 지역 내의 성곽 배치를 볼 때 읍성과 산성이 짝을 이루는 경우가 많다. 청주읍성과 우암산성, 충주읍성과 대림산성, 평양의 청암리 토성과 대성산성이 그 한 예이다. 도성(都城)의 경우도 고구려의 국내성과 환도산성, 신라의 월성과 명활산성이 짝을 이룬다.

우리의 산악 지형은 많은 산성을 낳았고, 이러한 배경에서 우리 전투 방식의 근간은 성곽전투 위주로 형성되었다. 또한 지역 여건과 사회조직에 적합한 전략전술을 구사하게 해 성곽전투는 청야수성과 기각방어라는 형태로 발전했다. 이러한 성격의 방위체제는 지역공동체를 결속시키는 요인으로 작용했으며, 폐쇄적인 성격의 외국 성곽 문화에 비해 비교적 개방적인 성곽 문화를 낳게 했다.


### 우리 성곽, 무엇이 다른가?


성곽은 반목과 전쟁의 산물이지만 또한 지세와 지형, 풍토의 산물이기도 하다. 성곽이 현실에 구현될 때는 그 지역의 지형조건과 현실 여건을 고려하지 않을 수 없기 때문이다.

예로부터 우리는 산성(山城)의 전통을 이어왔다. 성곽이 계곡을 둘러싸기도 하고, 구불거리는 산등성이에 성곽을 쌓기도 해 자연 지형 자체를 방어막으로 활용했다.[6] 그래서 우리 산성은 일정한 정형성을 갖지 않는다. 성벽도 직선으로 돼 있지 않고 둥글게 휘어져 있다. 이런 산성의 전통은 읍성에도 이어져 야산이나 구릉을 이용한 산성 형태의 평지 읍성을 낳았다. 이처럼 우리 성곽의 특징은 일정한 유형 속에 획일화할 수 없다는 말로 요약된다. 이는 평지 지형에 네모꼴(方形)이 주류를 이루는 중국의 성곽이나, 직선과 각(角)의 형태를 보이는 일본 근세의 성곽과 차이를 보이는

**성城과 왕국 I** 북한산성이 전하는 스물여섯 가지 한국사 이야기

부분이다. 서양의 성곽도 우리와 달리, 별 모양(星形)이나 각진 형태의 정형화된 성곽이 주류를 이룬다.

흔히, 은은하게 휘어진 한옥의 처마선이나 산비탈 지형을 따라 살짝 구부러진 다랑이 논의 논둑을 들어 곡선의 미학이라 하며 한국의 선(線)이라 칭한다. 또 이를 한국 고유의 아름다움을 이루는 요소

중 하나로 보고, 나아가 이를 한국인의 정서와 연결시킨다. 이런 면에서 보자면 우리의 성곽 또한 한국의 아름다움과 한국인의 미학적 정서와 맞닿아 있는지도 모른다.

산지가 많으니 돌이 많고, 그러니 우리 성곽은 돌로 쌓은 석성(石城)이 대부분이었다. 백제 전기에 축성된 풍납토성이나 몽촌토성과 같이 흙으로 쌓은 토성(土城)이 없는 것은 아니지만 아무래도 우리 성(城)이라 하면 석성이 먼저 떠오른다. 이 또한 토성 위주의 중국 성곽과 차이를 보이는 부분이다.

수많은 외침에 맞선 우리의 성곽전투는 민관군(民官軍)이 함께 성을 지키는 총력전 형태였으며, 성곽도 민간인 수용이라는 측면을 고려해 축조됐다. 이에 반해 일본은 지역 봉건세력이 투쟁하는 과정에서 축성이 이뤄져, 무사들이 입성해 효과적인 전투를 벌이는 형태로 성곽이 발전했다. 이런 배경에서 일본의 성곽은 특정 집단의 소유물이라는 성격이 짙었으며, 유럽의 경우도 성곽은 특정 계층을 보호하는 시설이라는 인식이 기본이었다. 이에 비해 우리 성곽은 지역공동체가 함께 쌓고 함께 지키며, 이로써 모두가 이득을 본다는 공동체적 의미의 성격이 더 강했다.

北漢圖三

# 7

# 북한산의
# 바위와 암봉,
# 그리고 마애불(磨崖佛)

• 탄생

• 북한산의 바위부처, 마애불

• 고려시대엔 왜 마애불을 많이 조성했나?

• 마애불에 담긴 마음

## 탄생

그때 그곳엔 울레미아 소나무(Wollemia nobilis)와 은행나무가 크게 자랐고, 고사리와 소철류(蘇鐵類)가 번성했다. 바다에는 암모나이트(Ammonite)가 살았고 지상의 정복자는 공룡이었다. 그때, 1억7천만 년 전 그곳 땅속은 용광로보다 뜨거웠다. 대륙이 충돌하고 화산이 폭발하던 어느 날 그곳 땅속의 온도가 상승해 암석이 녹았고, 이 녹은 바윗물인 마그마(magma)가 지상을 향해 솟아올랐다. 그러다 지하 1만m 지점에서 열을 잃고 굳어져 그대로 돌이 됐다. 땅속의 이 화강암 위에는 그보다 훨씬 오래 전에 형성된 편마암이란 암석이 뒤덮여 있었다.

다시 오랜 세월이 흘렀다. 그곳 지상을 덮었던 편마암이 풍화와 침식으로 서서히 깎여나갔고, 동시에 그 아래 땅속의 화강암이 아주 천천히 드러났다. 모래와 흙으로 부서져 어디론가 가버렸을 편마암을 대신해 이제 이 거대한 화강암체가 그곳 지층에 굳건하게 자리 잡았다. 그곳엔 크고 웅장한 돔(dome) 형상의 암봉(巖峰)들이 솟았고 험준한 봉우리들이 그곳 주변을 휘감듯이 들어섰다. 깎아지른 암벽이 곳곳에 자리 잡았고 산줄기 사이 골짜기엔 암반이 들어섰다. 새·오리·거북이·물개·곰 ……. 그곳 지상의

**북한산의 바위 봉우리들**
북한산성 북쪽 성곽과 동쪽 성곽이 만나는 곳. 북한산의 주요 바위 봉우리들이 땅속 깊이 뿌리를 내렸다. 이들 봉우리는 장구한 시간과 거친 자연이 빚어낸 북한산의 고갱이이다. 1억 7천만 년에 걸친 풍화와 침식의 세월이 바위 봉우리 깊은 곳에 흐르고 있다.

**성城과 왕국 l** 북한산성이 전하는 스물여섯 가지 한국사 이야기

생명을 닮은 기묘한 형상의 크고 작은 바위가 생겨났다. 비와 눈 내려 능선과 골로 물길을 텄고, 햇살과 바람 뒤섞여 풀과 꽃, 나무가 제자리를 잡아갔다. 계절이 흘렀고 솔가지에 앉은 새들이 잠시 고요를 깨우더니 나비가 향기를 피워 올렸다. 그곳의 암봉과 암벽, 바위는 세월 따라 흰색이나 옅은 회색, 또 때로는 분홍빛이나 푸르스름한 무늬

**북한산 구기리 마애석가여래좌상**
북한산 비봉 지역에 위치한 승가사의 화강암 벽에 새겨진 여래좌상이다. 법당 뒤쪽 약 100m 지점, 정상 가까운 곳에 위치해 있다. 이곳의 행정지명을 따라 '구기리'란 명칭이 붙었다. 정확한 조성연대는 밝혀지지 않았는데, 10세기에서 11세기로 추정한다.

머금으며 그곳의 뭇 생명들과 함께 지상의 영원을 노래했다.

먼 옛날 그곳 저 아래 깊은 곳에서 뜨거운 불덩어리였다가 지상으로 솟아오른 거대한 바위 덩어리, 그곳 땅 위에서 숲이 되었고 하나의 큰 산이 되었다. 큰 산의 바위 봉우리는 그 후로도 오랫동안 창공의 구름 안았다. 마치 그곳의 땅과 하늘을 이으려는 듯 당당하고 웅장했다. 솟구쳐 하늘에 닿으려는 듯 하루도 제 몸 흩트리지 않았다. 큰 산의 바위 봉우리 안쪽 깊은 곳에는 아직도 그 아래 깊은 곳의 불덩어리, 그 먼 옛날의 뜨거운 솟구침 남아 있다고 한다.

다시 오랜 세월이 흘렀고, 그곳 북한산 어느 산속에 망치소리 울린다. 힘줄 돋은 석공의 팔이 햇살을 휘젓고 거대한 화강암 바위에 정이 스친다. 바람 일어 미세한 돌조각 날리고, 바위 면으로 건장하고 당당한 몸체 드러난다. 연꽃무늬 새겨진 대좌(臺座)에 단정히 정좌한 채 오른쪽 어깨를 드러내고 왼쪽 어깨에만 살짝 불의(佛衣)를 걸쳤다. 긴 귀, 크고 오뚝하게 솟은 코, 꾹 다문 입, 네모꼴에 가까운 얼굴에는 이미 미소가 어렸다. 넉넉한 품은 그 아래 승가사(僧伽寺)를 품었고, 가늘게 내리뜬 눈은 비봉(碑峯)의 연봉을 안으며 멀리 아래쪽 열수(洌水, 한강)를 굽어본다. 5m 가량의 크기, 고

려(高麗)의 석공이 북한산의 굳고 단단한 화강암 바위 속에 깃든 여래(如來), 그 부처를 모셔내고 있었다.

　사람들의 발길이 승가사 대웅전 뒤편의 바위부처로 이어졌다. 대좌에 앉은 부처를 바위에 새겼다 해서 마애여래좌상(磨崖如來坐像)이라 불렀고, 간단히 마애불(磨崖佛)이라고도 했다. 구도자(求道者)는 그 부처를 우러르며 긴 고행의 길 밝혀줄 한줄기 빛을 찾았고, 시인은 미처 다 드러내지 않은 부처의 미소 받으며 그곳 바위 속 깊은 곳에 담긴 침묵의 언어를 풀어놓았다. 영웅호걸은 큰 산과 큰 강 품은 부처의 눈길 따라 가슴을 펴고 훗날 자신이 이룰 큰 산과 큰 강을 가슴에 그렸다. 젊은 여인은 복 많은 아들을 점지해 달라며 두 손을 모았고, 나이 든 여인은 풍족한 재물(財物)과 가족의 무병장수를 빌었다. 사내들은 입신(立身)의 날을 고대하며 크게 한번 호흡했다.

　그날 바위 속에서 나온 이래 마애불은 여전히 침묵했지만 그곳 바위 숲엔 온갖 말이 흘러 넘쳤다. 그 말들은 믿음이 되어 사람 사는 거리에 희망의 징표로 살아났고, 때론 먹고 입을 것 부족하고 때론 힘들고 다투어도 그 징표에 약속의 미래 담겨 있어 이 지상에서의 삶은 살만한 것이었다. 그래서 힘을 가진 자, 땅과 하늘을 잇는 저 북한산의 바위 봉우리처럼 하늘의 뜻을 내려받아 이 지상에 펼친다는 그 권력자는 자신이 다스리는 땅의 더 많은 산에 더 많은 바위부처를 새기라 했다. 그 권력자를 도와 함께 영화(榮華)를 누리고자 한 이들도 자신의 꿈을 더하며 산마루와 마을 어귀 절벽에 바위부처를 새겼다.

　그곳의 바위부처는 믿음의 통로였고 때론 신앙의 대상이 됐다. 당대의 조형미와 미의식을 담았다는 측면에서 마애불은 또한 예술작품이었다. 합리적인 통치를 위한 수단이었다는 점에서 바위부처는 권력의 상징물이었고, 그래서 마애불이 있는 바위는 지극히 정치적인 공간이기도 했다.

**삼천사 마애여래입상**

병풍바위에 새겨진 삼천사 마애여래
입상은 얼굴과 윗몸은 돋을새김하고
하반신과 광배, 대좌는 볼록한 선새
김으로 마무리했다. 불상 어깨 좌우
에 사각형 구멍이 있는 것으로 보아
마애불을 보호할 목조 구조물을 설치
했던 것으로 짐작된다. 예부터 영험
이 있다고 알려져 지금도 많은 사람
들이 찾고 있다. 마애여래입상 오른
쪽으로는 산신령을 모시는 산령각山
靈閣이 자리 잡고 있다.

## 북한산의 바위부처, 마애불

북한산에 마애불이 본격적으로 조성되기 시작한 시기는 고려 초기로
보고 있다. 승가사의 마애여래좌상과 삼천사(三千寺)의 마애여래입상(磨崖
如來立像)이 이 시기의 대표적인 마애불이다. 삼천사의 마애여래입상은 북
한산 남서쪽에 위치한 삼천사의 대웅전 뒤편에 자리 잡고 있다. 병풍바위
에 조각한 불상 높이 2.6m 가량의 마애불로 온화하면서도 중후한 인상을
풍긴다. 지그시 감은 눈, 복스러운 코, 두툼하면서도 작은 입술이 돋보인
다. 상체는 어깨가 벌어져 건장한데 하체는 다소 불안정해 보인다. 승가사
마애불이 조성된 시기와 비슷한 11세기 무렵에 조성된 것으로 보고 있다.

북한산 남쪽 지역에 위치한 옥천암(玉泉庵)의 마애좌상(磨崖坐像)은 5m
에 이르는 큰 마애불로 꽃무늬가 장식된 관(冠)을 쓰고 있다. 비교적 둥근
얼굴에 눈이 가늘고 입은 작게 표현돼 있어 고려시대 불상의 일반적인 특
징을 보여준다. 승가사 마애여래좌상과 같은 계열의 마애불로 보고 있다.

조선을 세운 이성계가 한양에 도읍을 정할 때 이 옥천암 마애좌상 앞에
서 기도를 올렸다고 한다. 조선시대 말에 흰 호분(胡粉)을 칠해, 이후 하얀
부처, 백불(白佛)로도 불린다.

**옥천암 마애좌상**

관음보살좌상觀音菩薩坐像인 옥천암 마애좌상은 보호각保護閣인 보도각普渡閣을 지어 보존하고 있어 '보도각 백불'이라고도 한다. 머리에는 꽃무늬가 장식된 화려한 관冠을 쓰고 있으며, 손은 오른손을 들어 엄지와 가운데 손가락을 맞대고 왼손은 무릎 위에 올려놓은 아미타불의 모양새를 취하고 있다.

옥천암은 조선 왕실과 관계가 깊은 사찰로, 태조 이성계에 얽힌 이야기뿐 아니라 흥선대원군의 부인이 이곳에서 아들인 고종의 복을 빌었다고 전해진다.

북한산 마애불은 이 지역에 융성했던 불교와 풍부한 화강암 바위가 이뤄낸 신앙심의 표현물이다. 화강암은 암질이 균일해 섬세한 조각을 가능하게 했다. 단단하고 견고해 조각한 뒤에도 오랫동안 형태를 유지할 수 있어 보존 측면에서도 유리했다.

이런 배경에서 조선시대 들어서도 북한산에는 다수의 마애불이 제작됐다. 도선사(道詵寺) 경내 20m 암벽에 새겨놓은 마애불입상(磨崖佛立像)은 높이 8.4m에 이르는 대불(大佛)이다. 몸통이 원통형으로 우람하지만 소박하고 친근한 분위기를 풍긴다. 북한산 동쪽에 자리 잡은 도선사는 신라 말에 도선 국사(道詵國師)가 창건한 사찰이지만 이곳의 마애불입상은 조선 중기의 작품으로 추정하고 있다. 영험 있는 석불로 알려져 지금도 소원을 비는 사람들이 많이 찾는다.

북한산성 내에 위치한 상운사(祥雲寺) 서쪽 바위에도 마애불이 새겨져 있다. 바위 상단의 한쪽 면을 다듬고 거기에 결가부좌한 부처를 모셨다. 좌상(坐像) 주변으로 선을 그어 몸에서 내뿜는 광채를 표현했다. 이런 표현수법으로 미루어 조선시대 후기에 제작된 마애불로 보고 있다. 조금은 서툰 솜씨로 다듬은 마애불이지만 거부감이 없고 편안해 보인다.

이외에도 북한산에는 조선시대와 근대를 거치면서 만들어진 크고 작은 마애불이 곳곳에 자리 잡고 있다. 용덕사 마애불입상·백운암 마애불좌상·백화사 마애삼존불좌상·금봉암지 마애불·원통사지 마애불이 전해온다. 수유동 마애불좌상과 평창동 마애불입상, 인수봉 마애불좌상과 같이 능선 길목과 그 부근에 자리 잡은 마애불도 빼놓을 수 없다.

### 고려시대엔 왜 마애불을 많이 조성했나?

우리나라에는 지금까지 약 200곳에 마애불이 조성된 것으로 집계되고

있는데, 이중 절반 정도가 고려시대에 조성된 마애불이다.[1] 고려시대에는
북한산 지역뿐 아니라 전국에 걸쳐 많은 마애불이 조성됐다.

　우리나라 불교는 삼국시대의 발전기를 지나 통일신라시대를 거치면서
신라의 불교문화라 일컬을 만한 성과를 거두지만 그 주된 지역은 경주를
중심으로 한 영남 지역이었다. 고려시대 들어 불교는 전국적 확산을 보이
기 시작하는데, 이는 고려 성립기의 정치체제와 관련이 있다. 고려는 지방
호족 세력과 연합하고 이들의 정치력과 지역 문화를 긍정하는 입장에서
통일을 이루고 체제를 안정시켜나갔다. 이러한 배경에서 지방 호족 세력
은 지역의 불교문화를 진작시키고 자신들의 세력을 과시하기 위해 불사
(佛事)를 일으켰으며, 이 과정에서 다수의 마애불이 조성됐다.

　고려의 불교정책에 섞여든 풍수지리설도 불사에 한몫을 했다. 풍수지
리설은 산천을 하나의 유기적인 체계로 보고 땅에도 기운이 있으며, 이는
주거 공간과 사람의 생활에도 영향을 미친다는 입장을 취한다. 따라서 기
운이 약한 땅이나 지역은 그 기운을 북돋아주고 나쁜 기운이 강한 곳은 그
기운을 눌러주어야 하는데, 이런 장소에 사찰을 건립하고 불탑이나 석불
(石佛) 같은 불교 상징물을 조성해 지기(地氣)를 조절했다. 이러한 측면 또
한 마애불 조성의 한 배경으로 작용했다.

　풍수지리설을 토대로 한 사찰 건립과 불사는 왕권 강화와 중앙집권체

제 확립이라는 측면에서도 중시됐다. 국가 지원이나 왕가의 후원으로 전국 주요 지역에 사찰을 건립하고 불교 상징물을 조성하는 사업은 사찰이라는 거점을 통해 지역과 지역민을 통제할 수 있는 효율적인 정책 수단이기도 했다. 고려 전기 왕가(王家)의 북한산 지역 불사 후원도 이런 맥락에서 파악할 수 있다. 북한산 승가사의 마애여래좌상 조성 시기는 확실하지 않지만 대체로 왕가의 후원으로 승가사 증축이 이뤄지던 11세기 무렵으로 보고 있다. 승가사 마애불의 조화를 이룬 이목구비와 법의(法衣)의 유려한 선은 섬세한 조각기법을 보여준다. 연화문이 새겨진 팔각의 지붕돌과 연꽃무늬로 수려하게 장식된 이중의 좌대(座臺)도 상당한 수준을 드러낸다. 이러한 조각기법과 당시의 정치적 배경을 고려할 때 승가사 마애여래좌상에는 당시 최고 수준을 자랑했을 개성의 석불 양식이 반영되었을 것이며, 조성 자체가 왕실이나 귀족의 영향력 아래 가능했을 것으로 보고 있다.

고려시대는 대중 불교의 본격적 시작을 알린 시기이며, 이런 추세에서 고려 사회에는 귀족 불교와 함께 대중 불교가 한 흐름을 형성했다. 불교를 믿고 따르는 인구가 확산되고 믿음이 깊어짐에 따라 이를 수용할 의례 공간과 신앙 상징물도 늘어났으며, 이런 추세에서 다수의 마애불이 조성됐다. 고려시대 마애불의 한 특성으로 토속성을 드는데, 이는 이 시대 불교의 대중화와 관련이 깊다. 토속적 경향의 마애불은 객관적인 조화에 기준을 두지 않고 주관적인 생동감을 더 강조했다. 신체 비례를 정확히 맞추지 않았으며, 규모가 큰 마애불을 조각해 이를 불력(佛力)의 척도로 삼았다. 얼굴 외형도 이상적인 균형미를 담아내고 종교이념을 구현한다기보다는 친근하고 거부감 없는 넓적한 얼굴선에 투박한 분위기를 가진다.[2] 고려시대의 마애불은 이런 대중화된 토속 경향의 마애불과 함께 사실적이면서 이상적인 조형성을 추구한 귀족 경향의 마애불이란 두 가지 유형으로 발전해왔다.

고려시대 마애불은 당대 기술 수준의 반영이기도 하다. 화강암에 제대로 된 불상을 조각하는 작업은 적합한 도구와 숙련된 기술을 필요로 한다. 우리 민족은 선사시대부터 한반도 전역에 고르게 분포된 화강암을 다루어 왔다.[3] 고인돌을 만들고 암각화를 그리고, 돌무덤인 적석총을 조성하고 석성(石城)을 쌓았다. 이런 돌을 다루는 기술이 축적돼 서기 600년을 전후한 시기에 마애불을 제작할 수 있었고 통일신라를 거치면서 그 양식적 기반이 마련되었다. 이어 고려시대에 와선 이전의 축적된 기술을 바탕으로 마애불 조성의 본격적 확산과 대중화 시대를 열 수 있었다.

## 마애불에 담긴 마음

마애불은 모든 불자(佛子)가 궁극적으로 되고자 하는, 열반의 피안에 이른 사람이자 진리에 도달한 사람인 여래(如來)를 시각적으로 표현한 불상이다. 깨달은 사람으로서의 부처를 바위라는 매개체에 담아낸 종교 상징물이다. 이처럼 마애불은 불교의 상징적 신앙 대상물이자 종교 의례의 공

**서산 마애삼존불**

'백제의 미소'라 부르는 서산 마애삼존불은 계류에 가까운 산등성이 화강암 절벽에 새겨져 있다. 본존불의 높이는 2.8m에 이르며, 6세기 말에서 7세기 초반에 조성된 마애불로 추정한다. 본존인 여래와, 왼쪽으로 보이는 협시보살은 입상이지만 오른쪽으로 보이는 협시보살은 반가사유상을 취하고 있다.

북한산의 바위와 암봉, 그리고 마애불(磨崖佛)

간을 구성하는 한 요소이지만 마애불 조성에는 불교 외에 또 다른 신앙 요소가 반영되었다.[4]

마애불 조성과 믿음에는 불교가 들어오기 전부터 우리 민족이 지녔던 바위신앙이 영향을 미쳤다. 만물과 자연 공간, 계절과 시간, 사람과 이 사람을 둘러싼 모든 게 변하지만 사람의 눈에 바위는 변하지 않는 존재였다. 선사시대부터 바위는 이 불변성과 항구성이라는 속성으로 영험을 가진 사물이자 신성함을 지닌 그 무엇으로 여겨졌고, 오래지 않아 바위는 숭배의 대상으로 승격됐다.

웅장한 산줄기의 거대한 바위와 깊은 골짜기의 장중한 암석은 신앙 의례를 펼칠 공간이 됐고, 그 자체로도 신앙의 대상이 됐다. 사람들은 애써 그곳을 찾아 마음을 가다듬고 소원을 빌었다. 간절한 염원이 신령스런 돌을 통해 하늘에 닿고, 천상의 뜻이 신령스런 돌을 매개로 강림해 소원이 이뤄질 것으로 믿었다. 깊은 산속에 위치한 마애불은 이런 바위신앙의 입지적 요인이 작용한 것으로 보고 있다. 산속 큰 바위에 조성된 '서산 마애삼존불(磨崖三尊佛)'과 '태안 마애삼존불'이 여기에 해당한다.

바위는 생산력을 담보해주는 영험한 존재로 비쳐 성신앙(性信仰)의 대상이 되기도 했다. 사람들은 성기 모양의 바위 앞에서 다산(多産)과 풍요를 빌었으며, 이런 바위는 아들을 낳게 해 달라는 기자신앙(祈子信仰)의 대상이 되었다. 여근석이나 남근석이 있는 장소에 마애불이 자리한 경우가 있는데, 이는 성신앙과 기자신앙의 장소에 마애불이라는 불교 의례공간이 들어온 것으로 볼 수 있다. 마애불과 기자신앙의 대상물이 동일한 바위에 공존하기도 한다. 마애불이 새겨진 바위 한쪽에 남아 있는 붙임바위 흔적이 그것이다. 영험하다는 큰 돌에 작은 돌을 문지른 뒤, 이 돌이 큰 돌에 붙으면 소원이 이뤄진다고 믿었는데, 이를 붙임바위라 했다. 주로 아들 낳기를 원하는 여인들이 이 붙임바위 의식을 행했다. 북한산 옥천암(玉泉庵)의 마애좌상(磨崖坐像)에도 이런 붙임바위 흔적이 남아 있다.

특이한 모양을 가진 바위 앞에서도 믿음을 구했다. 거북바위 신앙은 거북이 모양을 한 바위에 오래 사는 거북이의 장수(長壽)라는 관념을 투영해 무병장수와 함께 다산과 풍요를 비는 바위신앙이다. 돌의 모양에 근거해 거기에 상징성을 부여하는 이러한 바위신앙은 마애불 조성에도 반영됐다. 거북바위에 부처를 새긴 마애불이 대표적인 경우이다. 이밖에도 매바위와 갓바위, 눈썹바위 등 오래 전부터 바위신앙의 대상이 된 곳에도 마애불을 조각했다.

신령스런 바위는 인간의 길흉화복과 수명을 관장하는 칠성신(七星神)의 대리자로 나타나기도 했다. 칠성신은 인간의 수명을 좌우한다고 여겼던 북두칠성을 신격화한 성신(星神)이다. 하늘의 칠성신이 지상의 바위에 투영되었고 사람들은 이러한 칠성 바위에서 믿음을 구하고 소원을 빌었다. 칠성신에 대한 우리 민족의 믿음이 얼마나 뿌리 깊었는지는 사찰의 가람 배치를 보면 알 수 있다. 사찰엔 칠성신을 모신 칠성각을 사찰의 중심 공간인 대웅전 바로 뒤에 배치해 놓았다. 이런 건축물 배치는 불자(佛子)가 아닌 사람들을 사찰에 끌어들이면서 불교의 핵심 의례공간인 대웅전을 이들에게 자연스럽게 노출시킨다.

사람들의 숭배를 받던 산속 바위는 농경사회의 정착과 함께 마을이 있는 평지로 내려왔다. 삶터에 자리한 영험한 돌은 개인의 소원을 들어주는 신령한 존재이자 마을의 수호신으로 여겨졌다. 고인돌과 선돌은 마을의 안녕을 지켜주고 행운을 가져다주는 희망의 징표였고, 석장승과 돌솟대는 마을에 닥쳐올 액을 물리치는 지킴이였다. 이런 입석신앙이 불교를 만나 마을 입구와 주변에 마애불을 탄생시켰다.* 모양과 이름은 바뀌었지만 사람들은 거기에서 지난 날 선돌과 장승 앞에서 그랬던 것처럼 복된 나날과 마을의 무한한 번영을 기원했다.

이 땅 산과 숲의 마애불은 우리 민족의 산악숭배를 품어 안았다. 오랜 옛날부터 산은 삶의 터전이었다. 먹을 것과 목재를 제공해주는 곳이었고, 전쟁과 분쟁에서 생명을 지켜주는 피난처이기도 했다. 한편으론 산은 신앙의 공간이었다. 하늘에 닿을 듯한 높은 산봉우리는 지상과 천상을 연결

*마을 어귀나 길목에 위치한 마애불로는 '이천 장암리 마애보살반가상利川長岩里磨崖菩薩半跏像'과 '청주 정하동 마애비로자나불좌상淸州井下洞磨崖毘盧遮那佛坐像'이 대표적이다. 고려 초기에 제작된 마애불로, 산속 암벽이나 산기슭의 거대한 암반에 새겨진 마애불이 아니라 마을 근처나 길가에서 볼 수 있는 판석 형태의 바위에 새겨져 있다.

해주는 믿음의 매개 공간이자 하늘의 신이 강림하는 신성한 장소로 숭배됐다. 그런 산에는 초월적인 능력을 지닌 존재가 있어 지상의 뜻을 하늘에 알리고, 한편으론 하늘의 뜻을 내려받아 지상의 운명을 좌우한다고 믿었다. 영험한 산에 깃든 그 존재는 산신(山神)으로 불렸으며, 사람들은 이 산신 앞에서 정성된 마음을 갖추고 지상의 안녕과 행복을 빌었다.

하늘의 뜻은 산봉우리를 통해 전해졌고, 산이 있어 하늘의 뜻이 지상에 펼쳐졌다. 환웅(桓雄)은 하늘에서 산으로 내려와 산에 거주하며 지상의 나라를 열었다. 환웅은 천신(天神)이자 산신(山神)이었다. 환웅의 아들, 곧 천신의 아들인 단군도 산신이 된다. 고대국가 시기에 나라의 안녕과 번영을 기원하는 제사는 영험한 산에서 이뤄졌으며 산악숭배 의례는 국가의 존망과 연결되는 중요한 제례로 인식됐다. 산신신앙과 산악숭배는 고려시대의 불교 행사에 스며들었다. 고려시대 국가에서 주관하는 가장 큰 불교 행사인 팔관회(八關會)는 한편으론 천신(天神)과 오악(五嶽), 명산(名山)과 대천(大川), 용신(龍神)을 섬기는 일이었다. 유교 국가인 조선에 들어서도 산신에 대한 믿음과 산악숭배는 크게 약해지지 않았다. 나라에서 주관하는 기우제가 영험한 산에서 열렸으며, 신령한 산을 택해 질병을 막고 왕실의 번영을 비는 제단이 차려지기도 했다.

이런 산악신앙의 요소가 불교와 만나 산마루나 산중턱에서 마을을 내려다보는 마애불을 태어나게 했다. 북한산 승가사의 마애여래좌상이 여기에 해당한다. 이제 인간의 삶터를 시야에 안은 마애불은 지상의 안녕과 행복을 관장하는 산신과 동격의 자리에서 등치된다. 사람들은 산마루 마애불에서 오랜 옛날부터 이 산의 주인이었던 산신의 모습을 찾아내고, 그 산신의 깊은 뜻이 마애불을 통해서도 이뤄지길 원했다. 마애불은 지상의 뜻을 하늘에 전하고 하늘의 뜻을 지상의 사람들에게 내리는 산신의 대리자가 되었다.

1억7천만 년 전, 땅속 깊은 곳에서 솟구쳐 올라와 거대한 하나의 암봉을 이룬 북한산은 그때부터 언제나 이 지상과 하늘을 잇는 신령한 공간이었

다. 북한산의 영험한 바위가 그랬고, 웅장한 바위 봉우리가 그러했으며, 미소와 근엄함을 갖춘 산기슭 바위부처가 또한 그러했다. 그래서 북한산의 바위는 믿음의 상징물이 됐고 종교가 됐고 또 예술이 됐다.

　북한산은 사람들의 삶을 물리치는 금단의 영역이 아니었다. 시인과 아낙네와 범부(凡夫)와 영웅호걸과 군주가 각각의 산길을 내고 북한산을 오르내렸고, 바위와 암봉과 마애불 아래서 자신의 세상이 이뤄지기를 기원했다. 때론 그 각자의 꿈들은 합치되지 않았고, 서로를 내치고 서로의 것을 빼앗기도 했다. 또 때로는 큰 힘으로 합쳐져 하나의 길을 만들고, 어깨를 걸고 함께 걷기도 했다. 이런 의미에서 북한산의 바위와 암봉과 마애불은 지극히 정치적이다.

　하나의 큰 바위로 솟구쳐 오른 뒤, 북한산은 단 하루도 그대로 멈추어서 있지 않았다. 지상에서 땅속까지 이어진 그 거대한 바위의 뿌리는 마르지 않는 큰 강, 아리수에 가닿아 몸을 적셨고, 그곳 사람들의 이어지는 세대를 안으며 함께 시대를 넘어왔다. 북한산의 바위 봉우리는 아직도 먼 옛날 땅속의 뜨거운 솟구침 기억하는지 오늘도 이 지상의 기원과 꿈을 하늘로 열고 있다.

**노적봉과 노적사**

사찰 처마 위로 바위 봉우리 엄숙하다. 풍경 울려 잠시 고요를 깨우지만 북한산 숲에는 신심信心 깊어간다. 자연의 '저절로 그러함'과 마음결을 울리는 깊고 맑은 풍경은 영혼의 더께를 벗겨낸다. 한국의 사찰이 산속을 쉬 벗어나지 못하는 까닭 하나가 여기 있는지도 모른다.

북한산성 노적사에서 올려다본 노적봉, 그 바위 봉우리는 오늘도 사바세계 구도자의 참됨을 향한 몸짓에 태고의 어느 날 삼라만상이 품었던 그 진여眞如의 길을 침묵의 화두로 던진다.

北漢圖(三)

# 8

# 북한산 중흥산성,
# 불심(佛心)의
# 숲에 덮이다

- 신라의 젊은 승려,
  북한산 석굴에서 승가 대사(僧伽大師)를 만나다

- 조선의 젊은 유학자,
  북한산 석굴에서 노파를 보다

- 북한산 승가사 석굴,
  고려 왕가의 불교 성지가 되다

- 고려 왕들이 북한산 석굴에 간 까닭은?

## 신라의 젊은 승려,
## 북한산 석굴에서 승가 대사(僧伽大師)를 만나다

석굴(石窟) 안이 공명(共鳴)으로 가득하다. 바위틈으로 흘러내린 물방울이 바닥에 떨어지는 소리와 돌을 쪼는 소리가 번갈아가며 울림을 자아낸다. 정을 때리는 망치소리에 맞춰 미세한 돌조각이 석굴 바닥으로 날리듯 흩어진다. 손으로 돌가루를 쓸어내자 조각상(彫刻像) 이마의 주름살이 좀더 완연해지면서 부드러운 선을 그린다. 젊은 승려는 정을 쥔 손에 힘을 모으고 다시 망치를 가볍게 내리친다.*

* 승가사의 승가대사상은 756년에 신라 승려 수태가 처음 건립했다고 전해오는데, 지금의 승가대사상은 11세기에 새로 만들었거나 이전의 석상을 개수(改修)한 것으로 보고 있다. 신라 승려 수태가 승가대사상을 처음 건립했다고 보고, 이를 토대로 8장의 일부 내용을 구성했다.

> 이제 이 왼쪽 입가만 다듬으면 대사(大師)의 조각상이 완성된다. 삶의 지혜와 세상에 대한 혜안을 가졌으면서도 높은 곳에 물러나 있지 않고 속세의 풍진(風塵)을 껴안는 구도자, 그래서 사바세계 인간의 고통과 원을 풀어주는 해탈승.

젊은 승려는 그런 대사의 조각상을 오랫동안 마음에 그려왔고, 이제 그 길고 고된 작업의 끝에 이르렀다. 승려는 차고 단단한 돌 속에 마지막 남은 자신의 온기를 밀어 넣는다. 잔잔한 웃음이 번져 그려내는 입가의 선이면서도 연륜이 배인 주름 같은 선. 석굴 안으로 그 어느 때보다 깊은 공명이 울려 퍼지고 대사(大師)의 얼굴에 주름 같은 미소, 미소 같은 주름이 흐른다. 순간, 석굴 바닥에서 맑고 투명한 물방울 소리가 번져 올라 조각상을 감싸고 석굴 천장에서 밝은 빛 한 줄기가 조각상 위로 흘러내리는 듯했다. 염화미소 ……. 젊은 승려의 입가로 온기 실린 주름 미소가 살아나고 젊은 승려의 눈에 대사(大師)의 혜안이 담긴다. 석굴은 성스러운 구도의 도량이었고 젊은 승려의 손짓과 망치질은 다함없는 정진의 수도였다.

756년, 신라 낭적사(狼跡寺)의 승려 수태(秀台)는 북한산 바위굴에서 오랜 염원이었던 승가 대사(僧伽大師)의 조각상을 완성했다. 승가 대사는 서역 출신의 승려로 7세기 중반 당나라에 와서 법력을 떨친 고승이었다. 교리에 밝고 수행이 뛰어나 진승(眞僧), 곧 참된 승려로 존경을 받았는데, 승가 대사가 머문 사찰이 수로 교통의 요충지여서 항해 안전을 기원하는 이들의 특별한 추앙을 받았다.[1] 8세기 초 입적 이후엔 참된 승려에서 신앙의 대상으로 성격이 변해갔고, 8세기 중반엔 중국 전역으로 승가 대사의 명성이 퍼져나갔다. 당시 중국 대륙과 활발한 교류를 폈던 신라에도 승가 대사를 믿고 의지하는 승가 신앙이 형성됐다.

이러한 시기에 승려 수태는 승가 대사의 석상을 조성해 모시기로 했다. 안치할 도량을 찾던 중 북한산 비봉(碑峯) 동쪽 산중턱에 있는 바위굴을 발견했고, 이곳을 넓혀 돌로 조각한 승가 대사의 좌상을 모신 것이다.

승가대사상(僧伽大師像)은 결가부좌한 등신대(等身大)의 좌상(坐像)으로 머리에 두건(風帽: 풍모)을 쓰고 몸에는 가사를 걸쳤다. 왼손은 가사 속에 넣었고 오른손은 가슴 높이에서 손을 오므린 채 검지를 세웠다. 손과 손가락의 모양이 깨달음을 상징적으로 표현하는 전통적인 부처의 수인(手印)이 아니다. 이마와 입가, 목에는 주름살이 잡혀 있다. 마른 몸에 쇠골도 굵게 드러나 보인다. 부처의 상이라기보다는 세상의 풍파를 겪어온 노인의 외양, 바로 세속 인간의 모습이다.*

* 고려시대인 11세기에 승가대사상을 새로 만들었거나 개수했더라도 당시 석굴에 있었던 신라시대의 승가대사상을 본떠 조형했을 것이다. 이런 맥락에서 고려시대에 조성된 승가대사상을 참고해 신라시대 수태가 만든 승가대사상에 대한 외형을 묘사했다.

## 조선의 젊은 유학자, 북한산 석굴에서 노파를 보다

일주문을 지나고도 비탈길을 더 오른 뒤에야 법당 건물이 눈에 들어왔다. 북한산 비봉 능선의 골에 자리 잡은 승가사(僧伽寺)였다. 규모가 크진 않지만 오래된 절집 특유의 색과 분위기가 무르익어 경내는 그윽하기 그지없다.

1765년 늦은 봄, 이덕무(李德懋, 1741~1793)는 학인(學人)들과 함께 가는 봄을 아쉬워하며 북한산 승가사를 찾았다. 법당 경내에 들어서서 주변을 둘러보니, 능선이 승가사를 살포시 에워싸고 흘러내리는데 오른쪽으론 비봉 능선이 시야에 잡힌다. 비봉은 "정상에 신라 말의 승려 도선이 미래를

**승가사**

1917년 일제가 출간한 『조선고적조사
보고』에 실린 승가사.
북한산 비봉 능선의 골에 작은 사찰
마당을 내고 대웅전이 아늑하게 자리
를 잡았다. 처마를 이어낸 법당 입구
의 건물, 승려인지 촌로인지 두어 사
람이 마루에 앉아 담소를 즐기고, 댕
기머리를 한 소년이 걸음을 옮기다
마루 쪽으로 슬며시 고개를 돌린다.
향 내음은 하루 내내 신록에 스미고,
산바람 한 줄기 골을 넘어와 어느 구
도승의 발길을 애절하게 적실 것 같
다. 18세기 중반 이덕무가 승가사를
찾았을 때에도 산사 풍경은 이와 크
게 다르지 않았으리라.

*이덕무가 승가사를 방문한 1765년
무렵엔 비봉 정상의 비석이 진흥왕
순수비란 사실이 알려지지 않았던 것
으로 보인다. 당시 이덕무도 비봉의
비석을 나말여초의 도선 국사와 관련
된 비석으로 보고 있다. 이에 대해서
는 다음을 참조; 『청장관전서靑莊館
全書』 15권, 「아정유고雅亭遺稿」 7 -
서書 1, 족질族姪 복초復初 광석光錫
에게

예견한 글을 새긴 비석이 있다."는 그 암봉이었다.* 거기서 연봉은 계속
아래로 내달리다 점차 낮아지더니 그 아래쪽 평지에 한양 도성을 펼쳐놓
는다. 도성의 거리가 이제 따가워지기 시작한 봄햇살에 아른거리고, 그 뒤
목멱산(木覓山, 남산)까지 눈에 잡혀온다. 수목엔 봄기운이 다 차올라 잎은
푸르고, 바람을 안아 들이는 숲은 벌써 성하(盛夏)의 절정을 준비한다.

봄은 저물어 가는데 세월을 헛되이 보내는 것이 마치 빈 하늘 나는 기러기
와 같구나.

이덕무는 가슴 속 차오르는 말을 삼키며 시선을 도성 거리 너머 더 먼
곳으로 던진다. 이제 스물다섯 살, 생기 넘치는 북한산의 숲에서 젊은 이
덕무는 갈수록 흐릿해지는 미래에 대한 불안에 힘거워하고 있었다.

이덕무는 18세기 후반 규장각 검서관으로 일하며 대전통편(大典通編)·
국조보감(國朝寶鑑)·홍문관지(弘文館志) 등 당대를 대표하는 여러 서적 편
찬에 참여한 박학다식한 지식인이었다. 경서(經書)와 문장은 물론 박물학

(博物學)과 금석학(金石學)에 능통했고 서화(書畵)에도 일가를 이루었다. 저술에도 힘을 쏟아 유학과 역사, 인문지리, 시화(詩話) 등 다방면에 걸친 저서를 남긴 백과전서적 교양인이었다. 청나라의 고증학 성과를 수용하고 연구해 조선 후기 고증학 연구의 토대를 마련하기도 했다.

하지만 이덕무는 1779년 정조가 규장각 검서관으로 등용하기 전까진 서얼 출신이라는 신분에 얽매어 뜻을 펼치지 못했다. 이미 여섯 살 때 문리(文理)를 얻고, 스무 살에 박제가·유득공·이서구와 함께 시집을 낼 정도로 재능이 뛰어났지만 사십 가까운 나이까지 재야 지식인으로 지내야 했다.


이덕무는 대웅전 뒤쪽의 산으로 시선을 돌렸다. 그리고는 무엇에 들키기라도 한 듯 흠칫 어깨를 떨었다. 산 정상 가까운 암벽엔 반쯤 숲에 가린 마애불(磨崖佛)이 도성을 내려다보고 있었다. 승가사 마애여래좌상이라 불리는 그 마애불로, 머리 위에 차양 같은 팔각의 지붕돌을 이고 있었다.

일행은 걸음을 옮겼다. 마애불 암벽으로 이어지는 산길을 오르기 전, 대웅전 뒤편에 바위굴이 있었다. 이 굴 안에 옛 승려의 석상이 모셔져 있다고 했다.

이덕무는 석굴 안으로 발을 들여놓았다. 신라의 승려 수태가 승가대사상을 석굴에 모신 지 천 년이 지난 때였다. 석굴 안엔 불공을 드린 흔적이 남아 있고 한쪽으로는 약수가 돋고 있었다. 석굴 천장에 맺힌 물방울이 바닥에 떨어지며 적요한 침묵을 끊어냈다. 굴 안쪽으로 대좌(臺座) 위에 정좌한 승려의 조각상이 보였다. 호분(胡粉)을 칠해 온통 희뿌연 상반신에 주름진 얼굴, 영락없는 노인의 몰골이었다. 뒤에 놓인 화려한 광배(光背)가 오히려 가사 두른 승려의 조각상을 더 초라해 보이게 했다.

이날 이덕무에겐 한때 신앙의 대상으로까지 추앙받던 승가 대사에 대한 특별한 시선을 찾을 수 없었다. 이러한 점은 승가사를 다녀 간 뒤 친척 조카뻘 되는 이에게 보낸 편지에서도 확인된다.

절 북쪽에 동굴이 있고 그 가운데는 가부좌를 하고 있는 부처가 하나 있는데, 파리하여 광대뼈가 툭 튀어나온 데다 입을 벌리고 있는 것이 마치 노파의 외양 같더군.

- 이덕무(李德懋), 「족질(族姪) 복초(復初) 광석(光錫)에게」 『청장관전서(青莊館全書)』

삼각산(북한산) 승가사 석굴에 석상이 있는데, 얼굴이 늙은 할머니 같고 머리에 쓴 물건은 유가(儒家)의 복건(幅巾)과 흡사하다. (……)『여지승람(輿地勝覽)』의 기록을 보면 이 석상은 수태 도인(秀台道人)이 만든 상이라 했다.

- 이덕무(李德懋), 「승가사(僧伽寺)의 석상(石像)」 『청장관전서(青莊館全書)』

뒷날 기록을 찾아 석굴의 승려상이 신라시대의 승려 수태가 조각한 석상이라 확인은 했지만 이덕무에게 승가사의 승가대상은 그저 노파의 얼굴을 한 독특한 외양의 승려 석상에 지나지 않았다. 석굴의 승려상은 그 이상도 그 이하도 아니었다. 당대 조선의 젊은 지식인 이덕무에겐 승가 대사나 승가 신앙에 대한 인식은 전혀 보이지 않았다.


## 북한산 승가사 석굴,
## 고려 왕가의 불교 성지가 되다

하지만 8세기 중반에 승가 대사의 좌상이 조성된 뒤, 이곳 석굴엔 불심을 깊게 하고 영험을 얻으려는 이들의 발길이 끊이지 않았다. 고려시대 들어선 왕과 귀족의 발길까지 북한산으로 이끌었다. 11세기에서 12세기에 이르는 고려 전기에 승가사는 왕실의 후원을 받는 사찰로 융성을 누린다. 현종(顯宗, 재위: 1009~1031) 대인 11세기 전반에 승가대사상에 광배(光背)를 조성하고 이후에도 왕실의 지원 아래 승가사를 중수하고 불사를 일으킨다. 지금의 승가대사상은 이 시기에 개수되었거나 새로 만들어진 것으로 보고 있다.

왕과 왕가(王家) 사람들의 승가사 석굴 행차도 이어져 승가
사는 고려 왕실의 특별한 배려를 받는 사찰로 거듭난다. 현종
이후 이어진 왕들의 행차는 12세기 후반 무신란(武臣亂) 전까
지 계속됐는데, 국가 차원의 불교의례가 정기적으로 행해졌
다. 특히 현종의 손자인 선종(宣宗, 재위: 1083~1094)은 승가사 석굴을 찾은
뒤 북한산 일대 여러 사찰을 돌며 재를 올렸다. 승가사를 시작으로 장의사
(藏義寺)・인수사(仁壽寺)・신혈사(神穴寺) 등에서 불공을 드렸는데, 가히 고려
왕실의 '북한산 일대 불교의례'라 할만했다. 숙종(肅宗, 재위: 1095~1105)은
친동생이자 승려인 대각국사 의천(義天)과 함께 승가굴에 행차해 재를 올
리고, 돌아오는 길엔 사면까지 실시한다. 숙종은 12세기 들어서도 다시 행
차해 승가사 석굴에서 기우제를 지낸다. 뒤이은 예종(睿宗, 재위: 1105~1122)
은 승가사를 세 번이나 찾는다. 이러한 고려 왕의 승가사 석굴 행차는 의
종(毅宗, 재위: 1146~1170) 대까지 이어진다. 물론 이 시기 고려 왕가의 북한
산 행차가 승가사 석굴에 한정된 것은 아니었다. 북한산에 위치한 장의사
(藏義寺)・인수사(仁壽寺)・신혈사(神穴寺)・향림사(香林寺)・청량사(淸凉寺)・석적
사(石積寺) 등에도 왕가와 귀족의 발길이 이어졌는데, 그 중심은 역시 승가
사와 승가사의 승가대사상이었다.

**승가굴과 승가대사상**

승가사 대웅전 뒤쪽에 있는 승가굴
은 삼국시대부터 승려들이 수도하던
석굴로 이름이 높았다. 승가대사상이
안치된 석굴로 약사전(藥師殿)이라 부
르기도 하며, 이와 함께 승가대사상
을 약사불이라 일컫는다. 약사불은
중생의 질병을 치료하고 재앙과 고통
을 없애 현세의 행복과 안락을 이루
게 해주는 부처다. 광배 높이 1.3m,
좌상 높이 76cm, 승가 대사의 석상에
흰 분을 칠해놓아 오래된 석상 특유
의 거친 듯하면서도 그윽한 질감과
은근한 분위기가 다소 누그러져 보인
다.

왜 고려 전기의 왕들은 도읍인 개경에서 멀리 떨어진 이곳 북한산 석굴을 찾았던 것일까? 고려시대의 최고 권력자에게 주름진 노인 형상의 승가대사는 어떤 존재였으며, 조선 후기의 한 유학 지식인이 보여준 무덤덤함과는 또 무엇이 달랐을까?

## 고려 왕들이 북한산 석굴에 간 까닭은?

북한산 승가사 석굴의 승가대사상(僧伽大師像)이 고려시대 역사에 본격 등장하는 시기는 11세기 초인 현종 대이다.[2] 현종은 1009년 즉위 이후 북한산 지역의 불사를 후원하며 이 지역에 대한 특별한 애착을 보였다. 11세기 초 두 차례의 거란 침입 시엔 고려 태조의 재궁[梓宮: 임금의 관(棺)]을 이 지역 사찰로 옮기고 왕 자신도 일시 피난할 정도로 북한산 지역 사찰에 대한 관심이 남달랐다. 재위 후반인 1024년엔 승가대사상의 광배(光背)를 조성해 승가 신앙에 대한 믿음도 보인다. 현종의 이러한 북한산 지역 사찰과 승가 신앙에 대한 관심은 한때 북한산 지역에서 승려 생활을 해야 했던 불우한 성장 과정에 기인한다.

고려 전기 성종(成宗, 재위: 981~997)에 이어 목종(穆宗, 재위: 997~1009)이 즉위하자 성종의 왕비이자 목종의 생모인 현애왕후가 섭정을 하게 된다. 천추태후(千秋太后)로 불리며 외척 김치양(金致陽)과 함께 권력을 휘두르던 현애왕후는 김치양과 관계해 낳은 아들에게 왕위를 이어주고자 한다. 하지만 걸림돌이 있었으니, 고려 태조의 혈통을 이어받은, 후일 현종이 되는 대량원군(大良院君)의 존재였다. 이에 천추태후는 열두 살 된 대량원군을 강제로 출가시켜 개경의 한 사찰에 보냈다가 4년 뒤에는 북한산의 신혈사(神穴寺)로 쫓아낸다. 그래도 안심할 수 없었던 천추태후는 자객을 보내 대량원군 암살을 시도하는데, 대량원군은 사찰 주지인 진관 대사(津寬 大師)의 도움으로 위기를 모면한다. 이후에도 여러 차례 북한산 승려의 도움으로 죽을 고비를 넘긴 대량원군은 1009년 목종이 폐위되면서 현종으로 왕위에 오르게 된다.

　목숨을 구한 곳, 생명을 지켜준 사람들. 거기 어찌 보답이 없겠는가. 왕이 된 대량원군은 자신을 도왔던 진관 대사를 후원해 북한산 지역에 불사를 일으키고, 위기 시엔 지난 시절 머물렀던 신혈사를 찾게 된다.* 승가사와의 인연도 이 북한산 승려 시절에 가졌던 것으로 보이는데, 당시 신혈사와 승가사는 교류가 잦았던 사찰이었다. 신혈사는 승가사 석굴에 머물렀던 승려 여철(如哲)이 창건한 사찰이었다.

　현종의 북한산 사찰 후원은 은혜에 보답하는 단순한 종교 행위에 그치는 게 아니었다. 그것은 통치 행위이자 고도의 정치 수단이기도 했다. 왕위에 올랐지만 현종의 정치적 입지는 안정적이지 못했으며 즉위 초기엔 왕으로서의 권위 또한 확고하지 못한 상태였다. 현종은 정치적 입지를 굳히고 왕권을 강화하기 위한 방편으로 불교정책을 강력하게 추진했다. 즉위하면서 대규모 불교 행사인 연등회와 팔관회를 부활시켰으며 외적 침략을 막는다는 목적 아래 대장경을 간행했다. 사찰을 새로 짓고 고쳤으며 궁궐에서 행하는 불교경전 강론을 정례화했다. 백성들이 믿고 있는 불교를 진흥시키는 이러한 정책은 민심을 얻고 사회 안정을 가져오는 방편이 되었고, 나아가 백성에게 왕의 존재를 부각시키는 통로가 됐다. 한편으론 왕실이 앞장서서 사찰을 후원하고 불교 행사와 의례를 주관함으로써 사회 각계각층과 생활 곳곳에 불교라는 신앙체계를 강화시켜나갔다. 이 과정에서 부처의 존귀와 권위는 왕의 그것으로 등치되었고, 이는 곧 왕권 강화로 이어졌다. 불교 신앙체계가 합리적인 통치를 해나갈 수 있는 정치적 기반이 된 것이다. 인과응보나 내세(來世) 개념과 같은 지배체제 유지에 도움이 되는 불교 교리를 다듬고 널리 확산시킴으로써 체제안정을 도모하고 결과적으로 왕실의 안정과 왕권을 강화할 수 있었다.

　현종 대는 고려의 귀족사회 형성이 일단락되던 시기로 왕권과 귀족 세력의 새로운 관계 형성이 필요한 시기이기도 했다. 왕의 입장에서는 국왕을 정점으로 한 일원적 지배질서 구현이 우선이었으며, 이를 위해서는 왕

* 현종 이후에도 신혈사는 고려 왕실의 특별한 관심을 받았다. 11세기 말에 선종宣宗이 신혈사를 찾아 오백나한재五百羅漢齋를 베풀었고, 12세기를 전후한 시기엔 숙종과 예종이 행차했다.
북한산성 서쪽 성과 바깥에 위치한 지금의 진관사 자리에 신혈사가 있었다는 설이 전해오지만 신혈사는 이 진관사 인근의 골에 자리 잡고 있었다. 고려 후기 이후의 신혈사에 대해서는 정확한 기록이 보이지 않으며, 15세기 후반 이전에 폐사된 것으로 추정한다.

실의 권위를 높이고 왕의 통치력 기반을 확보할 수 있는 불교 행사와 불교 의례가 효과적이었다.

정세(政勢)와 사회 여건, 신앙체계와 백성들의 종교 성향 등 왕권을 둘러 싼 거의 모든 여건이 불교의 정치적 활용을 필요로 했다. 달리 말하면, 국 왕의 불교정책은 시대의 요구였다. 왕은 그 길을 선택했고, 승가사 석굴과 북한산 일대 사찰에 대한 고려 왕가의 행차도 그러한 길 중 하나였다.

당시 송나라와의 교류와 외교관계라는 측면도 고려 사회의 승가신앙 에 대한 믿음을 두텁게 했다. 고려는 초기부터 송나라와 경제와 문화 방면 의 교류를 이어오고 있었으며, 11세기 후반 들어 국교가 재개되면서 이전 보다 더 많은 승려와 상인, 사절들이 중국 대륙을 드나들게 된다. 이들은 당시 송나라에서 하나의 신앙체계를 이루고 있던 승가신앙을 접하게 되 고 이를 고려로 들여오는 통로 역할을 한다. 승가 대사는 당나라 말기인 9 세기의 혼란기를 거치면서 이미 관음보살의 화신으로 추앙받았고, 이 시 기엔 그 존격(尊格)이 보살에서 부처로 격상돼 있었다. 승가 대사는 홍수와 가뭄을 조정해주는 치수신(治水神)이었으며, 치병·장수·득남 같은 속세의 소원을 들어주는 기복신(祈福神)으로 자리 잡고 있었다.

또한 이 시기엔 고려 사절이 중국에 가면 중국 왕실을 위해 승가신앙에 서 행하는 재를 올리는 것이 관례가 된다. 고려 조정에서는 승가신앙을 외 교 전략으로 활용할 필요도 있었다.

승가사와 북한산 일대 사찰의 융성은 고려시대의 남경(南京) 건설과도 관련이 있다. 개경(開京, 개성)을 도읍으로 삼은 고려는 평양을 서경(西京)으 로 삼고 지금의 서울 지역을 남경으로 하는 삼경제도(三京制度)를 꾀했다. 개경의 남과 북에 도읍에 준하는 거점 도시를 두어 왕이 일시 머무르며 지 방을 효율적으로 통치하고, 이를 통해 중앙집권체제를 강화하고자 하는 정책이었다. 『고려사』「지리지」에 11세기 중반에 남경 건설이 있었다는 기 록이 보이지만 남경 건설이 본격화된 것은 11세기 말 숙종 시기였다.[3] 이후 남경개창도감(南京開創都監)이 설치되고 1104년에 남경 궁궐이 조성돼 숙종을 위시한 예종(睿宗, 재위: 1105~1122)과 인종(仁宗, 재위: 1122~1146) 등의 남경 행차가 이어진다. 이 남경 궁궐은 지금의 경복궁 북쪽인 청와대 부근에 있었던 것으로 추정하고 있다.

남경 건설과 남경 정치는 왕실 입장에서 보면 개경과 서경에 지역기반을 둔 문벌귀족의 힘을 약화시키고 왕권을 강화하는 방안이었다. 이런 배경에서 남경 건설은 구상 단계에서부터 개경과 서경에 지역 기반을 둔 문벌귀족의 반대에 부딪쳤는데, 남경이 조성된 뒤에도 이러한 압력이 계속돼 실질적인 남경 정치는 이뤄지지 못했다.

이 시기 고려 왕들의 북한산 사찰 방문은 당시의 남경 정치 추진과 관련이 있는 것으로 보인다. 사찰 행차는 남경 정치를 반대하는 문벌귀족의 시선을 따돌리면서 남경 지역을 둘러볼 수 있는 기회였으며, 나아가 이 지역에 대한 중요성을 부각시키는 방편이기도 했을 것이다. 실제로 왕가 출신인 대각국사 의천(義天, 1055~1101)은 남경 건설이 추진되던 시기에 북한산 일대의 사찰에 머무르며 사찰을 중수하고 북한산 지역 불교의 위상을 높인다. 당시 의천의 주장으로 국가 주도 하의 화폐유통 활성화라는 주전론(鑄錢論)이 추진되는데, 이는 문벌귀족의 경제권을 약화시키고 남경 건설을 재정적으로 뒷받침하기 위한 경제 정책으로 보고 있다.

이와 함께 한강 유역과 북한산 지역의 역할이 다시 주목 받게 된다. 이미 삼국시대부터 한강 유역은 중국과의 외교와 문물교류 창구로 쟁패의 대상지였으며, 통일신라를 거쳐 고려시대 들어선 해상 교통과 대외무역 면에서 그 중요성이 더욱 커진 상태였다. 한강을 품은 남경 지역은 경제와 문화교류 측면에서도 고려 사회의 핵심 지역으로 부상하고 있었다.

누가 통치의 실질적인 주도권을 행사할 것인가? 경제와 문화 발전의 방향을 어떤 권력이 어떻게 끌고 갈 것인가? 고려 전기의 왕과 귀족 세력의 갈등은 바로 이를 두고 벌어진 다툼이었다. 그것은 지배계층의 욕망과 힘, 거기에 그들이 동원한 종교와 사상까지 섞여들어 일어난 권력 다툼이었

**삼천사지**

북한산성 서쪽 성벽이 지나는 나월봉과 용혈봉 아래, 성곽 바깥의 산지에 위치해 있다. 7세기 중반에 원효대사가 창건했다는 삼천사는 고려 전기에 불교계 최고의 지위인 국사國師를 배출할 정도로 그 영향력이 높았던 사찰이다. 조선 중기에 폐사된 것으로 알려져 있다.
이곳 삼천사지 아래에 위치한 지금의 삼천사는 1960년대 들어 새로 지은 사찰이다.

고, 그 소용돌이에서 북한산 지역은 신앙의 숲으로 거듭나게 되었다.

이 시기엔 승가사뿐 아니라 북한산 지역의 다른 사찰들도 왕실과 귀족의 후원을 받으며 융성을 누린다. 7세기 중반 신라시대에 창건된 삼천사(三川寺)는 고려시대 들어서도 번성하는데, 3천 명의 승려가 거주했다고 해서 사찰 계곡을 삼천승동(三千僧洞)이라 부를 정도였다. 화랑의 넋을 기리기 위해 7세기 중반에 지은 장의사(藏義寺)의 경우 11세기 전반에 삼천사, 청연사(靑淵寺)와 함께 3백6십여 석의 쌀로 술을 빚어 조정의 제재를 받았다는 기록이 보인다. 이는 당시 북한산 지역 사찰의 풍족한 경제력을 보여주는 사례이다. 그 외 인수사(仁壽寺)·신혈사(神穴寺)·향림사(香林寺)·청량사(淸凉寺)·문수사(文殊寺)·진관사(津寬寺) 등이 고려 전기 불교계에 부상했고, 여기에 새로운 사찰까지 건립돼 그야말로 북한산은 전투와 전란의 중심에서 불심(佛心)의 숲으로 새롭게 태어난다. 당시 북한산 내에 있었던 중흥산성에도 신앙의 기운이 깊어갔다.

하지만 고려 전기의 남경 정책은 제대로 실행되지 못했고 왕권이 가고자 했던 길은 평탄하게 열리지 않았다. 문벌귀족의 힘은 커지는 만큼 부패해져갔다. 건강하고 바람직한 사회 발전을 위한 동인(動因)과 활력소는 제때 생성되지 못했으며 고려 사회는 점점 혼돈의 시대로 달려갔다. 무신의 난과 백성의 항거가 이어지고 몽골이라는 유목제국의 침략이 고려의 앞날을 가로막았다.

종교가 사회의 산물이고 또 사회를 밝히는 하나의 길이라면 숲의 공간에만 머무를 수 없을 터, 고여 있지 않고 흐르기 위해서는 닫힌 물꼬를 터야 하는 법, 북한산의 사찰들 또한 혼돈의 시대 한복판에서 힘겨운 시기를 헤쳐가야 했다. 시대를 반영하며 나름의 역사와 문화를 형성시켜온 북한산의 숲도 그 험난한 세월을 안아야 했다.

北漢圖(三)

# 9

# 북한산의 선승(禪僧),
# 고려 궁궐의 왕사(王師)

- 산성 암자의 달과 선승

- 공민왕, 선승 보우에게 길을 묻다

- 고려 후기 북한산의 사찰과 중흥산성

- 왕사와 선승, 권력과 종교

- 태고 보우, 한양 천도를 제안하다

## 산성 암자의 달과 선승

솔을 타고 내린 달빛이 성첩(城堞) 언저리로 밤빛을 피워 올린다. 검푸른 성곽이 길게 몸을 틀다가 멀리 산중턱으로 선을 흐린다. 잔바람 일어 밤빛 흔들더니, 밤바람은 어느새 성곽 안쪽 암자에까지 달빛을 흘린다. 밤빛 품은 암자 적요한데 아직 잠들지 못한 선승(禪僧) 있어 달빛에 젖는다.

> 모날 수도 있고 둥글 수도 있어
> 흐름 따라 구르는 곳 모두가 깊고 그윽하니
> 나에게 산중 경계 묻는다면
> 솔바람 소슬하고 달은 시내에 가득하다 하리*
> - 보우(普愚),「태고암가(太古庵歌)」중에서,『태고화상어록(太古和尙語錄)』

* 「태고암가」는 보우가 지은 한시인데, 여기서는 맥락에 맞게 일부를 취했다.

고개를 든 보우(普愚, 1301~1382)는 암자 뒤편으로 시선을 올린다. 달빛 아래 노적봉(露積峰)이 어슴푸레하게 잡혀온다. 숲의 밤은 암봉을 더 가까이 끌어당긴다. 밤빛과 어둠을 함께 머금은 채 노적봉은 아직 고요히 깨어 있다.

길을 찾겠다고 불가(佛家)에 든 지 어언 30여 년, 화두(話頭)를 들고 깨침의 문을 열었다지만 아직 가야 할 길은 멀었고 길 너머 또 길이 있음도 알고 있는 터였다.

보우는 몇 해 전 소요산 백운암에서 이곳 북한산의 중흥사(重興寺)로 거처를 옮겼다. 원나라에 갈 준비를 하던 중에 주변의 권유를 뿌리치지 못해 시작된 북한산 발길이었다. 사찰은 노적봉 남쪽 기슭, 중흥산성(重興山城) 내에 자리 잡고 있었다. 지은 지 250년이 넘은 사찰로 퇴락한 상태였지만 남향에 터는 제법 넓었다. 험준한 북한산 기슭에 이런 평지가 있다는 게 놀라울 정도였다. 중흥사(重興寺), 아마도 오래된 이곳 중흥산성(重興山城)과 관계가 깊은 이름이리라.

보우는 곧 자신을 후원하던 권문세족의 지원으로 사찰 중건에 들어갔

중흥사

1890년대 초반의 중흥사. 북한산성 중심부에 자리 잡은 중흥사는 고려 전기에 창건돼 이후 북한산 지역의 불교계를 주도했다. 1711년 북한산성 축성과 함께 130여 칸의 큰 사찰로 거듭나며 북한산성의 수비를 맡은 승영사찰의 본부가 자리 잡는다. 일제의 조선병탄을 전후해선 일본군의 의해 사찰이 훼손되고 경내에 헌병분견소까지 설치되는 치욕을 겪는다. 1915년 집중호우로 산사태가 일어나 폐사됐다.

고, 중흥사는 몇 년 지나지 않아 북한산 지역에서 가장 규모가 큰 도량으로 변했다. 신도가 몰려들고 학인(學人) 승려의 발길도 이어져 중흥사는 고려 전역에 이름을 알렸다.

그 즈음 보우는 중흥사 동쪽 언덕에 암자를 짓고 태고암(太古菴)이라는 편액을 걸었다. 그리고 이곳에 머물며 불법을 연구하고 제자를 가르치니, 북한산 숲에 다시 불심(佛心)의 기운 드높아갔다. 1345년, 보우가 북한산에 들어온 지 5년이 되던 해였다. 이 시기에 북한산 지역의 불교를 일으킨 보우는 훗날 한국 불교의 중흥조(中興祖)이자, 화두(話頭)를 근거로 수행하는 참선법인 간화선(看話禪)을 정착시킨 선승(禪僧)으로 평가받는다.

> 내가 사는 이 암자 나도 알지 못하네
> 깊고 좁지만 옹색함은 없다네
> 천지를 모두 덮어 앞뒤 없으며
> 사방 어디에도 머물지 않네
> - 보우(普愚), 「태고암가(太古庵歌)」 중에서, 『태고화상어록(太古和尙語錄)』

태고(太古), 그 무한(無限)의 시간이 밤의 숲으로 흘러들고 암자의 뜰에는 하늘의 빛과 땅의 향이 뒤섞인다. 맺힘 없는 존재들, 여럿이면서도 하나이고, 겉과 속이 따로 없는 곳 ……. 보우는 이날 북한산 중흥산성의 태고암에서 다시 새로운 길을 찾고 있었다.


## 공민왕, 선승 보우에게 길을 묻다

그로부터 7년 뒤인 1352년, 보우는 고려 궁궐에서 공민왕(恭愍王, 재위: 1351~1374)과 마주했다. 공민왕의 부름으로 마련된 자리였는데, 보우는 5년 전 원나라에서 왕자 신분의 공민왕을 만난 적이 있었다.* 당시 공민왕은 볼모 신세로 원나라의 수도 연경에 머물고 있었고, 보우는 원나라 고승(高僧)들을 만나며 사상의 폭을 넓히는 중이었다. 이날 부름은 연경에서 만났을 당시 공민왕이 했던 약속을 지키는 자리이기도 했다. 공민왕은 왕위에 오르면 보우를 스승으로 모시겠다고 했던 것이다.

공민왕은 즉위 후 원나라를 추종하는 세력, 곧 부원 세력(附元勢力)이 주도하는 정치질서를 바로잡아 왕권을 확립하고 내정개혁을 통해 민생을 안정시키고자 했다. 원나라 조정의 영향력 아래 인사행정을 관장해 온 정방(政房)을 혁파하고 법률과 조세제도를 고쳐나갔다. 몽골식 복장과 변발도 금지했다.[1]

고려는 13세기 전반 몽골의 침입으로 30여 년에 걸친 전쟁을 치렀다. 이후 강화(講和)를 통해 전쟁은 끝났지만 고려는 몽골이 세운 원나라의 영향력 아래 들어가게 된다. 이른바 원나라 지배기, 원 간섭기라 부르는 시기로 왕조는 유지됐지만 나라는 속국이나 다름없는 상태였다. 왕권은 미약했고, 원나라 왕실과 연결된 부원 세력과 고려 전기의 문벌귀족, 여기에 무신 집권기에 성장한 가문이 권문세족을 형성해 국정을 좌우했다. 이들은 대규모 토지를 소유하고 양민을 억압해 민생을 피폐하게 했다. 편법과 불법을 저질러 사회 기강이 극도로 문란해졌다. 권문세족과 연결된 불교계역시 제 역할을 상실한 채 고려 사회의 혼란과 부패를 부추길 따름이었다.

공민왕의 입장에서는 부원 세력이 주도하는 국정을 바로잡는 한편

*보우는 북한산 중흥사와 태고암에 5년 동안 머물다 1346년에 원나라 유학을 떠났다. 그 이듬해, 원나라 태자의 생일을 기념하는 연경의 법회에서 공민왕과 만나게 된다. 이후 1348년에 귀국해 수행에 힘쓰다, 1352년에 개성의 궁궐에서 공민왕과 재회한다.

**성城과 왕국 I** 북한산성이 전하는 스물여섯 가지 한국사 이야기

불교계의 폐단 또한 시정할 필요가 있었다. 하루아침에 바로잡아질 사안이 아니었다. 더구나 개혁의 대상은 대부분 원나라와 긴밀하게 연결된 세력이었다. 공민왕은 이런 정치개혁 과정에서 보우에게 조언을 구하고자 했다.

> 정치와 불교를 구분해 군주는 정치에 주력해야 합니다. 지나친 불사(佛事)를 삼가고, 태조 때 조성한 사찰만을 개수하고 새 사찰 건립은 금지하기 바랍니다.
>
> -『고려사(高麗史)』권38, 「세가(世家)」38, 공민왕 원년(1352년) 5월

보우는 정치운영에 필요한 인재등용에 대해서도 언급한다.

> 사특한 자를 제거하고 바른 이를 등용하시면 나라를 다스리는 데 어렵지 않을 것입니다.
>
> -『고려사(高麗史)』권38, 「세가(世家)」38, 공민왕 원년(1352년) 5월

원칙론에 머무는 조언이지만 공민왕으로선 당장 이 원칙을 추진하기가 쉽지 않았다. 공민왕은 정치 기반이 미약했다. 열두 살 때 원나라에 가서 스물세 살 때까지 연경에서 지내다 그곳에서 왕위에 올랐고, 5개월 전에 고려로 돌아온 상태였다. 즉위 초 국정을 도울 주도 세력은 원나라에 머물 때 공민왕을 돌본 인물들이 대부분일 수밖에 없었다. 하지만 이들은 부원 세력이었고, 공민왕이 개혁해야 할 첫째 대상 또한 부원 세력이었다. 부원 세력을 누르는 데는 원나라의 힘과 압력을 감안해야 했고, 권문세족과 연결된 불교계의 폐단을 바로잡는 데는 명망 있는 불교계 지도자의 목소리를 고려해야 했다. 보우는 원나라에 있으면서 선승(禪僧)으로 이름을 알렸고 원나라 왕실의 신임도 얻은 상태였다. 고려 백성들의 존경을 받는 승려이자 권문세가의 후원을 받으며 고려 불교계에 큰 영향력을 행사하는 위치에 있었다. 이런 보우는 공민왕에게 현명한 조언자이자 앞으로의 정치개혁을 순조롭게 해나갈 수 있는 방패막이 될 수도 있을 것이었다.

보우와의 만남 몇 개월 뒤 공민왕은 개혁 작업을 추진했지만 부원 세력

제거는 계획대로 진행되지 않았다. 한 부원 세력을 누르자 또 다른 부원 세력이 전보다 더 큰 힘을 행사했다. 반원정책은 답보 상태에 머물렀다. 원나라와의 강화 후 80여 년이 흐르면서 부원 세력을 위시한 권문세족은 경제력을 쥐고 사회 곳곳에 기반을 마련했고, 고려 정치계는 되돌리기 힘들 정도로 혼탁한 상태였다.


## 고려 후기 북한산의 사찰과 중흥산성

고려 후기 북한산 지역엔 대체로 전기에 융성했던 사찰이 세를 이어갔다. 기록으로 보면 장의사(藏義寺)와 문수사(文殊寺)가 두드러진다. 장의사는 7세기 중반 신라시대에 창건된 사찰로 고려 전기에 이어 후기에도 북한산 지역 불교의 한 중심을 이루고 있었다. 13세기 후반에서 14세기 초반의 불교계를 지도하던 자정 국존(慈淨國尊) 자안(子安, 1240~1327)이 장의사에 머물며 교종의 최고 승직인 승통직을 받기도 했다. 오백나한(五百羅漢)을 모신 기도처로 유명한 문수사에는 1285년 충렬왕(忠烈王, 재위: 1274~1308)의 행차가 있었다. 그 2년 전에 북한산에 행차했다는 기록도 보여 고

**나한봉**

북한산성 서쪽 성곽의 하단에 위치해 있다. 왼쪽이 나한봉羅漢峰이다. 이 능선과 이어진 나월봉·용혈봉·용출봉이 북쪽으로 치달린다.

'나한羅漢'은 수행으로 번뇌를 끊고 깨달음을 얻은 사람으로 중생의 존경을 받을만한 자격을 지닌 불교의 성자이다. 산스크리트어를 음역한 아라한阿羅漢,Arhat의 약칭이다.

**성城과 왕국 |** 북한산성이 전하는 스물여섯 가지 한국사 이야기

려 후기에도 북한산 지역 사찰에 왕가의 발길이 이어졌던 것으로 보인다. 태고 보우가 머문 중흥사는 14세기 중반 이후 북한산 지역 사찰문화를 주도했다. 이 시기의 기반이 조선시대까지 이어져 18세기 초 북한산성이 축성될 때 이 중흥사에 북한산성을 방어하고 관리하는 승군(僧軍) 본부를 두게 된다.

북한산에는 석가봉(釋迦峯)·문수봉(文殊峯)·보현봉(普賢峯)·미륵봉(彌勒峯)·나한봉(羅漢峯)·승가봉(僧伽峰)·영취봉(靈鷲峯)·원효봉(元曉峯)·의상봉(義湘峯) 등 불교식 이름을 가진 봉우리가 유난히 많다. 이는 삼국시대 후기 이래 이 지역에 많은 사찰이 들어서면서 유래된 명칭으로 북한산 자체에 불교적 의미를 부여하려 했던 신앙심의 표현이었다. 문수봉과 보현봉은 보살의 이름에서 따왔고, 나한봉과 승가봉은 승려와 관련된 이름이다. 영취봉은 부처가 설법을 행한 인도의 영취산에서 이름을 빌려왔다. 원효봉과 의상봉의 경우, 7세기 후반에 활동한 원효와 의상이 북한산의 마주보는 두 산에서 수행했다고 해 붙여진 이름이라 한다.

장군봉(將軍峯)은 고려 말의 최영 장군 일화에서 유래했다. 최영 장군이 외적의 침입에 대비해 북한산의 중흥산성을 새로 쌓고 군사를 훈련시켰는데, 이후 이곳이 장군봉으로 불리게 됐다고 한다. 고려를 지키려던 최영 장군과 고려를 무너뜨리려던 이성계 장군이 이 북한산에서 한판 전투를 벌였는데, 두 장군이 싸움을 벌인 산을 이후 장군봉으로 불렀다는 씁쓸한 이야기도 전해온다. 고려 말 최영 장군의 중흥산성 수축은 실제 있었던 일로 1388년에 우왕(禑王)이 중흥산성 수축을 지시했다는 기록이 사서(史書)에 남아 있다. 11세기 거란 침입 시 왕이 북한산의 중흥산성으로 피신했으며, 13세기 몽골 침입 시에는 중흥산성에서 격전이 있었다고 후대에 전해지지만 북한산 내의 중흥산성에서 일어난 일인지는 확인되지 않고 있다.

흥미로운 것은 1170년 무신란(武臣亂) 이후인 고려 후기 들면서 북한산(삼각산)의 자연재해에 대한 기록이 유난히 많다는 사실이다.

(명종 6년: 1176년) 3월 을묘일에 삼각산의 돌이 넘어졌다. 17년 (1187년) 8월 정사일(丁巳日)에 삼각산 국망봉의 돌이 넘어졌다.

-『고려사(高麗史)』 권55, 「오행(五行)」 3 토(土)

(공민왕) 23년(1374년) 7월 계사일(癸巳일)에 삼각산 가운데 봉우리가 무너졌다.

-『고려사(高麗史)』 권55, 「오행(五行)」 3 토(土)

또 하나 주목을 끄는 것은 공민왕 대의 친원 세력인 기철(奇轍, ?~1356)의 일파가 이 북한산에서 체포됐다는 사실이다. 기철의 누이 동생은 원나라의 제2 왕후였는데, 기철은 이를 배경으로 온갖 패악을 일삼았다. 공민왕 초기의 개혁정치에 큰 걸림돌로 작용하던 기철은 1356년 역모를 꾀했다가 참살됐다.

기철 등이 처형된 뒤, 그 당파를 계속 수색했다. 임군보(任君輔)는 단발하고 삼각산에 숨었는데, 체포돼 군중 앞에서 매를 맞았다.

-『고려사(高麗史)』 권114, 「열전(列傳)」 27 임군보(任君輔)


## 왕사와 선승, 권력과 종교

1356년, 보우는 4년 만에 다시 공민왕의 부름을 받았다. 본격적인 반원(反元) 정치개혁을 3개월 앞둔 시기로, 이번엔 조언을 구하는 데 그치지 않았다. 공민왕은 보우의 개혁참여를 요청했다. 보우에게 왕의 스승 자격인 왕사(王師) 직위를 내리고, 사찰 행정을 관할하는 원융부(圓融府)를 설치해 선교종문(禪敎宗門)의 주지 인사권을 보우에게 맡긴다. 고려 불교계 전체를 통괄할 수 있는 권한을 부여한 것이다.[2]

이후 공민왕은 즉위 후 두 번째 개혁 작업에 착수했다. 우선 부원 세력인 기철(奇轍)·권겸(權謙)·노책(盧頙) 등을 제거했다. 내정간섭 기관이자 부원 세력의 이익을 대변하던 정동행중서성(征東行中書省)의 이문소(理門所)를 혁파하고 원나라 연호(年號)를 사용하지 못하게 했다. 북방의 옛 영토를 회복하고 군사력 증강도 꾀했다.

당시의 사회 혼란과 부패의 한 축이던 불교계에 대한 정비는 보우를 통해 추진했다.

보우는 구산선문(九山禪門)의 파벌 싸움을 큰 폐단 중 하나로 보고 이 구산선문의 통합을 주장했다. 보우는 원융부를 이끌며 교단체제의 개편을 추진하지만 이 작업은 불교계를 근본적으로 혁신하는 데는 미치지 못했다. 고려 말 불교계 폐단의 가장 큰 요인 중 하나는 경제 문제였다. 이 시기 불교계의 파벌 간 대립은 사상보다는 사찰 소유권과 같은 물질적 이해관계에 따른 갈등이 대부분이었다. 토지를 소유한 사찰이 지역 경제권을 쥐고 있었으며 불교계 종파는 종종 토호나 권문세족과 연결돼 막강한 힘을 행사했다. 이런 근본적인 문제를 도외시한 보우의 불교계 정비 작업은 한계를 가질 수밖에 없었고 오히려 불교계의 혼란과 종파 간 갈등을 심화시키는 결과를 가져온 측면도 없지 않았다.

1년 남짓 행해진 보우의 공민왕 개혁정치 참여는 10년 뒤 승려 신돈(辛旽, ?~1371)이 추진한 개혁 작업과 비교되곤 한다. 1365년 공민왕은 사찰 노비의 자식으로 정치 세력은 물론 사회 기반도 없던 승려 신돈을 개혁 작업에 과감하게 참여시킨다. 이듬해 신돈은 공민왕의 신임과 지원 아래 토지제도와 노비제도를 혁신한다. 권세가와 토호가 불법으로 탈취한 토지를 양민에게 돌려주게 했으며 강압에 의해 노비가 된 백성을 풀어주었다. 과거제도를 정비해 젊은 인재를 발탁하고 권문세족에 맞설 수 있는 신진 관료를 양성했다. 성균관 중건에도 참여해 신진 문신(文臣) 세력이 성장할 수

왕과 왕사

보우 국사(왼쪽 사진)와 공민왕(오른쪽 사진)은 고려 말의 종교권력과 정치권력을 대표한다. 보우 국사는 공민왕의 개혁정치에 두 번이나 참가했지만 결과는 뜻한 대로 이뤄지지 않았다. 개혁 뒤에 세우고자 한 세상에 대한 시선이 서로 달랐는지도 모를 일이다. 의사를 관철시키고 사회를 작동시키는 힘을 권력이라 한다면, 무릇 그 무엇도 권력과의 관계에서 자유로울 수 없을 테지만 종교권력이 정치권력과 맺는 관계양상이 시대의 명암을 가를 때가 많았다.
위 오른쪽 사진의 여인은 공민왕의 정비正妃인 노국공주이다.

있는 배경을 마련한다. 신돈의 이러한 개혁 작업은 뒷날 조선 건국에 참여하는 신진사대부들이 성장할 수 있는 한 배경이 된다.

신돈의 과감한 개혁 정책은 백성들로부터는 환영을 받았지만 권문세족을 비롯한 기득권층에게는 자신들의 뿌리를 흔드는 위협이었다. 기득권층은 신돈에 대한 탄핵과 함께 유언비어 유포로 맞서나갔으며, 한때 제거 음모를 꾸미기도 했다. 보우 또한 공민왕에게 신돈을 경계하라는 글을 올리기도 했지만 오히려 신돈의 참언(讒言)으로 속리산 법주사에 1년 동안 유폐되는 화를 당한다. 하지만 결국 신돈은 자신의 오만과 방탕, 거기에 기득권층의 강한 반발에 밀려 개혁 작업을 추진한 지 6년 만인 1371년 역모죄로 몰려 처형당한다.

공민왕은 고려 사회에서 승려가 차지하는 영향력을 파악하고 이를 정치에 활용했다. 또한 당시 사회에서 사찰이 가진 역할과 사회 파급력도 감안하고 있었다. 권문세족과 연결돼 있었던 보우를 자신의 개혁 작업에 참여시킨 까닭도 여기에 있었다. 보우는 경기 지방의 유력한 가문 출신이었으며 활동 당시 권문세족의 후원을 받았고, 원나라 왕실과도 교류를 가진 승려였다. 아마도 공민왕은 개혁 과정에서 나올 친원 권문세족과 밀착된 불교계의 반발을 막으려 다시 한번 보우를 불러들인 것으로 보인다. 거기에 자신의 개혁에 대한 불교계의 지지까지 확보하려는 정치적 의도도 숨어 있었을 것이다.

고려 후기의 사찰과 승려는 종교 본연의 한계를 넘어서 있었다. 정치권력과 연결된 종파는 사원 세력을 형성해 정치와 행정에 영향을 미쳤고 경제 분야에도 큰 힘을 행사했다. 토지 소유뿐 아니라 제염업과 인쇄업 같은 영리사업에도 관여했으며, 심지어는 고리대금업을 통해 부를 축적하기도 했다.[3] 사회 유력자들이 불사를 후원하며 이런 상업 활동에 뛰어들면서 사찰은 더욱 늘어났고 승려까지 크게 증가했다. 이는 경제 질서의 파행뿐 아니라 조세 감소와 함께 군역 대상자의 감소라는 국가적인 문제로 귀결

되었다. 사찰 증가와 사원의 상업행위로 인한 사회문제는 고려 전기부터 있어왔지만 고려 말 들어선 그 병폐가 더 심해졌다. 거기에 불교 종파와 친원 세력이 연계되면서 불교계는 이미 신앙의 영역을 넘어선 사회 세력이 돼 있었다. 몇 가지 규제 조치로 병폐를 막을 수 있는 단계가 아니었다.

한편, 고려시대 불교는 사회질서 유지와 문화 정체성 측면에서 큰 역할을 맡고 있었다. 불교 교리와 신앙행위를 통해 백성을 교화하고 민심을 수습해 통치행위의 정당화를 꾀했으며, 종교행사와 불교의례를 통해 지역민의 통합을 시도하고 계층 간 결속을 도모했다. 사찰은 지역문화를 형성하고 발전시키는 문화 중심지 역할까지 수행했다. 주요 교통로와 군사 거점지역에 위치한 사찰은 상업과 유통, 국방 측면에서도 중시해야 할 요충지였다.

불교가 가진 이런 측면을 고려해 왕과 지배 세력은 불교를 장려했고, 불교계는 신앙 공간을 마련했으며 지배질서 유지를 위한 사상적 기반을 제공했다. 이러한 속내를 담은 채 고려시대의 호국불교가 유지돼 왔으며, 여기에 외적 침입이라는 외부의 적은 고려의 호국불교 성향을 한층 강화시켰다.

고려시대 불교가 가진 역할과 영향력을 고려할 때 공민왕 개혁정치의 가장 큰 난제는 어찌 보면 불교계였는지도 모른다. 실제로 공민왕은 승려 자격을 부여하는 도첩제와 출가자 제한 조치를 재위 전반기에서 후반기에 걸쳐 계속 추진하지만 그 효과는 크지 않았던 것으로 보인다. 상반된 출신과 배경을 가진 승려를 앞세운 두 차례 개혁도 끝내 그가 의도한 충실한 결과를 가져오지는 못했다. 불교라는 종교가 고려의 왕권 강화와 지배질서 유지의 한 디딤돌이었지만 또 한편으론 장애물로 작용했던 것이다.

권력은 지배하려 한다. 권력자는 권력의 정당성을 뒷받침할 주춧돌을 마련하려 하고 또한 권력을 영속화하려 한다. 종교는 자주 그 권력과 밀착

**장의사지 당간지주**

1917년 일제가 발간한 『조선고적조사보고』에 실린 사진이다. 지금은 이 장의사 터에 서울 세검정 초등학교가 들어서 있다.

장의사는 그 시작부터 정치권력과 밀접한 관련을 가졌다. 백제와의 전투에서 죽은 신라의 두 화랑을 기리기 위해 태종무열왕이 660년 무렵에 장의사를 창건했다. 고려시대엔 왕실의 소원을 빌던 원당으로 국가 권력의 보호를 받았다. 하지만 16세기 초 연산군 때 왕의 놀이터가 되면서 폐사됐고, 18세기 중반엔 한양 외곽의 경비를 맡은 총융청이 옮겨오면서 장의사 터는 군영이 됐다.

됐으며, 그래서 그 종교는 그 권력이 가져온 현세의 영욕을 함께 했다. 때론 종교는 그 권력의 색과 향을 조정하고 권력의 향방을 조절했다. 그래서 그 종교는 이 지상에 성(聖)과 속(俗)이라는 두 성(城)을 쌓아야 하는 모순을 안아야 했으며, 어쩌면 고통스러울 수도 있는 현세에서의 이 두 가지 일을 무슨 소명처럼 감내해야 했다. 또 때론 종교는 그 권력에 등을 돌린 채 자신만의 높고 고고한 성(城)을 쌓았다. 그렇지만 그 종교의 성은 그 권력이 허용한 공간 내의 성(城)으로 만족해야 했다.

신돈은 그 권력을 어디로 끌고 가려 한 것일까? 보우는 그 권력에 어떤 향과 색을 입히려 했으며 그가 끝내 쌓고자 했던 성(城)은 어떤 성이었을까?

## 태고 보우, 한양 천도를 제안하다

1356년, 보우는 공민왕에게 한양 천도(漢陽遷都)를 제안한다. 공민왕과 두 번째 만나는 자리에서 개경은 왕기(王氣)가 다했기 때문에 남쪽, 곧 한양으로 도읍을 옮기면 나라가 융성할 것이라 말한다. 12세기를 전후해 추진됐지만 제대로 실행되지 못한 남경(南京) 정치가 고려 말에 이르러 한양 천도로 다시 제기된 것이다. 이후 공민왕은 남경의 지리를 살피고 궁궐 조성을 추진하지만 권문세족의 반발에 부딪쳐 실행되지는 못했다.

공민왕 뒤인 우왕(禑王, 재위: 1374~1388) 대에도 한양 천도 움직임이 있어 우왕이 남경 지역에 행차하기도 했다. 하지만 "남경은 그 진산(鎭山)인 삼각산(북한산)이 화산(火山)으로 목성(木姓)을 가진 나라의 도읍터이니 고려 도읍지로 적절하지 않다."는 풍수지리설에 근거한 반대로 천도가 이뤄지진 못했다.

그 뒤 공양왕(恭讓王, 재위: 1389~1392)도 한양 천도를 추진했다. 남경에 행차해 정무(政務)를 보면서 한양 천도를 타진해보았지만 고려 왕가의 이 마지막 천도 계획도 끝내 수포로 돌아갔다. 풍수리지리설에 근거한 부적절함이 표면적인 이유였지만 고려 전기와 마찬가지로 개경(개성)이라는 지역 기반 상실을 우려한 기득권층의 반대가 가장 큰 장애물이었다. 이런 맥락에 비추어, 보우가 공민왕에게 한양 천도를 제안한 것은 자신의 지역 기반인 경기 지역에 도읍을 옮겨 입지를 강화하려는 의도였다고 보는 견해도 있다.

아마도 고려시대 북한산은 한 나라의 도읍(都邑)을 호위하는 진산(鎭山)이 되지는 못할 운명이었나 보다. 고려 사회를 떠받친 정신적 디딤돌이자 통치이념의 사상 기반을 마련한 신앙의 숲으로 만족해야 했나 보다. 하지만 북한산은 그 숲 깊은 곳에서 이미 새로운 시대를 열어갈 기운을 축적하고 있었다. 최영(崔瑩, 1316~1388)은 부강한 나라를 꿈꾸며 북한산의 중흥산성을 드나들었다. 훗날 새 나라의 기틀을 마련한 정도전(鄭道傳, 1342~1398)이 북한산 숲 아래서 성장하며 마음을 키우고 있었고, 새 나라의 태조가 된 이성계(李成桂, 1335~1408)의 발길 또한 북한산에 닿고 있었다.

北漢圖三

白雲峯

廉帽峯

將臺

門

元覺菴

祥雲寺

守城門

國覺寺

倉

西巖寺

普門

暗門

暗門

# 10

# 그들의 성(城)

- 북한산 아래에서

- 권문세족의 시대, 사대부들 도전장을 내다

- 문인(文人)과 무인(武人)

- 새로운 세상을 향하여

- 다시 북한산 아래에서

## 북한산 아래에서

바위 봉우리와 맞닿은 하늘은 아직 깊고 푸른데, 그 아래 걸린 구름에는 얼핏 가을빛이 돈다. 붉게 물든 나뭇잎이 곧 바위 봉우리마저 물들일 기세다. 단풍잎 사이로, 구름 두른 삼각산(三角山, 북한산) 바위 봉우리가 더욱 선명해 보인다.

삼각산 정상을 올려다보며 삼봉(三峯) 정도전(鄭道傳, 1342~1398)은 짧은 한숨을 내쉰다. 이제 며칠 뒤면 이곳 삼각산도 떠나야 할 처지였다. 7년 전 죄인의 신분으로 개경(개성)을 떠난 뒤 이제 겨우 안정을 찾으려는 때였다.*

정도전은 우왕(禑王, 재위: 1374~1388) 초인 1375년에 원나라와의 외교에 반대하다 당시 정권의 주도세력인 권문세족에 의해 유배길에 올라야 했다. 지금의 전라도 나주 지역에서 2년이 넘는 유배 생활을 거친 뒤, 본인 의사에 따라 거처를 정해 살 수 있는 종편거처(從便居處)로 죄가 감면되면서 영주와 단양, 제천, 원주 등지로 유랑하듯 떠돈 게 3년이었다. 그리고 2년 전인 1380년 들어 도읍인 개경 이외 지역에선 거주해도 좋다는 경외종편(京外從便)이 허락되자 지체 없이 삼각산으로 발길을 향했다. 삼각산 아래에 옛집이 있었다. 이 옛집은 정도전의 부친 때부터 일시 거처하던 곳으로 정도전에게도 기억이 어린 곳이었다. 고향인 영주에서 부모의 3년 상(喪)을 마친 뒤인 10여 년 전에도 잠시 이곳에 머물렀다. 이 지역은 본향은 아니지만 언제든 돌아올 수 있는 곳이었고 또 거기엔 한결같은 산, 삼각산이 있었다.

삼각산 옛집으로 돌아온 정도전은 자신의 호(號)를 딴 삼봉재(三峯齋)를 열고 후학을 가르쳤다. 제자들이 모이고 글 읽는 소리 높아갔다. 가르치는 즐거움도 알게 됐다. 하지만 그것도 잠시, 이 지역 세력가가 자신의 땅이니 집을 비우라며 횡포를 부렸고 그에겐 그 권세를 막을 힘이 없었다. 이

**정도전**

정도전은 조선 개국 최고 공신이다. 고려 말의 부패하고 혼탁한 세상을 넘어서는 새로운 나라를 설계했지만 그가 지향한 세상을 채 펼치기도 전에 정적에 의해 죽음을 맞은 비운의 정치가이자 실천하는 유학자였다.

\* 정도전은 1380년에서 1382년 사이에 북한산(삼각산)의 옛 집에 머문 것으로 파악된다. '북한산 아래에서'는 이를 참고해 구성했다.

성계와 함께 한 나라를 무너뜨리고 새로운 나라를 연 혁명가이자 권력자, 새 나라의 제도를 마련하고 조선 문명의 청사진을 설계한 유학자이자 정치가, 아직은 그 정도전이 아니었다. 친원파(親元派) 권문세족과 대립하다 유배를 당하고 떠돌아야 하는 일개 유생(儒生)에 지나지 않았다.

옛집을 내주고 삼각산을 떠난 정도전은 지인의 소개로 당시의 경기도 부평(富平)에 거처를 마련한다. 하지만 이번에도 이 지역 세력가가 이곳에 별장을 짓겠다며 정도전의 집을 헐어버린다.

정도전은 인근 김포(金浦) 지역으로 다시 거처를 옮겨야 했다. 신진 유학자에 대한 권문세족의 멸시이자 일종의 박해였다. 불안하고 소외된 나날이었다. 마흔 살을 전후한 이 유랑의 시기에 겪은 암담한 심정을 정도전은 이렇게 기록했다.

삼봉집

삼봉집三峯集은 정치·경제·철학·사회·군사 등 다방면에 걸친 정도전의 사상과 시문을 모아놓은 문집이다.

> 오 년 사이 세 번이나 이사를 했는데
> 올해 다시 집을 옮겼네
> 탁 트인 들에 초가는 작기도 하고
> 큰 산에는 고목이 드문드문
> 농부들이 찾아와 성(姓)을 묻는데
> 옛 친구들은 서신조차 끊어버렸네
> 하늘과 땅이 나를 받아들여줄까
> 바람 부는 대로 내 가는 곳 맡길 수밖에
> ─ 정도전, 「이가(移家)」 『삼봉집』

## 권문세족의 시대, 사대부들 도전장을 내다

정도전은 공민왕 재위 11년(1362년)에 진사시(進士試)에 합격해 이듬해 충주(忠州)에서 사록(司祿)의 직위로 관계(官界)에 첫발을 내디뎠다. 이후 중앙 관리로 발탁돼 개경에 진출한 정도전은 1365년에 왕의 비서직에 해당하는 통례문지후(通禮門祗候)를 맡으며 두각을 나타낸다. 공민왕이 승려 신돈(辛旽)을 등용해 개혁 작업을 추진하기 시작한 때였다. 그런데 정도전은 이듬해 부친상(父親喪)을 당하고 이어 모친상(母親喪)까지 겹쳐 관직을 그만두게 된다. 정도전은 고향인 영주로 내려가 3년 동안 시묘살이를 한 뒤 삼각산 옛집에 머물렀다. 일설에 따르면, 신돈을 개혁 작업에 끌어들인 공민왕의 행보에 실망한 정도전이 부친상 이전에 개경을 떠나 삼각산 옛집으로 내려갔다고도 한다.

삼각산 아래 머물던 1370년, 정도전은 이색(李穡, 1328~1396)과 정몽주(鄭夢周, 1337~1392)의 천거로 성균관(成均館) 박사(博士)에 임명된다. 공교롭게도 이 시기는 신돈의 정치 활동이 위기를 맞고 있을 때였는데, 신돈은 이듬해인 1371년 역모죄로 처형당한다. 집안 문제 때문이든 신돈에 대한 비판적 입장에서든 정도전은 신돈이 공민왕의 후원으로 개혁정치를 활발하게 펼칠 시기에 정계로부터 물러나 있었던 것이다.

이색은 1367년 성균관이 중건되면서 대사성(大司成) 직위로 성균관 책임을 맡고 있었다. 이색은 당시 정계에 영향력을 미치는 실력자였으며, 13세기 후반 안향(安珦, 1243~1306)으로부터 시작된 성리학의 학통을 잇는 고려 말의 유종(儒宗)이기도 했다. 정도전은 10대 시절 이색의 문하에서 수학하며 그와 인연을 맺었고, 이 시기에 이색의 문하에 있었던 정몽주와도 교류를 가졌다. 정도전이 성균관 관리로 임명되었을 당시 정몽주는 성균관 박사와 교관(敎官) 등을 거치며 이미 중앙 정계에 자리를 잡아가고 있었다.

고려 말기의 성균관은 성리학을 익힌 신진 문인들이 정치세력으로 성장할 수 있는 토대가 됐다. 공민왕은 성균관을 중건하면서 과거(科擧)를 거친 성리학 소양의 문인을 크게 등용했다. 이들은 대토지를 소유한 문벌귀족과 달리, 대체로 지방의 중소 지주층 출신이었다. 정계 진출 이전에 학맥과 혼인관계를 통해 인연을 맺고 있었던 이들은 성균관이라는 공간을 통해 더욱 결집하게 되고, 고려 사회의 지배계층인 문벌귀족에 대항할 힘을 축적하며 점차 정치적 역량을 넓혀나갔다.[1]

이색

점진적인 개혁을 추구한 온건한 신유학자. 이색에 대한 후대의 일반적인 평가이다. 고려 말의 지배층이었던 권문세족과 일정한 거리를 두었지만 이색 또한 기득권층으로서의 한계를 벗어나진 못했다. 이색은 권근과 길재 등의 후학을 배출하며 여말선초의 학문과 문학 발전에 지대한 영향을 미쳤다.

**성城과 왕국 |** 북한산성이 전하는 스물여섯 가지 한국사 이야기

영향력을 키우던 신진 문인관료들은 1374년 공민왕 사후에 우왕이 즉위하면서 권문세족과 크게 부딪친다. 계기는 외교 문제였다. 당시 북방은 원명(元明) 교체기로, 1368년 한족(漢族) 세력을 이끈 주원장(朱元璋)이 원나라의 수도 연경(燕京)을 점령해 명나라를 건국하고 중국 대륙의 새로운 지배자로 떠오르고 있었다. 고려는 명과 외교관계를 맺으며 원나라를 압박했다. 북방으로 물러난 원나라는 세력이 약해졌지만 명나라와 대치하며 고려에 여전히 영향력을 행사하려 들었다. 고려는 우왕 즉위 후 권문세족인 이인임(李仁任, ?~1388) 일파가 정국 주도권을 쥐면서 원나라와의 외교관계를 복원하려 했다. 명나라와 원나라 양국과 외교를 맺는 양단 외교 전략을 지향한 것이다. 이에 신진 문인관료인 사대부(士大夫) 세력은 명나라와의 단일 외교를 주장했는데, 이들은 원나라 사신을 맞아들일 수 없다는 입장을 고수하며 이인임 세력에 맞서나갔다. 정도전은 원나라의 사신이 고려에 들어오면 그를 잡아 명나라에 압송하겠다고 공언하며 친명정책을 주도했으며, 일부 사대부 세력은 이인임을 극형에 처할 것을 요구했다. 하지만 사대부들의 힘은 아직은 약했다. 기존 집권 세력과 신진 세력의 이 대립은 신진 세력인 사대부들이 유배를 당하면서 일단락된다. 정도전과 정몽주도 유배형을 받는다.

두 세력은 외교 문제로 충돌했지만 그 근저에는 기존의 지배질서를 유지해 기득권을 지키려는 세력과 부패한 지배질서를 바로잡으려는 신진 세력 간의 갈등이 놓여 있었다. 비록 굴복해야 했지만 이인임 세력에 대한 이 시기 사대부들의 일치된 행동은 이들이 정치세력 집단으로서 기존 권문세족과 부딪칠 수 있다는 의지를 보여주었다. 더 이상 지방 출신의 신진 유생이 아니었던 것이다.

한편, 이들은 성리학이라는 동류의식과 정치적 공감대를 가지고 외부적으론 단일한 목소리를 내고 있었지만 내부적으론 일정한 차이점을 드러내고 있었다. 명나라와의 외교에 매우 적극적인 입장을 표명하는 강성 인물들이 있었으며, 비교적 유연한 입장을 보이는 인물들도 있었다. 한발 물러서서 사건에 직접 연루되지 않은 관료들도 있었다. 이처럼 사대부 세

**정몽주**

그의 활동 분야는 참으로 다양하다. 이성계와 함께 왜구와 여진족 토벌에 나섰고, 명나라와 일본에 다녀오며 외교에도 크게 공헌했다. 새 법전도 만들었다. 의창을 설립해 빈민을 구제하고 향교를 세워 교육에도 힘썼다. 사회 개혁에 앞장섰지만 새 왕조 개창에는 반대해 이성계 세력을 제거하려 한 신념의 정치가이기도 했다. 학문과 시문에도 뛰어났으며, 그의 사상과 이념은 조선의 사림파로 이어져 결국은 조선사회를 유지하는 한 기반으로 작용한다.

력은 출신 배경이나 인맥 등 조건과 처한 여건에 따라 조금씩 입장이 달랐는데, 뒷날 정권 장악 시기에 일어나는 사대부 세력 내에서의 권력다툼의 요인이 이미 이 시기에 싹트고 있었던 것이다.

원나라와의 외교 사건으로 축출된 사대부 세력 일부는 우왕 3년인 1377년 이후 정계에 복귀한다. 정몽주도 유배형을 끝내고 정계로 돌아온다. 복귀한 신진 문인관료들은 이인임 세력의 필요에 의해 주로 사신(使臣)으로 활동하게 된다. 당시의 혼란한 국제 정세 속에서 대부분의 관료들이 명나라나 일본으로의 사행(使行)을 꺼리고 있던 상태였다. 이런 힘든 일을 맡으며, 복귀한 신진 문인관료들은 정계에 남아 있던 사대부들과 힘을 합쳐 간쟁과 상소를 통해 의견을 피력하며 자신들의 위치를 확보해나갔다. 왕도정치를 강조하고 국왕 중심의 인사권 확립과 경학(經學) 위주의 과거제도 복귀를 주장했다. 토지제도 재확립을 통한 국가재정 확보 방안을 제시했으며 군사조직 정비와 성곽 보수 등 국방에도 관심을 표명했다. 하지만 이들의 견해나 주장은 고려 사회의 근본적인 문제를 해결하려는 개혁안이라기보다는 개선안에 가까웠으며, 그마저도 제대로 반영되거나 추진되지 못했다. 정몽주를 비롯한 이 부류의 사대부들은 대체로 지방의 중소지주층 집안 출신이었지만 선대부터 쌓아온 사회 기반에 물질적 토대도 제법 탄탄한 상태였다. 사대부들 간의 혼맥과 학맥을 통해 이 시기엔 중앙 정계에서도 기반을 다져가고 있었다.

사대부 세력 일부는 권문세족과 결혼관계나 인맥 등으로 연결돼 세족화의 길을 걸었다. 이들은 기존 권문세족과 함께 정국을 주도하기까지 하는데, 유배 뒤 6년 만에 복귀한 염흥방(廉興邦, ?~1388)이 그 대표적인 인물이었다. 정치 현실이라는 측면에서 보자면 이 세력은 사대부의 정치 개선안이 일부 관철될 수 있는 매개 역할을 한 것으로 보이지만 대다수의 사대부들은 이들과 일정한 거리를 두고 있었다.

사대부 세력의 구심점이었던 이색은 공민왕 말기에 고향인 한산(韓山, 서천)으로 내려가 이 시기엔 정계에서 한발 물러나 있었다. 이색은 이미 그

**성城과 왕국** ǀ 북한산성이 전하는 스물여섯 가지 한국사 이야기

이전에 당대의 권문세족인 안동 권씨와 혼인관계를 맺어 일종의 세족화 경향을 보이고 있었다. 그러면서도 신진 사대부들의 스승이자 선배 격으로 영향력을 행사할 수 있었던 것은 기존 권문세족과 달리 체제 개선의 필요성을 수용하고 있었던 탓으로 보인다. 실제로 이색은 우왕 대에 정국을 주도한 권문세족의 견제를 받고 있었다. 이색은 우왕 18년(1388년) 최영과 이성계가 권문세족을 축출하고 정권을 장악한 뒤에야 정계에 등장한다.

이 시기 또 한 부류의 사대부는 상당히 다른 길을 걷고 있었다. 정도전과 이첨(李詹), 조준(趙浚), 윤소종(尹紹宗) 등이 이 부류의 사대부들이었다. 이들은 여러 경로로 백성의 참담한 현실을 접하고 체제 유지나 개선이 아니라 체제 변혁의 길을 선택한 인물들이었다. 이들은 유배지에서 왜구 침략과 수탈에 시달리는 백성의 처참한 현실을 접했으며, 일부는 지방 관리로 파견되거나 고향에 은거하던 중에 사회 현실을 직시하게 된다.

정도전은 유배와 유랑 시기를 거치면서 학문을 심화시키고 현실 인식을 가다듬어 훗날 조선 개국을 전후해 펼치게 될 경세론(經世論)의 기반을 닦아나갔다. 그의 경세론의 한 축은 광범위한 자작농 육성과 산업의 공영을 통한 부국강병에, 또 다른 한 축은 능력에 토대를 둔 사(士) 위주의 관료 정치 구현에 있었다. 유배와 유랑 시절에 듣게 된 가난한 백성의 목소리와 유랑민의 처참한 삶, 세력가의 무자비한 횡포와 그 자신이 권세가에 의해 거주지를 옮겨 다녀야 했던 참담함에 대한 경험이 체제변혁에 대한 확신을 심어주었던 것으로 보인다. 정도전의 출신 배경과 경제적 토대 또한 이러한 지향점에 영향을 미쳤을 것으로 여겨진다. 그의 가계는 부친 때에 이르러 개경 지역의 관료로 진출했지만 중앙 관료로서나 지방 중소지주로서의 기반이 모두 확고하지 못한 상태였다.*

정도전이 유배와 유랑을 거쳐 1380년 무렵 삼각산 옛집에 돌아왔을 땐 10여 년 전 삼각산에 왔을 때와는 많은 것이 달라져 있었다. 학문의 깊이와 현실 인식의 폭이 넓어지고 그에 따라 가고자 하는 길 또한 좀 더 뚜렷해졌지만 자신의 처한 상황과 기반은 이전보다 악화돼 있었다. 자신과 주

* 정도전의 고조는 봉화에서 지역 실무행정을 총괄하던 호장戶長이었으며, 조부는 병장기와 집기 등을 관리하는 검교군기감檢校軍器監을 지냈다. 이 조부 때 영주로 이사해 정착한 것으로 알려져 있다. 정도전의 아버지는 1330년 무렵 과거시험을 거쳐 중앙 관직에 진출했지만 당시 풍조와 달리 권세 가문이나 인맥에 기대지 않았으며 청렴한 관직생활을 했다고 한다. 한편, 정도전의 외조모가 노비와 승려 사이에서 태어난 천출이라는 기록이 있지만 이를 정도전의 반대파가 정도전을 노비의 피를 이어받은 간신으로 폄하하기 위한 계략이자 날조로 보기도 한다.

변에 대한 명료한 인식이 자신의 처지를 더욱 객관적으로 보게도 했을 것이다.

이제 어찌할 것인가? 권세가의 횡포를 감내하며 이대로 현실에 주저앉을 것인가? 후학 양성으로 스스로를 위무하고, 가지 못한 길을 떠올리며 평생 향수에 시달릴 것인가? 꿈속에서나 그리는 길이 아니라 현실의 길을 만들어나가야 한다면 어디에서 다시 시작해야 하는가? 대체 그 현실의 길을 열어가기 위한 방법이 있기는 한 것인가?

삼봉재(三峯齋) 마당으로 그림자가 길어지고 있었다. 삼각산 바위 봉우리를 올려다보는 정도전의 어깨 너머로 붉은 가을 단풍잎이 스멀스멀 내리는 어둠을 갉아먹고 있었다.

## 문인(文人)과 무인(武人)

**이성계**

"난세가 영웅을 만든다." 이성계는 공민왕의 반원정책에 뛰어들어 원나라에 빼앗긴 고려 땅을 되찾는데 일조함으로써 중앙정계에 진출할 발판을 만든다. 이어 홍건적과 왜구, 원나라의 침략을 막아냄으로써 고려를 지키는 전쟁영웅이 된다. 이후 최영이 고려 땅을 회복하라고 내어준 5만의 대군으로 최영을 제거하고 새로운 왕좌에 오른다. 그의 일생은 "권력의 현실적이고 실제적인 힘은 칼에서 나온다."는 사실을 잘 보여준다.

우왕 9년(1383년) 가을, 함주(咸州)의 군영(軍營)에서 이성계는 특별한 방문객을 맞고 있었다. 조금 전 이 방문객과 함께 휘하(麾下) 군대를 시찰하고 막사로 자리를 옮긴 뒤였다. 이성계는 동북면도지휘사(東北面都指揮使)로 고려 동북부 국경지대를 지키고 있었다.

"참으로 대단합니다. 이런 군대를 가지고 무슨 일을 못하겠습니까?"

정도전이었다. 이성계의 눈가가 가볍게 떨렸고, 잠시 침묵이 흘렀다. 정도전의 말은 자칫 반역 모의로도 들릴 수 있는 언사였다.

"그게 무슨 말인지요?"

이성계의 되물음에 이번엔 정도전의 얼굴에 긴장이 돋았다. 정도전은 이내 미소를 띠며 농담처럼 말을 돌렸다.

"동남쪽의 왜적을 격퇴한다는 말입니다."*

* 정도전과 이성계의 첫 만남 당시의 정황은 『삼봉집』권8(부록 事實)의 기록을 근거로 구성했다.

이성계의 눈과 미간이 부드럽게 풀렸다. 이성계는 정도전의 대답이 그의 속뜻이 아닐 것이라 짐작했다. 그건 굳이 직설적으로 내뱉어야 할 말은 아니었다. 또 그렇게 함부로 말할 사안도 아니었다. 그래서 정도전은 마음에 둔 말이 아니라 "동남쪽 왜적 격퇴"로 말을 돌렸던 것이다.

정몽주의 주선으로 마련된 이날 함주 막사에서의 자리는 뒷날 조선이라는 새로운 나라를 열게 될 한 혁명가와 한 영웅의 첫 만남이었다. 북한산과 부평, 김포를 전전하던 정도전은 마침내 선택을 내린 것이다. 현실의 길을 만들어나가기로 했으며 그 현실의 길을 닦아나가는 방법도 택했다. 그것은 눈에 보이는 힘, 강한 군사력을 가진 무장(武將)과의 제휴였다.

1371년 승려 신돈이 처형된 이후, 고려 정국의 주도권은 무장(武將)이나 무장 출신의 권문세족에게 넘어오게 된다. 최영(崔瑩)·경복흥(慶復興)·이인임(李仁任) 등이 정방(政房)의 수장으로 인사권을 관장했으며, 조민수(曹敏修)·임견미(林堅味) 등은 왕명출납(王命出納)을 담당한 내재추(內宰樞)를 통해 권한을 행사했다.

이 시기 무장들의 주도권 장악은 당시의 잦은 외침과 관련이 있었다. 북방 국경지대는 여진족과 홍건적, 원나라의 침략으로 항시 불안했고, 여기에 왜구의 노략질까지 겹쳤다. 왜구의 침입은 연안 지역뿐 아니라 내륙까지 이어져 그 피해가 갈수록 심해졌다. 우왕 재위 14년 동안 약 380회의 왜구 침입이 있었으며, 한때는 수도 개경 인근인 예성강 어귀까지 왜구가 출몰하기도 했다. 전시(戰時)나 다름없는 상태에서 무장의 역할이 그 어느 때보다 중요해졌고, 전공을 세운 무장들은 권력의 중심부로 이동했다. 당시 군대는 사병의 형태로 운영되고 있었는데 소수 권문세족이 토지와 관직을 독점한 결과, 국가는 군대 유지를 위한 재정과 인원을 확보할 수 없는 상태였다. 강한 군사력을 보유한 장군들이 두각을 나타냈고, 최영과 이성계도 이 시기 북방 이민족과 왜구를 연이어 격퇴하며 백성들의 영웅으로 떠올랐다.

이런 정세에서 문신(文臣)들은 입지 확보를 위해 무장들과 손을 잡아야 했다.[2] 무장의 문객(門客)을 자처하는 이가 있었으며 무장을 따라 전투에 참가해 휘하의 문사(文士)로 활동하며 전투를 돕기도 했다. 정몽주와 이성계 또한 전투 현장에서 만났다. 1364년 함경도 국경지대에 침입한 여진족과의 전투에 참가하면서 정몽주는 이성계와 인연을 맺었다. 이후 정몽주는 지속적으로 이성계의 전투에 참여하는데, 이성계의 최대 전공 중 하나로 꼽히는 1380년의 운봉(雲峰) 지역 왜구 소탕에도 출전한다. 정도전과 이성계가 첫 만남을 가진 1383년 무렵에도 이성계의 함경도 전투 현장에 발길을 했다. 정도전과 이성계의 첫 자리가 하루아침에 이루어진 즉흥적인 만남이 아니었던 것이다.

정도전은 무장과의 연결에서 왜 최영도 아니고 조민수도 아닌 이성계를 선택했을까?

이 시기 정치권력을 가진 대부분의 무장들은 문신들과 관계를 유지하며 이미 정치적 기반을 갖추고 있었다. 최영 또한 마찬가지였다. 그의 선대는 왕건의 고려 개국을 도왔으며 이후 문벌 가문으로 자리를 잡으며 대를 이어왔다. 최영 자신은 1352년 공민왕을 도와 당시 권세를 휘두르던 권문세족을 제거함으로써 이후 고려 왕실의 버팀목 역할을 다했다. 최영은 가문이나 기반 면에선 권문세족과 크게 다를 바 없었지만 강직했고 청렴했다. 혁혁한 전공으로 백성으로부터 영웅으로 추앙받고 있었다. 어찌 보면 최영은 갖출 건 모두 갖춘 인물이었다.

반면 이성계는 최영에 버금가는 무공에도 불구하고 중앙 정계에 정치적 기반이 없었다. 다른 무장들과의 경쟁도 있었지만 가장 큰 걸림돌은 그의 가문(家門)에 있었다. 이성계의 선대(先代)는 한동안 원나라의 통치기구인 쌍성총관부(雙城摠管府)의 관리로 일해 왔다. 쌍성총관부는 1258년 몽골(원나라)이 지금의 함경남도 영흥 이북을 직접 통치하기 위해 설치한 기구였다. 이성계의 부친 이자춘(李子春)은 이곳의 지휘관을 맡고 있었는데, 1356년 공민왕이 이 지역을 수복할 때 고려군에 넘어옴으로써 큰 공을 세운다. 이후 이자춘은 동북면병마사(東北面兵馬使)로 임명되고 이성계 또한 이 지역의 지휘관으로 일하게 된다.

이런 가문의 내력은 이성계가 장군으로 발돋움할 수 있는 토대가 되었지만 한편으론 더 이상의 성장을 가로막는 낙인이 되었다. 이성계의 전공(戰功)이 쌓이고 백성들의 기대가 높아지면서 이를 견제하려는 세력의 목소리가 높아졌고, 원나라에 협조한 가문이라는 내력은 이성계의 성장을 저지할 수 있는 적절한 구실이 되었다. 혁혁한 전공에도 불구하고 그동안 이성계는 주로 고려 동북부 지역의 군직을 맡아왔다. 그보다 무공이 적은 장군들이 중앙의 요직에 진출한 사실과 비교하면 이는 의도적인 견제로밖에 볼 수 없었다. 대부분의 무장들과 관료들이 강한 군대를 가진 이성계와 일정한 거리를 두었으며 이성계 또한 이들과 원만한 관계를 유지하지 못했다. 하지만 이성계는 현실에 만족하거나 안주할 인물은 아니었다. 이성계 또한 중앙 정계로의 진출을 원했다. 그 매개는 무장이 아니라 문인이었는데, 특히 이성계에겐 친명(親明) 성향의 문인이 필요했다. 그건 친원가문(親元家門)이라는 굴레를 벗을 수 있는 기회이기도 했다.

첫 만남 이듬해인 1384년에 정도전과 이성계는 함주에서 다시 자리를 마련했다. 이성계가 정도전의 정치 구상에 동의하고 있었던 것이다. 이성계에게 정도전과 정몽주 세력과의 연결은 손해될 리 없는 제휴였다. 정몽주와 새로운 인물 정도전은 무장으로서의 자신에게 부족한 학문적 소양과 관료적 능력을 보완해줄 고리가 될 것이고 중앙 정계에 진출하는데 디딤돌이 될 터였다.* 이처럼 정몽주를 통해 정도전과 이성계가 연결되고, 이제 조준(趙浚), 윤소종(尹紹宗) 등 여타 체제변혁파 사대부들까지 결집하게 된다. 정도전은 당대의 전쟁 영웅과 그의 군사력이라는 든든한 물리적 뒷받침에 동지들까지 규합함으로써 정치세력화의 기틀을 마련하게 된 것이다. 거기에 그동안 중앙 정계에서 활동하며 착실히 입지를 다져온 정몽주도 있지 않은가?

*사서史書는 이성계가 유학에 큰 관심을 가진 인물로 기록하고 있다. 1383년(우왕 9년)에 아들 이방원이 과거에 합격하자 감격해 눈물을 흘렸으며, 이방원이 관료로 나아가자 임명장을 두세 번이나 읽게 했다고 한다. 객을 맞아 연회를 베풀 때마다 이방원에게 시를 짓게 했다고도 한다. 그의 집안이 더 이상 무인 가문 일색이 아님을 널리 알리고 싶었던 것이다. 이성계 또한 당시 정국에서 무인이라는 배경만으론 최고 권력층에 오르기 힘들다는 사실을 잘 알고 있었으며 문인과의 연결이 반드시 필요한 상태였다.

## 새로운 세상을 향하여

이성계와 접촉하던 1384년, 정도전은 정몽주의 명나라 사행(使行)에 서
장관(書狀官)으로 동행하며 오랜 유랑 생활을 청산한다. 1375년 유배 뒤 9
년 만의 정계 복귀였다. 정도전은 이후 성균관 좨주(祭酒)와 남양 부사(南陽
府使)를 거쳐 1387년엔 성균관의 전임관(專任官)으로는 최고 직위인 대사성
(大司成)에 오른다.

정몽주는 주로 외교 활동에 치중했다. 정도전과 동행한 1384년 사행에
서 악화된 대명관계를 회복하는 데 큰 공을 세우고, 이후에도 명나라 사신
으로 활약을 펼쳐 긴장 완화와 세공 면제라는 업적을 올린다. 정몽주는 과
거를 관장하는 동지공거(同知貢擧)를 거쳐 1387년엔 수원군(水原君)에 봉해
진다.

이성계는 무장으로서의 입지를 더욱 굳혀나가며 중앙 정계로 한발 더
발을 들여놓았다. 1383년에 함경도 길주에서 여진족을 격퇴하고 다음해
엔 동북면도원수(東北面都元帥)와 정이품(正二品) 관직인 문하찬성사(門下
贊成事)에 오른다. 1385년에는 함경도 함주와 북청 지역에 침
략한 왜구를 물리쳐 1등 공신의 대우를 받는다. 이 시기 이성
계는 중앙 정계에서도 큰 힘을 행사할 정도로 세력을 키웠는
데, 정도전의 성균관대사성 직위도 이성계의 추천으로 이뤄
진 것이었다.

이후 정도전과 이성계는 급속히 세력을 확장한다. 1388년
이성계는 최영과 함께 당시 권문세족으로 정국을 좌우하며
전횡을 일삼던 이인임과 염흥방, 임견미를 축출한다. 이성계
는 정방(政房)에 들어가 최영과 함께 인사권을 장악한다. 고려
정국의 한 축이 이성계에게로 넘어온 것이다. 당시 정치체제
는 군주와 권신들이 사적인 욕망을 추구하면서 이를 뒷받침
할 권력 유지를 위해 일종의 제휴관계를 맺고 있었던 뒤틀린
통치체제였다.[3] 정국은 권문세족인 이인임 일파와 무장인 최

영이 주도해 왔다. 이제 그 한 파벌이 제거되고 그 자리에 이성계가 2인자로 등극한 것이다. 하지만 병권(兵權)은 여전히 최영이 쥐고 있었으며 최영을 따르는 관료와 백성들의 지지 또한 흔들림이 없었다.

이인임 일파 제거 후, 우왕과 최영은 요동정벌을 결정한다. 요동 지역은 원나라가 힘을 잃으면서 고려와 명나라의 전략 요충지로 떠오른 지역으로 그동안 이곳을 선점하기 위해 양국은 치열한 각축전을 벌여왔다. 거기에 더해 명나라는 요동 지역을 자국 영토에 귀속시키겠다는 뜻을 일방적으로 통고하기까지 했다. 출병 2개월 전이었다. 최영은 외교 방책으로는 요동을 확보할 수 없다고 보았으며, 그렇다고 요동을 명나라에 순순히 넘겨줄 수도 없었다. 그는 정치가이기 이전에 무인이었다. 남은 건 전쟁뿐이었다.

이성계는 반대 의사를 분명히 했다. 작은 나라가 큰 나라를 치는 것은 옳지 못하며, 왜구의 침입이 우려되며, 여름철 군사작전은 전염병의 우려가 있으며, 활의 성능에도 문제를 일으킨다는 게 그 이유였다. 우왕과 최영은 결정을 굽히지 않았다. 이성계는 한발 물러서 지금으로선 지속적인 군량 보급과 후방 지원이 어려운 상태이므로 출병을 가을로 연기하자고 제안했지만 우왕과 최영은 결정을 밀어붙였다. 결국 좌군도통사에 조민수, 우군도통사에 이성계가 임명돼 5만여 명의 병력이 요동을 향해 출발했다.

이 요동정벌 계획을 급부상한 이성계 세력을 약화시키기 위한 최영의 방책이라고 보는 견해도 있다. 이성계의 군사력을 고갈시키고 명나라와의 관계 회복에 앞장선 사대부들에게 정치적 타격을 가하기 위한 전략이라는 것이다. 이런 시각에 대한 반론도 만만치 않지만 최영의 의도와 상관없이 요동정벌은 이성계를 곤경에 빠트릴 가능성은 충분했다.[4]

강국으로 부상한 명나라와 오랜 외침과 폭정으로 쇠약해진 고려. 이성계는 이 전쟁을 승산 없는 싸움으로 보았다. 위화도에 진을 친 이성계는 회군을 간청했지만 최영은 요동 진격을 재촉했다. 하지만 이성계와 조민

수는 군대를 돌려 개경으로 향했고, 5만의 군대를 이성계와 조민수에게 내어준 최영에게 승산은 없었다. 이성계는 최영을 유배에 처한다. 회군의 목표가 우왕 폐위에 있는 게 아니라 최영에게 있음을 분명히 한 것이다. 그런데 이번엔 우왕이 이성계를 급습하는 사건이 벌어진다. 하지만 이성계 제거는 실패로 돌아가고, 이후 우왕은 폐위되고 최영은 사형에 처해진다.

최영에 대한 역사적 평가는 양면적이다. 최영은 외침을 막고 나라를 지킨 충신이자 한편으론 부패한 권력의 군사적 수호자였다. 그 자신 기득권층으로 지위를 누렸지만, 또 한편으로는 고려 사회를 무력화시킨 세력 일부를 제거함으로써 부패한 고려 사회를 뛰어넘을 수 있는 대안의 여지를 만들어놓았다.[5] 결과적으로 그 대안의 여지는 개혁파 사대부들이 가고자 했던 길을 더 탄탄하게 만들었다.

그 누구도 넘을 수 없을 것 같았던 거목 최영이 무너졌지만 주도권 다툼이 끝난 것은 아니었다. 우왕 뒤의 왕위 계승을 두고 정국은 정도전·이성계 세력과 이색·조민수 계열로 나뉘었다. 이색은 이성계와 최영이 이인임 일파를 제거한 뒤 정계에 복귀한 상태였다. 이색과 조민수 계열은 우왕의 아들인 창왕(昌王, 재위: 1388~1389)을 옹립했고, 정도전과 이성계 세력은 방계(傍系)의 다른 왕족을 원했다. 논란 끝에 창왕이 즉위했지만 이후 두 세력은 여러 정치 사안을 두고 대립하며 정쟁을 벌이게 된다.

특히 토지제도를 두고 큰 갈등을 빚는데, 정도전과 조준 등은 전제(田制) 개혁안을 마련해 이를 실현시키고자 했다.[6] 이들의 전제 개혁안은 양전(量田)과 호구 조사를 실시하고 기존의 사전(私田)을 혁파하는 새로운 토지제도로 일부는 토지 재분배와 공전제(公田制)를 포함하고 있었다.＊ 이에 대해 이색 계열은 반대 입장을 보였다. 정도전 세력의 전제를 받아들인다는 것은 자신들의 기반을 스스로 무너뜨리는 것이나 다름없었다. 여타 사안에서도 정도전 세력은 이색 계열과는 다른 개혁안을 추진했다. 고위 관료가 가진 수령 천거(薦擧) 권한을 제한해 권세가와 수령의 결탁을 방지하고

＊신흥사대부 세력이 제시한 전제 개혁안은 그 내부에서도 다소 차이가 있었다. 정도전은 토지의 사유를 배제하는 가장 급진적인 방안을 내놓았다. 모든 토지를 국유화해 국가가 토지를 백성에게 나눠주고, 이 토지 수급자가 사망하면 그 토지는 국가에 반환하며, 이후 다시 토지를 분급한다는 게 원칙이었다. 하지만 정도전의 이 안은 관철되지 못했다. 뒷날 전제 개혁은 토지의 사유재산권을 폐지하지 않은 채, 경기 이외의 전국 토지를 국가 수조지(收租地)로 편성한 후 조세를 받을 권리인 수조권을 모든 백성이 아니라 문무관리와 국가기관 종사자 등 직역자(職役者)에게 분급하는 것으로 그 밑그림이 잡힌다.

**성城과 왕국 |** 북한산성이 전하는 스물여섯 가지 한국사 이야기

지방행정의 정상화를 꾀했다. 노비의 증가를 막고 양인의 노비화를 막는 신분제도 개혁안도 추진했다. 이색 계열과의 타협은 불가능해 보였다.

정쟁(政爭)의 균형을 깨트리는 실마리는 의외로 죽은 최영에게서 나왔다. 1389년 이성계를 살해하려는 최영 족당의 음모가 발각된 것이다. 이 모의에 이색 계열이 연루돼 있다는 사실까지 드러남으로써 이색 계열은 축출 위기를 맞는다. 결국 이색은 유배길에 오르고 정도전과 정몽주, 이성계는 정국의 주도권을 차지한다.

이색은 고려 말 신진 성리학자들의 정신적·정치적 지주였다.[7] 유학에 입각한 체계적 형이상학을 제시했으며 다음 세대가 걸어갈 길을 열어놓았다. 새로운 사상에 입각한 학자와 정치가를 배출했으며, 정도전과 정몽주 또한 이색의 영향 아래 성장해 자신들의 사상체계를 확립했다. 이색은 권문세족의 전횡에 대항해 공공성에 기초한 사회제도 변화를 시도했지만 기득권 세력의 기반마저 무너뜨리는 변혁에 대해서는 일정한 선을 그었다. 이색은 기본적으로 고려 왕조의 수호자였으며, 결과적으로는 특권 세력의 정신적·정치적 지도자이기도 했다.

1391년 정도전과 이성계 세력은 군사권까지 완전히 장악해 고려 사회의 실질적인 운영자가 된다. 이미 그 이전에 공양왕(恭讓王, 재위: 1389~1392)을 옹립했으며, 전제개혁을 단행해 새로운 토지제도인 과전법(科田法)까지 실시했다. 이들이 가고자 했던 길이 마침내 열리는 듯 했다. 하지만 넘어야 할 산이 하나 더 남아 있었다. 정몽주였다. 정도전과 이성계의 만남을 주선하고, 유랑하던 정도전을 정계에 끌어들이고, 최영과 대립할 때도 힘을 실어주었고, 이후의 정국 장악까지 온갖 위기를 함께 해온 정몽주였다. 하지만 정몽주는 마지막 결단의 길은 이들과 함께 할 수 없었다. 고려 사회의 개혁에 뜻을 함께 하고, 이를 위해 고려 왕가의 새로운 왕을 추대할 순 있었지만 아예 새로운 왕조를 여는 데는 뜻을 같이 할 수 없었다.

정몽주는 높은 인품과 준결한 성격의 소유자로 사리에 맞게 일을 처리했다. 빈민구제와 교육진흥으로 성리학의 사회사상을 현실에 구현하려

했다. 정도전보다는 비교적 순탄한 정치의 길을 걸어왔지만 자기 앞에 놓인 문제를 회피하지 않고 이를 소명으로 받아들이고, 거기에 자신의 온 삶을 던졌다. 그는 신권(臣權)은 충(忠)에 기반하며 왕권(王權)을 넘어설 수 없다는 입장을 분명히 했다. 그게 학자이자 정치가인 정몽주를 이끌어온 신념의 버팀목이었다.

이성계 추대 움직임을 알아챈 정몽주는 세력을 모아 정도전과 이성계 제거에 나선다. 먼저 정도전이 유배되고, 이어 핵심 세력인 조준과 윤소종까지 유배에 처해진다. 이제 남은 인물은 이성계뿐이었지만 정몽주도 제거의 위협에 노출돼 있었다. 정국은 급박하게 돌아가고 있었고, 이성계는 낙마로 부상 중인 몸을 이끌고 개경으로 돌아온다. 정몽주는 정황을 살피기 위해 병문안을 구실로 이성계를 방문한다. 이것이 전쟁터에서 만나 30년 가까이 인연을 맺어온 정몽주와 이성계의 마지막 만남이었다. 집으로 돌아가던 정몽주는 이성계의 아들 이방원의 지시로 죽음을 맞는다. 잘 알려진 '선죽교(善竹橋) 피살'이었다.

유배됐던 정도전과 그 세력이 풀려나고, 이번엔 정몽주와 뜻을 같이 했던 일파가 유배됐다. 이제 그들이 가려는 길을 막을 자는 아무도 없었다. 이성계는 왕위에 올랐고 그들은 새로운 나라, 조선을 열었다. 정도전은 일등 공신으로 병권(兵權)을 쥐고 정국을 주도했다. 하지만 그에겐 넘어야 할 산이 하나 더 남아 있었다.

### 다시 북한산 아래에서

정도전은 다시 삼각산 아래로 돌아왔다. 새 나라의 도읍을 이곳 삼각산 아래 한양에 건설하기로 한 것이다. 백제가 삼각산 아래 도읍을 정한 지 1400년, 그 사이 많은 이들이 삼각산을 거느리고 이곳에 도읍을 세우려 했지만 이제야 삼각산이 한 나라의 도읍을 지키는 진산(鎭山)의 이름을 얻게 됐다.

북한산
물오른 푸른 잎이 북한산 바위 봉우
리를 감싸 안았다. 신록의 향 흩뿌리
며 금방이라도 솟구쳐 오를 것 같다.
오리 모양을 한 바위는 멀리 남으로
시선을 두고 어느 먼 날의 비상의 기
억을 더듬어 다시 날아오를 황홀을
꿈꾼다.
북한산 최고봉인 백운대에 오르기 전
에 남쪽을 바라본 풍경이다.

　　유랑의 세월에 삼각산에 몸과 마음을 의탁한 지 10여 년 만의 발길이었
다. 그땐 모든 게 암담했다. 자신 앞에 놓인 길이 어떤 길인지는 알고 있었
지만 유배를 당했고 입신(立身)의 길은 막혀 있었다. 당당히 걸어갈 힘이
없었다. 그때 동지를 만났고 그들과 함께 험난한 길을 걸어왔다. 이제 여
기, 새로운 나라 조선에 이르렀고 그 장정에서 많은 이들을 떠나보내야 했
다. 최영, 이색, 정몽주 ……. 가고자 하는 길의 방향이 조금은 달랐다는 걸
어찌 처음 만났을 때부터 알 수 있었겠는가? 그땐 몰랐으리라. 그 조금의
차이가 뒷날 생과 사를 가르고, 한 나라의 몰락과 또 다른 나라의 시작이
라는 비극이자 영광의 역사를 만들어낼지를. 그 차이가 실은 이 지상의 왕
국에서는 서로 닿을 수 없는 간극이었다는 사실까지도. 끝내 함께 이곳에
이르진 못했지만 그들의 선택과 결단은 존중되어야 하리라. 그들은 온 몸
을 세상으로 내던졌고, 그 세상과의 부딪침 속에서 자기완성의 길을 걸었
다. 옳다고 믿었던 신념을 따라 지상의 성(城)을 쌓았다. 이날 삼각산 자락
을 걷던 정도전도 이들이 훗날 역사의 거인으로 남으리란 사실을 알고 있
었으리라.

　　정도전은 삼각산 바위 봉우리를 올려다보았다. 깊은 하늘 뒤로 또 다른
산봉우리가 솟아오르는 듯 했다. 능선 아직 희미하고 풀과 나무 채 자라지

않은 산. 그건 정도전이 조선이라는 나라에서 넘어야 할, 그의 생애 마지막 산이기도 했다. 나라를 열면서 내세운 새 세상에 대한 설계와 이 땅 사람들과의 약속을 품은 산이었다. 그 산은 지금까지 넘어온 그 어떤 산보다 험하고, 그 산길 또한 걷기 힘들 것이란 사실을 정도전은 알고 있었다. 하지만 그가 그토록 가고자 했던 길은 그 산을 넘어야 온전한 길이 될 수 있을 터였다. 그리고 그때에야 그에 대한 평가도 가능할 것이다. 정도전의 궁극 목적이 욕망에 충실한 권력이었는지, 다함없는 열정으로 이룰 새로운 세상이었는지 …….

어쩌면 권력 그 자체는 문제가 아닐지도 모른다. 그 권력이 닿고자 하는 곳이 지배하려는 욕망을 만족시키려는 것인지, 권력을 통해 더 나은 세상을 구현하려는 것인지, 또 구현했는지가 문제이다. 더 나은 세상은 권력자가 내세우는 설계도와 화려한 약속에 있는 것이 아니라, 이 땅 백성들의 웃음과 울음, 모든 이들의 삶에 있는 것이다. 그건 찬란한 수사(修辭)의 말로 얻어지는 게 아니며 누군가 깃발 아래 던져주는 이미 완성된 것도 아니다. 그건 모두의 피와 땀에, 지난한 길을 걸어가는 과정에 뒤따르는 엄연한 현실이다.

北漢圖三

白雲峯

麻帽峯

當門

將臺

訓局

元曉菴

祥雲寺

中城門

國寧寺

西巖寺

下倉

圓覺寺

暗門

# 11

북한산,
조선의 진산(鎭山)이
되다

- 조선의 도읍을 품은 산

- 태조는 왜 한양 천도를 서둘렀는가?

- 조선 왕궁과 한양 도성에 담은 뜻

- 미완의 혁명, 끝나지 않은 길

## 조선의 도읍을 품은 산

육조(六曹)거리의 관아는 궁궐 앞의 대로(大路) 좌우로 길게 도열해 있다. 건물의 지붕과 처마가 겹쳐져 궁궐 쪽으로 이어지다가 하나로 합쳐지듯 궁궐 정문으로 모여든다. 흘러든 처마선이 정문 문루의 어깨를 타고 넘어 궁궐 전각의 지붕으로 섞여들고, 이내 그 뒤쪽 백악(白岳山, 북악산)의 숲으로 빨려든다. 이윽고 백악의 능선에 실려 그 너머 삼각산(三角山, 북한산) 바위 봉우리까지 흘러갈 기세다.

육조거리에 선 정도전(鄭道傳, 1342~1398)은 미동도 하지 않은 채 맞은편 궁궐을 바라보고 있다.* 경복궁(景福宮), 새로운 나라 조선의 새 왕궁이었다. 가없는 하늘 아래, 멀리 삼각산이 백악산을 껴안듯 둘러싸고 그 넉넉한 품에서 백악산은 경복궁을 품었다. 태조 4년(1395년), 이제 막 궁궐 공사를 마친 뒤였다.

정도전은 천천히 시선을 올렸다. 경복궁 정문인 사정문(四正門, 광화문)에서 경복궁의 지붕으로, 다시 백악의 숲과 삼각산의 암봉으로, 그리고 그 위로 맞닿은 하늘까지 이어지는 깊은 눈길이었다. 그때 구름 사이로 햇살 한 줄기가 산을 타고 흘러내렸다. 마치 하늘의 빛이 지상의 왕궁으로 내리는 듯했다.

> 이제 이곳에서 군주와 함께 조선이라는 한 나라를 이끌어야 한다. 태조(太祖, 이성계)를 보필하고 관료를 독려해 이 땅 구석구석 백성의 삶을 보듬어야 하리라. 새롭게 시작한 토지제도를 정착시켜 농업 생산력을 높이고 유통질서를 바로잡아 경제를 부흥시켜야 한다. 법률과 제도를 정비하고 학문과 교육을 진흥시켜 문물을 일으키고, 관료 제도를 손보고 국방에도 만전을 기해야 하리라.

험난했던 길이 끝나자 그보다 더 험난한 길이 앞에 놓여 있었다. 넘어야할 마지막 산이었다. 한양 천도와 경복궁 창건은 그 시작이었다.

*정도전은 궁궐과 한양 도성 조성의 기본설계를 맡았는데, 1395년에 경복궁을 완공한다. 이 사실을 바탕으로 11장의 정도전에 관련된 행위를 재구성했다.

태조(太祖, 재위: 1392~1398)는 천도(遷都)를 서둘렀다. 즉위한 지 한 달이 채 되지 않은 1392년 8월에 도읍을 옮길 뜻을 비쳤다. 대신들은 여러 지역을 추천하고 현장을 답사했다. 그중 계룡산 지역은 궁궐 공사를 시작했다가 10개월 만에 중단되기도 했다. 남쪽에 치우쳐 있고 지세(地勢)가 길지(吉地)가 아니란 게 이유였다. 한양의 무악(毋岳) 남쪽 지역(인왕산과 안산 사이로 지금의 신촌과 서강 일대)도 거론됐지만 궁궐터로는 좁다는 대신들의 반대로 도읍지에서 제외됐다. 태조가 천도 의사를 밝힌 지 근 2년이 지났지만 도읍지는 쉽게 결정되지 않았다. 후보지를 두고 세력 간 논쟁 양상을 보이기도 했다.

도읍지 선택을 두고 벌어진 이런 난맥상은 조선 개국 세력이 새 왕조 창출을 오래 전부터 계획해온 것이 아니지 않나 하는 추측을 낳게 한다. 정도전과 이성계를 중심으로 한 개혁 세력이 정국을 장악해 고려 사회를 변혁할 계획을 오래 전부터 세우고 또 이를 추진한 것은 사실이지만 기존의 왕조를 뒤엎고 새 왕조를 세운다는 계획은 그리 오래되지 않은 것으로 여겨진다. 새 왕조 창출을 오랫동안 준비했다면 천도에 대한 계획도 포함되

육조거리

1896년의 육조거리. 광화문이 정면으로 보이고, 그 뒤로 백악산(북악산)이 솟았으며, 다시 그 뒤로 북한산의 남쪽 능선이 살짝 봉우리를 내보인다.

육조거리는 광화문 앞에서 황토마루(지금의 세종대로 사거리)에 이르는 큰길로 이곳에 육조의 관아가 배치돼 있던 데서 그 이름이 유래했다. 육조거리는 1395년, 조선 개국 후 한양으로 천도하면서 조성한 거리로 이후 조선의 정치와 행정의 중심가였다.

었을 가능성이 높기 때문이다. 정몽주가 정도전과 이성계 세력으로부터 등을 돌린 시기도 이러한 추측을 뒷받침한다. 조선 건국 1년 전에 정몽주는 새 왕조를 열려는 정도전과 이성계에 반발해 이들을 제거하려다 죽음을 맞는다. 이런 사안들로 미루어, 개혁 세력이 1388년의 위화도 회군 시기나 그보다 앞선 시기에 새 왕조 창출에 대한 청사진을 가졌다기보다 정몽주와 정도전·이성계 세력이 결별하는 조선 개국(1392년) 1년 전이나 그 직전 무렵에 새 왕조 창출에 대한 구체적인 계획을 수립한 것으로 보인다. 사회 변혁에 대한 열망과 추진은 오랜 준비기간을 거쳤지만 새 왕조 창출은 당대의 정국 흐름과 사회적 조건이 낳은 산물일 가능성이 더 높은 것이다.

이런 맥락을 감안한다면 천도 논의가 있을 무렵의 정도전의 소극적인 태도도 한층 명료하게 이해된다. 실제로 정도전은 도읍지 선택이 난항을 겪을 때 태조에게 천도 자체를 신중하게 고려하길 권한다.

> 나라를 잘 다스리고 못 다스리는 것은 사람에게 그 까닭이 있는 것이지 지리의 성쇠(盛衰)에 달린 것이 아닌 줄 압니다. (……) 전하께서 기강이 무너진 왕조(고려)의 뒤를 이어 즉위했지만 아직 백성의 생활이 나아지지 않고 나라의 터전도 굳지 못합니다. 이에 마땅히 모든 것을 진정시키고 백성의 노력과 재력을 아껴, 위로 천시(天時)를 살피시고 아래로 인사(人事)를 보아 적당한 때를 기다려서 도읍 터를 보는 것이 안전하고 바람직한 방책일 것입니다.
> ─『태조실록(太祖實錄)』권6, 태조 3년(1394년) 8월 12일

천도를 반대하지는 않지만 적절한 시기를 기다려야 한다는 뜻이었다. 지금은 나라의 기반을 다질 제도를 정비하고 민생을 돌보는데 더 힘을 쏟아야 한다는 심정을 드러낸 말이기도 했다. 정도전은 이 무렵 조선 건국의 기본강령과 통치규범을 정리한 『조선경국전(朝鮮經國典)』을 완성해 이를 정국에 반영하고 있었다. 천도 추진이 세력 간 다툼으로 번져 천도의 본뜻이 어긋날지도 모른다는 우려의 심정도 가졌던 것으로 보인다.

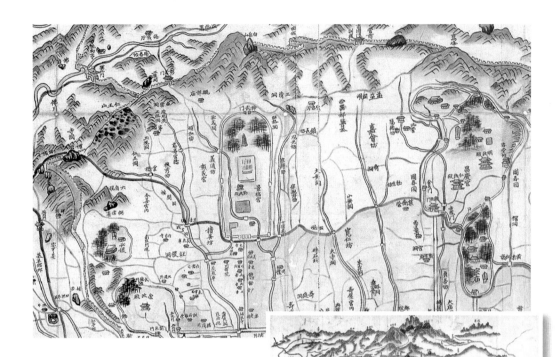

하지만 태조는 천도 추진을 늦추지 않았다. 친히 고려시대 남경(南京, 한양)의 옛 궁궐터를 살핀 뒤, 즉위 3년(1394년) 8월 들어 한양으로의 천도를 결정한다. 새로운 도읍지 건설을 위한 신도궁궐조성도감(新都宮闕造成都監)이 설치되고 정도전은 종묘(宗廟)와 사직(社稷), 궁궐과 도로 등 새 도읍지의 기본 설계를 맡게 된다. 태조의 천도 의지가 굳고 그 심중이 분명해지자 정도전은 천도 연기를 접고 빠르게 움직였다. 현장을 답사해 설계도를 작성하고, 그해 12월 대역사(大役事)를 시작했다. 궁궐터는 백악산 아래로 정하고 그 좌우로 종묘와 사직을 두었다. 궁궐 앞으로 대로(大路)를 내고 그 좌우에는 관아를 배치했다. 의정부와 이조·호조·예조·병조 등의 육조(六曹), 한성부와 사헌부 등 나라의 주요 관청이 자리했는데, 지금의 세종로에 해당하는 이 거리는 이후 육조거리로 불리게 된다.

**도읍지와 궁궐**

18세기에 제작된 『여지도輿地圖』에 실린 「한양 도성도」 한양 천도의 최우선 사업은 궁궐 조성이었다. 경복궁에서 보아 왼쪽에 왕가의 사당인 종묘를, 오른쪽에 국토와 곡식의 번창을 기원하는 제단인 사직을 두었다. 경복궁 정문에서 앞으로 뻗어나간 도로가 육조거리이다.

태조는 궁궐 공사 한 달 여 전인 1394년 10월 하순에 한양으로 내려와 한성부의 객사(客舍)를 이궁(離宮)으로 쓰고 있었다. 이때 한양이 조선의 수도로 공식 출범했다. 1395년 9월에 궁궐과 종묘 공사가 끝나자 조선 왕실은 그해 12월에 새로 지은 궁궐로 자리를 옮겼다. 정도전의 건의에 따라 궁궐은 경복궁(景福宮)이라 명명됐다. 『시경(詩經)』에 나오는 "우리 님 만년토록 큰 복 누리소서(君子萬年介爾景福)"에서 따온 이름으로, '경복(景福)'은 '큰 복'이란 뜻을 갖는다. 정도전은 여러 전각과 궁궐 문의 명칭도 정했다. 이로써 새 궁궐에서 새로운 왕조의 역사가 시작됐다.

## 태조는 왜 한양 천도를 서둘렀는가?

건국 초 대신들은 바쁘게 움직였다. 무엇보다 나라의 대계(大計)를 백성들에게 널리 알려야 했다. 제도 정비도 시급했으며 문무백관의 위계도 새로 정립해야 했다. 이런 시국을 누구보다 잘 알고 있었지만 태조는 천도를 우선적으로 추진했다. 오랫동안 동고동락해온 정도전의 진언(進言)도 소용이 없었다. 태조는 왜 이토록 한양 천도를 서둘렀던 것일까?

먼저 건국 후 태조가 처했던 정황을 살펴볼 필요가 있다. 개경(개성)의 궁궐은 근 500년을 이어온 고려의 상징적 공간이자 지난 왕실의 흔적이 곳곳에 남아 있는 곳이다. 고려 왕실로부터 민심이 떠나가고 지배층의 고려수호 의지가 흔들렸다 해도 개경의 궁궐은 고려라는 나라를 떠올리게 하는 매개 공간으로 작용할 수 있었다. 백성들에게 고려에 대한 향수를 불러일으키고, 나아가 지난 체제에 대한 회귀심리를 불러올 수도 있었다.[1] 이는 조선의 새 군주에게는 불안감을 일으킬만한 요인이었다. 더구나 한 나라가 다른 나라를 무너뜨리고 새로운 나라를 세운 것이 아니라, 한 나라 내의 특정 세력이 기존 왕조를 밀어내고 새 왕조를 옹립한, 그래서 성(姓)만 바뀌었다는 역성혁명(易姓革命)으로 개국한 조선이었다.* 지난 왕조와는 다른 무엇을 단시일 내에 보여야만 했고, 또 백성들에게 조선이라는 나

*조선 건국의 주체 세력을 신흥 사대부로 보지 않는 시각도 있다. 미국 UCLA 한국학연구소 소장인 던컨John B. Duncan 교수는 조선 전기의 주요 양반 가문 38개 집안 중 넓게 보아도 16개 집안 정도를 신흥사대부로 볼 수 있으며, 이마저도 조선 초기 중앙관계에서 차지하는 비중이 그다지 크지 않았다고 한다. 조선 건국 때 지배층의 대대적인 교체가 없었으며 사회 혁명이 수반되지 않았다는 것이다. 이런 점에서 보면, 고려 말의 권문세족 가문 다수는 조선시대 들어서도 계속해서 큰 지배력을 행사하고 있었던 것이다.

라가 새로 세워졌음을 분명하게 각인시킬 필요도 있었다. 개국 초기의 이런 정황과 이에 따른 태조의 심리가 고려 왕실의 근거지인 개경을 한시라도 빨리 벗어나게 하는 추동력으로 작용했을 것이다. 태조에게는 천도만한 선택이 달리 없었을 것이다. 새 나라의 군주로서 태조가 가져야 했던 불안감과 급박함이 천도를 서두르게 했고, 그에 비해 한발 물러나 사태를 바라볼 수 있는 심리적 여유를 가졌던 정도전은 제도를 변혁하고 민생을 어느 정도 안정시킨 뒤의 천도를 고려했던 것이다. 그건 한 나라의 정점이자 상징인 왕과 그 아래에서 정책을 펴나가야 하는 신하의 차이이기도 했다. 같은 길을 걸어온 두 사람이지만 이제 한 사람은 '왕의 길'을 가야했고 또 한 사람은 '신하의 길'을 가야했다.

정치적인 면에서도 천도는 필요했다. 고려의 지배층이었던 권문세족의 인맥은 개경을 중심으로 얽혀 있었다. 개경의 여러 세족 가문은 혼인과 학맥 등의 관계로 연결돼 일정한 정치세력을 형성하고 이를 통해 더 큰 영향력을 행사해왔다. 공통의 목적을 달성하기 위한 이런 끈끈한 유대관계는 대를 거치면서 강화됐고, 개경이라는 공간 자체가 고려 지배층의 재력과 권력 유지를 가능하게 하는 사회적 기반으로 작용했다. 이제 개경이라는 지역을 버림으로써 이들을 지탱해온 가장 튼튼한 축 하나를 허물어뜨릴 수 있었다.

도읍지를 옮겨야 한다면 당시로서는 한양만한 곳이 없었다. 한양은 한반도의 중앙에 위치해 사방으로 교통망을 뻗칠 수 있고, 거기에 천혜의 수로(水路)인 한강까지 있었다. 강을 통한 조운(漕運)은 물자 이동을 편리하게 해 상업을 일으킬 것이고, 이 수로는 조세(租稅)인 곡식을 이송하는 데도 유리해 국가재정 확보에도 도움을 줄 것이다. 한양이 서해와 가까이 있어 중국과의 교역과 교류도 한층 속도를 낼 수 있는 입지였다. 거기다 한양은 넓은 평야를 낀 곡창지대이면서도 험준한 산으로 둘러싸여 있어 생활 터전이자 보호 지역이라는 기능을 동시에 만족시키는 자연 환경을 갖추고 있었다.

한양도성 성곽
성벽이 경복궁 뒤쪽의 백악산 능선을
타고 오른다. 성벽은 오른쪽으로 보
이는 인왕산으로 이어지고, 이어 멀
리 왼쪽으로 잡혀오는 남산을 지난
다. 동쪽의 낙산까지 거친 성벽은 백
악산으로 돌아오며 도읍지를 감싸 안
는다.
외성과 내성을 갖춘 다른 도성과 달
리, 한양은 내사산을 잇는 도성 성곽
외에 궁궐과 도읍지를 보호할 다른
성을 도성 내에 갖추지 않았다. 이에
따라 후대에, 도성의 외성 역할을 하
게 될 남한산성과 북한산성을 축조하
게 된다.

## 조선 왕궁과 한양 도성에 담은 뜻

태조는 경복궁이 완성된 다음해인 1396년엔 한양 도성(都城) 건설을 추진한다. 정도전은 도성 축조 설계를 맡아 도성 규모를 정하고 성곽의 입지를 잡았다. 이 해에 연인원 19만 7천여 명이 동원돼 한양을 둘러싸는 성곽을 쌓았다. 경복궁 뒤의 백악산(북악산)과 그 왼쪽(동쪽)의 낙산(駱山), 남쪽의 목멱산(木覓山, 남산), 백악산 오른쪽(서쪽)의 인왕산(仁王山)을 잇는 약 18km에 이르는 성곽이었다. 평지는 흙으로 쌓았고 산지는 돌로 쌓은 석성이었다. 궁궐과 함께 도성이 축조됨으로써 한양은 새 나라 수도로서의 면모를 확실하게 갖추게 된다.

그런데 한양 도읍(都邑) 건설의 기본원리는 조선 건국 세력이 사상적 이념으로 내세운 유학의 도성조성 원칙과는 상당한 차이를 보인다. 궁궐의 입지와 위치, 주요 건축물을 포함한 도성 전체의 형태, 간선도로망 구조 등에서 유학이 이상적으로 제시하는 조성 원칙과 합치되지 않는 점이 많았다.

궁궐과 종묘사직의 경우, 유학에서 제시하는 좌묘우사(左廟右社)의 원칙에 따라 궁궐을 중심으로 종묘를 좌측에 사직을 우측에 배치해 기본원리를 따랐다.[2] 하지만 기본 배치 형태만 따랐을 뿐 궁궐이 도읍의 가운데 위치하고 이를 기준으로 도읍의 공간구성 요소가 좌우 대칭을 이루어야 한다는 원리와는 부합되지 않았다. 조선의 상징이자 도읍 한양의 핵심 공간인 경복궁은 백악산을 등진 채 북서쪽으로 치우쳐 있다. 백악산 아래 지역은 한양 전체 지형에서 볼 때 북서쪽에 자리를 잡고 있는 것이다. 궁궐의 이런 위치로 인해 종묘와 사직도 북측선상으로 물러나게 됐다.

이는 풍수지리에서 말하는 주산(主山)과 진산(鎭山) 등 명당 개념에 따른 입지 선정의 결과였다. 풍수지리에서는 산의 지세와 지맥의 연결, 이와 관련한 물(강)의 흐름을 중시하며, 이런 자연환경 요건이 인간의 생활에 영향을 미친다고 본다. 나아가 길흉화복과 나라의 흥망성쇠에도 영향을 끼친다고 여긴다. 한양 도읍은 기본적으로 이런 풍수지리사상의 영향 아래 조성됐다. 풍수지리에서는 북쪽에 주산(主山: 백악산)이 있고 그와 마주보는 남쪽에 안산(案山: 남산)과 강(명당수: 청계천, 한강)이 자리 잡으며, 주산의 좌측(좌청룡: 낙산)과 우측(우백호: 인왕산)에도 산을 거느린 곳을 길지로 본다. 여기에 주산의 뒤로 진산(鎭山: 북한산)을 두고 안산의 아래쪽에 조산(朝山: 관악산)을 둔다면 더할 나위 없는 입지로 친다. 한양은 이런 풍수지리 요건을 충족시키는 지세이며, 이에 따라 경복궁이 땅의 기운이 모인다는 백악산 아래 배치됐다. 종묘와 사직을 비롯한 관아와 주거지, 시장 등의 도읍 주요 공간구성도 여기에 맞춰지게 된다. 그 결과 한양 전체의 형태와 주요 지역의 공간분할 측면에서도 질서정연한 대칭적 구성은 찾아보기 어렵게 됐다.

풍수지리의 영향은 간선도로망에서도 찾아볼 수 있다. 조선시대 간선도로망은 정도전이 1394년 궁궐 설계를 할 당시 기본계획이 잡히고, 공사는 태종(太宗, 재위: 1400~1418) 때인 1414년 무렵에 끝났을 것으로 추정한다. 이 한양 간선도로의 핵은 서대문과 동대문을 잇는 동서대로와 경복궁

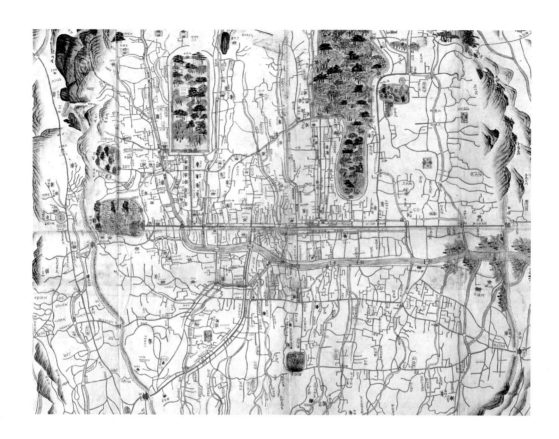

## 한양의 큰길

1800년대 초기에 제작된 지도로 여겨지는 「한양도성도」의 부분이다. 일부에서는 18세기에 만든 지도로 보기도 한다. 전해오는 한양 지도 가운데 가장 정밀한 지도의 하나로 꼽는다. 한양의 동쪽과 서쪽을 잇는 동서대로, 경복궁에서 남으로 내려와 이 동서대로와 만나는 대로, 동서대로에서 숭례문으로 이어지는 굽은 대로가 진하게 표시돼 있다.

에서 남쪽으로 난 대로(大路)이다. 그런데 경복궁의 광화문 앞에서 시작되는 대로와 숭례문(남대문)에서 북측으로 난 대로는 동서대로에서 만나 곧바로 하나로 이어지지 않는다. 숭례문에서 우측으로 우회해 굽어진 길은 경복궁 앞 대로의 우측 지점에서 동서대로와 만난다. T자형 내지는 丁자형 형태를 보이는 길로서 일부러 십자형(十字形) 도로를 피한 형국이다. 후대에 조성된 창덕궁 앞 대로도 같은 유형을 보인다. 지형 여건을 따랐다기보다는 의도적인 계획에 의해 이런 형태의 대로를 조성한 것으로 추정하는데, 이를 풍수지리의 영향으로 파악한다. 풍수지리에서는 두 개의 대로가 직각으로 교차해 십자형의 길을 이루면 정자(井字) 모양이 되어 불길한 경우라 여긴다. 경복궁과 남대문이 직선으로 연결되면 경복궁의 지기(地氣)가 곧바로 빠져나가는데, 이를 방지하기 위해 T자형 내지는 丁자형 형

**성城과 왕국 | 북한산성이 전하는 스물여섯 가지 한국사 이야기**

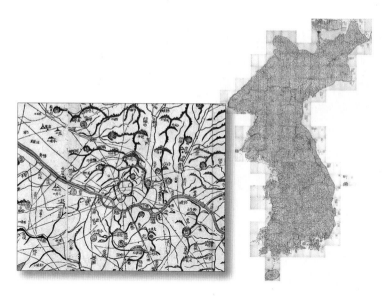

태의 대로를 만들었다는 것이다. 전쟁 때 적군이 곧바로 궁궐에 진입하는 것을 방지하기 위한 조치라는 설명도 있지만, 이 또한 문헌상으론 확인되지 않는다. 하지만 한양 도성의 기본 설계에 풍수지리 원리가 반영돼 있는 것으로 미루어 이 시기의 간선도로망 계획에도 풍수지리 원칙이 영향을 미쳤을 것이다.

풍수지리에 따른 도읍의 공간구성은 성곽 건설에도 영향을 미쳤다. 한양 도성은 백악산·낙산·목멱산·인왕산 등 한양의 사방(四方)을 호위하는 산을 연결하는 형태로 축성됐으며 산지 지형을 최대한 활용했다. 이에 따라 성곽이 원형에 가까운 형태를 가지게 됐다. 성곽으로 연결된 이들 네 산을 한양의 내사산(內四山)이라 불렀다. 그런데 한양 지역은 이 내사산 바깥에 위치한 또 다른 네 개의 큰 산으로 둘러싸여 있어 이중의 보호를 받고 있는 형국이다. 이를 한양의 외사산(外四山)이라 했는데, 북한산(北漢山, 북쪽)·관악산(冠岳山, 남쪽)·용마산(龍馬山, 동쪽)·덕양산(德陽山, 서쪽)이 그것이다. 이 외사산은 지금의 서울시 외곽과 거의 일치하는 지역에 위치해 있다.

한양을 둘러싼 내사산과 외사산 산줄기는 서로 연결돼 하나의 큰 산

북한산, 조선의 진산(鎭山)이 되다

지를 이루고, 이 산지는 다시 한반도의 뼈대를 이루는 큰 산줄기와 연결돼 있다. 백두산에서 뻗어 나온 백두대간(白頭大幹) 산줄기가 남으로 달리다 그 일부가 강원도 평강의 추가령 분수대에서 서남쪽으로 꺾어져 한북정맥(漢北脈)을 일으킨다. 이 한북정맥 줄기가 양주 지역에 와서 크고 작은 산과 골을 형성하며, 그 주된 산줄기는 도봉산을 지나 북한산으로 이어지다 한양의 백악산에서 끝난다. 조선 개국 세력은 한양 지역에서 북서쪽으로 치우친 이 백악산 아래에 궁궐을 짓고 이를 중심으로 도읍을 건설한 것이다. 한양 지역의 지형과 백악산, 북한산을 서로 연결된 하나의 큰 지역으로 보고 북한산을 한양 지역을 호위하고 지키는 산이라 해 진산(鎮山)이라 불렀다. 백악산 아래 왕궁을 건립함으로써 북한산이 도읍인 한양뿐 아니라 한 나라의 중심이 되는 산으로 거듭난 것이다.

왕조시대의 최고 권력자는 자신이 원하는 통치체제와 지배질서 유지를 위해 다양한 수단을 활용했다. 법률과 관습 같은 제도뿐 아니라 사상과 도덕관념이 동원됐고, 감각과 정서에 호응하는 예술 장르도 끌어들였다. 백성들이 살아가는 생활공간에 자신의 절대적인 힘과 지고의 권위를 대변하는 상징물을 조성하기도 했다.

건축물로서의 왕궁 또한 이러한 통치 이데올로기의 하나로 활용됐다. 왕궁은 절대 권력자의 주거지라는 기능 외에 상징적 기능을 품고 있었다. 왕궁은 그 자체로 한 나라를 다스리는 절대 권력을 표상하고 왕궁의 외관과 형태, 규모는 종종 최고 권력자가 가진 힘의 속성을 드러냈다. 이러한 배경에서 왕궁은 대체로 수도의 가운데나 사방에서 쉽게 보이는 높은 곳에 조성되며 주변의 그 어떤 건축물보다 웅장한 위용을 드러낸다. 금방이라도 하늘에 닿을 듯했다. 이러한 외양은 왕궁이라는 눈에 보이는 대상이 나타내는 감각적 표상을 '왕의 권위의 절대성과 신성함'이라는 관념으로 연결 짓고 등치시키는 작용을 한다. 왕궁을 구심점으로 삼아 사방(四方)으로 대로를 내고 왕궁을 정점으로 건물을 좌우상하(左右上下)에 대칭적으로 배치함으로써 권력의 집중과 위용을 과시하기도 했다.[3]

그런데 조선의 수도인 한양과 왕궁은 이런 양상을 벗어나 있다. 수도의 가운데가 아니라 북쪽에, 그것도 궁궐을 압도하는 산 아래 위치해 있다. 조선의 왕은 궁궐의 상징화를 통한 권력의 신성함과 위용을 과시하려는 욕망을 포기했던 것일까? 그렇지 않았다. 조선의 궁궐은 왕권의 절대성과 신성함을 직접 드러내지 않고 궁궐 뒤편의 산을 매개체로 삼아 전달한다. 궁궐 대신에 웅장한 산을 내세워 왕의 권위를 상징화하는 것이다. 궁궐은 산을 등지고, 이 산은 하늘에 닿아 있다. 궁궐, 산, 하늘이 하나의 선상에서 맞닿아 이어진다. 하늘이라는 천체가 가진 신성성(神聖性)과 절대성이 산을 통해 내려오고 이는 다시 궁궐로 전해지니, 결국 하늘의 신성성과 절대성은 지상의 왕에게로 귀속되는 것이다. 이런 권력 상징화 구조와 양상을 한 연구자는 "하늘=산=왕이라는 3단계의 상징 표현 방법"이라 하고, 궁궐에서 바로 하늘로 이어지는 여타 나라의 왕궁 양식을 "하늘=왕이라는 2단계의 상징 표현 방법"이라 해 구분했다.[4] 산을 매개로 한 이 같은 권력 상징화 양식은 같은 문명권인 중국이나 일본에도 없는 것으로, 이는 우리의 풍수지리사상이 낳은 결과물로 파악된다.

**왕궁 - 산 - 하늘**

옛 육조거리에 서면 광화문에서 시선을 올려 궁궐을 감싸 안은 산을 바라보자. 그 산을 품은 하늘로 좀 더 시선을 올려보자. 그러면 어느새 '궁궐-산-하늘'이 하나의 대상으로 시야를 채우고, 공간 배치를 통한 정치권력의 자기 정당화와 그 권위 형성이라는 권력의 숨은 의도를 짐작할 수 있으리라. 권력은 무엇이든 조직하고, 배치하고, 질서 지운다. 명민한 권력은 그 의도와 과정을 숨길 줄 아는 권력이다. 사진은 20세기 초에 일본 주재 독일대사관 무관으로 근무했던 헤르만 산더Hermann Sander가 1907년에 촬영했다. 이방인이었던 그는 '궁궐과 산과 하늘의 배치'를 통한 권력 정당화와 권위 형성의 상징화 기능, 그 정치권력의 숨은 시선을 단번에 알아차렸던 것은 아닐까?

산을 매개로 한 권력 상징화 양식이 효과를 거두려면 백성들이 산에 대해 특별한 감정을 가져야 한다. "산은 지상의 뜻을 하늘로 전하는 곳이고, 또 산은 하늘의 뜻이 지상으로 내리는 곳이다. 그래서 산은 신성한 곳이다." 이런 감정이 널리 공유되면서 이제 "산 자체가 신성하다."는 산에 대한 보편화된 관념이 형성돼야 한다. 이는 바로 우리 민족이 지닌 산악신앙(山岳信仰)의 요체이며, 또한 천신신앙(天神信仰)과도 맞닿아 있다. 결국 북한산과 백악산 아래 자리 잡은 조선의 왕궁인 경복궁에는 저 단군시대부터 시작된 산악신앙이 녹아 흐르고 있는 것이다.

## 미완의 혁명, 끝나지 않은 길

새 궁궐 뒤로 백악의 숲 푸르고, 그 위로 삼각산 바위 봉우리 거침없다. 웅장한 바위 봉우리 어느새 하늘빛 머금었다. 육조거리에 선 정도전은 아직도 삼각산 바위 봉우리를 올려다보고 있다. 기우는 햇살에 바위 봉우리 한쪽으로 산그늘이 드리웠다. 조금 전만 해도 그늘졌던 저 산기슭으로 이제 빛이 내렸다. 빛줄기 한껏 받는 다른 산기슭은 조금 전엔 그늘 짙었다. 같은 산이지만 때에 따라 이렇게 빛과 그늘 다르다. 그러면 저 산기슭은 빛의 산이라 해야 하는가, 아니면 그늘의 산이라 해야 하는가? 이곳이 아니라 저 삼각산의 뒤편에서 본다면 또 빛과 그늘은 어느 산봉우리 기슭에 내릴 것인가? 빛도 그늘도 없는 그런 산봉우리, 어디 있을 것인가?

하지만 정도전은 알고 있었다. 살아가야 할 곳은 빛도 그늘도 없을 저 창공이 아니라 햇살과 그림자 교차하는 이 지상이라는 것을. 이 지상에서는 빛도 그늘도 모두 있어야 함도 잘 알고 있었다.

> 빛이 과하면 그늘이 필요할 것이고, 그늘이 너무 짙으면 빛을 밝혀야 하리라. 어두운 시대를 넘어 장엄한 산 아래 만세토록 빛날 이 왕궁 세웠듯이, 왕궁에 빛 과하면 그늘 되어 왕궁의 빛 잠시 내리리라. 왕궁에 그늘 짙어지면 다시 빛 되어 왕궁의 영광 높이리라.

정도전은 삼각산 바위 봉우리에서 시선을 거두었다. 경복궁 정문을 바라보는 눈이 한층 빛을 더하고, 한껏 편 어깨로 누구도 거부하기 힘든 당당함이 실린다. 혼란의 시대를 달려온 한 혁명가의 거친 여정이 긴 그림자 되어 경복궁 앞 육조거리에 내리는 빛살과 뒤섞이고 있었다.*

조선 개국 뒤 한양 도읍 건설을 추진하던 정도전은 통치조직 확립과 제도 정비에도 힘을 쏟았다. 규범서이자 법제서로 조선왕조의 헌법이라 할 수 있는 『조선경국전(朝鮮徑國典)』, 지방행정의 규범을 기술한 『감사요약(監司要略)』, 관료의 직책과 책무를 논한 『경제문감(經濟文鑑)』, 군주의 도리를 밝힌 『경제문감별집(經濟文鑑別集)』 등의 경세서(經世書)를 저술해 이를 국정에 반영시켜 나갔다. 정도전은 국가 이념을 제시하고 이에 따른 문물과 제도 정비를 주장하는 이론가에 그치지 않고 현실에 뛰어들어 이를 실현하려 한 실천가요 정치가였다.

정도전이 추구한 정치의 큰 줄기는 물리력이 아니라 도덕적 교화와 덕(德)으로 백성을 다스려야 한다는 왕도정치(王道政治)였다. 이와 함께 백성이 나라의 근본이요, 정치는 민심에 따라 이뤄져야 한다는 민본정치(民本政治) 실현을 주창했다. 이를 위해 국정을 담당한 최고위 관료 집단인 재상(宰相)이 실권을 가지고 위로는 군주를 보필하고 아래로는 관료를 통괄해 정치를 펼치는 재상 중심의 관료체제를 확립하려 했다. 군주의 권력은 무소불위(無所不爲)의 힘이 아니라 재상권의 견제를 받아야 하고, 군주는 재상들의 협력과 도움을 받아 나라를 이끌고 백성을 돌보아야 한다고 보았다. 왕의 권위와 권력이라는 빛은 신하의 안목과 경륜(經綸)에 의해 뒷받침될 때 제 빛을 발하며, 때로는 신권(臣權)에 의해 조율을 거칠 때 그 빛이 오래도록 널리 퍼질 것이라 여겼다. 왕권(王權)과 신권의 '견제와 균형의 원리'였다. 이런 맥락에서 볼 때 신하는 왕의 빛을 조절하는 왕의 그림자이자 그늘이었다.

정도전은 이런 체제를 기반으로 백성들이 잘 사는 유교적 이상사회를 건설하려 했다. 선비는 학문을 궁구하고 도덕을 체득해 경륜을 실천해야 하

*그 혁명이 옳으냐 그르냐 하는 혁명의 정당성은 승자의 시대에 기록한 사서에서 찾을 수 있는 것이 아니라, 승자가 내세운 혁명의 명분이 승자의 시대에 어떻게 실현되었는가 하는 데서 찾아야 한다. 승자는 그들의 혁명에 대한 기록을 조작할 수 있지만 그들이 승자의 시대를 통해 내내 행한, 혁명의 명분을 실천하기 위한 그 행위는 모두 조작할 수 없기 때문이다. 승자의 시대, 조선의 지배층은 그들이 내세운 혁명의 명분을 어떻게 실천해 나갔는가? 정도전과 이성계가 살아 돌아와 그들 혁명의 정당성을 내세우려면 이를 감안해야 할 것이다. 혁명은 무엇과 무엇의 급격한 교체 행위나 그 시점에 있지 않다. 뒤엎음 뒤의 실천에 그 정당성이 달려 있다. 참 혁명은 지속적이다.

며, 재상과 관료는 마땅히 백성의 이익과 복리에 앞장서야 한다고 여겼다.

하지만 정도전은 그가 넘고자 했던 마지막 산을 끝내 넘지 못한 미완의 혁명가로 남아야 했다. 개혁 작업을 추진하며 새로운 나라 건설에 박차를 가하던 태조 7년(1398년), 정도전은 태조의 아들 이방원에게 암살당한다. 정국은 왕위 계승 문제로 복잡하게 얽혀 있었고, 이 와중에 정도전은 정권을 잡으려는 이방원의 변란에 희생된다. 이후 이방원은 태종(太宗, 재위: 1400~1418)으로 즉위해 관제 개편을 추진하고 왕권강화를 도모한다. 강력한 군주의 면모를 보이며 국가 기강을 세워나갔다. 정도전은 왕후를 죽이고 난을 일으키려 했다는 누명을 쓴 채 오랫동안 역사의 뒤안길로 묻혀야 했다. 이성계와 함께 한 나라를 열고 이 나라의 기틀을 세웠지만, 또한 이 나라의 기운이 쇠할 때까지 대역 죄인으로 남아야 했다.* 정도전은 근 470년 뒤인 19세기 중반에 가서야 흥선대원군에 의해 지위가 복권된다.

정도전의 죽음 뒤, 그가 넘고자 했던 산은 그의 후대가 짊어져야 할 책무가 되었으며 한편으론 지향해야 할 드높은 지표가 된다. 일부는 정도전이 가고자 했던 길을 걸어 그 산을 넘고자 했고, 또 일부는 다른 길을 택해 그 산을 넘으려 했다. 아예 그 길마저 외면한 또 다른 일부도 있었다.

정도전의 사상과 새로운 세상에 대한 비전, 이를 실현하려는 실천의식은 조선의 지배층인 재상과 문인관료, 유학자, 선비가 이루어야 할 사상의 궤적과 정치 행보에 녹아들었다. 그가 제시하고 추진한 왕도정치와 민본사상은 조선의 왕과 문인관료들이 시대를 거쳐 떠맡아야 할 역사의 소명이 되었다. 재상 중심의 관료체제, 왕권과 신권의 견제와 균형, 이 또한 조선시대 내내 군주와 신하가 함께 풀어가야 할 정치적 과제가 됐다.

그러면 정도전 사후(死後) 조선의 지배층은 어떤 길을 걸었는가? 새로운 나라 조선은 어디로 가고 있었는가?

*정도전과 이방원(뒷날의 태종)은 크게 보아 두 가지 면에서 돌이킬 수 없는 적대관계에 놓여 있었다. 정도전은 태조의 8남인 이방석을 가르쳐 어진 왕으로 추대하고 재상 중심의 왕도정치를 실현하려 했고, 이방원은 자신이 강력한 왕권을 가진 절대군주가 되려고 했다. 건국 직후부터 요동 정벌을 계획한 정도전은 그 방안으로 왕실 측근과 공신들이 보유한 사병을 국가 정규군으로 편입시키고 왕자와 공신들이 나누어 맡고 있던 군사지휘권을 빼앗아 일관되고 강력한 군 지휘체계를 세우려 했다. 하지만 이방원은 사병을 중심으로 정변을 일으켜 왕좌에 오르려 했고, 요동 정벌은 그의 시야 밖에 있는 먼 곳의 땅이었다.

北漢圖三

# 12

# 북한산에
# 부는 바람

- 북한산 승려와 성균관 유생의 난투극

- 불교 억압과 용인(容認), 그리고 포용

- 조선의 북한산

# 북한산 승려와 성균관 유생의 난투극

＊승려와 유생의 난투 사건은 『세종실록』의 해당 기록(권97, 세종 24년 7월 21일)을 참고해 재구성했다.

세종 24년(1442년) 늦여름, 경복궁 앞 육조거리에 위치한 형조(刑曹)에 뜻밖의 고소 사건이 접수됐다.＊ 담당 관리는 난감한 기색이 역력했다. 승려들이 성균관 유생(儒生)을 비롯한 학생(學生) 스물여섯 명을 폭행과 절도죄로 고소한 것이다. 고소인은 북한산에 있는 덕방암(德方庵)을 비롯한 인근 사찰의 승려들이었다. 고소인이 승려란 점도 그랬지만 그보다는 죄를 저질렀다는 혐의자가 성균관 유생이란 점이 더 당혹스러웠다. 성균관은 유학의 뜻을 익히고 그 도리를 체득하는 조선 최고의 교육기관이 아닌가. 성균관 유생은 이미 진사시나 생원시에 합격했거나 고위 관료의 재능 있는 자제들로 장차 이 나라를 이끌 최고의 재목이 아닌가. 그런데 폭행죄라니, 거기에 절도죄까지.

담당 관리는 믿기지 않은지 승려들에게 사건의 자초지종을 재차 확인했다. 승려들은 아직도 흥분한 상태였다. 맞은 상처까지 보이며 모두 틀림없는 사실이라고 목소리를 높였다. 자신이 처리할 사건이 아니었다. 담당 관리는 승려들을 진정시키고 곧바로 상관에게 보고했다. 담당 관리는 한동안 이 고소 사건으로 시달려야 할 자신의 처지를 내다보며 한숨을 쉬었다. 고소를 당한 학생들의 집안이 어떤 가문인가. 고관대작들이 자제를 그냥 둘 리 만무했다.

그런데 예상과는 달리, 이 고소 건은 의외로 쉽게 처리됐다. 상관이 이 사건을 범죄 행위로 확정하고 형조 판서에게 죄를 내려달라고 청한 것이다.

> 형조에서 아뢰었다. "모든 유생이 산사(山寺)에 유람하는 것을 금지하는 법이 있는데, 유생들이 떼를 지어 사찰에 가서 승려들을 때려 상처를 입히고 그들의 잡물(雜物)을 빼앗았습니다. 이는 학생의 신분과 도리에 어긋나는 일입니다. 더구나 일이 발각되자 모두 도망가서 숨어버렸으니, 이는 더욱 옳지 않은 행동입니다. 청하건대 반드시 뒤쫓아 체포하여 공신(功臣)의 후손이나 벼슬 가진 자

북한산 사찰 사건의 전말은 이러했다. 늦여름, 성균관 유생을 비롯한 학
생 스물여섯 명이 북한산 덕방암 골짜기로 유람을 나섰다. 인근 계곡을 찾
은 뒤 덕방암을 거쳐 늦더위를 식힐 요량이었다. 아직 녹음 짙어 산 향기
깊고 계곡 물소리는 새소리까지 담아내 더없이 명랑했다. 이윽고 일행은
계곡을 벗어나 덕방암으로 이어진 산길로 올라섰다. 햇살과 그늘 교차하
는 북한산 숲은 참으로 청명했다.

　그렇게 덕방암 어귀의 산문(山門)에 이르렀다. 사건은 여기서 터졌다. 느
닷없이 북소리가 크게 울리더니 길 옆 숲에서 젊은 승려들이 소리를 지르
며 뛰쳐나왔다. 놀란 유생들은 정황을 살필 새도 없이 뒷걸음질치며 물러
났고 몇몇은 의관까지 흩트리며 달아났다. 두서너 승려는 소리를 지르며,
달아나는 유생을 뒤쫓았다. 대낮 숲속의 습격, 말 그대로 "아닌 밤중에 홍

북한산 계곡
산물 담은 계곡 암반으로 수목樹木
그림자 언뜻 흔들리고, 어깨 살짝 드
리운 수풀 이파리엔 빛살 여문다. 거
기 어디든 마음 놓으면 모두가 흐르
는 풍경, 충만해 외려 비어버린 듯한
숲에 잠긴다. 북한산 여름 계곡에 산
수 정취 깊어간다.

두께였다." 승려들은 기를 세우고 달려들고, 유생들은 사태 파악도 못한 채 꽁무니를 빼는 모양새였다. 유생 두어 명은 승려에게 잡혀 곤경을 치르고 있었다. 그런데 곧 반격이 시작됐다. 일행 중 유난히 몸집이 좋아 보이는 한 유생이 돌을 주워 던졌고, 달려들던 승려가 비명을 질렀다. 그러자 달아나던 유생들도 합세해 승려들을 공격했다. 이번엔 승려들이 산문 쪽으로 달아났다. 전세가 완전히 역전된 것이다. 유생들은 돌을 던지며 뒤쫓았고, 이어 몇몇 승려를 잡아 족쳤다. 승려 두엇은 돌에 얼굴을 맞아 피를 흘리고 있었다. 승려와 유생의 이날 북한산 난투극은 결국 유생의 승리로 끝이 났다. 유생들은 전리품으로 승려들이 두드렸던 북과 염주를 거두었다. 대신, 기대했던 이날의 사찰 유람은 포기해야 했다.

형조에서는 관련자가 누구이든 반드시 처벌하겠다는 뜻을 분명히 했다. 승려와 유생의 북한산 난투 사건은 곧바로 의금부로 이첩됐다. 사태가 심각해지자 유생들은 자진해서 의금부로 출두했다.

사서(史書)가 전하는 북한산 난투 사건의 전말은 여기까지이다. 왜 승려들이 유생들을 공격했는지에 대해선 언급이 없다. 사건이 벌어지기 전의 정황과 배경에 대한 정보도 전하지 않는다. 단지 다음과 같은 사실을 후일담처럼 덧붙이고 세간(世間) 유자(儒者)의 말을 빌어 논평을 해놓았다. "유생들과 승려들의 싸움이 있을 때 형조 판서의 아들이 덕방암에 머물며 글을 배우고 있었다. 이런 연유로 형조 판서가 이들 유생에게 분(憤)을 품은 것이다. 사림(士林)은 이런 형조 판서를 그르다고 하였다."

우선 당시 사회가 억불정책 하의 조선사회라는 점을 감안한다면 성균관 소속 유생들이 유생의 산사 유람 금지라는 법을 어기면서까지 단체로 사찰 유람에 나섰다는 사실 자체가 매우 의아스럽다.

한편으론 이 사건은 젊은이들이 저지른 한때의 치기어린 행동으로 보이기도 한다. 쫓기다 쫓고, 북을 치고 소리를 지르고……. 이런 점들은 이 사건을 그럴듯하게 설정된 희극 같아 보이게도 한다. 무엇보다 난투 이전의 승려들과 유생들 간의 관계를 기록해놓지 않아 이 사건이 이들 두 패거리 간의 우발적인 다툼으로 비춰진다. 그런데 한두 사람이 아니라 여러 사람이 무리를 이루어 북을 치고 소리를 지르며 특정 집단을 위협하고, 또한 이 특정 집단이 다른 집단에게 돌을 던져 상처를 입혔다는 점을 감안하면 이를 짓궂은 장난이나 우발적인 사건으로 넘기기 힘들어 보인다. 더구나 싸움을 한 두 집단이 북한산 아랫마을의 평범한 청년들이 아니라 승려와 유생이다. 한쪽은 마음을 닦아 도(道)를 구하고 대중을 교화한다는 종교인이요, 다른 한쪽은 인격을 수양하고 학문을 익혀 장차 바른 세상을 펼친다는 젊은 유학자들이다. 여기에 더해, 승려들은 당시 조선 불교의 한 중심지인 북한산 지역 사찰에 소속돼 있고 유생들은 조선 최고의 인재가 모인다는 성균관 소속이다.

이렇게 본다면 이날의 북한산 난투는 매우 상징적으로 읽힌다. 북한산 사찰 승려들이 젊은 유학자들을 대상으로 어떤 불만을 표현하고 분노를 표출한 것은 아닌지 ……. 좀 더 나아간다면, 당시 조정에서 성리학 이념을 내세우며 추진하던 불교억압정책에 대한 불교인들의 반발심이 이런 형태로 표출된 것이 아닌가 싶다.* 그렇다면 이 북한산 난투 사건은 조선 초기 억불정책의 양상과 함께 북한산 사찰의 실상은 물론 불교계 전체의 실태가 어떠했는지를 알 수 있는 의미심장한 사건이 될 수 있을 것이다.

이 사건에서 또 하나 주의를 기울여야 할 것은 승려들이 성균관 유생에게 먼저 공격을 가했다는 사실이다. 이 난투 사건 이전에 승려들이 유생을 공격할만한 합당한 이유가 마련돼 있었다 하더라도 이 시기가 당시 세종(世宗, 재위: 1418~1450)이 강력하게 추진하던 억불정책 정국이라는 점을 감안하면 선제 위협이라는 결정은 쉽지 않았을 것이다. 최고위 관료인 형조 판서가 북한산 승려들을 감싸고 있다는 사실도 주목된다. 사건 처리는 신속했고, 승려 측의 선제공격에 대한 참작은 보이지 않는다. 형조 판서의 덕방암 승려에 대한 개인적 호의로 넘기기엔 사건이 너무 확대돼버렸다. 이 사건을 대하고 처리하는 형조 판서의 시각과 태도 또한 당시 억불정책의 실상을 보여줄 실마리가 될 수 있지 않을까?

*조선 초기 성균관에서는 불교에 매우 비판적이었다. 세종 6년인 1424년에 성균관 생원과 학생 백여 명이 임금에게 불교의 폐해를 지적하고 교단을 해체해 달라는 상서문上書文을 올린다. 이들은 승려를 강제로 고향으로 돌아가게 해 병부에 소속시켜야 한다고 제안했다. 사찰은 관가나 역참, 고을 학교의 건물로 쓰고, 승려가 살던 집은 주택으로 전용해야 하며, 토지는 군軍에 소속시켜야 한다고 했다. 불교서적은 불사르고 사찰의 종은 녹여 화폐로 만들어야 한다고 주장했다.

이제 난투가 벌어진 북한산 계곡을 벗어나 좀 더 넓은 구도에서 이 사건을 바라보자.


## 불교 억압과 용인(容認), 그리고 포용


먼저 북한산 난투 사건이 일어난 세종 시기의 불교정책을 살펴보자. 세종은 선대(先代)인 태종(太宗, 재위: 1400~1418)의 뒤를 이어 억불정책을 강화해나갔다.[1] 태종 때 일곱 종파로 정리한 불교교단을 선종(禪宗)과 교종(教宗)의 두 종파로 통폐합시킨다. 이어 태종 때 축소시킨 전국의 공인 사찰을 다시 36개 사찰로 제한하는 파격적인 조치를 취한다. 승려의 수까지 할당해 선종은 1970명, 교종은 1800명까지만 허용하는 규제안을 마련했다. 사찰이 소유한 토지도 교단 정비 전의 3분의 1로 크게 줄이고 남은 토지는 국가에 귀속시켰다. 사찰 정비에 따른 노비는 관아에 소속시켰으며 사찰에서 다음 대에 노비를 물려주지 못하도록 했다. 불교 행정기구인 승록사(僧錄司)도 폐지했다. 예조 소속의 승록사는 고려시대부터 불교계의 제반 사무를 맡아왔는데, 이를 없애고 두 종파의 대표 사찰에 도회소(都會所)를 설치해 불교 업무를 처리하게 했다. 불교 업무를 국가기관에서 맡지 않음으로써 불교를 공적으로 대하지 않겠다는 정책의지를 분명히 한 것이다.

조선시대의 불교억압정책은 세종 이전인 태종 때에 본격화됐다. 태종은 교단 정비와 함께 공인된 사원 외의 사찰 토지와 노비를 관아로 귀속시켰다. 왕사(王師)와 국사(國師) 제도도 폐지했다. 고려시대에 국가종교의 지위를 누렸던 불교를 더 이상 인정하지 않겠다는 뜻이었다. 고려 말기부터 제도화된 도첩제(度牒制)도 강화했다. 도첩제는 나라에서 일정량의 천(布)이나 돈(丁錢)을 받고 승려 신분을 공인해주는 제도였다. 군역(軍役)이 면제되는 승려의 수를 억제해 군정(軍丁)을 확보하고, 양인을 늘려 조세 수입의 안정을 꾀하려는 의도로 실시됐다. 태종 때의 도첩제 요건 강화는 불교교단의 인적 기반을 약화시키고 불교계를 통제하는데도 목적을 두었다.

태종과 세종 대의 불교억압정책으로 불교 교단은 크게 위축됐다. 고려시대에 비해 전체 사찰의 규모가 축소됐으며 노비와 토지 등 사찰 운영의 기반도 큰 타격을 받았다. 불사(佛事)와 불교 행사가 제한을 받았으며 승려들의 도성 출입도 원칙적으로 금지됐다. 고려시대에 귀족에 버금가는 지위를 누렸던 승려는 이제 천민 신분으로 떨어졌다.

불교계의 불만은 커져갔다. 승려들의 반발은 승려를 왕으로 세우려는 변란 시도로까지 나타날 정도였다. 태종 때 설연을 중심으로 한 일단의 승려들이 새 왕을 추대하기로 모의하고, 먼저 고위 관료인 하륜(河崙)을 살해하기로 계획했다. 하륜은 당시 불교교단 정비와 사찰재산 축소를 추진하던 핵심 인물이었다. 사전에 모의가 발각됐지만 당시 불교억압정책 정국에 큰 충격을 줄만한 사건이었다.

세종 때에는 승려들의 반발이 명나라와의 외교문제로 비화하기도 했다. 적휴를 비롯한 아홉 명의 승려가 명나라로 넘어가 조선 불교계의 실상을 알리며 명나라 군주와의 면담을 청하는 사건이 벌어졌다. 조선의 불교억압정책을 타개하기 위해 당시 불교를 숭상하던 명나라 군주의 힘을 동원하려는 의도였다. 조선은 명나라에 이들 승려의 송환을 요구했지만 명나라는 승려들을 돌려보내지 않았다. 이 사건은 당시 조선과 명나라의 외교관계에 상당한 걸림돌로 작용했을 것으로 추정된다.

이 두 사건으로 미루어 조선 초기 불교계가 불교억압정책에 대해 그냥 앉아서 당하고만 있지는 않았다는 사실을 알 수 있다. 인맥과 정상적인 통로를 통해 의사를 표명하고 때로는 불법을 저지르면서까지 불교계의 이익을 지키려고 했던 것이다. 하지만 불교계의 이러한 반발과 부작용에도 불구하고 세조(世祖, 재위;1455~1468) 때를 잠시 제외하면 조선 전기의 억불정책 기조는 크게 바뀌지 않았다.

그러면 승려와 유생의 난투 사건이 일어난 북한산 지역의 불교 동향은 어떠했을까? 특이한 점은 억불정책 아래서도 일부 사찰의 경우 이전과 거

진관사

북한산성의 서쪽 성곽 바깥에 위치해
있다. 11세기 초, 고려 현종이 왕위에
오르기 전에 암살 위험으로부터 자신
을 구해준 진관대사를 위해 창건했다
는 설이 전해온다. 고려 왕들이 행차
하면서 왕실의 보호와 지원을 받았으
며, 조선시대 들어서도 왕실과의 인
연을 이어나갔다. 한국전쟁 때 사찰
건물 대부분이 소실됐고, 1960년대
들어 중건해 지금에 이르고 있다.

의 다름없는 세를 유지하거나 이전보다 더 융성
해졌다는 사실이다. 승가사(僧伽寺)의 경우 교단
정비로 관에 귀속된 노비를 다시 분급 받으며,
세종 때에는 한양과 경기 지역 선종(禪宗)의 본사
(本寺)로 거듭난다. 왕실에서 주관하는 대규모 불
교의례도 잦았다. 왕실의 후원을 받고 있었던 진
관사(津寬寺)는 원혼의 넋을 달래는 수륙도량(水
陸道場) 사찰로 지정돼 그 면모를 과시했다. 여러
차례 중건을 거치면서 조선 전기 북한산의 대표
적인 사찰로 자리를 잡아나갔다. 장의사(藏義寺)도 왕실 도량으로 주목을
받았으며 세종 때에는 한양과 경기 지역 교종(敎宗)의 본산이 된다. 이외에
도 문수사(文殊寺)·청량사(淸凉寺)·중흥사(重興寺) 등이 조선 초기 북한산 지
역의 사찰로 이름을 알렸다. 이들 사찰은 토지와 노비를 축소할 때도 예외
를 인정받았다. 이처럼 북한산 지역 일부 사찰은 왕실의 후원을 받거나 세
력가의 지원을 받으며 억불정책 아래서도 위상을 유지하고 세를 이어나
갔다.

그렇다고 북한산 지역 사찰이 마냥 평온했던 것은 아니다. 이 지역 사찰
도 불교억압정책의 여파를 피해갈 순 없었다. 전체적으로 보면 국가의 규
제를 받았으며 교단 정비 과정에서 일부 사찰은 그 위상을 잃기도 했다.
특히 왕실의 후원을 받지 못하거나 세력가와 연결되지 못한 사찰은 억불
정책의 영향을 크게 받을 수밖에 없었다. 조선 초기 북한산 지역 사찰에는
한편으로 후원이 이뤄지고 한편으론 억압이 진행되고 있었다.

이런 이중적인 정책은 전국에서 일어나는 현상이었다. 세종 때의 순천
송광사(松廣寺)와 개성의 흥교사(興敎寺)가 대표적인 경우이다. 이들 사찰
은 왕실에서 중창했다는 이유로 혁파 대상에서 제외되고 대신 구례의 화
엄사(華嚴寺)와 은율의 정곡사(亭谷寺)가 정비 사찰이 된다.[2]

억불정책에 반하는 사례도 적지 않았다. 사찰 수와 중창을 제한했던 태
종과 세종 시기에 여러 사찰이 창건되고 중창된다. 태종 시기의 보령 금강

암(金剛庵)과 가평의 현등사(懸燈寺), 세종 시기의 완주 화암사(花巖寺)와 화성의 덕적사(德積寺) 등이 이에 해당한다.[3] 더구나 왕실이나 유력자만이 사찰을 건립하거나 중창했던 게 아니며, 사찰 건립에 따른 별다른 제재가 가해지지 않은 경우도 많았다. 혁파된 사찰의 노비와 토지는 관에 귀속되는 게 원칙이지만 제대로 지켜지지 않은 경우도 있었다. 이러한 역행 현상은 권세가와 결탁한 일부의 비리 수준이 아니었다. 억불정책 실시 과정에 이미 문제가 있었다. 정책입안자들이 내세운 구호와 달리, 억불정책 자체가 온전히 실행되지 않았던 것이다.

당시 조선사회는 억불정책을 철저하게 추진하기에는 사회적 제약이 한둘이 아니었다. 우선 왕실 사람들이 사찰을 찾고 불교를 믿었다.\* 사찰에서 왕가의 안전과 번영을 기원했으며 질병 치유를 위해서도 불교의례를 행했다. 왕실이 주축이 돼 불교경전을 간행하기도 했다. 왕조 사회에서 왕실이 차지하는 위상과 역할을 고려할 때, 왕실의 불교신앙은 정책 추진에 걸림돌로 작용할 수밖에 없었다. 이런 추세에서 고위 관료층 일부에서도 사찰을 후원하고 지원했다.

무엇보다, 공인된 소수의 사찰만으론 당시 백성들의 종교 욕구를 채워줄 수 없었다. 불교는 고려시대를 거치면서 백성들의 생활에 스며들었고 사찰은 지역 문화의 중심지 역할을 하고 있었다. 그렇다고 하루아침에 백성들의 불교에 대한 믿음을 없앨 수도 없는 노릇이었다. 조선이 건국 이념으로 내세운 성리학은 윤리 규범과 예절 면에서는 효과가 있었지만 사람들의 종교 욕구를 만족시키기엔 한계가 있었다. 왕실의 잦은 불교의례도 이런 점에 기인한 것이었다. 억불정책은 현실과 유리된 정책이었다.

국가 의례에도 아직은 불교가 필요했다. 가뭄과 홍수, 흉년 등의 자연재해 방지를 기원하는 국가 의례에 불교식 의례가 활용됐다. 전염병 방지와 전란을 우려하는 민심을 달랠 때도 백성들이 믿는 불교 의례가 효과적이었다. 외교정책에도 불교가 긴요했다. 당시 외교의 두 축인 명나라와 일본은 불교를 신봉했으며 외교 절차에서 불상(佛像)이나 불경(佛經)을 요구했

\* 불교억압정책을 추진한 왕 자신이 불교에 심취하기도 했다. 세종은 재위 후반기에 한양 북쪽에 있는 흥천사의 사리각을 중수하고 1442엔 이 사리각을 중창한 기념 법회를 열었다. 이 법회 동안 공양한 승려가 1만 8백여 명에 이르고 속인은 3백 80여 명이나 되었으며, 사리각 담장 밖에는 이 법회를 구경하려는 부녀자들이 밤낮으로 몰려들었다고 한다. 세종은 이후 아들과 왕후의 죽음을 겪으며 불교에 더욱 마음을 쏟았는데, 이는 민간의 불교 동향에 큰 영향을 미쳤다.

다. 원활한 외교관계 수립을 위해서도 어느 정도 불교를 용인할 수밖에 없었다.

하지만 또 다른 현실은 불교억압정책을 요구했다. 조선의 지배층인 사대부와 문인관료 계층은 성리학의 가치와 규범을 국가 정책에 반영하며, 이를 통해 성리학적 윤리에 기초한 사회질서를 구현하려 했다. 성리학은 우주 본체와 인간의 심성 같은 형이상학적 탐구를 중시하며, 사회윤리와 예(禮)를 강조해 인간관계와 개인의 수양을 중요한 덕목으로 내세운다. 성리학자들은 불교를 이단으로 배척했는데, 이들은 불교를 실질이 없는 공허한 교설(敎說)이라 보았다. 한편으론 사찰의 과다한 토지와 노비 소유는 백성의 생활을 곤궁하게 하며 계율을 어긴 승려의 타락상은 사회윤리마저 위태롭게 한다고 비판했다. 사대부와 문인관료층은 사찰 확대로 인한 이 같은 사회문제를 거론하며 억불정책 추진을 주도했다.

현실적인 요구도 무시할 수 없었다. 불교교단 정비와 사찰 수 제한을 통해 토지와 노비를 관에 귀속시킴으로써 국가재력 확보가 가능했다. 이는 국가재정 확충으로 이어졌고, 결과적으로 불교억압정책은 조선 초기의 불안했던 국가재정을 안정시키는 역할을 했다. 인적자원 활용이라는 면에서도 불교교단에 대한 통제는 필요했다. 당시 승려 계층은 규율을 갖춘 집단이자 잘 훈련된 인적자원이었다. 조정에서는 부역의 형태로 승려들을 성곽 축조와 건축물 공사 등 국가 토목사업에 동원했다. 때로는 종이 제조와 동전 주조 등 특수한 업무에 활용하기도 했다. 이런 목적이 달성된다면 조정에서는 무리하게 불교계에 개입할 필요가 없었는지도 모른다.

이런 시대 상황 속에서 조선의 지배층은 억불정책을 추진하면서 한편으론 불교를 용인하고 일부 사찰을 보호하는 포용정책을 추진했던 것이다. 처한 현실과, 현실이 필요로 하는 요구에 의해 조선은 불교억압과 불교포용이라는 상반된 정책전략을 함께 선택할 수밖에 없었으며, 결과적으로 조선 초기의 불교는 상호모순 돼 보이는 이중적 성격을 띠게 되었던 것이다.

억불정책과 대치되는 정책 사안이 동시에 추진되고 일부는 파행 현상을 드러냈던 것도 이러한 이중 정책 탓이 컸다. 조선 전기의 불교정책은 지배층에겐 효과적인 결과를 가져다주었겠지만 정책 대상자인 승려들에겐 편치 않은 일이었다. 굴욕적이기도 했을 것이다. 사찰의 기반을 잠식하고 불교의 저변을 뿌리 채 흔드는 존속의 위협으로도 다가왔을 것이다.

　이제 이런 밑그림을 가지고 삼각산 승려와 성균관 유생이 벌인 북한산 난투 사건을 다시 들여다보자. 당시 승려들은 불교억압정책으로 인해 유생들에게 반발심을 가질 충분한 심리적 동기가 형성돼 있었다. 더구나 지배층의 이익만을 고려한 이중 정책의 이면을 알아챘다면 승려들의 반감은 한층 심했을 것이다. 다른 계기가 작용했을 수도 있지만, 북한산 승려들의 공격에는 이런 불만과 분노가 함께 실린 것이다.

　승려들이 먼저 위협을 가할 수 있었던 사실에 대해서는 두 가지 측면에서 살필 수 있다. 이 시기 불교계는 국가의 불교정책을 거부하기 힘든 상황이었지만, 그렇다고 아무런 의사표시 없이 끌려갈 정도는 아니었다. 성리학 이념과 규범이 제대로 자리를 잡는 시기는 조선 중기이며, 이때까지만 해도 불교는 사회에 상당한 영향력을 행사하고 있었다. 다른 하나는 믿는 구석이 있었다는 점이다. 바로 형조 판서의 존재인데, 이 형조 판서의 아들이 이날 사건을 주도한 승려들이 소속된 덕방암에 거처하고 있었다. 공부를 하고 있었던 것으로 보아 장기 거주였을 것이고, 이는 형조 판서가 덕방암 승려들과 친분이 있다는 뜻이기도 하다. 나아가 형조 판서와 덕방암 인근 북한산 사찰 승려들과의 교류까지도 감안해볼 수 있다.

　남은 사안은 승려를 감싼 형조 판서의 태도인데, 여기엔 여러 요인이 작용했을 것으로 짐작된다. 우선 아들이 기거하는 사찰과의 인연이 사건을 일으킨 승려들을 긍정적으로 보게 하는 데 한몫을 했을 것이다. 불교에 대한 개인적 호의나 성균관 유생들에 대한 악감정도 고려해 볼 수 있다. 무엇보다 불교 억압과 불교 포용을 동시에 추진하던 당시의 이중적인 불교 정책을 빼놓을 수 없다. 상반되는 정책이 함께 실행됨으로써 실제 정책 현장에서는 원칙이 제대로 지켜지지 않았고 예외와 특혜도 많았다. 더구나

정책 책임자 선에서부터 이런 일이 벌어졌으니 그 난맥상은 한층 더했을
것이다. 이런 분위기는 사찰이나 승려와 관련된 업무처리에도 영향을 미
쳤을 것이고, 이에 따라 관료들이 사적인 기준으로 공적인 사안을 처리하
기도 한층 편했을 것이다. 불교정책 집행 자체에 공명정대하지 않은 면이
많으니 사심이 끼어들 여지 또한 그만큼 컸던 것이다. 형조 판서의 태도
또한 이런 배경에서 가능했으리라.

속을 들여다보면 공언한 원칙이 지켜지지 않았던 불교억압정책의 실
상, 이는 성균관 유생들이 법으로 금지한 사찰 유람을 떼 지어 나설 수 있
었던 배경이 되기도 했을 것이다.


## 조선의 북한산


조선 전기 억불정책 하에서 북한산 지역 일부 사찰은 이전보다 더 보호
를 받고 융성을 누렸다. 당시 왕실엔 의례와 기원을 행할 사찰이 필요했
고, 도읍지에서 가깝지도 멀지도 않은 북한산 사찰은 이런 왕실의 요구를

충족시켰다. 산세 또한 웅장하면서도 수려했으며, 무엇보다 북한산은 도읍을 지키는 한양의 진산(鎭山)이었다. 삼국시대부터 북한산 지역이 불교 요람으로 자리 잡았다는 사실도 왕실 사람들의 발길을 이끌었다.

북한산은 조선시대의 5대 명산인 오악(五嶽) 중 한곳으로 산악신앙의 의례 공간이었다. 삼국시대 이래로 제단을 마련해 이곳에서 국가 제사를 지냈으며, 조선시대 들어서도 북한산은 국가 의례를 행하는 신령스런 산으로 대접받았다. 자연재해 방지와 기상이변을 물리치기 위한 의례가 주를 이뤘는데, 특히 기우제(祈雨祭)를 자주 지냈다. 유행병 예방을 위한 제사 공간도 마련돼 있었다.

북한산은 천문관측 장소로도 활용됐다. 일출과 일몰 시간을 측정하고, 일식(日蝕) 발생 여부를 확인할 때도 북한산 정상을 이용했다. 북한산의 천문관측 기록은 특히 세종 시기에 많이 나타난다. 세종은 그림자의 길이로 태양의 시차를 관측하는 규표(圭表)를 만들 때 수양대군(뒷날의 세조)과 안평대군을 시켜 북한산 보현봉에서 해를 관찰하게 했다고 한다. 세종은 북한산에 관측소를 짓기도 했다.

> 임금이 선공감(繕工監)에 명하여 삼각산(북한산) 상봉(上峯)에 집세 칸을 짓게 하였다. 장차 동짓날에 서운관(書雲觀) 관리를 보내어 일출과 일몰을 측후(測候)하기 위해서였다.
>
> - 『세종실록(世宗實錄)』 권58, 세종 14년(1432년) 10월 30일

조선시대 들어 북한산 지역은 학자의 수양 공간으로 주목받았으며 유생(儒生)과 학생(學生)이 글 읽는 곳으로도 인기가 높았다. 북한산 지역 사찰은 한양 주변에 위치해 있으면서도 산세가 깊어 학습에 전념할 수 있는 적절한 조건을 갖추고 있었다. 입신출세(立身出世)를 준비하는 젊은 유생(儒生)이 많이 찾았는데, 승려와 유생의 난투 사건에 등장하는 형조 판서의 아들도 이 북한산 암자에서 과거를 준비했던 것으로 짐작된다.

생육신(生六臣)의 한 사람, 우리나라 최초의 한문소설인 『금오신화(金鰲新話)』의 저자, 학자이자 문인이며 유랑자이자 냉철한 사회비판자, 기인(奇

人)이자 이인(異人). 율곡 이이(李珥)가 "백세의 스승"이라 칭송한 김시습(金時習, 1435~1493)을 두고 이르는 말이다. 이 조선의 인물 김시습도 스무 살을 전후해 북한산에서 공부했다고 한다. 지금의 북한산성 내에 있는 중흥사(重興寺)에 기거하며 과거를 준비했는데, 스물한 살 때인 1455년 수양대군의 왕위찬탈 소식을 접하고 보던 책을 모두 불사른 뒤 승려가 됐다. 어머니의 죽음을 계기로 10대 후반에 불교에 심취한 김시습은 이래저래 불교와의 연(緣)이 깊었나 보다. 김시습의 명성 때문인지 중흥사는 조선시대 말까지 독서와 공부를 하려는 유생들이 줄을 이었다고 한다.

북한산 지역이 학자들의 심신수련 공간으로 이용되면서 북한산 사찰은 불교와 유교가 만나는 사상 교류의 가교 역할을 하게 된다. 북한산 사찰의 승려들이 세속의 세력과 인연을 맺는 계기도 돼 북한산 사찰의 사세 유지에도 도움을 주었을 것이다. 다른 한편으론 유교 기반 시대를 헤쳐가야 하는 불교계의 서글픔도 찾아진다. "찾아온 유생 덕에 절집을 이어갔다."는 곳도 있었다 하니, "사찰 도량이 유생의 공부방이 되고 승려는 양반의 시중꾼이 된 신세"라는 자조 섞인 말이 마냥 그르지만은 않았던 것 같다. 개개 사찰마다 사연이야 있었겠지만 조선시대 들어 북한산은 호연지기를 기르고 입신출세를 준비하는 명당이라는 명성을 더하게 된다.

그렇다고 북한산이 늘 빛만 품었던 곳은 아니었다. 북한산 골짜기는 응달도 있었고, 빛에 밀려난 그늘도 품어 안았다.

> 한성부(漢城府)에 명하여 삼각산(북한산)과 도봉산에서 빌어먹고 다니는 주린 백성들을 찾아내게 하였다.
>
> ─『세종실록(世宗實錄)』권124, 세종 31년(1449년) 4월 28일

북한산은 가난한 자들이 목숨을 이어가는 삶의 공간이기도 했다. 북한

**김시습**

세조의 왕위찬탈 뒤 김시습은 전국을 방랑한다. 시를 짓고 학문 탐구에 전념하며, 체제를 비판하고 지배질서에 편승한 인물에 대한 조롱도 서슴지 않았다. 세조의 왕위찬탈을 돕고 이후 권신으로 지낸 한명회의 시를 보고 김시습은 이렇게 화답했다.

젊어서는 사직을 붙잡고
늙어서는 강호에 묻힌다.
青春扶社稷 白首臥江湖 _한명회

젊어서는 나라를 망치고
늙어서는 세상을 더럽힌다.
青春亡社稷 白首汚江湖 _김시습

산 골에 움막을 짓고 산과 들에서 먹을 것을 찾았고, 때로는 걸식으로 하루하루를 이어갔다. 한양에서 밀려난 유랑민이 마지막으로 기대는 언덕이기도 했다. 조정에서 한때 이들을 거두기도 했지만 북한산 자락을 떠도는 가난한 이들과 걸인 무리는 쉬 없어지지 않았다.

> 집현전 부제학 신석조가 아뢰었다. (……) "공사(公私)의 노비를 비롯한 무뢰한 무리들이 본래의 역(役)을 피해 도봉산과 삼각산 깊은 곳에 숨어들었다 합니다. 이들은 걸식이나 도적질로 생업을 이으며, 그 중 심한 자는 아내를 얻어 자식을 키우고 자기 아래에 거지 아이들을 부리면서 영웅 대접을 받는다 합니다."
> - 『문종실록(文宗實錄)』 권10, 문종 원년(1451년) 11월 11일

골 깊은 곳에는 때론 도망친 노비나 죄지은 자들이 무리지어 살았다. 걸식을 하고 도적질로 연명했는데, 조정에서는 이들을 체포하는데 고심하기도 했다. 도망친 노비를 받아준 승려도 있어, 조정에서는 이 승려까지 포박해 큰 죄를 묻자고 했다. 하지만, 불가(佛家)의 손으로 어찌 오갈 데 없는 이들을 내칠 수 있었겠는가.

북한산 아래, 시대가 흘렀다. 한 나라가 멸하고 다른 한 나라가 세워졌다. 나라를 이끄는 주인이 바뀌었고 제도가 변했고 이념이 다른 옷을 갈아입었다. 북한산 품으로 왕궁이 솟았고, 북한산은 밤낮으로 이 지상의 염원과 하늘의 뜻을 살폈다. 북한산 아래 도읍으로 새로운 나라의 주인들이 모여들었고, 북한산에는 바람 불었다. 전쟁터이자 신앙의 숲, 북한산 ……. 이제 한 나라 주인들의 기도 경건해지고, 독경 소리에 유자(儒子)의 글 읽는 소리 섞이고, 때로는 처절한 삶들이 울음을 달랬다. 그래도 북한산 아래로 다시 시대는 흐를 것이고 삶이 지속될 것이다. 그런 어느 날, 북한산은 산줄기와 계곡으로 성곽 새로 두르며 또 다른 시대의 빛과 그늘을 조선의 역사 앞에 던져놓으리라.

北漢圖(三)

# 13

## 37년 대토론!
## 북한산성 축성논쟁

- 축성논쟁 다시 불붙다

- 숙종 이전의 북한산성 축성구상

- 숙종 시기의 북한산성 축성논쟁

- 37년 축성논쟁이 남긴 것

## 축성논쟁 다시 불붙다

숙종(肅宗, 재위: 1674~1720) 36년(1710년) 10월, 조정은 다시 격론에 휩싸였다. 7년 전 결말을 보지 못한 북한산성 축성(築城) 사안이 다시 수면 위로 떠오른 것이다. 숙종과 대신(大臣)들은 북한산성 축성을 두고 연일 의견을 개진했다.

축성논쟁의 발단은 청나라 해역에 출몰한 대규모 해적 무리였다.[1] 당시 요동 해역에 해적 무리가 노략질을 일삼고 있었는데, 이 해적 떼가 청나라의 추격을 피해 조선으로 향했다는 정보가 들어왔다. 청나라 측에서도 연해 지방의 방어에 유의하라는 외교문서를 조선에 전해왔다. 조정에서는 즉시 방비책을 마련했다. 강화도와 인천을 중심으로 한 서해 해안의 경비를 강화하고 조총과 화약, 산성 전투용 수레 등 무기를 충분히 확보하도록 했다. 지역별 방어 전략과 효율적인 군사 운용을 중심으로 한 국방강화 방안까지 제시됐다. 북한산성 축성도 그 중 하나였다. 시급히 북한산에 성을 쌓자는 측과 북한산성보다는 한양 도성 방비에 만전을 기하자는 측이 팽팽히 맞섰다.

* 숙종 대에 활동한 노론 계열의 이유 (1645~1721)는 대표적인 성곽정책 추진자였다. 1703년 북한산성 축성을 본격 주장한 이래 축성이 끝날 때까지 변함없이 축성찬성론을 주도했으며, 축성 직후엔 북한산성의 재정과 군사 업무를 총괄하는 경리청의 최고책임자가 된다. 북한산성 축성을 성사시킨 실질적인 주동자라 해도 가히 손색이 없는 인물이다. 또한, 축성 찬반논쟁으로 정국이 경색되었을 땐 한양도성 수축을 건의해 정국 흐름의 물꼬를 텄으며, 북한산성 축성 이후엔 북한산성과 도성을 연결하는 성곽 축조를 제안해 이를 성사시켰다.

판부사(判府事) 이유(李濡)가 상소(上疏)했다.* (……) "만약 북한(北漢山)에 성을 쌓는다면 내성(內城)을 조성해 (유사시) 종묘와 사직을 옮길 수 있습니다. 또한 인근 조지서(造紙署: 조선시대 종이제조를 관할하던 관청) 어귀를 막아 한강변의 세곡(稅穀) 창고를 옮겨 설치할 수 있습니다. 이렇게 하면 공사(公私)의 비축 물량을 모두 옮겨 들여갈 수 있습니다."
- 『숙종실록(肅宗實錄)』 권49, 숙종 36년(1710년) 10월 26일

영중추부사(領中樞府事) 윤지완(尹趾完)이 의견을 제시했다. "의논하는 자들은 북한(北漢山)에 성을 쌓는 것이 도성을 보전하고 지키는 바탕이 된다고 합니다. 하지만 도성을 지키려면 북한에 성을 쌓아서는 안 됩니다. 만약 북한에 성을 쌓는다면 도성은 지킬

수 없을 것입니다."

- 『숙종실록(肅宗實錄)』 권49, 숙종 36년(1710년) 11월 10일

여기에, 도읍 지역의 축성과 수성(守城) 방안은 서두를 필요가 없으며 군사 조련과 요충지역 방비가 우선이라는 주장도 제시됐다. 도성 정비와 함께 북한산성을 새로이 쌓자는 절충안도 나왔다. 결정은 쉽게 내려지지 않을 것 같았다.

시간이 지나면서 해적 침입의 가능성은 낮아졌지만 숙종은 이를 북한산성 축성의 계기로 삼고자 했다.

진사(進士) 허극(許極)이 상소하여 도성 수축을 청했다, 이에 왕이 "(도성은) 넓고 큰데다가 견고하지 못한 결점이 있어 그곳에서 지키고자 한다면 위태로울 수 있다. 그래서 이제 밤낮으로 (성 쌓을 곳을) 생각하고 있다. 여러 신하들과 논의해 특별한 곳을 정하면 백성과 함께 들어가 지킬 것이다."라고 하였다.

- 『숙종실록(肅宗實錄)』 권49, 숙종 36년(1710년) 10월 20일

숙종의 심정은 북한산성 축성으로 기울고 있었다. 홍복산(洪福山: 경기도 의정부시와 양주시의 경계에 있는 산)도 축성지로 거론됐지만 현장조사 결과를 검토한 뒤엔 북한산을 축성에 적합한 곳으로 꼽고 있었다. 해적 침입을 막기 위한 방어시설을 보완한다는 구실로 성을 쌓는다면 청나라의 간섭도 피해갈 수 있을 것이었다. 1637년, 조선은 청나라와의 전쟁(병자호란)에 패한 뒤 강화를 맺으면서 "성곽 수축과 축성을 금한다."는 규약을 맺은 바 있었다.

예상은 했지만 일부 신하들의 북한산성 축성 반대는 여전히 완강했다. 이들은 어떤 경우라도 도성을 절대 포기해서는 안 된다는 도성 고수(都城固守)를 견지했다. 북한산성 축성 이전에 도성을 수축해 미비한 곳을 보완하면 도성 방어가 가능하다고 보았다. 도성 주민 대부분이 도성 지키기를 원하며, 실제로 10만 명 정도의 장정이 구역을 나누어 성곽을 방어할 수 있다고 주장했다. 군량미와 무기 보급 측면에서도 도성을 근거지로 삼는

게 더 용이하다고 보았다. 도성을 버리면 종묘와 사직도 옮겨야 하는 욕됨을 봐야한다는 사실도 도성 고수의 또 다른 이유로 제시됐다.

북한산성 축성을 주장하는 이들은 국가 위기 시에 도성을 방어하기에는 도성이 너무 넓다는 점을 지적했다. 이에 비해 북한산성을 축성하면 도성 주민이 함께 들어가 지키기에 용이하다고 판단했다. 덧붙여 기존의 남한산성은 강을 건너야 하는 어려움이 있으며, 강화도는 수군이나 해적에 취약하다고 보았다. 북한산성 축성 지지자들은 남한산성과 강화성(江華城)은 1636년 청나라의 침입으로 야기된 병자호란 때 함락된 전례가 있어, 이제 새로운 보장처가 필요하다는 입장을 보였다. 축성 논쟁이 진행되면서 사안은 해적 침입보다는 국가 전란 시의 방비책으로 옮아가고 있었다.

> 부응교(副應敎) 이세최(李世最)가 아뢰었다. "만약 북한산에 성을 쌓고 겸하여 도성을 지키는 것이 참으로 좋으나, 북한산성을 쌓은 뒤에 도성을 지킬 수 없다면 이는 적절한 계책이 되지 못합니다." 이에 임금이 말했다. "북한산성을 쌓자는 지금의 의논이 청나라에서 해적을 주의하라는 문서가 전달된 뒤에 나왔기 때문에 이 축성안을 이들 해적을 막으려는 계책으로 여기는데, 나의 뜻은 천혜의 지세를 이용한 성을 쌓아 장래의 구원(久遠)한 계책을 도모하려는 것이다."
>
> — 『숙종실록(肅宗實錄)』 권49, 숙종 36년(1710년) 12월 1일

이날 숙종은 임진왜란 당시 선조(宣祖, 재위: 1567~1608)와 조정이 의주로 피난해야 했던 사실을 언급하며 국가 위기 시에 도성 가까운 곳에 보장처가 필요함을 내비친다. 변경을 굳게 지켜 외침을 막는 게 최선의 방책이지만 만약의 사태에 대비해 왕실과 조정(朝廷)을 보전할 대책이 필요하다는 뜻이었다. 또한 북한산성을 축성하고 군수품과 물자를 비축해 전란 시에 도성 주민들이 함께 들어가 항전지로 삼겠다는 의도도 갖고 있었다. 왕의 입장에서 북한산성은 왕실의 안녕을 지켜주는 마지막 보루이자 도성 주민의 안전을 담보하는 요새이기도 했다.

## 숙종 이전의 북한산성 축성구상

북한산성 축성 논의는 임진왜란 당시인 선조 대에도 제기됐다. 전쟁 막바지인 1596년, 강화 회담 진행으로 전란이 소강상태에 놓이고 의주로 피난했던 선조와 조정 대신들도 한양으로 돌아온 뒤였다. 무력하게 도성을 내어주고 피난길에 올라야 했던 선조는 전란 시의 방비책으로 북한산에 산성을 쌓자는 안을 검토했다. 당시 북한산에는 일부 성문(城門)과 방치된 성벽(城壁) 등 고려시대의 중흥산성(重興山城)이 남아 있는 상태였다.

병조 판서(兵曹判書) 이덕형(李德馨, 1561~1613)은 북한산을 둘러보고 그 지세를 살핀 뒤 축성의 장단점을 파악해 선조에게 보고했다. 일부 골짜기를 제외하고는 지세가 몹시 급하고 좁아 많은 사람이 오랫동안 거주하기에는 불편할 것이라 했다. 드나들 수 있는 길이 다소 험하지만 이 험한 산세는 오히려 성곽을 방어하기에 극히 유리한 형세이며, 산봉우리가 중첩돼 있어 적이 성을 포위하기도 어려울 것이라 했다. 축성을 한다면 천연의 요새로 거듭날 수 있다는 판단이었다. 하지만 국방 요충지 여러 곳에 수축하고 있던 성곽 공사도 아직 끝내지 못하고 있는 실정이었다. 재정과 인력 모두 부족한 상태여서 선조 대의 축성구상은 더 이상 진척되지 못했다.

이후 북한산성 축성이 논의된 때는 효종(孝宗, 재위:1649~1659) 시기였다. 재위 기간에 추진했던 국방강화정책 중의 하나로 북한산성 축성을 계획했던 것으로 보인다. 효종은 왕위에 오르기 전인 봉림대군(鳳林大君) 시절에 병자호란이 일어나자 강화도로 피신했다. 이듬해인 1637년, 남한산성에서 항전하던 인조(仁祖, 재위: 1623~1649)가 청나라 태종에게 무릎을 꿇음으로써 전쟁이 끝났지만 봉림대군은 청나라에 볼모로 잡혀가게 된다.

8년 동안의 굴욕적인 볼모 생활을 거쳐 왕위에 오른 효종은 이후 은밀하게 북벌정책을 추진했다. 군비를 확충하고 군제를 개편했으며 군사훈련 강화에 힘을 쏟았다. 도성 외곽 방위에도 중점을 두어 한양 주변 지역의 성곽을 보수하고 수비력을 보강했다. 이런 선상에서 효종 말년에 북한산성 축성이 고려됐던 것으로 짐작된다. 북벌 추진이 재정난과 집권층의 반대에 부딪치자 효종은 집권층의 지지기반 하에서 북벌정책을 추진했지만 집권세력은 북벌의 명분만 좇을 뿐이어서 실질적인 정책으로 추진되지는 못했다.* 이런 정국에서도 효종은 당시 집권세력을 주도하던 송시열(宋時烈, 1607~1689)과 북벌계획을 개진(開陳)했는데, 북한산성을 병난을 당했을 때의 피난처이자 도성 방어의 배후 근거지로 삼으려 했던 것으로 전한다. 하지만 강대한 청나라의 위세로 북벌의 기회를 잡을 수 없었고, 1659년 효종이 급서(急逝)함으로써 그동안 추진했던 북벌정책도 무산된다. 북한산성 축성 계획도 한동안 물밑으로 가라앉는다.

## 숙종 시기의 북한산성 축성논쟁

그 후 15년, 북한산성 축성은 현종(顯宗, 재위; 1659~1674) 대를 지나 1674년 숙종이 즉위하면서 표면으로 떠오른다. 계기는 청나라의 정국 불안이었다. 이 무렵 청나라는 오삼계(吳三桂)를 주축으로 한 반란군과 대치하고

*효종 시기의 북벌정책에 대한 비판적 시각은 북벌론을 패배한 전쟁에 대한 책임과 전쟁 후의 위기를 모면하려는 통치 이데올로기의 하나로 본다. 북벌론으로 백성의 관심을 외부로 돌림으로써 국내 문제에 대한 비판과 불만을 누르고 민의를 하나로 결집시켜나갔다는 것이다. 효종은 북벌론을 내세워 군사력을 증강하고 왕권을 강화했으며, 송시열이 중심이 된 서인 정권은 북벌론을 붕당의 이익 추구와 정치적 입장을 합리화하는 명분으로 삼았다고 본다. 북벌정책으로 인해 당시 선진문화였던 청나라 문화를 거부하게 되고, 그 결과 조선은 고립을 자초해 변화하는 세계사의 흐름을 제때 파악하지 못하고 진취적인 문화 창달을 위한 기반을 다지는 데 실패했다고 파악한다.

**성城과 왕국** | 북한산성이 전하는 스물여섯 가지 한국사 이야기

있었다. 오삼계는 청나라를 도와 영토 확장에 공을 세웠는데, 그 뒤 반란을 일으켜 이번엔 명나라 복원 기치를 내걸고 청나라와 전쟁을 벌이고 있었다. 이런 정세 아래, 청나라에서 조선에 구원병을 요청할 것이란 말이 전해졌다. 조정에서는 대응책 마련에 고심했다. 중국의 정세가 조선에 미칠 영향력을 고려해야 했고, 이는 국가방위와 안전대책 문제와도 관련된 사안이었다. 정세가 어떻게 급변할지 몰랐으며, 최악의 상황엔 조선에서 다시 전쟁이 일어날지도 모른다는 우려도 있었다.

북한산성 축성이 대비책의 하나로 제시됐다. 북한산에는 전란이 일어났을 때 임금이 머물만한 장소가 있으며, 산세가 험해 축성에도 공력이 덜 들 것이라 했다. 갑자기 변을 당해도 도성과 가까워 주민이 피하기 쉽고 무기와 물품을 옮겨가기에도 편리할 것으로 보았다. 축성에 반대하는 의견도 제기됐다. 축성할 곳이 험준해 도성 주민을 수용할 공간이 넉넉하지 않다는 게 큰 이유였다. 성곽 축성과 수축에 제약을 가한 청나라와의 강화조약도 풀어야 할 과제였다.

하지만 숙종은 북한산성 축성에 큰 관심을 보이며 성 쌓을 곳의 형세를 자세히 살펴보게 한다. 북한산 축성 사안은 해를 넘기고 있었고 왕은 조치를 취해야만 했다. 왕의 나이 이제 열다섯 살, 하지만 숙종은 당대의 대학자이자 노회한 정치가인 윤휴(尹鑴, 1617~1680), 허적(許積, 1610~1680) 등의 대신들과 막힘없이 의견을 주고받으며 정사(政事)를 처리해나갔다.

이후 북한산을 다녀온 대신들을 중심으로 북한산 축성의 장단점에 대한 논의가 있었다. 남한산성과 비교하며 의견을 교환했지만 쉽게 결단을 내리진 못했다. 결국 숙종은 개성에 있는 대흥산성(大興山城)과 강화도의 산성에 집중하기로 하고 북한산 축성은 뒷날로 미뤄둔다. 당시 크고 작은 성곽 수축 공사로 인해 재정이 넉넉하지 못했으며 부역에 동원되는 백성들의 부담도 가중되고 있어 이를 고려한 조치였다.

그로부터 28년 뒤인 1703년, 후일로 미뤄두었던 숙종의 그날이 찾아왔다. 북한산성 축성안을 두고 다시 논쟁이 벌어진 것이다.

중부(中部)에 사는 참봉(參奉) 성규헌(成揆憲)이 상소하여 북성(北城: 북한산성) 쌓기를 청했다. 신완(申琓)이 이 사안을 힘써 주장한 뒤로 이에 동조한 사람들이 많은 상소를 올렸다. 그런데 성규헌은 시골의 천한 사람으로 감히 국가의 큰 계책을 논하였으므로 듣는 사람들이 크게 놀랐다.

– 숙종실록(肅宗實錄) 권38, 숙종 29년(1703년) 2월 11일

지방의 말단 관직자인 참봉까지 의견을 제시할 정도로 북한산성 축성 사안은 큰 주목을 받고 있었다. 조정은 이미 축성 찬성파와 반대파로 나뉘어져 있었다. 우의정 신완(申琓, 1646~1707)이 북한산성에 성을 쌓자는 제안을 한 직후였다. 이조판서 김구(金構)와 병조판서 이유(李濡), 어영대장(御營大將) 윤취상(尹就商) 등이 우의정 신완의 의견에 동조하며 북한산성 축성에 힘을 실었다. 이들은 강화도와 남한산성은 유사시 오래 머물 곳이 되지 못한다고 보았다. 그에 비해 북한산성은 이동이 용이하고 산세가 험준해 적의 접근이 어려우니 충분히 방어가 가능하다고 했다. 또한 도성은 지세가 평탄해 성벽을 더 쌓아올린다 해도 지키기 어려운 형편이므로 북한산에 성을 쌓아 도성과 짝을 이루면 도성 방어에 훨씬 유리할 것이라 주장했다.

축성을 반대하는 이들은 형조판서 민진후(閔鎭厚), 호조판서 김창집(金昌集), 예조판서 김진구(金鎭龜), 훈련대장(訓練大將) 이기하(李基夏) 등이 주축이었다. 이들은 북한산성이 도성과 가까이 있다는 사실을 오히려 단점으로 꼽았다. 적이 도성을 오래 점거하면 성을 하나 둔 지척의 거리에 임금이 있어 민심이 쉽게 동요할 것으로 보았다. 도성 수호 또한 가능해 굳이 도성 외곽에 또 다른 산성을 쌓을 필요가 없다고 맞섰다. 이들은 도성 수축을 주장했다.

찬성 측은 축성에 생각보다 많은 공력이 드는 게 아니라며 재차 숙종을 설득했다. 쌀 1만 석과 면포(綿布) 1천 동(同), 역군(役軍) 1만 여 명이면 두어 달 안에 공사를 마칠 수 있다며 구체적인 축성 방안을 제시했다. 중앙의 군사를 교대로 투입하고, 빈민을 축성인력으로 동원해 빈민구제까지 겸

**성城과 왕국** | 북한산성이 전하는 스물여섯 가지 한국사 이야기

하게 하자는 인력활용방안까지 내놓았다.

이에 숙종은 북한산에 산성을 쌓기로 결정한다. 관계 기관에서는 축성 준비에 들어갔고 북한산성 축성은 이대로 진행되는 듯했다. 하지만 시축 단계에 접어들 즈음 축성 반대 목소리가 다시 거세게 일었다. 숙종이 축성 결정을 내린 지 한 달이 채 되지 않을 때였다. 북한산 지형의 단점으로 물 이 부족하다는 사실이 제기됐고, 북한산 성곽 공사로 도읍인 한양의 지맥 (地脈)이 손상된다는 풍수지리설까지 나왔다. 여기에 성곽 축성을 함부로 할 수 없다는 청나라와의 조약을 들어 북한산성 축성이 외교관계를 악화 시킬 것이라 했다. 남한산성과 강화산성을 소홀히 하게 되면 수도권 지역 방어에 허점이 노출된다는 점도 지적됐다. 굶주린 백성이 많고 도적이 횡 행하는 시기에 대규모 인력을 동원해야 하는 축성 공사는 무리라는 현실 문제도 나왔다. 반대 측은 성곽 공사에 물력을 들일 게 아니라 빈민구제가 우선이라며 축성 중단을 요청했다.

> 행사직(行司直) 이인엽(李寅燁)이 상소했다. (……) "이제 바야흐
> 로 굶주린 백성이 길에 가득하여 구제하는 일이 날로 급한데도, 이
> 를 너무 오래 지연시켜 비난하는 목소리가 거셉니다. 대저 백성은
> 나라의 근본이니 근본이 튼튼하여야만 나라가 편안하므로 예로
> 부터 성철(聖哲)의 교훈은 반드시 백성을 구호하는 일을 근본으로
> 삼았습니다. '국가의 크고 먼 장래 구상으로 성 쌓는 일을 우선하
> 고 백성의 삶을 뒤로 했다.'는 말은 듣지 못했습니다."
>
> - 『숙종실록(肅宗實錄)』 권38, 숙종 29년(1703) 4월 5일

이후에도 축성 반대 의견이 계속됐고, 결국 북한산성 축성공사는 보류 된 채 해를 넘기게 된다. 축성이 결정되고도 착공을 못하게 되자, 대표적 인 축성론자인 이유(李濡)는 1704년 들어 국면 전환을 꾀한다. 지금까지의 태도를 바꾸어 도성 수축을 주장하고 나선 것이다. 북한산은 천혜의 산성 자리임이 분명하지만 여러 사람의 의견을 가벼이 여길 수 없어 도성을 수 축하는 게 좋겠다며 동조 의사를 밝힌다. 이런 정국 흐름에서 숙종도 도성

수축을 받아들이게 되고, 1년 넘게 끌어온 북한산성 축성논쟁은 도성 수축으로 가닥이 잡힌다.

도성 수축 공사는 이해 봄에 시작돼 이후 수년에 걸쳐 진행됐다. 하지만 자연재해와 인력 동원의 어려움으로 여러 차례 공사가 중단됐으며, 이때마다 북한산성 축성론자들은 도성만으론 한양을 지킬 수 없다며 북한산성 축성의 필요성을 강조했다. 도성 수축은 차선책이었으며 북한산성 축성론자들이 본래의 뜻을 꺾지는 않았던 것이다. 이런 상태에서 도성수축 사업은 마무리를 짓지 못한 채 몇 해를 넘기게 된다.

이러한 시기, 숙종 36년(1710년)에 해적 무리가 요동 해역에서 조선으로 넘어왔다는 소식이 날아들었고, 이를 발단으로 북한산성 축성이 다시 제기됐던 것이다. 숙종 즉위년인 1674년에 처음 축성 제안이 나온 뒤 세 번째였다. 조정은 다시 축성 찬성파와 반대파로 나뉘었고 해묵은 논쟁이 재연됐다.

북한산성 축성과 도성 수축을 둘러싼 지금까지의 쟁점 사안은 크게 네 가지로 정리됐다. 북한산의 지리적 여건과 지세의 장단점, 남한산성과 강화산성의 역할과 그 장단점, 축성으로 인한 민폐 여부와 빈민구휼정책 사안, 청나라의 간섭과 압력 문제 등이었다. 수십 년 세월이 흘렀지만 양측은 어느 사안 하나에서도 합치점을 찾지 못하고 있었다.

이제 군주로서 판단을 내려야했다. 숙종은 북한산성이 도성 주민과 함께 지켜나갈 산성임을 밝혀 자신의 뜻을 다시 한 번 분명하게 알렸다. 북한산성에 도성 주민이 들어갈 거주 공간을 조성해야 한다는 사실을 강조한 것이다. 하지만 숙종의 이러한 바람을 충족시키기에는 어려움이 있었다. 북한산은 그 지세가 매우 험해 대규모 거주 공간을 확보하기 힘든 상태였다. 산성을 조성할만한 지역에 경작지도 부족해 북한산에 성곽을 쌓는다 해도 도성 전체 주민과 더불어 장기 항전을 펼치기에는 유리한 여건이 아니었다. 전란이 발생하면 북한산성은 왕실과 지배층, 여기에 일부 도성 주민의 보장처에 그칠 우려가 있었다.

한편 숙종은 여러 대신을 북한산에 보내 성터를 둘러보게 했다. 그리고 이 현장 경험을 토대로 장시간 토의를 거쳤다. 그해 12월에 이어 이듬해 들어서도 북한산에 다녀온 신하들과 함께 축성 문제를 숙고했다. 종래 북한산성 축성을 반대했던 우의정 김창집은 이미 축성의 필요성을 조심스럽게 인정한 상태였다. 판돈령부사(判敦寧府事) 민진후 역시 수년 전과 달리 축성을 지지했다. 하지만 아직도 여러 대신들이 북한산성 축성에 반대하고 있었다.

모든 대신들의 의견이 합치되기를 기다릴 수 없었다. 더 이상의 논쟁은 정국 혼란만 가중시킬 뿐이었다. 반대 의사는 여전했지만 숙종의 심정은 이미 굳어 있었다. 많은 대신들과 오랜 논의를 거쳤지만 결단은 왕이 내려야 했다. 1711년 2월, 숙종은 마침내 북한산성 축성을 결정했다.

> "그러나 사람의 소견은 사람의 얼굴이 같지 않음과 같아서 만일 여러 의논이 반드시 합치되기를 기다려 일을 일으키려 한다면 성취할 날이 없을 것이다. 이는 이른바 '너희 의논이 결정되기를 기다리자면 적은 이미 강을 건너게 된다.'고 하는 말과 같은 이치일 것이다."
>
> - 『비변사등록(備邊司謄錄)』 숙종 37년(1711년) 2월 9일

## 37년 축성논쟁이 남긴 것

**대남문**
북한산성 남쪽 성곽지대에 속하는 대남문 구간이다. 영취봉·백운대·만경대·용암봉·노적봉 ……. 대남문 뒤로 북한산의 주요 바위 봉우리들이 위용을 다툰다.

＊ 흔히 북한산성의 성문을 14개로 보고 있다. 그런데 1714년 중성重城 축조 시에 중성문 옆에 설치한 암문暗門과 수문水門을 합치면 숙종 당시의 북한산성에는 모두 16개의 성문이 있었다.

축성 결정 뒤, 숙종은 즉시 책임자를 임명해 구체적 계획을 수립하게 했다. 축성은 훈련도감(訓練都監)·금위영(禁衛營)·어영청(御營廳) 등 삼군문(三軍門)에서 구역을 나누어 맡기로 했다.[2] 필요한 인력 중, 축성 기술자 일부는 전국의 장인을 대상으로 모집하고 일반 역부의 경우는 도성 주민을 동원하기로 했다. 여기에 승군(僧軍)과 삼군문의 군사들까지 축성에 투입할 계획이었다. 축성에 소요될 재원(財源) 마련도 삼군문에서 담당했지만 비변사(備邊司)·호조(戶曹)·병조(兵曹)·진휼청(賑恤廳) 등 중앙기관에서 지원하도록 했다. 가히 이 시기 최대 규모의 토목사업이었다.

성곽 공사는 1711년 4월에 시작돼 그해 10월에 마무리됐다. 산성의 전체 둘레는 약 13km에 달했다. 이후 성내 시설 공사를 거쳐 1714년에 내성(內城)에 해당하는 중성(重城) 축조를 끝냈다. 산성에는 모두 16개의 성문(城門)을 설치했는데, 동서남북 사방에 대문(大門)을 두었다.＊ 비상시 사용하는 문이자 비밀출입구인 암문(暗門)과 산성 내의 물을 외부로 내보내는 수문(水門)도 조성했다. 성곽을 지키는 초소 건물이자 병사들의 거처인 성랑(城廊) 143채를 지었다. 산성 관리를 맡은 훈련도감(訓練都監)·금위영(禁衛營)·어영청(御營廳)의 산성 내 지휘부인 유영(留營) 3개소도 마련했다. 전시나 군사훈련 때의 지휘소인 장대(將臺)를 3곳에 설치했다. 무기와 군량미, 관리용 물품을 보관하는 창고(倉庫) 8개를 짓고, 식수와 용수(用水)를 해결할 우물(井) 99개소와 저수지(池) 26개소를 조성했다. 그 외 누각(樓閣)이 3개, 교량(橋梁)이 7개였다.

**북한성도**

19세기 전반에 제작된 지도첩으로 추정되는 『동국여도東國輿圖』에 실린 「북한성도北漢城圖」 북한산의 큰 봉우리를 따라 성벽과 성문이 이어지고 산성 내에는 행궁과 군사시설, 승영 사찰이 자리를 잡고 있다.

산성 내에는 임금이 행차할 때 거처할 행궁(行宮)을 조성했다. 1711년 8월에 공사를 시작해 다음해 5월에 조성을 완료했다. 왕과 왕실 가족의 생활공간인 내전(內殿)과 업무 공간인 외전(外殿)을 중심으로 모두 124칸 규모였다.

그 외 북한산성 내에 사찰을 건립하고 중건해 모두 11개 사찰을 두었다. 여기에 암자 2곳을 새로 지었다. 이 사찰들은 축성에 참가하고 이후 산성 수비와 관리를 맡은 승려 병사(僧兵)들의 거처이자 수행 도량이었다.

북한산성 운영과 관리를 위한 주관부서로 경리청(經理廳)을 두었다. 본청은 도성에 두고 북한산성 내에 예하 부서인 관성소(管城所)를 두어 실질적인 군사업무와 재정을 주관하게 했다. 축성을 관장한 훈련도감(訓練都

**성城과 왕국 I** 북한산성이 전하는 스물여섯 가지 한국사 이야기

監·금위영(禁衛營)·어영청(御營廳) 등 삼군문 유영(三軍門 留營)에는 각각 10명 내외의 인원이 배치돼 주로 창고 관리를 맡았으며, 도성에 있는 본영(本營)과의 연락업무를 담당했다. 산성 관리와 방어는 성곽과 주요 시설에 배치된 1100여 명의 인력이 맡았다. 이외에 군인과 함께 북한산성 수비와 관리를 담당할 승영(僧營)을 마련해 380여 명의 승병(僧兵)을 두었다.

이렇게 해서 북한산성은 국가위기 시에 안전을 보장해줄 피난처이자 도성과 연계된 대규모 산성으로 그 위용을 드러냈다. 장기 항전에 필요한 무기와 식량을 갖추고 1600여 명의 인력이 상주하는 산성으로 태어났다. 16세기 말의 임진왜란과 이후의 병자호란을 거치면서 제기됐던 북한산성 축성구상이 18세기 숙종 대에 이르러 마침내 결실을 본 것이다.

북한산은 대규모 산성을 품은 성곽지대로 거듭나게 됐다. 삼국시대 이래, 군사 요충지와 불교 성지(聖地)를 거쳐 도읍을 품은 산으로 이어지다, 이제 수도 방어기지로서의 면모를 더하게 된 것이다. 개국 이래 300여 년이 흐른 뒤, 북한산은 도성을 방어하고 왕실과 도성 주민을 지켜줄 명실공히 도읍의 진산(鎭山)으로 자리 잡았다. 이제 북한산은 왕궁을 품은 산으로 지상과 하늘을 이으며 왕권(王權)의 신성함을 매개하는 성스러운 산이었고, 도성의 취약함을 보완해 왕궁과 도읍을 지켜줄 견고한 보장처였다.

숙종은 왕위에 오르면서 가슴에 담았던 산성 하나를 37년 만에 북한산 숲에 펼쳤다. 선대(先代) 왕인 할아버지 효종(孝宗)의 꿈 하나를 이제야 이루었다. 물러설 수 없는 순간이 와도 적(敵)에게 무릎 꿇지 않을 견고한 성곽, 그건 군주의 어깨를 받쳐줄 자존의 성지(城地)였다.

거기, 무엇에도 굴하지 않을 군주의 힘과 이 나라 군사력의 깃발을 올리리라.
거기, 끝내 지켜야 할 왕실의 위엄과 이 나라의 기상을 세우리라.

北漢圖三

白雲峰

應峭峰

北門

將臺

元曉菴

祥雲寺

重城門

中興寺

喩門

重興寺

下倉

圓覺寺

閣門

暗門

# 14

## 환국(換局)과
## 숙종의 여인들

• 애증(愛憎)의 세월, 서오릉의 세 무덤

• 환국의 시대

숙종과 인현왕후의 능
경기도 고양시의 서오릉. 숙종과 인
현왕후의 능인 명릉은 쌍릉으로 조성
돼 있다. 왼쪽이 숙종의 능이다. 쌍릉
왼쪽 뒤로 보이는 능은 숙종의 제2 계
비인 인원왕후의 능이다.

## 애증(愛憎)의 세월, 서오릉의 세 무덤

생은 다했지만 자취는 남고, 권력자는 잠들었지만 권력의 명암은 역사
의 결을 채운다. 여인을 향한 권력자의 애증(愛憎)은 종종 권력의 향방을
틀고, 권력자의 뜨거운 사랑 이야기는 냉혹한 권력투쟁의 이면을 흐린다.

당쟁이 격심했던 한 시대를 주도하며 조선 왕조를 이끌어간 군주, 왕실
의 존엄과 군주의 지존을 무엇보다 중요시 했던 왕, 냉철하고 과단하지만
굴곡 심한 감정으로 희로(喜怒)를 폭발시켰던 권력자. 그가 조선시대에 가
장 강력한 왕권을 가졌던 왕, 숙종(肅宗, 재위: 1674~1720)이다. 정권의 갑작
스런 교체와 이어지는 심문과 피비린내, 유배와 참형. 환국(換局)이라는 그
정치 국면의 전환마다 어김없이 끼어드는 왕실 여인들의 치맛자락 …….
숙종을 떠올리면 어쩔 수 없이 연상되는 이런 그림은 이 최고 권력자의 초
상이 되었다.

정치 행보나 치세보다는 궁중의 여인들이 앞서 등장하는 숙종의 이미
지는 그가 잠든 무덤에서도 계속된다. 46년 권력의 끝을 놓으며 숙종(1661

~1720)은 경기도 고양시의 한 야산 언덕에 영면했다. 조선 왕실의 능지(陵地)인 서오릉(西五陵) 언덕에 제1 계비(繼妃)인 인현왕후(1667~1701)와 나란히 묻혔다. 숙종의 유언에 따라 같은 묏자리에 부부의 두 무덤을 조성해 쌍분(雙墳)으로 되어 있다. 숙종은 19년 전 인현왕후가 먼저 세상을 떠날 때 능을 조성하면서 바로 옆에 자신의 무덤 자리를 정해놓았다 한다. 세 번째 왕비인 제2 계비 인원왕후(仁元王后, 1687~1757 )의 능은 이 쌍릉에서 가까운 왼쪽 언덕에 마련돼 있다. 정작 정비인 인경왕후(仁敬王后. 1661~1680)의 능은 쌍릉에서 상당히 떨어진 왼편 언덕에 따로 자리를 잡고 있다. 조선의 왕은 첫 번째 왕비인 정비(正妃)와 같은 묏자리에 묻히거나 아니면 별도의 능을 만드는데, 숙종은 두 번째 왕비인 계비 인현왕후와 쌍릉(雙陵)을 조성한 것이다. 살아 미워했고 또 사랑했으나 30대 중반의 젊은 나이로 떠나보내야 했던 한 여인과의 사랑을 죽어서야 온전히 이루고자 했던 것일까? 또 다른 여인과의 불같은 애정으로 왕비 자리를 폐하고 왕실에서까지 내쫓아버린 그 모진 세월과 죄스러움을 죽어서까지 갚으려 한 것일까?

숙종의 사랑을 받았던 또 다른 여인, 인현왕후와 결코 함께 할 수 없었던 그 여인 또한 숙종과 인현왕후의 쌍릉이 있는 서오릉 내에 묻혀있다. 권력을 탐한 요부의 이미지로 그려지는 장옥정(張玉貞), 희빈 장씨(禧嬪 張氏, 1659~1701)가 그 여인이다. 그이는 중인 출신으로 궁녀를 거쳐 왕비의 자리에 오른 조선시대 유일의 여인이지만 자신을 사랑했던, 그래서 권세의 정점에 자신을 올려준 바로 그 왕에게 사약을 받아야 했던 비운의 여인이기도 했다. 희빈 장씨의 묘는 대빈묘(大嬪墓)라는 이름으로 쌍릉 맞은편 야산 언덕에 조성돼 있다. 왕비에 올랐지만 폐위돼 다시 희빈이 되었기에 왕과 왕비의 묘에 붙이는 능(陵)이라는 명칭을 쓸 수 없었다. 원래 희빈 장씨의 묘는 경기도 광주시 오포면에 있었으나, 1970년 지금의 서오릉 내 후미진 곳으로 옮겨왔다.

무슨 뜻에서였을까? 살아 한 자리에 함께 있을 수 없었던 세 사람이지만, 죽어서도 한 자리에 남을 수 없었지만 270년의 세월은 한 산줄기 안의 자리를 허용했다. 애증의 골이 너무 깊어 가까이 두기에는 꺼려지지만 멀리서나마 바라볼 수 있게 배려한 것일까? 당쟁과 권력욕에 휩쓸려 뒤틀려버린 세 사람의 운명을 이제라도 막힘없이 흐르게 하려는 것일까? 세 사람의 어긋난 사랑 뒤에 놓인 파당과 권력다툼의 응어리진 역사를 지금이라도 풀어보려는 것일까?

권력자는 죽어 무상(無常)하지만 그 권력은 무상하지 않다. 권력은 태어나지 않기에 소멸되지 않는다. 권력은 한 개인이 혼자서 만들어낼 수 있는 힘이 아니라 사람과 사람, 집단과 집단 사이의 관계에서 형성되는 유동하는 영향력이다. 그래서 권력은 소유하는 게 아니라 행사하는 것이며, 소유할 수 없기에 또한 제어할 수 없는 권력은 때론 그 권력을 행사하는 권력자를 조종하기도 한다. 권력자가 주저앉아도 권력은 자기증식의 메커니즘을 동력으로 사람의 삶과 사고를 지배하려 하고 사회를 움직이려 한다. 그게 옳든 그르든, 한 시대의 역사를 만드는 힘은 그 시대의 권력자가 아니라 그 시대 권력자들이 맺는 관계 양상이다. 그건 그 시대 사람들 간에 얽히고 형성된 사회적 관계의 총체이다. 따라서 한 시대의 권력자는 죽

어도 권력은 시대를 넘어 사회를 엮어나가고 역사를 밀고 나간다. 권력 그
자체에 옳고 그름과 좋고 나쁨이 있는 게 아니다. 문제는 권력이 형성되고
행사되는 관계 양상에 있으며, 한 시대의 명암도 이를 통해 제 모습을 좀
더 확연하게 드러낸다.

이제 조선에서 가장 강력한 권력을 휘둘렀다고 평가되는 숙종의 시대
로 돌아가 보자. 숙종의 사랑 이야기와 뒤섞인 이편과 저편, 암투와 당쟁
의 날들을 바라보자. 영광과 좌절의 역사, 숙종의 조선시대가 거기 흐르고
있다. 숙종의 북한산성도 그 지형도에서 참 모습을 드러내리라.


## 환국의 시대

왕의 진노(瞋怒)는 그치지 않았다. 숙종 15년(1689년) 5월, 이해 정월에 시
작된 궁중의 소용돌이는 마침내 왕비전(王妃殿)까지 몰아쳤다. 중전 민씨
(인현왕후)를 폐위시키고 사가(私家)로 내보낸 것이다. 중전이 희빈 장씨를
투기(妬忌)했다는 게 죄목이었다. 나흘 뒤 숙종은 희빈 장씨를 중전의 자리
에 앉힌다. 궁중 나인으로 들어와 숙종의 총애를 받으면서 숙원(淑媛, 종4
품)과 소의(昭儀, 정2품)를 거쳐 희빈(禧嬪, 정1품)이 되고, 이제 최고의 자리인
왕비에 오른 것이다. 수 년 전부터 숙종의 애정이 남달랐지만, 지난 해 왕
자(뒷날의 경종)를 낳으면서 희빈 장씨의 입지는 한결 확고해졌다. 9년 전
인경왕후가 승하한 뒤 인현왕후가 중전으로 들어왔지만 대를 이을 왕자
를 두지 못했다. 그런데 희빈 장씨는 왕자를 낳았고, 이듬해 1월 숙종은 왕
자를 원자(元子)로 삼았다. 원자는 임금의 자리를 이을 왕세자의 전(前) 단
계로 이대로라면 희빈 장씨가 낳은 왕자가 숙종의 뒤를 이어 왕위에 오른
다는 뜻이었다.

조정은 크게 술렁거렸다. 집권 세력인 서인(西人)의 대신들은 원자 책봉
이 이르다며 숙종의 결정에 반대했다. 왕과 왕비(인현왕후)가 아직 20대인
점을 감안하면 서인의 원자 철회 주장은 일리가 있었고 숙종의 결정은 성

**송시열**

송시열에 대한 평가는 상반된다. 그는 이학理學과 예학禮學을 집성해 조선 중기 이후의 성리학 기틀을 세웠다. 인륜 질서를 회복하는데 전력했으며 시대가 나아가야 할 방향을 제시했다. 공자와 맹자의 학통이 주자를 거쳐 송시열에 닿았다고 보고 그를 성인의 반열에 올려놓는다.

다른 한편에선 이렇게 평가한다. 그는 주자와 다른 사상은 사문난적으로 평가하는 사상적 편협을 벗어나지 못했다. 근본 변화가 필요한 시대상황을 무시한 채 소중화小中華라는 명분을 내세워 지배계급 재생산과 서인-노론이라는 당의 이익만을 중시했다. 지배질서 지키기에 급급한 그와 집권 노론세력은 이후 조선의 비극을 불러왔다.

급한 감이 없지 않았다. 서인 측은 왕과 왕비가 아이를 낳을 수 없는 나이까지 기다려 그때도 왕세자로 삼을 왕자가 없다면 희빈 장씨가 낳은 왕자를 원자(왕세자)로 삼아도 무리가 없을 것이라 보았다. 왕위 계승은 왕후를 통한 적통이 우선이고 희빈은 제왕(帝王)의 첩, 후궁의 신분이 아닌가. 서인의 영수(領袖) 송시열(宋時烈, 1607~1689)은 어디에도 전례가 없다며 숙종의 원자 책봉에 정면으로 반기를 들었다. 송시열은 인조 때에 출사해 효종과 현종, 숙종 대를 거치며 당대의 정치계와 학계를 좌우한 인물로 때로는 군주에 맞먹는 권력을 행사하기도 했다. 하지만 숙종은 망설임 없이 자신의 주장을 밀고 나갔다. 그날로 송시열의 관직을 삭탈하고 유배형을 내렸다. 이어 정권 교체가 빠르게 진행됐다. 이른바, 기사년(己巳年, 1689년)에 일어난 전격적인 정권 교체라는 뜻의 기사환국(己巳換局)이었다. 서인 출신 관료들이 대거 관직에서 물러났다. 일부는 유배형에 처해졌고 일부는 죽음을 맞았다. 조정은 남인(南人)들로 채워졌다.

서인 세력이 왕자의 원자 책봉을 반대한 속뜻은 실은 남인의 발호를 막기 위함이었다. 희빈 장씨는 남인과 가까웠고, 왕자의 원자 책봉이 굳어지면 남인 세력의 흥기는 시간 문제였다. 더구나 희빈 장씨는 내당에만 머무를 여인이 아니었다. 권력욕이 남달랐고 왕의 총애는 끝이 없어 보였다. 이대로 가면 정세는 서인의 몰락이었다. 이런 급박한 정국 흐름에서 서인의 지도자 송시열이 여든이 넘은 나이임에도 왕과 맞섰던 것이다. 그런데 결과는 남인 정권이 들어설 수 있는 길을 터준 셈이 되어버렸다.

정권 교체가 일단락되자 숙종은 왕비(인현왕후) 폐출을 들고 나왔다. 왕비는 서인 세력의 분파인 노론계 집안 출신으로, 그동안 집권 서인의 상징적 존재이자 세력 유지의 한 기반이기도 했다. 숙종이 내세운 폐출 사유는 왕비가 희빈 장씨를 나라에 해가 될 존재라며 질시했고, 또한 덕(德)이 부족하다는 것이었다. 하지만 남인 세력 내에서도 그것으로 한 나라의 국모인 왕비를 궁궐 밖으로 내친다는 것은 무리라는 분위기가 일었다.* 서인으로서는 더 이상 물러설 곳이 없었다. 남은 서인 세력은 상소를 올리며 왕비 폐출을 강력히 반대했다. 하지만 숙종은 오히려 이 상소를 빌미로 이들을 유배시키고 왕비 폐출에 대한 반대 목소리를 잠재운다. 이렇게 해서 왕비는 일반인이 되어 궁궐을 떠났고 희빈 장씨는 왕비가 되어 중전의 자리에 올랐다.

공교롭게도 20일 뒤 서인의 영수 송시열은 유배지에서 압송되는 도중 사약을 받고 죽음을 맞는다. 왕비 폐출에 동조하지 않았던 남인 세력이 왕비 폐출과 송시열의 죽음을 맞바꾸는 정치적 거래를 한 것으로 보기도 한다. 그 내막은 차치하더라도 정국은 서인에서 남인으로 완전히 바뀌었고 두 세력 간의 갈등과 충돌에서 숙종의 입지와 목소리는 한층 강화되었다. 남인은 정권은 잡았지만 왕권을 강력하게 견제하기에는 처음부터 한계를 가질 수밖에 없었다. 환국은 숙종이 주도했고 정권 장악은 어부지리(漁父之利) 성격이 강했던 것이다. 결국 환국으로 가장 큰 득을 본 사람은 왕 자신, 숙종이었다.

왕조시대의 근본이 되는 왕위 후계자 책봉에서 집권세력 교체, 이로 인한 유배와 사사(賜死), 그리고 왕비 교체까지, 이 모든 게 5개월이 채 되지 않는 기간에 일어나고 정리됐다. 짧은 기간에 일어난 환국 사태지만 사안의 핵심 동기와 목적, 각 사건의 본질 등을 어느 한 가지로 명확하게 재단하기는 쉽지 않다. 공사(公私)의 여러 사안이 얽혀 있고, 속과 겉이 다르기 마련인 당파적 입장도 고려해야 한다. 거기에 왕의 애정 문제가 개입돼 있고 왕의 감정과잉과 돌발적인 행동까지 겹쳐 사태는 더욱 복잡해졌다. 환국 사태의 본질을 파악하기도 한층 힘들어졌다. 왕이 처음부터 서인을 내치기 위한 전략으로 원자 문제를 내세운 것인지, 원자 문제에 반대하자 마음이 상한 왕이 서인을 내쫓으려는 감정적인 보복에서 시작된 사태인지, 희빈 장씨를 왕비에 앉히기 위한 목적에서 사태를 일으킨 것인지, 서인을

* 인현왕후 폐출을 기록한 『숙종실록』의 사관史官은 인현왕후가 희빈 장씨의 투기와 이간, 간신의 부추김으로 폐출됐으며 임금이 희빈 장씨를 편애해 죄를 만들었다고 자신의 견해를 밝혀놓았다. 관리와 백성이 인현왕후의 행실에 잘못이 없음을 알고 있다는 세간의 시각까지 덧붙였다. 인현왕후에 적대적이었던 남인 중에서도 왕비 폐출의 이유가 무리라고 여겼을 정도고, 사관이 인현왕후와 연결된 서인 세력에 우호적이었다고 가정하더라도 왕비 폐출의 이유가 그리 합당해 보이지는 않는다. 왕비 폐출의 숨은 목적이 무엇인지는 차치하더라도 이를 통해 분명히 알 수 있는 한 가지는 숙종이 강한 권력욕과 이를 이루려는 과감한 실행력을 가졌다는 사실이다.

내치는 과정에서 왕비까지 바꾸려 한 것인지, 서인이 정말 예(禮)와 도의에 따라 원자 책봉과 왕비 폐출을 반대한 것인지, 남인은 왕비 폐출과 송시열의 죽음을 은밀한 곳에서 거래한 것인지 …….

아마도 이 사태를 어떤 시각에서 바라보느냐에 따라 극과 극의 판단이 나올 것이다. 분명한 것은 이 환국 사태의 발단과 추이, 그로 인한 결과는 숙종 혼자만의 연출이나 연기만으로는 불가능했다는 점이다. 숙종은 왕의 입장에서 왕권 강화를 위해 여러 정략을 동원했겠지만 당시 서인과 남인을 중심으로 한 붕당정치의 폐단 또한 이 환국 사태의 또 다른 배경이자 요인이라는 사실이다. 같은 붕당 내에서 이해를 달리하는 하위 파당이 갈라져 이합집산했고, 정책 추진의 대의도 그 속내를 보면 붕당이나 개인의 이익을 위한 것일 경우가 많아지고 있었다. 다른 당파와의 지나친 대결의식과 유연함을 잃어가는 명분의식도 문제였다. 명민하고 추진력 강한 왕이 이를 놓칠 리 없었고 정국은 크게 보면 숙종이 그리는 구도 아래 흘러갔던 것이다.

환국 정치에 대한 평가도 시각에 따라 달라진다. 긍정적 입장에선 환국 사태가 왕권 강화의 계기가 돼 왕권이 안정되고, 이를 바탕으로 왕이 국가 정책을 과감하고 효율적으로 추진할 수 있었다는 평가를 내린다. 다른 한편에선 환국의 계기가 정책 대립이라기보다는 궁중 갈등에서 기인한 측면이 크다는 점을 지적한다. 이런 한계와 함께 환국 사태가 정치권의 분열을 가속화시켜 붕당 정치의 파행을 불러왔다고 본다.

숙종은 재위 46년 동안 환국을 모두 세 번 단행했다. 다른 두 번의 환국도 사태 발생의 배경과 그 성격, 사태의 추이 과정, 왕과 대신들의 입장과 역할, 환국의 결말이 갖는 성격 등의 측면이 숙종 15년의 기사환국과 상당히 유사했다.

재위 초반기인 숙종 6년(1680년)의 경신환국(庚申換局)은 남인 정권이 서인 정권으로 교체되는 과정이었다. 환국 직전에 집권 세력인 남인 측에서 숙종의 노여움을 사는 사건을 일으키고, 이어 남인이 관련된 역모 사건이

터진다. 숙종은 나름의 정세 판단으로 사태를 해결해나가고, 이 과정에서 집권 남인이 대거 교체되면서 서인이 정국 주도권을 쥐게 된다. 당시 스무 살이 된 숙종은 이 경신환국을 거쳐 군주로서의 독자적인 권력 입지를 확실하게 갖춘다.

그 뒤 발생한 숙종 15년(1689년)의 기사환국(己巳換局) 정국에선 앞에서 살펴본 대로 서인이 물러나고 남인이 다시 집권 세력으로 올라선다.

재위 후반기에 접어들 즈음인 숙종 20년(1694년)엔 갑술환국(甲戌換局)이 일어난다. 당시 왕비이던 중전 장씨(이전의 희빈 장씨)의 오빠가 후궁인 숙의(淑儀, 종2품) 최씨(崔氏)를 독살하려 했다는 고변이 접수된다. 숙의 최씨(1670~1718)는 나중에 왕자를 낳아 영조(英祖, 1694~1776)의 어머니가 되는데, 그 즈음 숙종의 총애를 받고 있었다. 이 독살모의사건을 처리하는 과정에서 남인 세력이 축출되고 그 자리는 서인 세력이 채운다. 기사환국을 뒤집는 과정이 이어진 것이다. 왕비 교체도 이뤄져 중전 장씨는 이전의 희빈으로 돌아가고 쫓겨났던 민씨(인현왕후)가 중전으로 복귀한다. 숙종은 이즈음 중전 장씨를 멀리하고 있었고 민씨 폐위를 후회하고 있었다. 애증의 감정이 뒤바뀌고 있었던 것이다. 환국의 발단이 된 숙의 최씨는 몇 달 뒤 왕자(뒷날의 영조)를 출산한다.

소령원도 왼쪽
소령원 오른쪽
소령원昭寧園은 숙종의 후궁이자 영조의 생모인 숙빈 최씨의 묘소이다. 경기도 파주시 광탄면에 있다. 「소령원도昭寧園圖」는 숙빈 최씨의 묘와 재실, 비각, 전답의 배치상태를 그린 묘산도이다.

영조는 숙종의 세 번째 왕비인 인원왕후 김씨의 아들로 입적돼 즉위한 관계로 생모의 제사를 지낼 수 없었으며, 생모를 떠올리며 자주 눈물을 보였다고 한다. 영조는 어머니 숙빈 최씨에 대한 각별한 마음을 묘비에 이렇게 표현했다. "붓을 잡고 글을 쓰려니 눈물과 콧물이 얼굴을 뒤덮는다. 옛날을 추억하니 이내 감회가 곱절이나 애틋하구나."

서인이 주도하는 정국 하에서 7년 뒤인 숙종 27년(1701년)에 인현왕후가 세상을 떠난다. 그런데 숙빈 최씨(淑嬪 崔氏: 이전의 숙의 최씨)의 고변으로 희빈 장씨가 주술로 왕후를 저주했다는 사실이 드러나게 된다. 한때 정국을 뒤흔들 정도로 강렬했던 숙종의 사랑은 이제 증오로 뒤바뀌고 마침내 희빈 장씨는 숙종의 사약을 받는다. 비록 그 방식은 달랐지만 숙종을 사이에 둔 두 여인의 오랜 갈등은 같은 해에 죽음을 맞음으로서 일단락된다.

어찌 보면 희빈 장씨와 인현왕후는 당시의 세력 다툼과 권력투쟁에 휘말린 희생양이 아닌지 모르겠다. 당시 정국 주도권을 쥐려던 두 당파의 대리인이자, 한편으론 왕권을 강화하려는 군주의 애증을 번갈아 받았던 이 두 여인은 출발부터 비극이 예정된 운명의 길을 걸어가야 했다. 그 길에 자신의 욕망을 더하고 꿈을 실었을 것이고, 그런 면에선 이 두 여인의 행위가 마냥 수동적이지만은 않았을 것이다. 정치투쟁과 권력다툼의 와중에서 이 두 여인은 살아남기 위해서라도 자신이 가진 힘과 영향력을 행사했을 것이다. 하지만 결국은 자신들도 제어할 수 없었던 거대한 권력의 소용돌이 속에서 회복하기 힘든 상처를 받아야 했다. 한 여인은 중전에서 폐비가 되는 굴욕을 겪어야 했고, 또 한 여인은 사랑하는 이로부터 죽음의 명령을 받아야 했다.

두 여인이 떠난 자리엔 숙빈 최씨가 있었다. 숙빈 최씨는 무수리로 궁궐에 들어와 인현왕후 폐출 후 숙종의 승은을 입어 왕자를 낳았다. 출신 배경이 미천하고 처음부터 정치 세력과 연결돼 있지 않았지만 남인 정권 퇴출과 희빈 장씨 축출에 결정적인 역할을 했다. 이제 숙빈 최씨 또한 정치권과 권력으로부터 자유로울 수 없었다. 숙빈 최씨가 낳은 왕자가 자라고 있었고, 다른 한편엔 희빈 장씨가 낳은 왕자가 왕세자로 성장하고 있었다. 정권을 쥐고 권력을 유지하려는 세력이 이 두 왕자를 그냥 놔둘 리 없었다.

희빈 장씨의 죽음 뒤 남인은 거의 재기불능 상태에 이른다. 정국은 서인 세력에게 완전히 넘어갔다. 하지만 서인은 경신환국 뒤인 1683년 무렵에 이미 노론(老論)과 소론(少論)으로 나뉜 뒤였고 해가 갈수록 견해 차이가 커지고 있었다. 숙종은 서인 세력 내의 이런 갈등과 대립을 적절히 활용하며 왕권을 강화시켜나갔다. 한편으론 격심한 애증 변화와 극렬한 희로(喜怒) 감정의 소유자인 숙종을 당파 세력이 교묘히 조종했다는 평가도 있다.

숙종의 시대가 폭압의 시대라면, 어찌 여러 권력이 제 갈 길을 갔겠는가? 왕권이든 신권이든 그것이 행사되기 위해서는 대척에 자리한 다른 권력이 있어야 했고, 또 그로 인해 자기 권력의 정당성까지 확보할 수 있게 된다. 홀로 서는 권력은 고이기 마련이고, 그래서 썩기 마련이며, 또 결국은 무너지기 마련인 것을. 그래서 대척의 권력이 있어 다른 한 권력이 영속될 수 있는 게 아니겠는가?

왕권과 신권의 다툼, 당파 간의 세력 투쟁, 거기에 왕실 여인들의 웃음과 눈물까지 얽혀든 숙종 시대의 어지러운 권력 무대에서 어느 한쪽만이 선한 주인공의 역할을 맡았겠는가? 어느 다른 한쪽만이 악인을 자처했겠는가? 환국을 둘러싼 그 어떤 권력도 완전한 승리자로 웃지 못했고, 또 그 어떤 세력도 완전한 패배자로 남지 않았다.

北漢圖三

# 15

## 숙종의 조선,
## 영욕의 시대

- 도성방위체제를 강화하라

- 성(城)과 권력

- 북한산성 축성과 조선의 정치협의체

- 숙종시대의 명암

## 도성방위체제를 강화하라

　세 번의 환국(換局)이 숙종 대의 정치 성격을 규정하는 중요한 요인임은 분명하다. 하지만 숙종 시대를 이 틀에만 가둬놓을 경우 재위 46년 동안 이룬 정책의 실상을 제대로 파악하지 못할 우려가 있다. 숙종은 환국 사태를 통한 왕권 강화에만 몰두한 왕이 아니었다. 국방과 외교, 농업과 상업 등 여러 방면에 관심을 가지고 이전 시기와는 다른 정책을 추진해 일정한 성과를 거두었다. 임진왜란과 병자호란의 피해를 복구하고 국가 재정비 사업을 마무리함으로써 전란 후의 피폐한 사회를 수습했다는 평가를 받고 있다.

　숙종은 국방과 영토 문제에 상당한 관심을 기울였다. 울릉도에 드나드는 왜인(일본인)의 출입금지를 보장받아 울릉도 귀속 문제를 확실히 했으며 통신사를 파견해 일본과의 교류도 추진했다. 청나라와의 국경 문제를 해결해 백두산정계비를 세웠으며 압록강 연안 지역 개발에도 힘을 쏟았다.

　방어시설인 성곽 조성에도 남다른 열정을 보여 평안도 용강(龍岡)의 황룡산성과 개성의 대흥산성(大興山城) 등 국방 요충지에 산성을 수축했다. 도성 주변 지역의 성곽시설도 정비했다. 강화도에 돈대를 설치하고 산성을 수축했으며 경기도 김포에 문수산성(文殊山城)을 쌓았다. 경기도 양주에 홍복산성(洪福山城)을 쌓고 남한산성(南漢山城) 수축도 추진해 도성(都城) 주변 지역의 방위를 강화했다. 도성 자체의 방어력을 높이기 위해 한양 도성 수축도 수년에 걸쳐 추진했으며, 이어 북한산성 축성이 이뤄진다. 이는 국가 위기 시의 보장처를 마련하려는 숙종의 뜻이 반영된 정책이지만 이런 숙종의 의도도 국가방위체제의 틀 안에서 가능했다. 숙종은 특히 도성과 그 주변 지역의 성곽시설에 역점을 두는 도성방위체제 구축에 힘을 쏟았는데, 이는 조선 후기 들어 점진적으로 추진된 국방정책 변화의 산물이었다.

문수산성

경기도 김포시 월곶면의 문수산 줄기
에서 해안지대를 연결한 성으로 강화
도의 갑곶진과 마주보고 있다. 다리
건너편이 강화도이다.
문수산성은 숙종 20년인 1694년에
축성했으며 19세기 초반에 크게 수리
했다. 1866년 병인양요 때 프랑스군
과 전투를 치른 격전지로, 이때 해안
쪽의 성벽과 문루가 파괴됐다.

조선 전기의 국방정책은 국경 방어에 주력하면서 외적의 침략이 잦은
해안 지역의 읍성을 강화하는 데 중점을 두었다. 도성 방위와 산성 관리는
상대적으로 소홀한 편이었다. 하지만 임진왜란과 병자호란을 겪으면서
조선은 국토방위전략의 변화를 꾀한다.[1] 도성 방위를 강화하고 산성을 재
정비하는 국방전략을 추진하는데, 이는 두 번의 전란이 가져온 쓰라린 경
험에서 출발했다. 1592년 임진왜란 시에 조선은 일본과 제대로 싸워보지
도 못하고 도성을 넘겨주어야 했다. 1636년 병자호란 때에는 믿었던 남한
산성마저 적의 공격에 무너지고, 결국 조선은 청나라와 굴욕적인 강화조
약을 맺었다. 이런 경험은 도성과 주변 지역의 군사력을 강화하고 방어력
을 높이는 국방정책을 추진하게 하는 요인이 됐다.

한편으론, 이괄(李适, 1587~1624)의 반란도 도성방위체제를 앞당기는 촉
매제로 작용했다. 1624년 서북 지역 방위를 책임지고 있던 이괄이 난을 일
으켜 한양으로 진격하자 인조(仁祖, 재위: 1623~1649)는 도성을 내주고 공주
로 피난한다. 이괄이 도성을 점령한 지 며칠 뒤 난은 평정되었지만 도성방
위에 대한 불안감은 다시 한 번 구체적인 현실로 다가온다.

도성방위체제 강화는 군사조직의 재정립을 가져왔는데, 무엇보다 오군
영(五軍營)의 성립을 들 수 있다. 오군영은 조선 후기에 수도와 그 외곽을
방어하기 위해 설치한 다섯 군영으로 훈련도감(訓鍊都監)·어영청(御營廳)·
금위영(禁衛營)은 수도를 직접 방어하는 중앙군영이며, 총융청(摠戎廳)·수

어청(守禦廳)은 수도 외곽 지역의 방어를 담당했다. 이들 군영은 임진왜란 이후 순차적으로 설치돼오다 숙종 대 들어 금위영이 설치되면서 오군영 체제로 완성을 보게 된다. 임진왜란 이후 지속적으로 추진된 군제 개편이 숙종 대 들어 완성된 것이다.

한양 도성뿐 아니라 도성 외곽 방어시설을 강화할 필요도 더욱 커졌다. 당장은 유사시 국왕의 피난처가 필요했다. 이에 따라 남한산성을 축조하고 강화도 지역 군사력을 강화한다. 무기와 군량미를 충분히 비축하고 도성 외곽 방어체제도 재정비한다. 강화산성의 경우는 수군(水軍)까지 보강해 도성 주변 방비에 만전을 기했다. 17세기 초반에 시작된 이러한 도성방위 강화정책은 17세기 후반 숙종 대에 이르러 일정한 결실을 보게 된다. 숙종 초기부터 시작된 성곽시설 강화는 경기 지역의 산성 보수와 축성을 거쳐 도성 수축과 북한산성 축성으로 이어진다. 숙종은 이 북한산성 축성을 끝으로 보장처가 중심이 된 도성방위체제를 일단락 짓는다.

## 성(城)과 권력

이 시기 성곽시설 정비는 붕당 세력의 병권(兵權) 장악과도 관련이 있었다.[2] 국가 방위시설로서의 성곽은 축조 단계에서 끝나는 게 아니었다. 군인이 상주해야 하며, 또한 지속적인 방어와 관리를 필요로 한다. 각 당파는 자기 세력의 인물을 성곽 방어의 책임자로 삼음으로써 병권을 확보했으며 산성의 군사력을 세력 유지와 확장의 기반으로 삼으려 했다. 남한산성 외성(外城)을 그 대표적인 사례로 꼽을 수 있다. 인조 대에 축성된 남한산성은 숙종 대에 이르러 대대적인 수축이 이뤄진다. 남한산성 외성(外城) 중 하나인 봉암성(峰巖城)은 숙종 12년(1686년)에 축성됐는데, 이는 당시의 집권 세력인 서인(西人)이 주도했다. 축성 전에 서인은 남한산성 관할권을 장악했으며, 이어 외성 축성까지 밀어붙임으로써 자신들의 군사력 기반을 더욱 다질 수 있었다. 남한산성의 또 다른 외성인 한봉성(漢峰城)은 숙

**성城과 왕국 I** 북한산성이 전하는 스물여섯 가지 한국사 이야기

종 19년(1693년)에 당시 집권 세력이던 남인 (南人)의 주도로 축성됐다. 남인들 또한 한봉성 축성과 산성 관할권 확보를 통해 남한산성을 세력 기반의 하나로 삼았다.

북한산성의 경우는 어떠했을까? 북한산성 이 축성되던 숙종 37년(1711년) 무렵은 서인(西人) 세력이 정국을 운영하고 있을 때였다. 서인 의 노론(老論)과 소론(少論)이 일종의 연립정부 를 구성하고 있었는데 노론이 점차 우위를 점 해가던 시기였다. 분석에 따르면, 노론 측 일부 는 세력 확장을 염두에 두고 북한산성 축성을 지지했으며, 이에 맞서 소론 측은 대체로 북한 산성 축성을 반대했다고 한다. 그런데 이 시기 는 이전과 달리 각 당파 내의 인물들이 축성 찬성파와 반대파로 확연하게 나뉘지 않는다.

노론 측에서도 축성 반대파가 일부 있으며 소론 측에서도 축성 찬성파가 나타난다. 한 당파 내에서도 견해가 갈리는 이런 상황을 당파 내의 세력 간 견제의 결과로 보기도 한다. 한 예로, 노론의 일부 핵심 인물들이 왕의 신임을 받는 자파 내의 특정 대신을 견제하기 위해 축성을 찬성했던 이전 의 견해를 접고 북한산성 축성을 반대했다는 것이다.[3] 이런 사실을 통해 이 시기엔 자파 내에서도 세력 분화가 진행되고 있었음을 알 수 있다.

북한산성 축성논쟁을 숙종의 왕권강화와 이에 대한 신권의 왕권견제라 는 시각에서 바라보기도 한다.[4] 이에 따르면, 숙종은 북한산성 축성을 통 해 도성 주변 지역의 방위를 강화하고, 동시에 도성과 구분되는 별도의 군 사적 거점을 마련해 이를 기반으로 왕권 강화를 꾀하려 했다. 반면 노론과 소론의 일부 대신들은 빈민구휼 우선 정책을 내세워 축성에 반대했으며, 이는 궁극적으로 왕권 견제의 효과를 가져왔다고 본다.

**봉암성_위**
**한봉성_아래**
조선 숙종 때 남한산성 동쪽 원성元 城의 바깥 지역에 쌓은 성곽으로, 적 의 공격에 취약한 지점을 보완하기 위한 조치였다. 1637년 병자호란 시 남한산성의 북동쪽에 위치한 벌봉 일 대를 장악한 청나라군이 이곳을 성 내부를 살피는 기지로 삼는다. 벌봉 아래쪽인 남쪽의 한봉에는 화포 기지 를 설치했는데, 당시 인조가 머물던 행궁까지 포탄이 떨어지는 위기를 맞 았다. 벌봉 일대를 둘러싼 외성이 봉 암성이며, 이 봉암성에서 남쪽으로 한봉의 정상부까지 구축된 외성이 한 봉성이다.

## 북한산성 축성과 조선의 정치협의체

한편, 북한산성 축성논쟁은 조선시대 정치협의체의 성격을 엿볼 수 있는 사례를 제공한다. 강력한 왕권을 지녔고 실제로 이를 행사했던 숙종이지만 대신들의 축성 반대를 함부로 물리치지 못한다. 북한산성 축성논쟁 2기인 숙종 29년(1703년)의 경우, 숙종이 축성결정을 내리지만 대신들의 거센 반대로 실행에 옮기지 못한다. 축성정책이 교착 상태에 빠지게 되고, 이후 북한산성 축성 반대론자들의 주장에 따라 축성정책은 도성(都城) 수축으로 선회한다. 이러한 일련의 과정은 이 시기에도 왕권을 견제하는 권력으로서의 신권(臣權)이 작동하고 있었다는 사실을 말해준다.

숙종은 왕위에 오르자마자 축성 문제와 마주쳤고 37년이라는 기간을 두고 대신들과 함께 세 번의 논쟁을 거쳐야 했다. 찬성과 반대의 목소리가 오갔고 때로는 부딪침과 갈등도 있었다. 그 과정은 순탄하지 않았고 마음 편한 일도 아니었다. 그런데도 숙종은 여러 신하들의 목소리를 두루 듣는 편이었다. 신하들의 의견을 수렴했고, 때로는 숙종 자신의 의사를 피력하며 근거를 들어 신하들의 의견을 물리쳤다. 신하들은 의사를 표명하며 나름의 이유를 들어 상대방을 설득했고, 여기엔 숙종도 예외가 될 수 없었다. 강력한 왕권을 행사했고, 거기에 종종 극단적인 감정 표출과 돌발적인 정치 행보를 보인 숙종의 이미지를 고려하면 이러한 토론 분위기는 의외의 사실로 다가온다.

숙종 대에도 이런 정도의 합리적인 정치협의체가 유지될 수 있었던 것은 조선 건국과 함께 형성된 재상(宰相) 중심의 관료체제 덕분으로 보인다. 이러한 정치협의체 아래서는 왕과 신하들이 여론을 살피고 상대의 목소리에 귀를 기울여야 한다. 왕권(王權)과 신권(臣權)이 조율되고, 재상권(宰相權)과 언관권(言官權)이 서로를 견제했다. 이를 통해 독단의 폐해를 막고 성급한 정책결정으로 인한 피해를 줄이려 했다. 그것은 견제와 균형을 통한 합리의 정치이자 토론과 소통의 정치였다. 북한산성 축성을 둘러싼 숙종 시기의 논쟁은 조선의 정치협의체가 나름대로 작동하고 있었다는 증거이기도 하다.

하지만 북한산성 축성 논쟁은 당파적 논쟁이 갖는 부정적인 측면도 보여준다. 신중한 정책결정을 위해 필요한 과정이었다는 변명을 인정하더라도 한 사안을 두고 너무 오랫동안 논쟁을 벌였다는 점에서 분명 지나친 감이 없지 않다. 한 나라의 최고위 정책입안자들이 북한산성 축성 결정에 시간과 노력을 너무 많이 들임으로써 정작 시급히 해결해야 할 당대의 사회문제는 그만큼 소홀히 하거나 회피한 측면이 없지 않아 보인다. 또한 언로(言路)가 보장된 토대 위에서 자신의 의사를 어떻게든 관철시키기 위해 사안이 가진 실상과 사실 요건을 왜곡하거나 누락하지는 않았는지도 살펴봐야 한다. 북한산의 성곽입지 요건을 검토하면서 한쪽은 식수(食水)가 풍부하다고 하고 다른 한쪽은 식수가 부족해 성곽 터로 부적합하다고 하는 사실을 어떻게 받아들여야 할까?

## 숙종시대의 명암

숙종은 상업과 농업 등 산업 분야에도 상당한 치적을 남겼다. 특히 상업과 유통을 진작시킴으로써 조선 후기 상공업 발전의 토대를 쌓았다는 평가를 받고 있다. 숙종은 대동법(大同法)을 경상도와 황해도까지 확대 실시함으로써 선조(宣祖) 이래 계속돼온 납세제도 정책을 마무리 짓는다. 대동법은 각 지역의 특산물 대신 쌀을 조세로 바치게 한 제도로 백성들의 불공평한 부담을 줄이면서 조세수입을 늘리는 데 목적을 두었다. 특산물 징수와 이송 과정에서 일어나는 관리의 수탈을 막기 위한 목적도 있었는데, 이 대동법은 당시의 상업 발달을 촉진하는 매개체가 된다. 대동법이 실시될 당시의 관청에서는 전국에서 거두어들인 쌀을 공인(貢人)이라 불린 상인에게 주어 필요한 물품을 조달하게 했다. 공인들은 해당 물품을 수공업자에게 주문 제작해 관청에 납품했다. 이 과정에서 수공업자는 주문 받은 제작품 외의 물품까지 만들어 시장에 판매했다. 그러자 시장이 활성화 됐고

**상평통보**

우리나라 화폐 역사상 전국에서 사용된 최초의 동전이다. 인조 때인 1633년에 주조해 유통을 시도했지만 실패했다. 숙종 4년인 1678년에 상평통보를 다시 만들어 당시 한양과 서북 일부에 유통하게 했으며, 이후 전국으로 확산됐다. 이는 농업 우위의 사회인 조선에서 상공업이 점차 확대돼가는 과정이기도 했다.

상품 유통에 편리한 화폐의 필요성이 높아졌다. 숙종은 즉위 초인 1678년부터 상평통보를 만들어 전국에 사용하게 했으며, 이는 당시의 화폐 필요성을 충족시키며 시장경제를 활성화시켰다.

농업 분야에서도 변화가 이어졌다. 이앙법(移秧法)이 확산되고 토지개간사업이 성과를 거두면서 농업생산력이 늘어났다. 여기에 인삼과 담배 등 상업작물 재배도 증가해 농산물 유통을 촉진시켰다. 농업과 상업 발달의 선순환이 일어나면서 전란 이후 침체됐던 경기가 활성화되고 나라 전체의 산업이 크게 발전했다.

숙종 말년에는 과세 대상인 토지를 조사하고 측량해 실제 작황을 파악하는 양전(量田) 정책을 실시했다. 합리적인 조세징수를 위한 기초 자료를 확보해 국가 재정을 튼튼히 하려는 목적에서 행해졌는데, 농민 입장에서 보면 공평한 조세부담이라는 효과도 가져왔다.

암행어사 제도를 통한 지방행정 관리에도 관심을 기울였다. 암행어사는 지방관리를 감찰하고 민생을 탐문하던 국왕 직속의 특명 관리였다. 숙종은 이 암행어사 제도를 민생안정책의 하나로 추진해나갔다. 전(前) 시대의 임금들과 달리, 거의 매년 암행어사를 파견해 지방 관리의 수탈과 비리를 방지하고자 했다. 숙종 자신이 직접 암행어사를 선발했고 그 파견 지역도 전국에 걸쳤다.*

현실의 벽을 넘지 못한 정책도 있었다. 숙종 당시 가장 큰 사회 폐단은 양역(良役)이었다. 양역은 양반 계급을 제외한 양인(良人)이 나라에 행해야 하는 의무(國役)로, 군역(軍役)이 주된 책무였다. 직접 군에 복무하지 않는 양인은 옷감인 포(布)를 바쳤는데, 이를 군포(軍布)라 했다. 숙종은 즉위초에 양반층을 비롯한 모든 가구에 군포를 동등하게 부과하는 호포제(戶布制)를 추진했다. 국방 재원을 확보하고 일반 백성의 군포 부담을 줄이기 위한 정책이었다. "위로는 공경(公卿)에서부터 아래로는 서천(庶賤)에 이르기까지 포를 내지 않는 호가 없도록 한다."는 원칙 아래 관련 기구까지 설치하며 정책을 추진했지만 양반층의 반대로 결국 실행되진 못했다. 대신, 1필에서 4필까지 그 부담이 균등하지 않았던 군포를 2필로 균일화하는 데

*숙종은 즉위 이듬해인 1675년부터 전국에 암행어사를 파견했으며, 이들을 통해 파악한 민생 실태를 정책 입안과 정책 추진을 위한 기초자료로도 활용했다. 숙종은 승하하기 2년 전인 1818년에도 암행어사가 올린 보고 문서를 토대로 대신들과 수령 임명을 의논할 정도로 암행어사 제도를 지속적이고 체계적으로 실시했다.

그쳐야 했다.

이처럼 숙종은 46년 재위 기간 내내 민생 문제에 큰 관심을 쏟았다. 토지제도의 정비와 행정관리, 군역 의무 등 다방면에 걸친 민생 안정책을 시행해 일정한 성과를 거두었다. 하지만 당시 민생 문제의 근본을 해결하기에는 역부족이었으며 일부 제도는 시대 변화를 따르지 못하는 한계를 지닌 정책이었다.

17세기 후반에서 18세기 초반에 이르는 숙종 시기는 정치·경제·사회 등 모든 방면에서 큰 변화가 일어난 시기였다. 임진왜란과 병자호란 뒤의 혼란이 수습되고 경제력이 회복되면서 사회 전반에 활기가 돌았다. 특히 수도 한양은 비약적인 성장을 거듭했다. 상업과 수공업이 발달했으며 화폐 유통으로 인한 교환경제체제도 정착돼 갔다. 이런 토대 위에서 상공인 계층이 성장하게 되고 이들의 사회적 영향력도 커져갔다. 인구도 증가했다. 17세기 중반 효종(孝宗, 재위: 1649~1659) 시기에 8만여 명이던 한양의 인구는 숙종 이전인 현종(顯宗, 재위: 1659~1674) 대에 이미 19만여 명에 이른다. 농촌사회도 커다란 변화를 맞고 있었다. 농업 생산력이 증가하고 대규모 토지를 소유한 지주층이 늘어났다. 상업적 농업이 등장하면서 새로운 부농층이 형성됐다. 사회 전체로 보면 눈에 띄는 성장임이 분명했지만 한편으론 가난한 농민이 많아지고 살기 위해 농촌을 떠나는 유랑민이 늘어났다. 이른바 사회 양극화 현상의 심화였다. 도시 빈민도 증가했는데, 한양으로 유입된 유랑민은 도성 지역의 빈민 문제를 더욱 악화시켰다. 이 유랑민 유입은 당시 한양 인구 증가의 한 요인이기도 했다.

기존 통치질서와 신분제도도 위협을 받았다. 1680년대 중반 이후엔 전국에서 도적이 들끓고 노비들의 도주 사태가 발생하는 등 사회가 흉흉해졌다. 관가와 양반 집을 약탈하는 조직적인 무리도 등장했으며, 승려와 빈민층을 중심으로 한 반란 사건이 적발되기도 했다. 이들 중 일부는 지금의 북한산성 자리에 있었던 중흥산성에서 조직적인 훈련까지 하며 비밀결사체로 발전했다. 의적으로 알려진 장길산 무리가 활동한 시기도 이 무렵이었다.

1690년대 중반 들어선 냉해와 홍수 등 자연재해까지 겹쳐 사태는 더 심각해졌다. 조정에서 진휼소를 설치해 구호에 나섰지만 한양에서만 1만 명이 넘는 기민이 발생했다. 생계 대책을 마련해 달라는 집단농성 사태도 일어났다. 경기도 광주에서 한양으로 올라온 수백 명의 백성이 대신들의 출근길을 막고 먹을 쌀을 내놓으라며 난동을 부리기도 했다. 총을 가진 도적 무리가 준동할 정도로 사회 혼란이 가중되고 있었다. 북한산성 축성논쟁에서 "축성보다 빈민 구휼이 우선"이라는 주장이 설득력을 가질 수 있었던 데는 이 시기에 극심했던 사회불안이 한몫을 했던 것이다.*

백성의 국역(國役) 부담을 줄이기 위한 호포제는 이런 사회 배경에서 추진됐던 재정정책이자 민생안정책이었다. 하지만 지배층의 반대로 결국 무산됐으며 양반과 토호의 수탈도 그치지 않았다. 여기에 전염병까지 창궐해 1708년엔 전국에서 수만 명이 사망하기도 했다. 이 시기에도 빈민의 항거는 계속됐다. 강원도에서는 화전민 1천여 명이 관아를 습격하는 사건이 발생했으며, 1710년엔 무장한 유민(流民) 집단이 전라도 10개 읍에 난입하기도 했다.

이런 시대 상황을 감안해 숙종 대의 도성 수축과 북한산성 축성을 민란이나 내란에 대비한 방비책이라 보는 시각도 있다. 당시 한양은 인구와 거주시설 면에서 급격히 커져갔지만 사회 안전망은 허술한 상태였다. 도적 무리와 무장 유민의 위협은 그치지 않았으며 민생이 안정될 여지도 크지 않은 상황이었다. 흉년과 이농으로 군역(軍役)을 맡을 양인(良人)의 수가 줄면서 도성을 방비할 군사까지 부족해진 실정이었다. 기존 지배층뿐 아니라 이 시기에 부를 축적한 상공인 계층도 재산과 신변 안전을 요구하고 있었다. 이런 정황에서 도성 수축이 그 방비책의 하나로 제시됐으며 북한산성 축성의 목적도 이런 맥락에서 파악 가능하다는 것이다. 이 같은 주장의 또 다른 근거로 당시의 국제 정세를 들기도 한다. 이 주장에 따르면, 북한산성이 축성되는 18세기 초엔 조선과 청나라는 대체로 긴장관계보다는 우호적인 관계를 유지하고 있었으며 외침의 가능성이 그리 높지 않은 상태였다. 이런 동북아 정세에서 반대를 무릅쓰고 축성정책을 추진한 데는 대외적 요인보다는 국내 요인이 더 크게 작용했다고 보고 있다.

숙종의 시대는 새로운 시대로의 진입기였다. 전란 후의 혼란이 수습되면서 사회 다방면에서 성장이 가속화됐다. 이전 시대에 비하면 사회는 안정기에 접어들었지만, 한편으론 새로운 사회환경이 조성되면서 또 다른 혼란이 야기됐다. 낡은 것과 새로운 것이 충돌했다. 농업과 상업의 발달로 인한 사회변화의 추세를 당대의 이념과 제도가 따라가지 못했다. 사회 지배층 또한 획기적인 변화가 필요했지만 변화를 지향한 세력조차 적극적이진 못했다. 성장의 그늘은 당연했고 뒤이어 혼돈이 뒤따랐다. 이 혼돈은 결국 사회 전체가 떠맡아야 할 짐이 되었다.

왕은 고뇌했을 것이다. 정략과 결단을 통해 최고의 권력을 가진 지존의 자리를 지켜나갔지만 나라의 책임자라는 무겁고 엄중한 책무의식 또한 커져갔을 것이다. 숙종은 부지런했으며 항시 일에 철저했다. 백성의 처지를 헤아리는 마음도 깊었으며 이를 실행으로 옮기는 실천력도 갖추고 있었다. 하지만 시대의 한계는 아직 두터웠고 그가 볼 수 없었던 난관 또한 많았다. 의지는 제대로 구현되지 못했고 정책은 종종 현실과 부합되지 못했다. 그래서 왕은 괴로웠을 것이고 또 외로웠을 것이다.

숙종에 대한 후대의 평가는 그의 극단의 애증 표출만큼이나 심하게 엇갈린다. 한쪽에서는 왕권은 강화되었지만 정치권은 분열되었고 백성들의 삶은 나아지지 않았다고 한다. 또 다른 한쪽에서는 왕권강화를 통해 당파를 조율하고 전란 후의 혼란을 수습했다고 한다. 국가 재정비 정책을 마무리 지어 조선 후기 문화시대의 기틀을 다졌다고 한다.

숙종의 시대가 궁중 여인과 환국만의 시대가 아니고, 그래서 그의 시대가 만들어낸 성장과 혼돈을 다음 시대의 영광을 위한 이행의 고통이라 이해한다면 그의 괴로움에 대한 후대의 보상이 될 수 있을는지. 그가 가진 최고 권력이 실은 그만의 것이 아니었듯이, 그가 떠맡은 책무 또한 그만의 것이 아니었다고 한다면 그의 외로움도 조금은 덜어지지 않을는지.

北漢圖三

白雲峰

康峭峰

元曉菴

祥雲寺

將臺

訓局

中城門

國寧寺

圓覺寺

西暗門

西巖寺

西門

# 16

# 북한산성
# 공병부대

- 숙종시대의 화두, 북한산성

- 군영(軍營)을 중심으로 축성인력을 조직하라

- 축성재원(築城財源)을 마련하라

- 북한산성 관리 시스템
  삼군문 유영(三軍門留營), 승영(僧營), 경리청과 관성소

## 숙종시대의 화두, 북한산성

북한산성은 수도 외곽에 위치한 방위시설에 그치지 않았다. 산속에 쌓은 요새로만 머무르지 않았다. 북한산성은 새로운 시대를 열어가려는 18세기 초 조선의 이정표이기도 했다. 거기엔 전란과 혼란의 시대를 넘어 성장과 부흥의 시대로 발돋움하려는 조선 사회의 열망이 담겨있었다. 외침에 맞서 나라의 긍지와 군주의 자존을 지켜줄 보장처였고, 성장에 따른 신분제의 동요와 사회 혼란으로 야기된 불안을 씻어줄 안전망이기도 했다. 숙종의 시대는 산과 산을 잇는 13km의 대규모 산성을 단 6개월 만에 완성하는 저력을 보여주었다. 비슷한 규모의 남한산성을 쌓는데 2년이라는 기간이 걸렸다는 사실을 감안하면 이는 실로 놀라운 일이었다. 숙종시대의 조선 사회는 이 북한산성 축성을 거치면서 새로운 사회를 만들어갈 수 있다는 자긍심을 다졌으며, 이러한 자긍심을 현실화할 응집된 힘을 확인했다.

북한산성 축성은 여러 면에서 조선 사회의 변모된 모습을 보여주었다. 체계적 설계와 효율적인 관리조직 구성, 인력의 합리적 운용 등을 통해 국가정책 실행의 추진력을 과시했다. 대규모 산성 축성에 필요한 막대한 재원과 물력을 동원할 수 있는 경제력은 조선 사회가 전란 후의 피폐한 시대를 벗어났다는 사실을 말해준다. 축성기술 측면에서도 새로운 국면을 열어 성벽은 한층 견고해졌으며 방어시설은 더욱 탄탄해졌다. 북한산성은 당대의 사회 경제력이라는 토대 위에서 지배층의 비전과 축적된 기술력이 결합돼 이뤄낸 사회적 역량의 증거물이었다.

북한산성 축성은 새로운 사회를 향한 여정에 놓인 마지막 관문으로 숙종 시대가 풀어야 할 시대의 과제였다. 숙종과 그 시대 사람들은 이 관문을 어떻게 열어갔을까? 6개월 만에 완벽한 성곽 공사를 마무리 지을 수 있었던 그 비결을 찾아가보자.

대서문과 바위 봉우리

대서문과 바위 봉우리

대서문 문루 처마로 원효봉 기슭이 살짝 스며든다. 문루 뒤로 북한산 최고봉인 백운대와 만경대가 호위 장군처럼 버티고 섰다. 그 오른쪽으론 노적봉이 또 하나의 성벽으로 우뚝하다. 이 모든 바위봉우리를 거느리고, 겨울 찬바람과 한설에도 북한산성은 당당하다.

## 군영(軍營)을 중심으로 축성인력을 조직하라

제조(提調: 북한산성 축성 책임자) 민진후(閔鎭厚)가 임금께 아뢰었다. "북한산 축성과 관련해서 검토해야 할 여러 사안이 정리되었으니, 이제 즉시 공사에 들어가야 합니다. 별도로 도감(都監: 임시 관리기구)을 설치할 필요는 없고 삼군문(三軍門)이 분담해 축조 공사를 감독해야 할 것입니다. 도성(都城)의 백성은 농민과 다르니, 이들의 사정을 헤아려 사역한다면 어려움이 없을 것입니다." 이에 임금이 윤허하였다.

- 숙종실록(肅宗實錄) 권50, 숙종 37년(1711년) 3월 21일

숙종 37년(1711년) 2월에 북한산성 축성이 결정되면서 조정은 바쁘게 움직였다. 축성을 관장할 책임자를 임명하고 축성 계획을 구체화시켜나갔다. 가장 시급한 사안은 주관 책임자의 지휘를 받아 축성 공사 전체를 관장할 관리기구를 정하는 일이었다. 나라에서 시행하는 대규모 공사의 경

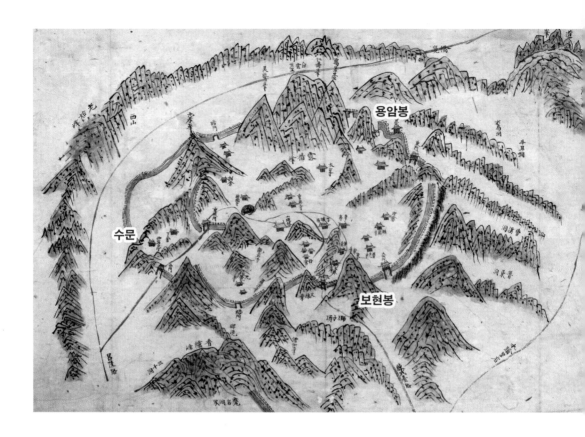

용암봉

수문

보현봉

삼군문의 공사구역

19세기에 만든 『접역지도鰈域地圖』
에 실린 「북한산성도」 동판본으로 제
작됐다.

이 「북한산성도」에 삼군문 공사구역
의 경계가 되는 지점을 표시했다. 북
한산성 서북쪽 성곽지대의 수문, 동
북쪽 성곽지대에 위치한 용암봉, 남
쪽 성곽지대의 보현봉이 각 군문의
공사구역 경계 지점이었다.

우 도감(都監)이라는 임시 관아를 설치해 여기서 공사를 전담하는 게 관례
였다. 하지만 북한산성 축성의 경우 도감을 따로 두지 않고 삼군문(三軍門)
에서 공사를 주관하게 했다. 삼군문은 훈련도감(訓練都監)·금위영(禁衛營)·
어영청(御營廳)을 이르며, 당시 도성을 수비하고 방어하는 세 군영이었다.
지금의 수도방위사령부에 해당하는 최정예 부대였다. 이 삼군영은 수도
외곽 방어를 담당하는 총융청(摠戎廳)·수어청(守禦廳)과 함께 중앙 군영인
오군영(五軍營)을 구성했다.

　삼군영은 이미 4년 전인 숙종 33년(1707년)에 도성 수축 공사를 주관해
일정한 성과를 거두었다. 중앙 행정기구의 관청에서 맡았던 축성 공사가
이 시기 들어 군영으로 이관된 것이다. 숙종은 중앙 군사조직을 오군영으
로 확립하면서 그 물적 토대의 하나로 성곽 수축과 축성을 활용했으며, 이

를 기반으로 왕권강화를 꾀했다.

　도성 수축 공사에서 쌓은 경험은 그대로 북한산성 축성 공사로 이어졌다. 우선 삼군문은 성곽 공사 구간을 나누었다. 훈련도감은 산성 북측과 동측(우측) 상단부를 맡았다. 수문(水門)에서 용암봉(龍岩峰)까지의 구간이었다. 금위영은 산성 동측(우측)의 용암봉(龍岩峰)에서 산성 남측인 보현봉(普賢峰)에 이르는 지역을 담당했다. 어영청은 그 나머지 부분인 산성 서측(좌측)을 책임졌는데, 보현봉에서 수문에 이르는 지역이었다.

　군문(軍門)마다 별도의 조직체계를 갖추었다.[1] 책임감독관으로 내책응(內策應)·외책응(外策應)·독역장(督役將)이 있었으며, 그 아래 패장(牌將)이라는 기능별 감독관을 두었다. 부석패장(浮石牌將)은 석재(石材)를 캐고 다듬는 작업을 관리했으며, 운석패장(運石牌將)은 석재 운반을 감독했다. 축성패장(築城牌將)은 성벽과 성가퀴(성첩) 쌓는 일을 감독했고 수구패장(水口牌將)은 수문(水門)과 수구(水口) 공사를 지휘했다. 성터와 공사용 도로 건설의 감독은 치도패장(治道牌將)이 맡았다. 이 패장의 관리 하에 축성기술자인 편수(邊首)를 두었다. 편수는 축성 현장에서 실제 작업을 담당한 전문인력으로 분야별 축성기술자의 수장(首長)이었다. 석수편수(石手邊首)는 성벽과 건물에 소요되는 석물(石物) 작업을 맡았으며, 목수편수(木手邊首)는 성문과 성랑(城廊), 창고 등의 공사를 담당했다. 철물(鐵物) 제작은 야장편수(冶匠邊首)가, 흙 공사 책임은 이장편수(泥匠邊首)가 맡았다. 그 외 축성에 필요한 물자를 조달하고 금전출납을 맡은 감관(監官)을 두었다. 감관도 재료별로 나누어 무탄감관(貿炭監官)은 숯을 조달했으며, 무회감관(貿灰監官)은 석회(石灰) 공급을 책임졌다. 목재와 개초(蓋草, 이엉), 생칡(生葛) 등의 물품 구입은 잡물무역감관(雜物貿易監官)이 맡았다.

　각 군문은 이 같은 기능별 조직체계를 갖추고 필요한 인력을 동원해 공사를 진행했다. 편수 아래 축성을 담당할 현장인력이 배치됐다. 현장인력은 축성기술자와 일반 역부(役夫)로 구성됐으며 일반 역부에는 주로 삼군문의 병사와 도성 주민이 동원됐다. 삼군문의 병사들 중 일부는 도성 수축 공사에 참가한 병사들로 상당한 축성 경험을 갖춘 인력이었다.

도성 주민의 경우, 가구를 나누어 대호(大戶)는 3명, 중호(中戶)는 2명, 소호(小戶)는 1명씩 배당됐다. 당시 도성에 거주하는 남자는 11만 명 정도로 추산되며, 이 중에서 사대부와 노약자를 제외하면 축성 기간 동안 4만 명 정도가 축성인부로 동원됐을 것으로 추정된다. 부역(賦役)으로 동원된 이들 도성 주민은 각자가 식량을 지참했다. 한편으론 구휼이 필요한 빈민 중에서 노역에 종사할만한 장정을 따로 뽑아 축성인력으로 활용했다. 이들을 축성 현장 근처에 수용하고 식량을 지급했는데, 이는 빈민구휼정책의 일환으로 시행됐다. 북한산성 축성논쟁 시기에 쟁점의 하나가 됐던 빈민구제 방안이 일부 수용된 것으로 보인다.

> (임금이) 대신(大臣)과 비변사(備局)의 여러 재신(宰臣)들을 인견(引見)하였다. (……) 우의정 신완(申琓)이 아뢰었다. (……) "흉년에 백성을 부역시킬 수 없다고 하지만 이것도 그렇지 아니합니다. 기민(飢民) 가운데 장정(壯丁)을 거두어 양식을 주어 부역하게 하면, 무슨 의심스러움이 있겠습니까?"
>
> – 숙종실록(肅宗實錄) 권38, 숙종 29년(1703년) 3월 15일

급료를 지급하며 모집한 모군(募軍)도 동원됐다. 이들에겐 매월 쌀 90되와 무명 2필(疋)을 지급했다. 승려로 이뤄진 승군(僧軍)도 공사에 참가했다. 승군과 모군 중 일부는 전문기술자로 현장에 투입됐다.

축성 공사의 핵심 인력은 전문기술자인 공장(工匠)이었다. 이들은 우두머리 격인 편수와 함께 숙련된 기술이 요구되는 작업을 담당하며 공사를 실질적으로 주도했다. 북한산성 축성에 동원된 공장은 대체로 각 군영에 소속돼 있었으며 일부는 도성 내 관청에 소속된 공장이었다. 여기에 급료를 지급하고 모집한 전문기술자가 있었고 축성에 참가한 승병(僧兵) 중에서도 축성 관련 기술자가 있었다. 이처럼 북한산성 축성에 참가한 공장은 소속과 출신 배경이 상당히 다양했다. 조선 초기 대규모 국가 토목사업에 동원된 공장 조직과는 다소 차이를 보이는 부분이다.

조선 초기 나라에서 주관하는 토목사업과 건축공사에 동원된 공장은 대부분 선공감(繕工監) 소속이었다.[2] 선공감은 공조(工曹) 아래 편제돼 토목과 건축 공사를 담당했다. 그 아래 목장(木匠)·석장(石匠)·야장(冶匠) 등 모두 20여 직종의 공장을 두었다. 이들 공장은 관부에 등록돼 일정 기간 관청의 공사를 맡았다. 일종의 군역(軍役) 수행인 셈이었다. 관청에 소속된 이들 공장을 관장(官匠)이라 불렀다. 관장은 대개 1년의 절반이나 3분의 1 정도의 기간 동안 관청 공사를 했고 나머지 기간은 개인 공사를 할 수 있었다. 관부에 소속돼 있을 땐 소정의 쌀을 임금으로 지급받았고 관청에 장기간 복무한 공장은 무관(武官) 분야의 관직을 제수받기도 했다. 관직을 가진 공장은 급료 면에서 우대를 받았고 정규 관리로 진출할 수 있는 길도 열려 있어 대체로 관장(官匠)들은 작업에 충실하고 기술 향상에도 힘을 기울였다. 선공감 소속 공장만으론 전문인력을 충당할 수 없는 대규모 공사의 경우, 관에 소속돼 있지 않은 공장을 동원하기도 했다.

16세기 들어 관영 공장제도는 변화를 맞는다. 관청 소속 공장의 수가 줄어들고 개인 신분으로 일을 하는 공장이 늘어나면서 공장제도 자체가 이완되기 시작한 것이다. 이 시기의 공장들은 무명(布)을 납부함으로써 관청에 속해 의무적으로 일을 해야 하는 군역을 피할 수 있게 된다. 현역 복무 대신 무명을 납부해 군역을 대신하는 이 군포대납제(軍布代納制)는 공장 계층뿐 아니라 당시 사회 전반의 풍조였다. 16세기 조선사회는 대토지 소유제가 정착되면서 조선 초기와는 다른 사회로 진입하고 있었는데, 공장제도도 이런 사회 흐름을 반영하고 있었던 것이다. 16세기 이후엔 관에 소속된 공장에 대한 대우가 불충분해지고 이들에게 열려 있는 관직도 점차 축소돼 갔으며, 이러한 요인도 관장의 이탈을 가속화시켰다.

임진왜란과 병자호란 양란을 거친 조선 후기 들어선 종래 관청에 소속돼 있던 공장의 절반 정도가 관청을 이탈해 사장(私匠)이 된다. 국가에서 대규모 건축공사나 토목사업을 벌일 경우 임금을 지급하며 사장을 고용할 수밖에 없는 실정에 이른 것이다. 관청에 소속된 공장조직에도 분화가 일어났다. 종래 공장은 선공감을 비롯한 공조(工曹) 산하의 여러 기관에 속해 있었지만 조선 후기엔 중앙 군영인 오군영(五軍營)에서도 공장을 보유하게 된다. 중앙 군영인 삼군문 소속 공장, 중앙 관청에 속한 공장, 임금 지급을 받는 모군 중의 공장, 승병에 속한 공장 등 18세기 초 북한산성 축성에 동원된 다양한 공장은 이런 시대상을 반영하고 있었던 것이다.

북한산성 축성 성공의 요인 중 하나는 이들 전문 인력의 운용에 달려 있었다. 축성을 주관한 삼군문에선 다양한 출신의 공장들을 체계적으로 관리해 작업 효율을 높였는데, 이는 축적된 경험이 있었기에 가능한 일이었다. 중앙 군영 소속 군사들은 17세기 후반인 숙종 초기부터 도성 수축과 축성 작업을 맡으면서 조직적인 인력 구성과 체계적인 작업 운용에 대한 경험을 쌓아왔다. 이렇게 쌓인 경험과 지식이 18세기 초반 북한산성 축성에 반영되면서 이전에 보지 못한 결과를 거두게 된 것이다. 조선 전기와 달리, 부역 형태의 인력이 줄어들고 노임을 받는 축성 전문 기술자가 상대적으로 늘어났다는 사실도 축성기술 축적과 발전을 가능하게 한 요인이었다.

책임시공제 또한 북한산성 축성사업의 성공 요인 중 하나였다. 성벽의 성돌(城石)에 공사 담당자의 소속·직위·성명·작업 구역·작업 기간을 표시해 책임소재를 분명히 해놓았다. 조선 초기엔 주로 작업 구간과 작업 기간

**대성문 성돌에 새겨놓은 각자**
禁營 監造牌將 張泰興 _왼쪽
금영 감조패장 장태흥
石手邊首 金善云 _오른쪽
석수편수 김선운
성벽엔 아직도 그 이름 뚜렷하다. 공사책임자와 공장工匠, 그리고 무명의 촌부들. 이들이 300년의 세월을 버티게 해준 북한산성 성곽의 가장 큰 힘이다.

을 돌에 새겼지만 중기 이후엔 감독관과 책임기술자의 이름까지 명기해 책임 여부를 한층 분명하게 했다. 북한산성 남측에 위치한 대성문의 문루 하단부 성돌에는 "禁營 監造牌將 張泰興(금영 감조패장 장태흥)", "石手邊首 金善云(석수편수 김선운)"이라 새겨져 있다.[3] 여기서 '금영'은 삼군문 중 금위영이 이 구역을 주관했다는 사실을 나타내고, '패장'은 금위영에 소속된 기능별 책임자를 표기한 것이며, '편수'는 이 구역을 담당한 공장(工匠)들의 수장(首長)을 가리킨다. 담당한 구역에 문제가 발생하면 책임자(패장)와 공장(편수)은 엄중한 처벌을 받았으며 다시 작업을 해 보완해야 했다.

"3패(三牌)", "4패(四牌)" 등의 글자가 새겨진 경우도 있다. 산성 북측 왼편인 수구(水口)와 서암문(西暗門)의 중간쯤에 "4패말(四牌末)"이라는 명문(銘文)이 보인다.[4] 이는 '4패 작업구간의 끝'이라는 의미로 해석된다. 각 군문은 맡은 작업 구역을 다시 여러 구간으로 나누어 공사를 진행했는데, 이 분담 조직의 단위가 패(牌)였다. 1패의 기본 인력은 37명 내외였을 것으로 추정한다. 감독관과 기술책임자뿐 아니라 일반 동원 인력까지 명기해 놓음으로써 철저한 책임시공제를 실시했던 셈이다. 이는 분담 조직 간 경쟁을 유도해 작업 효율을 높이는 효과도 가져왔을 것이다.


## 축성재원(築城財源)을 마련하라

축성(築城)은 조선시대 최우선 국방정책이자 최대 규모의 국가 토목사업이었다. 여러 분야의 고급 인력뿐 아니라 막대한 예산이 소요되는 사업으로 재원(財源)과 물력(物力)이 뒷받침되지 않으면 실행 자체가 불가능한 정책이었다. 그런 만큼 중앙관청의 협조와 관련 부처의 지원이 뒤따라야 제대로 실행될 수 있는 정책이기도 했다.

북한산성 축성을 주관하는 삼군문은 여러 관청과 부처의 지원을 통해 필요한 재원을 마련했다. 병조(兵曹)·호조(戶曹)·비변사(備邊司) 등의 중앙기관에서 축성에 필요한 양곡과 금전을 지원했으며, 특히 물가조절과 빈민구제를 맡았던 진휼청(賑恤廳)에서는 많은 양곡을 내놓았다. 각 도(道)의 감영(監營)·통영(統營)·수영(水營)에서도 도움을 주었다.[5] 또한 나라에서 인정하는 승려의 자격증인 공명첩(空名帖)을 발매해 승려 역군(役軍)을 모집하고 물자 확보에 필요한 비용을 보탰다.

축성에 소요된 비용과 물자는 다음과 같았다. 쌀 16,381석(石)·나무 767동(同)·돈(錢) 34,788냥(兩)·정철(正鐵) 2,785근(斤)·신철(薪鐵) 229,180근(斤)·석회(石灰) 9,638석(石)·숯(炭) 14,859석(石)·생칡(生葛) 2,002동(同)·사승포(四升布) 4동(同)·소모자(小帽子) 900립(立) 등이었다.

축성 결정에서 축성 시작까지의 기간이 2개월 정도라는 점을 감안하면 중앙과 지방 관청의 즉각적인 협조는 당시의 행정조직이 순조롭게 운영되고 있었다는 증거이기도 하다. 여기엔 왕과 최고위 재상(宰相)들의 통솔력이 뒷받침됐을 것이다. 숙종시대에 강화된 왕권과 숙종의 정책 추진력 또한 효율적인 협조와 지원을 이끌어내고 정책을 발 빠르게 추진하는데 큰 몫을 했을 것이다.

**금위영 유영지**
금위영 유영이 주둔했던 곳이다. 행궁 아래쪽, 북한산성 하단부의 동남쪽 지역에 속한다. 유영은 북한산성 축성 뒤에 산성 관리와 수비를 맡은 삼군문의 현지 주둔부대였다. 금위영 유영은 용암봉에서 보현봉 지역을 담당했다.

## 북한산성 관리 시스템
### 삼군문 유영(三軍門留營), 승영(僧營), 경리청과 관성소

북한산성 축성 사업을 주관한 삼
군문은 축성이 끝난 뒤 산성 관리
를 맡게 된다. 각 군문이 축성한 지
역을 관리구역으로 그대로 이어받
았으며, 산성 내 지휘소인 유영(留營)
을 설치해 이를 중심으로 산성 관리
와 수비를 해나갔다.[6] 유사시 왕이
북한산성에 들어올 때도 이들 삼군
문이 주축이 돼 왕을 호위하고 성곽
방어를 나누어 맡을 계획이었다. 각
군문은 군량미 관리를 위한 군향(軍
餉) 창고를 짓고 무기를 비축해 산성을 방어했다. 도성 내에 있는 본영에
서 10명 내외의 지휘관급 군인이 파견돼 각 군문의 병사들을 통솔하고 관
리를 책임졌다.

관성소터
북한산성 내에서 성곽관리와 군사업
무를 총괄했던 관성소가 있던 곳이
다. 북한산성 중심부에서 약간 남동
쪽으로 내려간 지역에 위치했다. 관
성소는 산성 내에 설치된 군사 창고
인 경리청 상창과 같은 구역에 자리
잡고 있었다.

축성 공사에 참여했던 승려들도 산성 관리를 맡았다. 산성 내의 사찰에
승영(僧營)을 설치해 승병(僧兵) 지휘소를 두고 30여 명의 승려가 관리를
맡았다. 여기에 전국에서 올라온 350여 명의 승군이 산성 요충지의 수비
를 담당했다.

숙종 38년(1712년)엔 산성의 관리와 군사 업무를 일괄적으로 담당할 관
청이 설립된다. 본청인 경리청(經理廳)은 도성 내에 두고 북한산성에는 분
소인 관성소(管城所)를 설치한다. 관성장(管城將) 아래 75명의 군관과 관리
인력이 배치돼 산성 내의 창고를 관리하며 삼군문의 유영과 승영을 통제
했다.

관성소가 산성 내에 설치되면서 삼군문의 관리권은 상당 부분 경리청
으로 이관됐다. 하지만 경리청의 권한과 임무가 산성 내 삼군문의 고유한

군사권을 침해하지는 않았다. 경리청은 창고 관리와 군사 업무를 효율적으로 관리하는 데 목적을 두었으며, 삼군문에서도 북한산성에 대한 경비와 주둔 권리를 포기하지 않았다. 경리청을 중심으로 한 이러한 관리체제는 총융청(摠戎廳)에 북한산성 관리권이 넘어가는 영조(英祖) 23년(1747년)까지 계속됐다.

산성 정책의 궁극 목적은 성곽 축성에 그치는 게 아니라, 외적과 맞설 항전지를 구축하고 이를 통해 신변을 보호하려는데 있다. 이를 위해서는 축성 후의 산성 관리가 관건이었다. 튼튼한 성곽을 쌓는 일뿐 아니라 효율적인 산성 관리 또한 국가 방위정책의 핵심 사안이었다. 북한산성에도 지속적인 산성관리를 위해 고을을 조성하자는 의견이 제시되기도 했다.

> 김우항(金宇杭)이 아뢰었다. "성역(城役)은 이미 마쳤으나 주관(主管)할 사람이 없습니다. 양주(楊州)는 능침(陵寢)이 있어 형세로 보아 옮겨 들이기 어려우니, 차라리 적성(積城)을 혁파하여 양주에 소속시키고, 양주(楊州) 부근 4, 5면(面)과 고양(高陽)의 1, 2면을 이 성(城)에 떼어 소속시켜 한 고을을 건치(建置)하는 게 어떻겠습니까? 고을 이름은 북한부사(北漢府使)나 중흥부사(中興府使)로 하고, 남한산성 수어사(守禦使)의 예(例)에 의해 따로 수비사(守備使) 등의 명호(名號)를 정하여 통찰(統察)하게 하는 것이 좋겠습니다."
>
> -『숙종실록(肅宗實錄)』권51, 숙종 38년(1712년) 4월 10일

행정구역 편제 방안을 제시하고, 경기도 광주에 있는 남한산성의 경우를 들어 북한산성을 수비할 군영체제까지 제시한다. 하지만 여러 대신들의 반대로 북한산성 고을 조성안은 더 이상 진척되지 못했다. 북한산성은 크게 보면 이제 도성 지역에 속하니 따로 한 고을을 조성하는 게 적절하지 않다는 의견이 많았으며, 산성 내부의 지형이 험하고 평지가 적어 고을을 조성하기 힘들다는 현실적인 문제도 있었다. 결국 처음 목적대로 피

난지이자 군사방어기지로서의 장점을 최대한 살리기 위해 삼군문 유영과 경리청 같은 관리기구만을 두기로 한다. 이후 북한산성 지역엔 축성 이전부터 거주했던 소수의 주민과 축성 후 들어온 군인과 관리의 식솔, 살길을 찾아온 양민 등이 중심이 돼 소규모 마을을 이루는데 그친다. 산성 내 시설물 공사가 끝나갈 무렵인 숙종 39년(1713년) 경엔 170가구 정도가 거주했던 것으로 추정된다.*

　이런 점에서 북한산성은 한양 주변 지역의 다른 산성과는 그 성격과 역할 면에서 차이를 보인다.[7] 남한산성의 경우, 축성 후 산성 내에 1000여 호에 달하는 가구가 조성되고 지역민을 다스리는 관아(邑治)까지 들어섰다. 이렇게 해서 남한산성은 전란이 일어났을 때 보장처 역할을 하는 성곽이면서 동시에 주민들의 생활이 이뤄지는 읍성 성격을 가진 산성으로 발전했다. 강화성(江華城)은 주민들의 삶이 영위되는 생활 터전에 성곽을 쌓은 경우다. 기존 읍성에 군사용 성곽을 개축하고 보강해 방어력을 높이고 유사시의 피난처이자 장기 항전지로 삼았다. 수원 화성(華城)의 경우는 주민들의 자치적인 생활이 가능한 계획도시를 건설하면서 도시 방위의 필요성이 제기되자 성곽을 쌓았다.


　북한산성은 조선시대에 쌓은 마지막 대규모 산성이었다. 유사시 왕의 피난처였고 신변을 지켜줄 요새였으며 도성 주민과 함께 외적에 맞설 항전지였다. 조선후기 국가방위의 뜻을 담은 상징적 성곽이었다. 그래서 왕과 대신들은 오랫동안 논의했고, 마침내 왕은 결정을 내렸다. 치밀한 설계와 효율적인 인력운용 방안이 뒤따랐고 경험과 능력을 갖춘 관리자가 공사작업을 체계적으로 이끌어나갔다. 편수(邊首)와 공장(工匠)은 성곽 터를 탄탄하게 다지고 돌을 정교하게 다듬었다. 병사와 승려와 도성 주민은 힘을 합쳐 돌을 날랐고 성벽을 쌓아올렸다.

　그곳 북한산의 성곽은 왕의 성이었고 대신들의 성이었다. 또한 군인들의 성이었고 공장(工匠)들의 성이었다. 무엇보다 이 땅의 민초들, 조선 백성 모두의 성이었다.

* 북한산성 지역엔 규모가 큰 고을을 조성하지 않았지만 효율적인 산성 관리를 위해서는 상주할 주민이 어느 정도 필요했다. 숙종 39년(1713년) 봄에 상주할 주민을 모집할 구체적인 방안을 마련한다. 우선, 활을 잘 쏘는 자를 뽑아 수첩군관守堞軍官이란 직을 내리고 매달 활쏘기 시험을 실시해 합격한 자에게는 급료를 지급하고 가족과 함께 북한산성 내에 상주하도록 했다. 죄를 범해 그 가족을 변방으로 이주시켜야 할 경우, 이 가족을 북한산성 내로 이주시켰다.

北漢圖（三）

# 17

# 지형을 활용하고
# 축성기술을
# 총동원하라

## 축성 설계

숙종 37년(1711년) 봄, 축성인력 운용방안 마련과 함께 조정에서는 구체적인 설계 작업에 들어갔다. 현장조사를 통해 입지 조건을 파악하고 산성의 역할과 기능을 최대한 살리는 방향으로 축성설계가 이뤄졌다. 북한산성 축성의 목적은 크게 보면 세 가지였다. 우선 유사시 왕과 왕실의 보장처로서의 역할을 다해야 한다. 이와 함께 도성 주민이 전란을 피해 산성 내에서 지낼 수 있는 피난처로서의 요건을 충족시켜야 하고, 적과 대항해 싸울 방어용 성곽으로서의 기능도 갖추어야 한다. 이런 역할과 기능을 고려해 성곽의 규모와 입지를 정하고 축성방식을 택했으며 군사시설과 산성 내 시설물의 종류와 배치 계획을 수립했다.

성곽은 축성 목적과 함께 산성이 들어설 북한산의 지형과 지세를 고려해야 했다. 산성을 쌓기로 계획한 북한산 지역은 높은 산을 등지고 들판을 앞에 둔 전형적인 산성 입지와는 사뭇 달랐다. 깊은 계곡에 산이 첩첩이 쌓여 있는 지형이어서 자연 지세가 산성의 방어 기능을 어느 정도 충족시키는 형국이었다. 여기에 더해, 적의 진입을 한층 어렵게 하고 적의 지속적인 공격에도 견딜 수 있는 성곽을 쌓을 방안을 찾아야 했다. 규모 면에서 보자면 도성 주민을 수용할 정도의 크기를 가진 대규모 산성을 쌓을 필요가 있었다. 이런 두 가지 기능을 만족시키기 위해 험준한 여러 산봉우리를 연결하고 깎아지른 봉우리 자체를 성벽(城壁)으로 삼는 축성방안이 마련됐다. 이에 따라 원효봉·영취봉(염초봉)·백운대·만경대·용암봉·시단봉·문수봉·나한봉·용혈봉·의상봉 등의 능선을 따라 성곽이 축조됐다. 비교적 낮은 산지에서 해발 700m 정도의 봉우리 능선부까지 성벽이 이어졌다. 성곽의 둘레는 모두 12.7km로, 성벽(城壁)을 쌓은 구간이 8.4km이며 자연 지세를 성벽으로 활용한 구간이 4.3km 정도였다. 크게 보아 산성은 남북(세로) 축이 긴 장방형(직사각형) 형태를 가지게 됐다.

성곽을 쌓을 입지가 정해지면서 성벽 높이와 축조방식이 정해졌다. 대

북한산성 성벽
북한산성 북서쪽 성곽 지역, 성벽이
원효봉 자락을 감싸 안으며 능선을
오른다. 수문에서 서암문 사이에 있
는 성벽이다. 1960년대 중반에 촬영
했다.

체로 성벽을 능선 정상부에 조성해 자연능선의 정상부보다 돌출되도록
했다. 이는 성벽을 능선의 사면에 구축해 성벽 정상부가 능선의 정상부와
비슷하도록 한 삼국시대의 산성 축조방식과는 차이를 보이는 축성법이었
다.[1] 능선 정상부에 성벽을 조성하는 북한산성의 축성방법은 가능하면 높
은 곳에 성을 쌓아 방어력을 극대화할 수 있는 방안이었다. 성벽 내부 지
역의 활용보다는 산성의 수비와 방어에 축성 목적의 중점을 둔 결과였다.

성벽 쌓을 곳의 고도와 경사도에 따라 성벽 높이를 달리했다. 산지 낮은
곳이나 방어 취약 지대에는 성벽을 높이 쌓고, 산지가 높아지면 성벽 높이
를 낮추었다. 높고 험준한 능선 정상부에는 아예 성벽을 쌓지 않고 방어용
담인 성가퀴만 쌓기도 했다. 또한 급경사 지역이나 정상부에는 자연 암반
을 최대한 활용해 성벽을 낮게 쌓거나 성곽 없이 암벽 자체가 성벽 역할을
하게 했다.

이처럼 북한산성의 성곽은 자연 지형을 활용한 지혜의 산물이자, 치밀
한 현장조사와 정교한 설계가 낳은 사전계획의 결과물이었다. 축성 주관
부처에서는 지형과 지세를 재차 검토하고 축성 기지(基地)의 장단점을 면
밀히 파악했으며, 이에 맞추어 축성 설계를 구체화시키고 이를 현장에서
실현시켜나갔다.

북한산성 성곽 공사는 숙종 37년(1711년) 4월에 시작해 그해 10월에 끝을

**중성문과 노적봉**
중성문 문루 위로 노적봉이 솟았다.
중성은 북한산성의 내성에 해당하는
데, 노적봉 아래 지역의 협곡 양쪽으
로 성벽을 쌓았다.

맺었으며 다음 해엔 산성 내에 중성(重城)을
쌓는다. 산성의 북서쪽 지역이 비교적 평탄
해 적의 공격에 취약할 것이란 판단 아래
노적봉 아래쪽 지역의 협곡에 성곽을 구축
한 것이다. 행궁을 비롯한 성내 주요 시설
물을 보호하기 위한 방비책인 이 중성 축조
는 숙종 40년(1714년)에 완료됐다. 북한산성
내 창고와 성랑(城廊) 등 군사시설과 부대시
설 조성은 대체로 숙종 39년(1713년)까지 끝
을 맺는다.

## 성곽 축조

### 터 닦기

성벽 쌓을 터를 닦는 작업은 축성의 기반 작업이다. 성벽을 지지할 지반
을 다지고 보강하는 공사로, 성곽을 쌓는데 있어 가장 중요한 작업 중 하
나로 꼽고 있다. 이 작업은 성터와 공사용 도로 조성을 맡았던 치도패장
(治道牌將)의 관리 아래 진행됐다.

북한산성 축성에는 지형 여건에 따라 크게 보아 두 가지 방식의 지반보
강 작업이 이뤄졌다. 북한산 일대는 화강암 지대로 지표면에 화강암반이
노출된 곳이 많다.[2] 이 화강암반을 성벽의 지반으로 활용했는데, 암반이
튼튼한 경우는 표면을 평평하게 다듬어 그 위에 성벽을 구축했다. 경우에
따라서는 암반을 층이 진 평면으로 다듬어 지반으로 사용하기도 했다. 특
히 경사가 있는 암반 지반은 암반에 2~5cm 정도의 턱을 만들어 안쪽에
놓는 성돌(城石)이 밖으로 밀려나지 않도록 했다. 암반을 성벽의 지반으로
활용하는 이 방식은 상당한 기술과 공력을 필요로 하지만 가장 안정적인
지반 작업이었다.

성벽 쌓을 곳의 토질이 약한 경우는 지대를 다져야 했다. 우선 지반으로 삼을 곳을 깊게 판 다음 토사(土砂)와 점토, 돌을 교대로 차례차례 깔았다. 이어 달구질을 해 튼튼히 다져서 지반을 보강했다. 이런 지반 다지기 방식은 성곽 공사뿐 아니라 건축물 공사의 터 닦기에도 활용됐다.

### 채석(採石)과 석재 다듬기(治石)

성벽을 쌓을 재료는 북한산의 돌을 사용했다. 북한산에 산성을 쌓는 장점 중 하나가 석재가 풍부하다는 점이었다. 성곽이 들어설 주변 지역에 축성에 적합한 화강암이 많았다.

> 임금이 "성(城)을 쌓는 공사는 석재(石材)를 뜨는 일이 가장 어려운데, 북한은 석재가 모두 그 땅에 있으니, 공력(功力)이 줄어 편할 것이다. 마땅히 이렇게 평온할 때 속히 성취시켜야 하니, 일을 지연시킬 수 없다."라고 하였다.
> - 『숙종실록』 권49, 숙종 36년(1710년) 12월 28일

산지 곳곳에 노출된 돌을 사용했으며, 일부는 화강암 암반에서 돌을 떼어내어 가공해 사용했다. 지금도 북한산성 주변에 있는 암반에는 돌을 떼어내기 위해 파놓은 가공 흔적이 발견된다. 돌을 캐거나 떼어내는 이 작업을 채석(採石)이라 하는데, 바위에서 석재(石材)로 쓸 돌을 만들어내는 이일을 우리말로 '돌을 뜬다'고 해서 부석(浮石)이라고도 했다. 이 공정은 부

바위, 지반, 성벽

큰 바위를 성벽의 지반이자 성벽 일부로 활용했다. 왼쪽은 북쪽 성곽지대인 영취봉과 백운대 사이에 있는 성벽이다. 오른쪽은 중성문과 그 옆에 설치해놓은 암문을 잇는 성벽이다. 중성을 축조하면서 중성문 옆 계곡 쪽으로 작은 암문을 설치해 시신을 내보내는 시구문으로 이용했다. 오른쪽 사진의 아래, 바위와 바위 사이로 공간을 내고 그 위는 지붕처럼 성벽을 쌓아놓았다. 중성의 암문이자 시구문이다.

석패장(浮石牌將)의 감독 아래 석재 다듬는 일을 맡았던 석수편수(石手邊首)
가 맡았다.

확보한 석재는 운반할 때의 무게를 줄이기 위해 채석장에서 1차 가공을
했다. 석재는 대개 장방형으로 다듬었다. 크기는 일정하지 않지만 지금 남
아 있는 북한산성 성벽의 성돌로 추정해보면 너비 50~90cm에 두께 40
~66cm, 길이 60cm 정도의 성돌이 주를 이룬다. 조선 초기에 축조된 도
성(都城)과 비교해보면 성돌이 매우 커졌다는 사실을 알 수 있다. 1620년대
에 축성된 남한산성의 성돌에 비해서도 상당히 커지고 무거워졌다. 석재
다듬는 기술도 이전에 비해 정교해졌다. 정으로 돌의 표면과 모서리를 깔
끔하게 다듬질해 채석과정에서 생겨난 쐐기돌이나 돌의 잘라진 면이 그
대로 노출되는 경우가 거의 없을 정도다. 그만큼 축성 기술이 발전했다는
뜻이기도 하다.

숙종시대에는 잘 다듬어진 큰 성돌로 견고한 성벽을 쌓을 수 있어 이전
시대보다 성곽의 방어력을 한층 더 강화할 수 있었다. 성돌의 규격이 커진
것은 조선 후기 들어서 위력이 커진 화포(火砲)의 공격에 대비하기 위한 조
치이기도 했다.

### 석재 운반

채석장에서 가공한 돌은 성벽 쌓을 곳까지 운반해야 하는데, 북한산성의 경우는 이 작업이 만만치 않았다. 평지에 조성되는 성곽은 수레 사용이 가능하지만 북한산성은 경사가 급한 산지가 대부분이어서 인부들이 직접 석재를 날라야 했다. 대체로 돌을 얽어맨 밧줄에 몽둥이를 꿰어 여러 사람이 어깨에 메고 나르는 목도로 석재를 운반했을 것으로 본다. 북한산성 성돌의 무게는 대략 270kg에서 480kg 정도인데, 이중 가장 무거운 돌을 옮기는 데는 10명 정도의 인력이 필요했다. 이 석재 옮기는 작업은 운석패장(運石牌將)의 관리 아래 진행됐다. 그런데 산성 서쪽(좌측) 구역의 공사를 주관한 어영청(御營廳)의 인력조직에는 운석패장이 보이지 않는다. 아마도 성벽 쌓을 곳과 인접한 곳에서 석재를 확보할 수 있어 따로 관리자를 두지 않은 것으로 여겨진다.

한편, 북한산성 축성에는 이 지역에 있었던 고려시대 중흥산성의 잔존물을 활용했을 것이라 추정하지만 아직까지 확인되진 않고 있다. 활용의 가능성은 있지만, 북한산성이 이전의 중흥산성과 위치와 규모가 달라 성돌이나 지대 이용이 크지 않았을 것으로 추정한다.

### 체성(體城) 쌓기

성벽은 본체인 체성(體城)과 이 체성 위에 낮게 쌓은 방어용 담인 성가퀴(城堞)로 나뉜다. 북한산성의 체성은 대부분 편축식(片築式)으로 쌓아 올렸다. 편축은 외벽체인 바깥쪽만 석축으로 쌓고 안쪽은 돌과 흙으로 채우는 축성법이다. 외면 쌓기라 부르기도 하는데, 이는 우리나라 석성(石城) 축성법의 일반적인 양식이다. 성문(城門)과 계곡 지역 등 일부 구간에서는 체성의 바깥 면과 안쪽 면을 동시에 석축으로 쌓는 협축식(夾築式)을 채택했다. 이 협축식 공법은 양면 쌓기, 혹은 겹축이라고도 한다.

**겹축 성벽**

북한산성 북문과 영취봉 사이의 성곽 구간, 성벽의 본체인 체성의 바깥 면과 안쪽 면을 모두 석축으로 쌓은 겹축 성벽이다. 뒤쪽으로 영취봉이 보인다.

**정교한 성벽**

18세기를 전후한 숙종 시기엔 축성기술이 크게 발전했다. 성벽 쌓는 돌이 커지고, 성돌과 성돌이 맞닿는 부위의 틈에 끼우는 잔돌 사용이 적어져 성벽이 더욱 튼튼해졌다.

체성 쌓기는 우선 지대석을 튼튼하게 놓아야 한다. 이를 위해 지대석을 체성벽보다 15~20cm 정도 밖으로 돌출시켰으며, 암반 지대의 경우엔 암반을 수평으로 다듬고 그 위에 지대석을 올렸다.

이 지대석 위에 성돌을 층지어 쌓으면서 석축 뒤편에는 흙과 돌을 번갈아 채워넣고 다졌다. 석축 쌓기 작업과 뒤채움 작업이 동시에 진행됐던 것이다. 북한산성의 성곽은 이전 시대에 비해 전체적으로 체성이 두꺼워졌으며 성벽 내측(안쪽)도 넓어졌는데, 이는 화포의 공격에 대비한 방비책이었다.

체성 하단뿐 아니라 중간이나 상단에도 대형 성돌을 사용해 전체적으로 다양한 크기의 성돌을 짜맞춘 듯이 쌓아나갔다. 또한 성돌과 성돌이 잇닿는 부위는 잔돌을 끼우지 않고 돌 표면을 가공해 틈이 없이 맞물리도록 함으로써 성벽의 견고함을 높였다.

성벽 경사도(傾斜度) 조절방식에도 변화가 있었다. 아래층 성돌보다 위층 성돌을 약간씩 뒤로 물려가면서 들여쌓는 퇴물림쌓기를 하지 않고 체성 전체를 약간 경사지게 쌓아 기울기를 조정했다. 이는 외부에서 성돌을 잡고 성벽을 타고 오르는 것을 방지하기 위한 축성방식이었다.

이런 다양한 축조기법을 동원해 쌓은 체성의 높이는 비교적 평탄한 산지의 경우 대체로 4m 내외이며, 산기슭은 3m 정도, 능선의 경우는 2m

지세에 따른 다양한 높이의 성벽
북한산성은 산지 지형에 따라 성벽
높이를 달리했다. 낮은 곳이나 방어
취약 지역에는 성벽을 높이 쌓았고
험준한 능선의 정상부에는 방어용 담
인 성가퀴만 쌓기도 했다.

내외다. 산 정상 가까운 곳은 이보다 더 낮았다. 산성 북측의 일부 구간엔
10m에 이르는 높은 체성을 쌓기도 했다.

### 성가퀴와 치성(雉城)

체성 위에는 성가퀴를 쌓았다. 성가퀴는 적으로부터 몸을 보호하면서
공격을 가하기 위한 시설로 여장(女牆), 성첩(城堞)이라고도 한다. 북한산성
에는 모두 2,807첩의 성가퀴를 쌓았는데, 지형이 높고 험난한 곳에는 체성
없이 성가퀴만 쌓기도 했다. 대부분 훼손돼 없어지고 지금은 일부 구역에
만 남아 있는 상태다.

성가퀴의 높이는 대체로 1m 안팎이며, 여기에는 적을 공격하기 위한 총
안(銃眼)이 마련돼 있다. 총안은 몸을 숨긴 상태에서 총(銃)을 쏘기 위해 뚫
어놓은 구멍인데, 당시 화포(火砲) 중에서 소형 화기(火器)를 총(銃)이라 칭
한데서 이런 이름이 붙여졌다. 이 총안에는 가까운 곳의 적을 공격하는 근
총안(近銃眼)과 먼 곳에 있는 적을 대상으로 공격을 가하는 원총안(遠銃眼)
이 있다. 대체로 중앙에 1개의 근총안을 두고 그 좌우에 원총안을 1개씩 마
련했다. 근총안 1개와 원총안 1개를 둔 곳도 있으며, 한 성가퀴에 1개의 총
안을 설치하기도 했다.

**성가퀴와 총안**

북한산성 북쪽 성곽지대에 남아 있는
성가퀴. 체성 없이 성가퀴만으로 성
벽을 조성했다. 총안이 3개 보인다.

북한산성의 성가퀴는 제성에서 약간 안쪽으로 들여서 쌓았으며, 사용
된 돌은 체성과 달리 규격화된 석재를 사용하지 않고 대체로 막돌을 이용
했다. 몇 개의 돌을 쌓아 올리고 상단부에는 넓은 판석을 여러 겹 덮는 방
식으로 성가퀴를 만들었다. 성가퀴 내외면의 마름질한 돌 사이와 상단부
판석의 덮개, 총안의 내부 경사면, 성가퀴와 성가퀴 사이의 경사면 등은
석회를 가공해 마감했다. 이는 성가퀴 구조물의 접합면을 단단하게 굳히
기 위한 조치로 석회에 황토와 모래를 배합해 굳히면 시멘트처럼 단단해
진다. 숙종 대 들어 성곽 공사에 본격적으로 사용되기 시작한 이 석회 가
공법은 성가퀴뿐만 아니라 성문 건축물 공사에도 쓰였다.

**치성**

왼쪽은 북한산성 남서쪽 성곽지대에
속하는 나한봉 지역의 치성이다.
오른쪽 치성은 동쪽 성곽지대인 동장
대(시단봉)와 용암문 사이에 위치해
있다.

치성(雉城)은 성벽의 일부를 돌출시켜 내쌓은 성곽 방어시설로 곡성(曲

城)이라고도 한다. 적을 조기에 관측하고 성벽으로 접근하는 적을 정면과 양쪽 측면에서 공격하는데 목적을 두고 있다. 성곽 아래와 측면을 살피기 용이하고 효율적인 공격을 가할 수 있는 시설물이다. 북한산성은 지형 자체가 험난해 큰 공력을 들여 치성을 만들지는 않았지만 대체로 성문(城門)과 성문 사이에 한두 개의 치성을 두고 있다. 치성은 삼국시대부터 성곽에 설치한 시설로, 산성의 경우 주로 성벽과 능선이 교차되는 높은 지점에 조성했다.

### 성문(城門)

숙종 37년(1711년) 성곽이 축성되면서 13개의 성문(城門)이 완성된다.[3] 훈련도감이 맡은 산성 북측 지역에 수문(水門)·북문(北門)·서암문(西暗門)·백운봉암문(白雲峯暗門)이 들어섰고, 금위영이 담당한 산성 동측(우측)과 남측 일부 지역에는 용암암문(龍巖暗門)·소동문(小東門: 지금의 대동문)·동암문(東暗門: 지금의 보국문)·대동문(大東門: 지금의 대성문)을 두었다. 어영청 구역인 산성 서측(좌측)과 남측 일부에는 소남문(小南門: 지금의 대남문)·청수동암문(淸水洞暗門)·부왕동암문(扶王洞暗門)·가사당암문(伽沙堂暗門)·대서문(大西

대문_왼쪽
북한산성 북서쪽 성곽지대에 위치한 대서문. 북한산성의 주요 출입문 중 하나이다.

암문_오른쪽
북동쪽 성곽지대인 백운대와 만경대 사이에 있는 백운봉 암문이다.

門)이 축조됐다. 3년 뒤엔 산성 내에 중성(重城)이 완공되면서 중성문(中城
門)이 축조돼 14개의 성문을 두게 된다. 중성에는 중성문 외에 시구문(屍軀
門)으로 불린 작은 암문(暗門)과 수문(水門) 1개씩을 더 설치하는데, 이로써
북한산성은 모두 16개의 성문을 갖추게 된다.

이후 일부 성문은 명칭 변화가 있었다.[4] 소동문은 대동문으로, 동암문
은 보국문으로, 대동문은 대성문으로, 소남문은 대남문으로 이름이 바뀐
다. 특히 소남문의 경우는 문루가 없는 암문 형태로 설치됐지만 1760년(영
조 36년) 무렵 문루를 올리면서 북한산성의 대문(大門) 중 하나가 되고, 이
후 명칭도 대남문이 된다.

성문의 배치 형태를 보면 동서남북 사방에 큰 문을 배치하고 그 사이에
암문(暗門)이 들어서 있다. 암문은 비상시 병기나 식량을 반입하고 때로는
구원병의 출입로로 활용되는 일종의 비밀통로였다. 소규모의 성문으로
적의 눈에 잘 띄지 않는 은밀한 곳에 위치했다. 시구문은 산성 내에서 죽
은 사람의 시신이 큰 문(大門)을 통해 나가지 못하고 이 문을 통해 나간다
고 해서 붙여진 이름이다. 중성(重城) 지역의 암문과 대서문 위쪽 서암문이
시구문으로 이용됐다.

수문은 성벽 하단부에 문을 내어 성내의 물을 외부로 흘려보내는 배수
시설이다. 규모가 작을 경우는 수구(水口)라 했으며, 규모가 큰 수문은 적
의 침투에 대비한 철책시설을 마련해 방어 기능까지 갖추었다.

성문은 크게 보면 석축(石築)으로 된 육축(陸築)과 출입통로 상부에 마련된 건축물인 문루(門樓)로 구성된다. 지금 북한산성의 대동문·대성문·대남문·대서문·중성문은 육축과 문루를 함께 갖추었다. 반면 서암문·백운봉암문·용암암문 등의 암문에는 문루를 조성하지 않았다. 이 성문 구역은 적의 공격이 집중되는 곳이어서 더욱 견고하게 축조했다. 대체로 크고 잘 가공된 석재로 정연하게 쌓아올렸다. 문루가 있는 북한산성 성문 지역의 석축도 일반 성벽보다 튼튼하고 반듯하게 축조돼 있다. 성문의 통로 또한 구조적으로 튼튼하게 하고 필요시에는 완벽한 통제가 가능하도록 했다.

성문은 방어시설이자 통로로서의 역할 외에 상징적 의미도 가졌다. 성문은 대개 웅장한 분위기를 자아내게 축조하는데, 이는 적에게 위압감을 심어주는 효과가 있었다. 한편으론 장중한 구조물과 화려한 치장을 한 성문은 통치자의 권위를 드러냈으며, 통치자는 이런 성문을 통해 평상시 성을 드나드는 백성들에게 자신의 권위를 각인시켰다.

북한산성 성벽 곳곳에는 숙종 대에 이룬 고도의 축성기술이 녹아들어 있다. 북한산성은 지반 조성과 성돌 가공, 성벽 축조, 성문 건축 등 거의 모든 축성 분야에서 이전 시대와는 다른 수준을 보여준다. 숙종은 재위 초반부터 전국의 성곽을 수축하고 새로운 성을 쌓았으며, 이 과정에서 축성기술을 차근차근 축적해나갔다. 논란과 진통을 겪기도 했지만 마침내 북한산에 이르렀고 숙종 대에 이룬 고도의 축성기술로 수많은 산봉우리를 잇는 거대 산성을 탄생시킬 수 있었다. 북한산성은 전란 이후 변화된 조선 축성법의 산물이며 숙종시대의 기술력과 과학지식이 이룬 조선시대 토목공학의 한 결정체이다.

北漢圖三

康峭峰

白雲峰

將臺

訓局

出門

元曉菴

祥雲寺

中城門

國寧寺

國黃寺

西門

四殿寺

下倉

暗門

暗門

暗門

# 18

# 북한산성의 심장
# - 행궁(行宮)

- 북한산성 묏자리 사건

- 북한산성의 작은 왕궁

- 숙종시대의 행궁 프로젝트

## 북한산성 묏자리 사건

북한산성 성곽 공사가 한창 진행될 즈음인 숙종 37년(1711년) 여름, 조정에서는 뜻밖의 사건으로 어전회의(御前會議)가 소집됐다. 최고 직위의 재상(宰相)들과 북한산성 축성책임자뿐 아니라 의금부의 수장(首長)인 판의금부사(判義禁府事)까지 참석한 자리였다.

> 전(前) 첨사(僉使) 한필영(韓弼榮)이 그 부모를 북한성(北漢城)의 기지(基址) 안에 장사(葬事)한 사실이 밝혀져 민진후(閔鎭厚)가 그를 잡아다가 죄상을 추궁해 심문하고 그 장지(葬地)를 파서 옮기게 하겠다고 임금에게 아뢰었다. 이에 판의금부사(判義禁府事) 최석항(崔錫恒)이 "그 죄상(罪狀)이 매우 무거우니 도성(都城) 10리 안에 묘지를 쓰지 못하도록 한 율법(律法)에만 견주어 이를 논하는 것은 부당(不當)합니다. 대신(大臣)들에게 죄를 묻도록 하소서." 라고 아뢰었다.
>
> -『숙종실록(肅宗實錄)』권50, 숙종 37년(1711년) 6월 1일

조선시대 들어 북한산이 도성의 진산(鎭山)이 되면서 북한산 지역에는 함부로 묏자리를 쓰지 못했다. 도성과 연결된 지맥(地脈)을 보존하고 산림을 보호하기 위해 나무를 베어내거나 돌을 채취하는 데도 엄격한 제한을 둘 정도였다.* 그런데 종3품의 무관 벼슬인 첨사를 지냈던 이가 국가방위 정책의 하나로 진행되고 있는 북한산성 축조공사의 현장에 부모의 묘지를 마련한 것이다. 더구나 북한산성 내에는 유사시 임금이 머물 행궁(行宮)까지 들어설 예정이었다.

> 이에 서종태(徐宗泰) 등이 "죽음을 내려도 마땅하나 '사형의 법률(死律)'은 함부로 쓰기 어려운 법입니다." 하니, 이내 명을 내려 절도(絶島)에 정배(定配)하게 하였다.
>
> -『숙종실록(肅宗實錄)』권50, 숙종 37년(1711년) 6월 1일

* 조선 초기부터 북한산 지역에서의 벌채와 석재 채취, 묘지 조성을 법으로 금지했지만 지켜지지 않는 경우가 종종 있었다. 성종 대인 1476에 북한산에 조성한 무덤 42기를 없애고 이 묘지를 쓴 자손들에게 벌을 내렸다는 기록이 있다. 숙종 대인 1707년엔 북한산 북쪽 산기슭에 있는 땔나무를 파는 시장을 철거했다는 기록이 보인다. 이 지역에 장이 형성됨으로써 북한산의 나무를 몰래 베어내는 일이 더욱 잦았기 때문이었다. 도읍의 진산인 북한산을 두고 벌어진 조정과 백성의 갈등, '한정된 공간을 어떤 집단이 어떤 용도로 사용하느냐' 하는 공간의 사회적 구성과 공간 전용이라는 이 불협화음은 조선 말기까지 계속됐다.

북한산성 묏자리 사건은 당사자를 외딴 섬에 유배(流配)하는 선에서 마무리된다. 이 사건이 일어날 당시 조정에서는 북한산성 행궁 건립에 대한 설계 작업을 구체화시키고 있었다. 행궁을 산성 내의 어디에 둘 것인가가 가장 큰 문제였는데, 산성 내의 지세가 험하고 평지가 적어 행궁터를 잡기가 쉽지 않은 상태였다. 현장을 답사하고 몇몇 행궁터를 검토했지만 의견이 일치되지 않고 있었다. 행궁 또한 왕궁이었다. 궁궐 규모에 있어 차이가 있을 뿐, 한 나라의 통치자가 거처하고 때로는 정사(政事)를 펼치는 지엄한 공간이었다. 어쩌면 대신들에게는 성곽터를 결정하는 것보다 행궁터를 잡는 게 더 힘든 작업일지도 몰랐다. 이런 상태에서 묏자리 사건이 터졌고, 대신들에게서 사형이라는 극형의 언급까지 나오게 된 것이다.

## 북한산성의 작은 왕궁

불미스런 사건이 있었음에도 행궁 설계는 차근차근 진행됐다. 대신들 간에 논의가 거듭되면서 행궁터는 두 곳으로 좁혀졌다.

> 이번 7월 초 5일 대신(大臣)과 비변사의 당상(堂上)이 임금을 알현했다. (……) 영의정 서종태가 임금께 아뢰었다. "중흥사(重興寺)의 터는 엄연히 한 중앙에 있어 그 형체나 형세를 보면 그곳에 행궁을 지어야 하겠으나 우려할 점이 있어 다른 곳으로 옮겨 잡기로 한다면, 이 또한 중대한 사안입니다. 비록 주관 당상(堂上)이 있기는 하지만 육경(六卿) 중에서 공조판서(工曹判書)나 예조판서(禮曹判書)가 함께 가서 살펴보는 것이 마땅할 듯합니다."
> - 비변사등록(備邊司謄錄), 숙종 37년(1711년) 7월 9일

고려시대 창건된 중흥사의 터는 산성 가운데 위치해 있고 비교적 넓어 행궁터로 처음부터 거론됐지만 근래 산사태가 일어난 적이 있었다. 그래서 잡은 곳이 중흥사에서 남쪽으로 내려간 곳에 위치한 상원봉(上院峰) 지

**북한산성 행궁지**
1998년 무렵의 행궁지이다. 북한산성 중심부에서 약간 내려간 곳에 위치하고 있다.
북한산성 축성 당시 행궁을 세울 장소는 임금뿐 아니라 대신들에게도 큰 관심사였으며 행궁 설계 단계부터 입지를 두고 의견이 엇갈렸다. 북한산성 중심부에 위치한 중흥사 지역은 유력한 후보지 중 한 곳이었다. 당시 병조판서는 행궁 공사가 끝난 6개월 뒤인데도 행궁을 중흥사 지역으로 옮기자는 의견을 제시할 정도였다.

역이었다. 하지만 터 자체가 그렇게 넓지 않고 지대가 다소 경사져 있어 이곳 또한 신중하게 검토할 필요가 있었다. 점검해야 할 사항은 한두 가지가 아니었다. 행궁터는 비상시 적의 공격에 쉽게 뚫리지 않을 정도의 입지 요건을 갖춘 곳이어야 하고, 또한 북한산성 행정의 중심지 역할을 수행할 수 있는 지역이어야 했다.[1] 건축공사 시공의 난이도(難易度)도 고려해야 하고 궁궐 건축으로서의 예법을 차려 건축물을 지을 수 있는 지세인지도 검토 대상이었다. 거기다 당시 건축 입지와 배치에 있어서 중요한 고려 대상이었던 풍수지리도 따져야 했다. 이런 여러 사안을 점검하기 위해 호조판서·예조판서·공조판서 등 관련 부처의 최고책임자가 행궁입지 선정에 함께 참가했고 풍수를 살필 지사(地師)도 현장에 동행했다.

현장답사와 여러 차례의 심사숙고를 거쳐 마침내 행궁터를 결정했다. 상원봉을 뒤로 하고 이 상원봉에서 동·서쪽으로 내려오는 계곡 사이에 형성된 지역이었다. 대지는 동서로 약 100m, 남북으로 130m 정도였으며, 전체 면적은 약 13,673㎡(약 4,136 평) 규모였다. 이 행궁터 주변 지역으로 나중에 북한산성을 총괄하는 관리기구인 관성소(管城所)가 들어서고 무기와 군량미를 보관하는 창고까지 설치됨으로써 행궁은 행정 중심지로서의 기능을 갖게 된다.

공사 준비도 거의 끝나가고 있었다. 목재(木材)는 경기도 여주에 있는 능묘(陵墓) 조성지 인근의 소나무를 사용하기로 했다. 여기에 강원도 산지에서 마련한 목재까지 더해질 예정이었다. 석재(石材)는 산성 내에 있는 돌을 사용하기로 했다. 운반의 공력(公力)이 덜 들어 그만큼 인력을 줄일 수 있을 것으로 보았다. 행궁 건축에 동원된 인력은 축성 공사에 동원된 인력조직과 비슷하게 짜여졌다. 군문(軍門)의 공사 감독관인 패장(牌將)의 지휘 아래 건축기술자인 편수(邊首)가 실제 공사를 책임지는 인력조직을 갖추었다. 이 해 10월 무렵에 성벽(城壁) 공사가 끝나면 축성에 동원된 일부 인력을 행궁 공사에 투입하기로 했다.

행궁 공사는 숙종 37년(1711년) 8월에 시작돼 다음해 5월에 마무리된다. 행궁은 모두 124칸 규모로, 내전(內殿)과 외전(外殿)을 중심으로 부속건물이 이를 감싸듯이 배치됐다. 임금과 왕실 일가족이 생활하는 침전(寢殿)인 내전이 28칸이었다. 내전 구역에는 행각방(行閣房)과 마루 등이 있는 부속건물 35칸을 지었다. 여기에는 수라간(水剌間) 5칸과 측소(厠所, 화장실) 2칸이 포함됐다. 왕이 신하들과 집무를 보는 정전(正殿)인 외전이 28칸, 외전 부속건물이 33칸이었다. 건물 주변으로는 담장을 둘러 행궁을 감쌌다.

북한산성 행궁
행궁 뒤로 큰 봉우리가 솟았고, 이 봉우리에서 행궁 좌우로 산줄기가 흘러내린다. 북한산성 행궁은 상원봉 아래 비교적 완만한 지역에 자리를 잡았다.
1900년대 초로 추정되는 북한산성 행궁 풍경이다.

행궁 건축물이 자리 잡을 방위(方位)인 좌향(坐向)을 결정하는 데는 풍수지리의 원리가 탄력적으로 적용됐다.[2] 지형 여건으로 건축물의 방위가 남향은 힘들었기 때문에 처음에는 좌향을 동향으로 잡았다. 그러다 좌향을 동북향으로 약간 틀었는데, 이는 행궁에서 앞쪽을 보았을 때 그곳의 지형지물, 곧 행궁 앞쪽의 산세를 반듯하게 바라보려는 의도에서 행한 선택이었다. 이럴 경우 동장대(東將臺)가 있는 시단봉이 한눈에 들어와 정면이 트이지만 동향일 경우엔 산자락에 의해 앞쪽 시야가 다소 막히게 된다. 건축물 뒤로 산을 두는 배산(背山)의 원리는 상원봉 아래에 행궁 입지를 마련함으로써 무리 없이 해결됐다.

북한산성 행궁은 경사진 터를 3단으로 구분한 뒤 대지(垈地)를 조성해, 크게 보면 아래로부터 진입 영역, 외전 영역, 내전 영역으로 나뉜다. 진입로에서 외대문(外大門)을 들어서면 마당이 있고 마당 주위로는 담장이 둘러쳐져 있다. 여기까지가 진입부에 해당하는 영역으로, 이를 외조(外朝)라 한다. 마당 뒤쪽으로 축대를 쌓았고, 축대 가운데에는 외전으로 들어가는

북한산성 행궁시설물 배치도

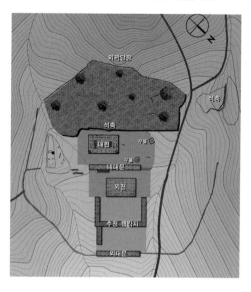

대문을 두었다. 이 외전 대문을 들어서면 정면에 외전 건물이 보이고 외전 좌우를 부속건물인 행각(行閣)이 둘러싸고 있다. 외전을 중심으로 한 이 영역을 치조(治朝)라 일컫는다. 외전을 지나 내전 대문을 들어서면 외전보다 약간 높은 지대에 들어선 내전 건물이 나온다. 내전 건물 주위로도 행각이 늘어서 있고 내전 건축물 뒤로는 외곽 담장이 설치돼 있다. 이 내전은 외전과 축을 조금 달리해 안쪽으로(남서쪽으로) 약간 치우쳐 있는데, 이는 내전 건축물을 조성하기 위한 공간을 확보하려는 조치였다. 이 내전 영역은 연조(燕朝)라 부른다.

북한산성 행궁은 임금이 집무를 보는 정전(외전)을 앞에 두고 뒤에는 침전(내전)을 배치함으로써 전통적인 궁궐건축물 배치원칙인 전조후침(前朝後寢)의 원리를 만족시킨다. 또한 행궁 전체를 외조·치조·연조로 구분해 삼조(三朝)의 원리에도 충실하다. 하지만 정전(외전)에 들어서기까지 2개의 문을 두고 있어, 진입로에서 정전에 이르는데 3개의 문을 두는 삼문(三門)의 원리에는 부합하지 않는다. 행궁터가 충분하지 않고 거기다 경사까지 있어 2개의 대문으로 격식을 차린 것으로 보인다.

북한산성 행궁은 전란이나 변란이 일어났을 때를 대비해 조성한 임시 궁궐로, 도성(都城)의 궁궐에서 파견된 관리인은 따로 두지 않았다. 행궁 관리는 북한산성 총괄기구인 경리청(經理廳)에서 맡았는데, 실제 관리업무는 경리청 소속의 산성 분소인 관성소(管城所)에서 담당했다. 행궁 군사(行宮軍士)를 두어 수비와 관리를 하게 했다. 위급한 상황이 발생해 왕이 북한산성 행궁으로 들어오면 행궁 수비는 궁궐수비군이 맡게 되고, 북한산성은 경리청 체제에서 훈련도감·어영청·금위영의 삼군문 방어체제로 전환하게 된다.

숙종은 행궁 공사가 거의 끝나갈 무렵인 1712년 4월에 행궁을 찾았다. 이미 성곽 공사는 끝난 뒤였고 산성 내 군사시설물 공사와 함께 행궁 조성 마무리 작업이 한창일 때였다. 숙종은 행궁을 둘러본 뒤 대신들과 함께 정사(政事)를 처리했다. 시설물 설치와 군량미 확보 방안에 대한 업무를 논의

**성城과 왕국 l** 북한산성이 전하는 스물여섯 가지 한국사 이야기

하고 내성(內城)에 해당하는 중성(重城)을 축조하기로 결정한다. 이어 군사 작전 지휘소인 동장대에 올라 북한산성을 관망한다.

사실 숙종은 북한산성 성벽 공사가 한창이던 1711년 여름에 북한산성을 찾고자 했다. 하지만 성곽 공사가 끝나고 행궁 조성이 어느 정도 마무리되면 행차하는 게 좋겠다는 대신들의 건의로 이날에야 북한산성 거둥길에 오른 것이다. 이날의 행차도 길일(吉日)을 잡느라 또 한 차례 미룬 뒤에야 일정을 잡을 수 있었다. 숙종은 행궁 조성이 끝나기를 누구보다 고대했고 하루라도 빨리 북한산성에 오르고자 했다.


## 숙종시대의 행궁 프로젝트

재위 기간 내내 성곽 축조에 힘을 쏟은 숙종은 행궁 조성과 관리에도 남다른 관심을 보였다. 북한산성 행궁을 건축하던 1711년만 해도 다른 두 곳의 행궁을 중건(重建)한다. 경기도 광주의 남한산성 행궁과 강화도의 강화 행궁이 그것이다.

> 임금이 하교했다. (……) "남한산성(南漢山城)에 있어서는 내가 일찍이 영릉(寧陵)의 행행(行幸) 때에 본즉 종묘(宗廟)와 사직(社稷)의 위판(位版)을 봉안(奉安)할만한 집이 없었다. 조정에서 보장(保障) 지역으로 설치하였는데, 어찌 종묘사직의 위판을 봉안할 곳이 없어서야 되겠는가? 비록 평상시 제도와는 다르나 마땅히 지형(地形)에 따라 세워두어야 할 것이다."
> - 『비변사등록(備邊司謄錄)』 숙종 36년(1710년) 12월 3일

종묘는 조선시대의 역대 임금과 왕비의 위패를 모신 왕실의 사당이며, 사직은 토지신(土地神)과 곡신(穀神)을 섬기는 제단이다. 숙종은 남한산성 행궁에 이 종묘와 사직을 둘 건축물을 조성하기로 한다. 전란이 일어나 조정이 남한산성으로 옮겨가면 도성의 종묘사직도 남한산성 행궁으로 옮

1909년 무렵의 남한산성. 능선을 따라 성벽이 이어지고 산기슭과 평지에는 광주 고을의 민가가 곳곳에 들어서 있다. 사진 하단의 가운데, 남한산성 행궁이 자리 잡고 있다. 이 행궁 주요 건물의 왼쪽으로 보이는, 따로 담장을 두른 두 채의 작은 건물이 좌전이다. 유사시 종묘의 위패를 옮겨와 안치하는 곳으로 숙종이 1711년에 건립했다. 사직을 모시는 우실은 남문 안쪽 지역이자 행궁 밖 오른쪽 지역에 위치했는데, 사진으로는 확인되지 않는다.

기기 위한 조치였다. 인조 4년인 1626년에 축성을 끝낸 남한산성은 220여 칸 규모의 행궁을 두고 있었지만 종묘와 사직의 위패를 모실 건물은 마련하지 못한 상태였다.

종묘사직의 위패를 봉안할 건축물 공사는 1711년에 마무리하고, 종묘의 위패를 안치할 곳은 좌전(左殿), 사직을 모실 곳은 우실(右室)로 이름 지었다. 역대 임금과 왕비를 받드는 종묘는 왕실의 권위를 나타내고, 농업의 번창을 기원하는 사직은 나라의 풍요를 바라는 염원을 담은 제단이었다. 숙종은 왕조국가의 근본을 상징하는 두 의례공간을 남한산성 행궁에 설치함으로써 국가위기에 대비하고자 했던 것이다. 숙종은 이미 1688년에 남한산성 행궁 내에 제사 기능을 수행할 수 있는 재덕당(在德堂)을 건립하기도 했다.[3]

숙종은 강화행궁에도 관심을 보여 재위 초반부터 수리와 중건 사업을 벌여왔다. 강화행궁은 인조 때인 1631년에 조성됐다. 숙종은 재위 초반인 1684년에 세심재(洗心齋)를 건립하며 강화행궁을 확장해나갔다. 1695년엔 장녕전(長寧殿)을 건립해 숙종 자신의 어진(御眞)을 보관한다. 왕의 초상화를 두는 진전(眞殿)의 기능을 갖춘 이 장녕전은 유사시엔 종묘의 신위를 옮겨 모시기 위한 전각이었다. 강화읍성 내에 있었던 기존의 사직에 이어 종묘 역할을 할 전각을 마련함으로써 강화행궁을 왕실의 보장처로 삼고자 한 것이다. 1699년엔 연초헌(燕超軒)을 조성했으며, 정조 대에 들어 이 자리엔 외규장각이 들어선다. 북한산성 축성을 시작한 1711년 들어서도 강화행궁을 수축한다. 북한산성이라는 새로운 보장처를 조성하는 동시에 기존의 보장처를 정비하는 조치였다. 숙종은 이후에도 별전(別殿)을 조성하며 강화행궁을 지속적으로 관리해나갔다.

북한산성 축성 무렵에 이뤄진 남한산성 행궁과 강화행궁 중건으로 미루어, 숙종은 도성 외곽 지역에 위치한 세 곳의 임시 궁궐을 관리하며 전란에 대비한 것으로 보인다. 유사시의 정황과 사정에 따라 어느 한 행궁을 택해 보장처로 삼을 의도였던 것이다. 숙종의 성곽 정책과 행궁 관리는 이전 왕들에 비해 특별한 것은 사실이지만 한편으론 만반의 준비를 갖춘다는 의미도 있었다. 임진왜란과 병자호란 때 겪었던 선대 왕들의 굴욕이 조선왕실엔 오래도록 치욕으로 남아 있었던 것이다.


행궁은 전란이나 변란 같은 국가위기 시에만 이용되지 않았다. 임금이 도성 밖으로 행차할 때 거처로 삼기도 했다. 궁궐을 나와 그날로 돌아가지 못할 경우 숙소로 이용했으며 임금과 신하들이 업무를 보는 편전으로 활용하기도 했다. 행궁이 한정된 기간에만 열리는 임시 조정(朝廷)이 되었던 것이다. 주로 왕실의 능묘(陵墓)를 찾는 능행(陵幸)이나 온천을 이용할 때 행궁이 중간 거처나 임시 조정 역할을 했다.

숙종은 여주에 있는 세종(世宗)과 효종(孝宗)의 능을 참배하면서 남한산성 행궁을 이용했다.[4] 1688년 2월에 있었던 이 능행은 닷새에 걸쳐 이뤄졌는데, 궁궐에서 능묘로 갈 때와 능에서 도성으로 돌아올 때 남한산성 행궁을 중간 거처로 삼았다. 숙종은 능행 첫날 이른 오후에 경기도 광주에 있는 남한산성 행궁에 도착했다.

**남한산성 행궁 외행전**

일본이 조선을 병탄하기 1년 전인 1909년에 촬영한 남한산성 행궁의 외행전이다. 창호지가 찢어지고 문짝이 떨어져나갔다. 지붕에는 잡초까지 무성해 폐가나 다름없어 보인다. 숙종은 병자호란 당시 인조가 이곳 남한산성에서 청나라에 무릎을 꿇어야 했던 치욕의 날을 생각하며 몸을 떨었는데, 220여 년 뒤 남한산성은 또 다른 외적의 침략에 굴욕을 당해야 했다.

미시(未時: 오후 1시~3시)에 임금이 광주산성(廣州山城, 남한산성)에 이르러 대신(大臣)을 불러 일렀다. "이곳이 바로 인묘(仁廟, 인조)께서 연(輦: 임금이 타던 가마)을 머물렀던 곳인데, 50년이 지난 뒤에 이곳에 와보니 슬픈 감회를 견딜 수 없다." 이어, 양주(楊州)·광주(廣州)·여주(驪州)·이천(利川) 네 읍(邑)의 봄 세금을 견감(蠲減)해 주고, 또 여주의 백성으로 나이 일흔 살 이상인 자에게는 음식물을 주게 하였으니, 대개 이 지역에는 능침(陵寢)이 있기 때문이었다.

- 『숙종실록(肅宗實錄)』 권19, 숙종 14년(1688년) 2월 26일

숙종은 50여 년 전 병자호란 당시 남한산성에서 항전하다 청나라와 굴욕적인 강화조약을 맺은 인조(仁祖, 재위: 1623~1649)를 떠올리며 슬픔에 젖는다. 그리고 광주를 비롯한 인근 지역의 조세 일부를 면제하고 노인에게 음식물을 하사하는 등 지역 주민을 위한 선정을 베푼다. 또한 숙종은 남한산성 행궁에 머무는 동안 산성의 군사시설을 둘러보고 광주 지역의 민정

(民政)을 점검했다. 당시 남한산성에는 고을이 조성돼 있었고 광주 지역의 읍치(邑治)가 설치돼 있었다.

이처럼 행궁에서의 왕의 행보는 크게 보면 대민활동(對民活動)과 군사활동으로 나뉜다. 왕은 행궁에 있을 동안 산성을 순시하면서 각종 시설물을 점검하고 산성관리 방안을 논의했으며, 때로는 군사훈련을 행하기도 했다. 대민활동의 하나로, 지역사회에 공로를 세우거나 모범이 된 인물을 선정해 공덕을 기리게 하고 그 자손에게 포상을 내렸다. 지방에 거주하는 전직 관료나 세력가를 만나 민정을 논하고, 특별 과거를 실시해 지역 인재를 등용하기도 했다. 대민활동에서 중시했던 조치 중 하나가 구휼정책이었다. 신하들과 논의해 지역 주민을 위한 혜택을 결정하고 이를 시행했는데, 이 과정에서 죄수의 형을 감면하고 지역민의 조세 부담을 덜어주는 조치를 취했다. 빈민을 위한 식량 배급도 이뤄졌다. 숙종은 온천욕을 위해 지금의 아산에 있었던 온양행궁에 20일 동안 머물면서 걸인과 빈민을 대상으로 여러 구휼정책을 펼친다.

> 진휼청 당상(賑恤廳堂上)이 비변사(備邊司)의 결정에 따랐다. 신창현(新昌縣) 지역에 속한, 배가 정박하는 곳에 가서 굶주린 백성 1천 5백여 명을 불러 모은 뒤, 장약(壯弱)을 구별하여 마른 양식을 주었다. 그 가운데 굶주림이 심한 자에게는 죽을 만들어 먹이고, 이어 이들을 타일러서 각각 본읍(本邑)으로 돌아가게 했다. 돌아와 그 사정과 형편을 임금에게 아뢰었다.
>
> -『숙종실록(肅宗實錄)』권59, 숙종 43년(1717년) 3월 12일

궁궐 밖으로 나가는 임금의 행차를 행행(行幸)이라 하며, 이 행행은 임금이 이르는 곳에 행복이 깃든다는 뜻을 담고 있다. 임금의 행궁 행차로 지역 빈민들이 허기를 면할 수 있는 식량을 얻을 수 있었으니, 이런 측면에서 보자면 임금의 행행은 정말 행복을 가져다주었던 셈이다. 임금의 입장에서 보면 이 행궁 행차는 통치자로서의 자신의 존재를 지역 주민에게 뚜렷하게 인식시킬 수 있는 기회였다. 선정을 베풀고 지역 문제를 직접 해결

함으로써 선한 군주의 이미지를 심고, 이를 토대로 통치질서의 정당성까지 확보할 수 있었다.

　행궁을 떠난 뒤에도 임금이 펼친 선정은 오랫동안 백성들에게 회자되었을 것이고, 행궁은 그런 국왕의 이미지를 떠올리게 하는 상징적인 공간으로 백성들의 가슴에 뿌리내렸을 것이다. 이제 왕이 행궁에 행차하지 않아도 행궁이 여기에 있다는 사실만으로도 백성들은 최고 통치자로서의 국왕의 존재를 인식할 수 있게 된다. 행궁은 임금이 거처하는 왕궁의 분신이자, 군주를 정점으로 한 통치체계의 정당성을 확보해주는 하나의 뿌리 깊은 디딤돌이 된다.

　왕조시대의 산성 또한 전시니 변란이 일이날 때만 활용하는 군사시설이 아니었다. 산성은 평상시에 외부의 적에게 방어시설로 인식돼 외침을 억제하는 효과가 있었다. 백성들에겐 전쟁이 일어나더라도 생명을 구할 수 있는 보호막이 마련돼 있다는 심리적 안정감을 심어주었다. 산성은 일정 부분 통치 전략의 산물이기도 했다. 산성은 그 자체로 왕조시대 최대 규모의 군사시설이었고, 군주를 정점으로 한 위계조직과 명령으로 유지되는 한 나라의 방위체계를 대표했다. 이러한 산성의 속성은 백성들에게 국가 통치체계의 정당성을 심어주는 이데올로기로 작용했다. 산성의 성곽 이면에는 위계조직에 의해 통제되는 국가라는 상징적 이미지가 어른거리고 있었던 것이다. 산성의 이런 효과와 기능은 통치자를 비롯한 지배층이 국가정책을 효율적으로 펴나갈 수 있는 사회적 배경으로 작용했다. 왕조국가의 산성은 정책 실행의 효율성을 높이고 기존 통치질서의 영속을 꾀할 수 있는 사회적 힘이 되기도 했던 것이다.

　북한산성과 산성 내의 행궁은 외침이나 변란에 대비한 시설이었지만 축성 이후 한 번도 이런 유사시의 군사시설로 사용되진 않았다. 그렇지만 북한산성과 행궁은 어쩌면 그 이상의 역할을 다해왔는지도 모른다. 숙종은 재위 기간 내내 성곽사업을 활발하게 펼치고 여러 지역의 행궁을 관리했는데, 이러한 정책이 최고 통치자로서의 힘을 확인시키고 군주 중심의 통치질서를 유지하는데 힘을 실어주었다는 사실을 부인하긴 어렵다. 숙종 시대의 산성과 행궁이 조성과정과 이후의 관리를 통해 국가 위계질서 유지와 사회계층 간 통합에 일조했다는 사실 또한 부정하기 어려울 것이다.

北漢圖三

白雲峯

廉哨峯

將臺

訓局

北門

元曉菴

祥雲寺

中城門

國寧寺

覺寺

西將臺

大南門

暗門

暗門

# 19

## 장기 항전지와 방어진지를 구축하라

- 산성시설물 조성계획

- 군사시설과 거주시설
  - 관성소(管城所)와 삼군문 유영(三軍門留營)
  - 성랑(城廊)과 장대(將臺)
  - 우물과 저수시설, 누각과 도로

- 북한산성의 군창(軍倉), 무기창고와 식량창고

- 북한산성과 도성을 연결하라

## 산성시설물 조성계획

숙종 37년(1711년) 가을, 북한산성 성곽 공사가 끝나갈 즈음 산성 군사시설과 부대시설 설치에 대한 논의가 본격적으로 이뤄졌다. 군사시설로는 초소 건물이자 병사들의 거처인 성랑(城廊), 군영의 산성 내 지휘부인 유영(留營), 전시 지휘소인 장대(將臺) 등이 필요했다. 무엇보다 무기를 비롯한 군수품을 보관하고 군량미를 저장할 창고 설치가 급선무였다. 우물과 연못도 있어야 했다. 산성 내 도로와 함께 도성 지역과 산성을 연결하는 진출입 도로 정비도 남아 있었다.

산성 시설물의 입지와 배치는 지형을 고려해야 했다. 험준한 산세로 인해 성곽 방어에는 이로운 지형이지만 산성 내부에 평지가 적어 건축물 조성이 수월하지 않은 상태였다.* 경사가 심해 보행과 통행이 쉽지 않다는 사실도 건축물 배치에 영향을 미쳤다. 창고의 경우, 방어 기능만을 고려하면 험한 곳에 입지를 잡을 수도 있지만 곡식 운반이 힘들다는 점을 감안해야 했다. 지형의 장단점을 고려하고, 여기에 맞추어 어떻게 북한산성 축성의 목적을 가장 효율적으로 달성할 것인가 하는 문제는 시설물 계획에서도 풀어야 할 난제였다.

*북한산성 축성을 시작하기 6개월 전에 성곽 터를 답사한 훈련대장 이기하는 북한산성의 지형에 대해 숙종에게 다음과 같은 보고를 올렸다. "사면의 여러 봉우리는 철벽처럼 깎은듯해 자연 성곽을 이루니 사람이 발붙이기 어려운 지경입니다. 이것은 곧 '한 사람이 관문을 지키면 만 사람이라도 열 수 없다.'는 경우에 해당합니다. (……) 산지 형태가 넓지 않아 많은 사람이 거주할만한 곳은 없으나 다만 중흥사 위쪽과 문수사 동쪽, 조계사 서쪽의 큰 골짜기는 약간 평평하고 꽤 토심土深이 있으며 좁지 않아 사람이 거주할 수 있을 듯싶습니다."

축성 당시의 설계도가 남아 있지 않지만 완공 후의 결과로 미뤄보건대, 산성은 지형과 용도에 따라 크게 세 영역으로 구분된다.[1] 도성 지역과 맞닿은 산성 남측 지역은 축성에서 가장 중요시한 구역이었다. 이 지역엔 유사시 왕이 머물 행궁을 중심으로 군사시설과 행정시설을 집중 배치했다. 이 지역은 도성에서 세검정 지역을 거쳐 대성문을 통과해 행궁으로 이어지는 '왕의 피난로'가 있는 곳이기도 했다. 이를 감안해 행궁 초입에 군사시설인 어영청 유영과 금위영 유영, 남장대(南將臺)를 두었다. 북한산성 관리를 총괄하는 경리청 산하의 관성소는 행궁 인근에 설치하기로 하고, 창고는 네 곳에 나누어 건축하기로 했다. 도성과 왕래가 잦은 곳이어서 이 지역을 둘러싼 성곽에는 모두 6곳에 성문을 배치했다. 이 구역은 북한산

**성城과 왕국 ǀ** 북한산성이 전하는 스물여섯 가지 한국사 이야기

성의 '군사와 행정 중심지역'이랄 수 있었다.

그 위쪽은 '산성 중앙부 방어지역'이었다. 군사 지휘소인 동장대(東將臺)에서 북한산성 내성(內城)인 중성(重城)에 이르는 지역으로 산성 방어시설을 골고루 배치했다. 성곽 부근과 계곡 산지 등에 승영사찰(僧營寺刹)을 다수 조성해 승군(僧軍)을 중심으로 한 방어체제를 마련했다.

중성(重城)에서 대서문과 북문 지역에 이르는 산성 상단부는 '외곽방어 집중지역'이었다. 이 지역은 비교적 평탄한 산성 북서쪽 지역을 포함하고 있어 성곽 방어에 가장 취약한 곳이었다. 이곳의 방어선이 무너지면 산성 중앙부를 거쳐 그 아래 행궁 지역까지도 위험해질 수 있었다. 이를 보완하기 위해 산성 중앙부로 이어지는 협곡을 차단해 중성을 쌓기로 했고, 군사시설 중심지로 훈련도감 유영과 북장대를 두고 성곽 주변에는 승영사찰을 배치했다.


## 군사시설과 거주시설

### 관성소(管城所)와 삼군문 유영(三軍門留營)

행궁 인근에 위치한 관성소는 북한산성의 행정과 군사 업무의 중심지였다. 집사청(執事廳)과 군관청(軍官廳) 등 사무를 총괄하는 기관을 두었고 관성장(管城將)이 거처하던 내아(內衙)도 마련했다. 산성 내에서 규모가 가장 큰 창고인 상창(上倉)이 함께 들어섰다.[2]

삼군문 유영은 분담한 수비 지역과 함께 산성 내의 방어 요충지를 고려해 입지를 잡았다. 특히 어영청 유영은 남장대를 관리하면서 행궁 주변 지역을 지킬 수 있도록 대성문 안쪽에 자리를 잡았다. 지금의 대성암(大成庵) 자리에 관리 건물이 있었으며 양곡 창고와 무기고도 갖추었다.

금위영 유영은 어영청 유영과 행궁 사이에 위치했다. 산성 동쪽의 대동문 지역을 방어하면서 행궁 주변의 수비까지 고려한 입지였다. 축성 뒤 대

동문 지역에 자리를 잡았다가 숙종 41년(1715년)에 지금의 자리로 옮겨왔다. 금위영 유영도 관리 건물과 내아를 갖추었고, 창고를 설치해 양식과 군수품을 관리했다.

훈련도감 유영은 노적봉 아래에 위치했다. 이는 외적의 공격 예상로인 중성(重城) 지역을 집중적으로 수비하기 위한 방비책이었다. 석축을 쌓아 조성한 대지(垈地)에 관리소 건물이 들어서 있었고 자체 창고를 두었다.

**금위영 이건기비**
금위영 유영을 옮긴 내력을 기록해놓았다. 금위영 유영은 대동문 근처에 자리를 잡았으나 지세가 높고 바람이 심해 1715년에 좀 더 성곽 안쪽으로 들어간 지금의 자리로 이전했다.

**훈련도감 유영지**
북한산성 상단부에 속하는 노적봉 아래, 훈련도감 유영이 자리 잡았던 곳이다.

### 성랑(城廊)과 장대(將臺)

성랑(城廊) 공사는 성곽 축조가 끝난 이듬해인 숙종 38년(1712년) 여름 무렵에 완료됐다. 각 군문별로 자체 수비 지역에 성랑을 조성했다. 어영청 구역에 41개소, 금위영 구역에 60개소, 훈련도감 구역에 42개소를 두었다. 성랑은 병사들의 숙소이자 그 자체로 산성 방어시설이기도 해서 우선 성곽 주변에 다수의 성랑이 설치됐다. 대체로 성문 지역과 높은 능선, 성벽이 돌출된 곳 등 성곽 경계에 유리한 지점에 자리를 잡았다. 행궁과 유영, 창고 등 산성 내 주요 시설이 있는 곳에도 다수의 성랑을 지어 이들 시설물을 방비하고 관리했다. 성랑의 규모는 다양했다. 크기가 작은 것은 3평에서 10평 정도였으며 규모가 큰 성랑은 20평에 이르기도 했다.

장대(將臺)는 세 곳에 배치했다.

각 군문별로 관할 구역 내에 1개소의 장대를 두었다. 전투 시 지휘소로 사용되기 때문에 지형이 높고 사방을 관측하는데 유리한 곳에 설치했다. 금위영 관할인 동장대(東將臺)는 북한산성의 총지휘소 역할까지 겸했다. 행궁 동북쪽에 있는 시단봉 정상 지역에 자리를 잡은 이 동장대는 행궁을 비롯한 성의 안팎을 모두 살필 수 있는 천혜의 입지조건을 갖추고 있었다. 한강과 서해까지 조망할 수 있는 곳이었다.

어영청 관리 구역에 있는 남장대(南將臺)는 행궁을 사이에 두고 동장대와 대칭되는 지점에 자리를 잡았다. 나한봉 동북쪽에 위치했는데, 부왕동 암문과 대남문은 물론 멀리 대동문과 동장대까지 시야에 들어와 사방을 관측할 수 있는 곳이었다.

훈련도감 구역에는 북장대(北將臺)를 두었다. 중성문 서북쪽이자 노적봉 서쪽에 위치해 산성 상단부 지역의 관측을 맡았으며, 특히 방어 취약 지역인 산성 서측을 경계하는 중요 시설이었다.

### 우물과 저수시설, 누각과 도로

식수(食水)와 용수(用水) 확보를 위한 우물과 저수시설도 마련했다. 유사시 도성 주민이 거주하며 장기 항전을 펼치기 위해서는 충분한 수원(水源) 확보가 반드시 필요했다. 북한산성 축성 이전부터 수원 확보 문제는 논쟁의 대상이었다. 북한산성 축성을 반대하는 측에서는 산성이 들어설 지역에 물이 부족하다고 했으며, 축성을 찬성하는 측에서는 현지조사를 거쳐 물이 부족하지 않다는 반론을 폈다. 결국 봄과 여름엔 물이 넉넉한 편이지만 겨울과 가뭄 때는 물이 부족하다고 판단해 우물을 파고 못(池)을 만들기로 한다. 각 군문별로 지역을 맡아 공사를 진행해 주로 유영과 사찰, 계곡 가까운 지역에 우물을 팠다. 이

**북장대지**

북한산성 상단부 지역의 군사지휘소이자 관측소인 북장대가 있던 곳이다. 뒤로 노적봉이 보인다.

렇게 해서 모두 99개의 우물과 26개의 못이 확보됐다.

북한산성 내에는 3개의 누각이 있었다. 산영루(山映樓)는 산성 중앙부에 위치한 중흥사 근처 계곡에 자리 잡고 있었다. 폭포수와 암반 경관이 일품인 계곡과 어울려 감탄을 자아냈으며, 많은 선비들이 이곳을 찾아 풍류를 즐겼다고 한다. 하지만 1910년대와 1920년대의 자연재해로 없어지고 지금은 초석만 남아 있다. 그 외 항해루(抗瀣樓)와 세심루(洗心樓)가 있었는데, 이도 지금은 남아 있지 않다.

**산영루**
북한산성 가운데 지역에 속하는 중흥동 계곡에 있었던 누각이다.
1911년, 독일인 신부 노르베르트 베버 Norbert Weber가 촬영했다. 누각에서 계곡을 내려다보는 사람들이 노르베르트 베버 일행으로 짐작된다. 산영루 앞의 바위에 앉은 아이는 생각에 잠겼다.

산성 내 도로 계획은 성곽과 시설물 조성에 따라 형성되는 도로망을 기본으로 삼았다. 산성 내부 지형이 경사가 심하고 또한 계곡과 능선이 많아 정형적인 도로망 설계는 힘든 상태였다. 성곽을 따라 이어진 순찰로와 시설을 잇는 내부 도로가 간선도로망 구실을 했다. 성곽 사방의 큰 성문과 유영, 행궁, 중흥사 등을 연결하는 길이 산성 내의 주요 도로였으며, 그 외 여러 시설물 간에도 최소한의 도로가 마련됐다.

성터와 도로 건설을 감독한 치도패장(治道牌將)의 지휘 아래 성 안팎의 도로가 조성됐다. 북한산성과 외부 지역을 연결하는 주요 도로는 세 곳이 있었다. 도성 북서쪽 지역과 산성 서북쪽 대서문(大西門)을 연결하는 도로는 우회하는 길이긴 했지만 지형이 평탄해 비교적 통행이 편한 길이었다. 동측(우측)으로는, 도성의 북측 지역에서 산성의 동쪽 지역을 거쳐 대동문이나 용암문으로 들어가는 길이 있었다. 도성에서 산성 남측으로 바로 이어지는 길도 있었다. 도성의 창의문을 통해 세검정 지역과 계곡을 따라 올라 대남문이나 대성문으로 들어가는 길이었다. 도성과 북한산성을 잇는 최단 거리의 도로로, 유사시 왕의 피난로로 사용될 길이기도 했다. 이 도로는 북한산성 축성 시기에 새로 건설한 진입도로였다. 대서문에 이르는 길과 산성 동측으로 진입하는 길은 이전에 있던 폭이 좁은 도로를 넓히고 단장해 주요 진입로로 삼았다.

## 북한산성의 군창(軍倉), 무기창고와 식량창고

창고는 반드시 설치해야 하는 산성 내 핵심 시설이었다. 피난지이자 항전지로서의 산성은 외부와 차단되더라도 자체적으로 생존할 수 있는 여건을 갖추어야 한다. 아무리 견고한 성벽을 쌓았다 해도 오래 버티지 못한다면 방어시설로서의 산성의 가치는 크게 떨어질 수밖에 없는 것이다. 장기 항전을 위해서는 충분한 식량과 무기를 확보해야 하며, 또한 이 식량과 무기를 저장하고 보관할 창고가 있어야 했다.[3]

숙종 37년(1711년) 가을에 성곽 축성이 끝나자 산성 내 창고 설치가 본격적으로 논의되었다. 특히 곡식을 보관할 창고의 위치와 규모를 두고 설전이 오갔는데, 크게는 산성 내에 창고를 짓자는 쪽과 산성 외부에 창고를 두자는 쪽으로 의견이 갈렸다. 점차 산성 내에 창고를 두자는 쪽으로 의견이 기울었고 숙종 또한 산성 내에 창고를 짓기로 결정한다. 이는 전란이 닥치면 외부에서 산성으로 곡식을 급하게 옮기기 힘들다는 이유에서였다. 임진왜란과 병자호란 시에 도성 내의 창고에 두었던 식량을 모두 적에게 넘겨야 했던 경험이 뒷받침된 선택이었다. 보관할 곡식의 양은 10만 석(石) 정도로 잡았다.

이렇게 해서 숙종 39년(1713년) 가을에 북한산성 내에 7개소의 창고가 마련된다. 관리는 북한산성을 총괄하는 경리청 산하의 관성소와 각 군문의 유영이 나누어 맡았다. 관성소에서는 네 곳의 창고를 담당했다. 관성소 구

경리청 상창지

북한산성 내에 있던 일곱 개의 창고 중 규모가 가장 컸던 경리청 상창이 자리 잡았던 곳이다. 북한산성 관리와 군사업무를 담당한 경리청 산하의 관성소에서 관리를 맡아 경리청 상창이라 불렀다. 북한산성 중심부에서 약간 남동쪽으로 내려간 지역에 위치하며, 북한산성 내에서 성곽관리와 군사업무를 총괄했던 관성소가 함께 설치돼 있었다.

역 내에 상창(上倉)이 있었다. 중흥사 인근에 중창(中倉)을, 대서문 안쪽에 하창(下倉)을 두었다. 또한 행궁 인근에 호조창(戶曹倉)을 두어 유사시 임금과 왕실에서 사용할 어공미(御供米)를 보관했다. 관성소 산하의 이들 창고는 주로 식량을 보관했으며 일부 창고에서는 군수품도 저장해 관리했다. 삼군문은 각 유영 내에 자체 관리하는 창고 하나씩을 설치해 무기와 군량미를 보관했다. 이를 각각 훈창(訓倉)·어창(御倉)·금창(禁倉)이라 했다. 식량 창고에는 주로 쌀·잡곡·소금·장(醬) 등을 보관해 관리했다. 군수품 창고에는 총(銃)·포(砲)·화약·활·화살·창·검 등을 비축했으며, 이외에도 북과 징 등의 군악기와 밥솥 같은 도구도 보관돼 있었다. 북한산성은 축성 이후 화약과 조총(鳥銃), 화포(火砲) 등의 비중을 늘려나감으로써 총과 포가 중심이 된 성곽방어시설을 구축해나갔다.

그런데 창고가 완성되기 얼마 전인 숙종 39년(1713년) 봄에 산성 외부에도 창고를 두어야 한다는 의견이 다시 제기됐다. 산성 내에 있는 창고까지 가는 길이 험해 곡식 운반이 힘들고, 또 해마다 묵은 곡식을 새 곡식으로 바꾸어야 하기에 그 어려움이 가중될 것이라는 게 그 이유였다. 현실을 직시한 제안이었고, 숙종은 이 의견을 받아들여 산성 외부 지역에도 창고를 짓기로 한다. 북한산성 아래쪽 세검정 지역에 양곡 창고를 마련해 이를 평창(平倉)이라 했다.* 비상시에는 이곳에 비축한 곡식을 산성 내로 지체 없이 옮겨야 했기에 도성에서 북한산성으로 가는 가장 빠른 도로의 길목에 창고 자리를 잡은 것이다. 양곡 창고 중에 이 평창의 규모가 가장 컸는데, 이곳에 약 7만 석 정도의 곡식을 저장하고 나머지 3만 석은 산성 내 창고에 나누어 보관했다.

북한산성 창고의 곡식은 매년 봄에 일정 양을 백성에게 대여했다가 가을에 햇곡으로 환수하는 방식으로 관리했다. 이렇게 해서 4~5년 정도면 양곡 전체를 새 양곡으로 바꿀 수 있었다. 북한산성 창고의 곡식은 구휼미의 역할을 해냈지만 한편으론 민폐를 일으키기도 했다. 대여하고 되받는 과정에서 관리들의 수탈과 비리가 일어났고, 빌린 곡식을 갚기 위해 새

* 북한산성의 외창外倉 격인 이 평창平倉에서 지금의 서울특별시 평창동平倉洞의 지명이 유래했다. 평창동은 풍수지리상 명당으로 손꼽히며 서울의 대표적인 부촌富村으로 알려져 있다. 한때 나라의 부를 드러내는 큰 곳간인 평창이 있던 자리에 지금은 한 시대를 대표하는 부촌이 들어서 있는 것이다.

곡식을 등에 지고 험한 산길을 오르내려야 하는 어려움도 백성들의 짐이
었다.


## 북한산성과 도성을 연결하라

북한산성 내외의 창고시설이 완성되고 산성 내 중성(重城)이 축조됨으
로써 숙종 40년(1714년)엔 북한산성의 성곽과 시설 공사가 모두 완료된다.
그런데 이후, 북한산성 아래쪽의 세검정 지역에 새로운 성곽을 쌓자는 의
견이 제시된다. 경리청의 수장인 도제조(都提調) 이유(李濡, 1645~1721)가 도
성과 북한산성을 잇는 성곽 구축을 제안하고 나선 것이다. 인왕산 지역의
도성과 보현봉 지역의 북한산성을 새로운 성곽으로 연결함으로써 세검정
지역에 있는 북한산성의 외창(外倉)인 평창(平倉)을 보호하자는 주장이었
다.[4] 뿐만 아니라 도성과 북한산성을 잇는 성곽을 구축한다면 도성과 북
한산성의 연결지대가 적에 의해 차단되는 것을 막을 수 있어 북한산성뿐
아니라 도성 방위에도 만전을 기할 수 있을 것이라 했다. 이유는 축성논쟁
시기부터 북한산성 축성을 주도했으며, 축성 뒤에는 관리기구인 경리청
설치까지 성사시킨 인물이었다.

많은 대신들이 이유가 제안한 성곽 축성에 반대하고 나섰다. 성곽이 들
어설 탕춘대 지역의 지세가 낮은데다, 새로 쌓을 성곽을 수비할 군사가 부
족하다는 게 반대 이유였다. 넓은 도성을 방어하기 어려워 북한산성을 쌓
았고, 이제 도성과 북한산성을 지킬 병력조차 모자라는데 무엇으로 새로
운 성곽까지 지킬 수 있느냐는 것이었다. 축성에 대한 찬반 논쟁이 계속되
다가 숙종 44년(1718년)에 결국 축성 결정을 거쳐 공사가 이뤄지게 된다. 또
한 번의 찬반 논란에도 축성이 가능했던 데는 숙종의 의도가 큰 역할을 했
다. 하지만 이후에도 축성 반대 의견이 거세게 일었고, 공사 중단과 공사
재개가 반복되는 악순환이 거듭됐다. 해를 넘기고서도 논란은 해결되지
않았는데, 결국 숙종이 승하하면서 축성사업은 완전히 중단된다. 숙종 46

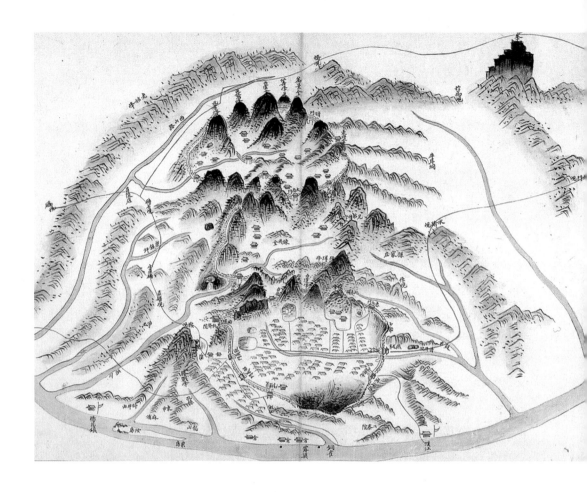

**도성 - 탕춘대성 - 북한산성**

19세기 전반에 제작된 지도로 추정되는 『동국여도東國輿圖』에 실린 「도성연융북한합도都城鍊戎北漢合圖」 지도 상단에 북한산성 성곽이 봉우리를 잇고 하단에는 도성 성곽이 원을 그린다. 경복궁 좌측 뒤, 도성 성곽이 지나는 인왕산 뒤로 또 다른 성곽이 북쪽으로 오르며 북한산성 남쪽 성곽지대 아래로 이어진다. 도성과 북한산성을 연결하는 탕춘대성이다. 탕춘대성 축조 추진자들은 이 성곽 외에 그 오른쪽 지역에도 도성과 북한산성을 잇는 성곽을 쌓으려 했다.

년, 1720년 이었다.

논란의 와중에도 축성 공사가 일부 이루어져 북한산 향로봉 지역에서 도성이 있는 인왕산 동북쪽 지역에 이르는 성곽이 축조됐다. 이 성곽은 도성의 서북쪽 방어를 위해 세운 성곽이라 해 서성(西城)이라 불렀으며, 북한산성의 창고(평창)가 있던 세검정 지역의 탕춘대(蕩春臺)에서 이름을 따와 탕춘대성(蕩春臺城)이라고도 했다.

미완의 상태로 남은 이 탕춘대성은 46년 재위 기간 내내 성곽 수축과 축성에 힘을 쏟았던 숙종의 마지막 축성정책이었다. 탕춘대성은 북한산성의 외성(外城)에 해당한다고 볼 수 있다. 이 탕춘대성이 축조됨으로써 자

탕춘대성 홍지문
1890년대에 촬영한 홍지문弘智門 사진으로 추정된다.
홍지문은 탕춘대성의 출입문으로 인왕산 뒤쪽 지역에 위치해 있다. 도성 쪽에서 이어져온 탕춘대성 성벽이 홍지문으로 제법 급하게 흘러내리고, 성문 왼쪽의 성벽은 곧바로 수문과 이어진다. 홍지문 옆을 돌아나가는 홍제천 위에 놓인 오간수문五間水門이다. 다섯 개의 홍예문을 내어 홍제천의 물을 흐르게 했다. 성문 지대 뒤로는 북한산 남쪽 지역에 속한 비봉 능선과 문수봉·보현봉 능선이 둘러쳐져 있다.

첫 분리될 수 있는 도성과 북한산성이 연결돼 안전한 피난로를 확보하게 된다. 도성과 탕춘대성, 북한산성이 하나의 방어시설 체제를 이룸으로써 수도 한양 지역의 방어력까지 강화할 수 있게 됐다.

숙종시대 이전의 방위정책은 수도권 지역에 외적이 침입하면 도성을 버리고 강화도나 남한산성으로 입거해 장기 항전을 펼치는 전략이었다.[5] 하지만 숙종은 도성을 수축하고 주변 요충지에 산성을 구축해 수도 중심의 경비를 강화한다는 새로운 방위전략을 모색했다. 도성을 떠나지 않고 도성 내에 방어체제를 구축해 수도를 지킨다는 도성 중심의 방어체제로까지 이어지지는 못했지만 그 가능성의 문은 이미 열어놓고 있었다. 도성과 북한산성을 잇는 탕춘대성이 그 새로운 방위정책을 위한 시작이었다. 하지만 숙종은 끝내 그 가능성의 문 저쪽으로 걸어가지는 못했고, 그 행보는 다음 시대의 책무가 된다. 이렇게 해서 피난처 확보와 군사방어시설 구축으로 시작된 숙종 시대의 북한산성과 탕춘대성은 다음 시대 국가방위정책의 밑거름이 된다. 도성을 떠나지 않고 반드시 사수하겠다는 영·정조 시기 '도성 중심 방어전략'의 기반시설로 자리 잡는다.

# 20

# 북한산성의
# 수도방위군 – 승병(僧兵)

- 북한산성 축성과 승병구금사건

- 북한산성에 승영사찰(僧營寺刹)을 건축하라

- 승영(僧營)의 탄생

- 북한산성 사찰은 왜 암문(暗門) 근처에 있나?

- 조선 후기 사회는 왜 승려를 필요로 했나?

## 북한산성 축성과 승병구금사건

북한산성 시설물 공사가 한창 진행될 즈음인 숙종 38년(1712년), 궁궐 수비대에서 한 승려를 체포해 옥에 가둔 사건이 발생했다. 당시 승려는 조선 초기부터 시행된 억불정책의 일환으로 도성 출입이 원칙적으로 금지된 상태였다.

> 전립(戰笠)을 쓰고 전포(戰袍)를 입은 승려가 흥원문(興元門)으로 해서 (궁궐에) 함부로 들어왔다. 이 승려가 말하길, 자신은 북한산(北漢山) 사찰(寺刹) 건립에 참가한 승려인데, 공무(公務)를 보기 위해 훈련도감(訓鍊都監)으로 가려 하다가 대궐문으로 잘못 들어온 것이라 하였다. 그러면서 비변사(備邊司)의 도장(印)이 찍힌 물금첩(勿禁帖)을 제시했는데, 다만 호패(號牌)가 없었으므로 형조(刑曹)에 내리어 가두게 했다.
>
> - 『숙종실록(肅宗實錄)』 권52, 숙종 38년(1712년) 10월 28일

도성 출입에 엄격한 제한을 받던 승려가 경희궁(경덕궁)의 외부 출입문인 흥원문을 통해 궐내에까지 들어왔으니 쉽게 넘길 사안이 아니었다. 광해군 때인 1620년에 완공된 경희궁은 궁의 규모가 크고 여러 임금이 이 궁에서 정사를 보기도 해 서궐(西闕)이라 부르며 중요시하던 궁궐이었다. 도성 내 지리에 어두운 승려가 인근에 위치한 훈련도감을 찾다가 경희궁의 출입문을 넘었다는 정황은 감안됐지만 승려는 즉시 감옥에 갇히는 신세가 된다. 신분증명서인 호패가 문제였다.

조선시대는 불교통제정책의 하나로 나라에서 벌이는 건축 공사나 토목사업에 승려를 동원하고, 일이 끝나면 이들에게 승려 신분을 보장하는 도첩(度牒)과 호패(號牌)를 발급했다. 체포된 승려는 나라에서 시행한 북한산성 사찰 공사에 참가했지만 아직 호패를 발급받지 못했든지, 아니면 도성에 들어올 때 호패를 소지하지 않았든지 둘 중 하나일 것인데, 아마도 비변사에서 발급한 물금첩을 너무 과신했던 것 같다. 물금첩은 관아에서 금

지한 일이나 활동을 특별히 허락한다는 허가를 내린 공식 문서였다. 체포된 승려가 소지한 물금첩은 당시 군사업무를 위시한 국정 전반을 총괄한 조정의 실질적인 최고기구인 비변사의 허가증이었지만 이도 소용이 없었다. 궁궐 수비를 맡았던 병사들에겐 비변사에서 물금첩을 내린 승려가 이 승려인지 아니면 다른 승려인지

확인할 신분증명서, 곧 호패도 필요했던 것이다.

이 사건은 북한산성 축성 시기의 승려의 지위와 역할에 대한 흥미로운 정보를 제공한다. 우선, 체포된 승려의 복장이 이채롭다. 전립은 조선시대 군인이 복장을 갖춰 입을 때 쓰던 갓이며, 전포는 무관(武官)이 입던 겉옷으로 일종의 군복이었다. 승려가 당시의 군인 복장을 갖추고 한양의 방위를 책임지던 군영인 훈련도감에 업무를 보기 위해 간다고 했으니 군인으로 위장한 승려는 아닌 것이다. 또한 비변사에서 발급한 허가증을 지녔기에 도피 중인 범법자일 가능성도 거의 없다. 자신의 주장대로 북한산성 축성 공사에 참가한 승려, 정확히는 승려 신분으로 군인의 역할을 한 승군(僧軍)일 가능성이 높다.

그렇다면 비변사나 훈련도감에 연락해 승려의 신분에 대한 사실 여부를 확인한 뒤 조치를 취해도 될 것인데, 이런 절차 없이 옥에 가두어버린다. 일반 양인이었다면 관련 부처를 통해 사실 여부를 확인하는 절차를 먼저 밟지 않았을까? 승려에 대한 이런 대우는 조선 초기부터 계속된 승려 통제와 불교억압정책이 북한산성을 축성하던 18세기 초기까지 지속되고 있었다는 사실을 말해준다. 한편으론 이 승려는 군인의 신분이나 다름없었고, 거기다 국정 최고기관에서 특별 허가증을 발급했으며, 수도방위를

책임지던 훈련도감의 부름을 받는 위치에 있었다. 이 승려는 국가 기관으로부터 특별한 대우를 받고 있었던 것이다. 이러한 사실은 이 '승려 구금 사건'을 조선 초기부터 행해온 불교용인정책의 연장선상에서 바라볼 수 있게 한다.

조선은 억불정책을 내세우면서도 필요에 따라 승려를 활용하고 일정 선에서 불교를 허용하는 이중적인 종교정책을 건국 초기부터 계속해왔다. 임진왜란과 병자호란을 거친 17~18세기엔 조선 지배층의 이런 이중적인 불교정책의 간극이 더 심화되는 양상을 보인다. 불교계에서는 국가 정책에 협조함으로써 불교에 대한 부정적인 시각을 바꾸고 사회적 위상을 높이려 했다. 이를 통해 승려에 대한 처우를 개선하고 교단의 존속과 확장을 꾀했다. 북한산성 축성에 동원된, 혹은 참가한 승려들을 통해 당시 조선 지배층과 불교계의 관계를 확인해보자.


## 북한산성에 승영사찰(僧營寺刹)을 건축하라

> 임금이 이번 7월 초 5일 대신과 비변사(備邊司) 당상을 인견(引見)했다. (……) 호조판서 김우항(金宇杭)이 아뢰었다. "지금 북한산성에는 중흥사(重興寺) 한 곳만이 있습니다. 이제 사찰을 많이 두어야 하기 때문에 승도(僧徒) 중에서 몇 사람을 택해 책임지고 재물을 거두어 모으게 한 뒤, 먼저 몇 곳에 사찰을 짓게 했습니다. 그런데 계속 지원해 주지 않으면 공사를 끝내기가 쉽지 않겠습니다."
>
> - 『비변사등록(備邊司謄錄)』 숙종 37년(1711년) 7월 8일

북한산성 성곽 공사가 한창이던 1711년 여름, 숙종은 북한산성 축성사업의 최고책임자인 호조판서의 건의에 따라 공명첩(空名帖) 1천 장을 내린다. 북한산성 축성사업의 하나인 산성 내의 사찰 건립에 필요한 재정 일부

를 공명첩 매매를 통해 해결하려 한 것이다. 공명첩은 나라의 재정 형편이 어려울 때 돈이나 곡식을 받고 부유층에게 관직을 내리면서 주던 임명장으로 일종의 매관직첩(賣官職帖)에 해당한다. 가난한 백성을 돕는 진휼정책에도 이 공명첩이 쓰였고, 나라에서 건축물을 지을 때 그 비용을 부담한 사람에게 하급관리직을 부여하는 방식으로 공명첩을 발행하기도 했다.*
북한산성 내의 사찰 건립에도 이 같은 방식을 동원한 것이다.

북한산성 축성사업은 크게 보면 성곽 축조와 군사시설물 조성, 행궁 건립, 산성 내의 사찰 건축 등으로 나뉜다. 이중 사찰 건축은 승려들의 주도로 이뤄졌다. 고려시대와 달리 사찰 조성과 불사(佛事)에 국가 지원이 끊기고 사찰 재산이 줄어들면서 조선시대 승려들은 사찰 보수와 건립을 자체적으로 해결해야 했다. 이런 배경에서 불교계에는 고급 건축기술을 보유한 승려 계층이 형성됐는데, 이들은 궁궐이나 관아의 건축공사에 동원되기도 했다. 승려 건축기술자들은 북한산성 사찰은 물론 북한산성의 다른 목조 시설물 건축까지 맡았으며, 성곽 축조기술을 가진 일부 승려는 성벽 공사에 투입된 것으로 보고 있다. 이들 불교계의 인력은 북한산성 축성 이전 시기에 성곽 축조나 수축 공사에 동원돼 이미 축성 기술과 경험을 축적해놓은 상태였다. 기술을 가지지 못한 일반 승려들은 건축물 공사와 성곽 공사의 역부(役夫)로 축성 공사에 참가했다.[1]

북한산성 사찰 공사는 숙종 38년(1712년)에 거의 마무리된다. 기존의 중흥사(重興寺) 외에 10개의 사찰을 새로 지어 모두 11개의 사찰이 건축되고, 여기에 2개의 암자까지 더해졌다. 고려시대에 창건된 중흥사는 당시 30여 칸의 사찰이었지만 중건을 해 136칸에 이르는 대규모 사찰로 거듭난다. 중흥사는 고려 말 보우 선사(普愚禪師)가 거처하며 북한산 불교의 중흥 시대를 주도했던 사찰이었다. 보우 선사가 창건한 태고암(太古庵) 자리에는 131칸 규모의 태고사(太古寺)가 들어섰다. 새로 지은 다른 사찰들도 70여 칸에서 130여 칸에 이르는 크기로 대체로 규모가 큰 편이었다. 특히 보국사(輔國寺)는 창건 당시 177칸에 달했다. 이들 사찰은 산성 축조공사가 끝나면 승군(僧軍)이 주둔하는 승영(僧營)으로 삼을 계획이었다. 산성 내 각

* 공명첩에는 관직 임명장인 공명고신첩空名告身帖 외에도 양역良役을 면제해주는 공명면역첩空名免役帖, 천인을 양인으로 인정하는 공명면천첩空名免賤帖 등이 있었다. 임진왜란을 전후해 나타난 이 공명첩은 돈이나 곡식 같은 물질을 통해 관직을 얻고 신분 상승을 할 수 있다는 사실을 국가가 공식적으로 인정한 제도였다. 태어나면서 신분이 정해지고 그 신분의 한계 내에서 사회적 권리가 허용되는 신분제도, 조선지배층의 권위와 권리의 정당성을 보장한 그 한 축을 지배층 스스로가 부정하는 것이기도 했다. 그 '부정'은 신분제도 자체의 허구와 모순에 대한 인식과 이를 변화시키려는 실천의지에서 나온 것이 아니라 신분제 사회를 유지하면서도 그로 인해 발생하는 사회문제를 회피하고, 더 많은 이익을 누리고자 하는 욕망에 따른 것이었다.

지역에 승영사찰을 두고 승군으로 하여금 산성의 수비와 관리 일부를 맡긴다는 구상이었다. 성벽 공사 진행과 함께 사찰 공사를 추진했던 것으로 보아 북한산성 축성정책에 승려를 동원한다는 계획은 이미 축성사업 설계 때부터 잡혀 있었다.

### 승영(僧營)의 탄생

이 시기엔 축성 공사에 승려를 동원하는 일은 특수한 경우가 아니라 일반적인 현상이었다. 특정 지역에 한정되지도 않았다. 전국 여러 지역의 성곽 수리와 축성에 승려를 활용했고, 산성 내의 사찰을 승영으로 삼아 승군에게 산성 수비와 관리를 맡겼다. 개성 대흥산성(大興山城)의 경우, 숙종 2년(1676년) 들어 개축과 함께 사찰을 새로 짓고 승려들에게 산성 시설물을 관리하게 한다.[2] 숙종 27년(1701년)엔 평안도의 구성부성(龜城府城)을 축조하면서 성내 여러 곳에 승영사찰을 건립한다. 남원 교룡산성(蛟龍山城)의 경우, 숙종 31년(1705년)에 승려 500명을 동원해 성곽을 수리했다는 기록

이 남아 있다. 이 교룡산성은 임진왜란 시기에 승병장(僧兵將) 처영(處英)의 지휘 아래 승려들이 축조했으며, 축성 후 승군이 주둔해 산성 관리와 수비의 일부까지 맡았던 곳이다. 18세기 전반에 이르면 약 1530개소의 사찰 가운데 100여 개소의 사찰이 승영사찰로 운영될 정도로 이 시기 축성정책에서 승려는 핵심 인력이었다.

승려들의 축성 동원과 산성 관리는 임진왜란을 계기로 구체화됐다. 임진왜란 발발과 함께 승려들은 의승군(義僧軍)으로 전투에 참가해 큰 성과를 올렸고, 일부는 물자 운송과 산성 수축공사에 참여해 전시 공병부대의 역할을 다했다. 이러한 의승군의 활약은 전쟁 7년 동안 전국에 걸쳐 계속됐으며, 전쟁이 끝난 뒤 공신(功臣)에 오른 승려만도 34명에 이를 정도였다.

전란을 거치면서 조직화된 승군(僧軍)은 이후의 축성정책에 그대로 활용된다. 조선 전기에도 승려를 징발해 건축과 토목 공사에 투입했지만 이 시기의 승려인력 운용은 조직적이거나 지속적이진 않았다. 하지만 전란 이후인 조선 후기엔 승려 동원이 조직적으로 이뤄지고 국가정책 추진을 위한 한 요건으로 자리를 잡을 만큼 체계화된다. 승려들의 임진왜란 전투

**북한도**

북한산의 지세, 북한산성 성곽과 성문, 행궁, 승영사찰, 장대, 유영, 창고 등을 그려놓은 지도이다. 이 북한도 北漢圖는 북한산성 축조 과정과 시설 현황을 기록한 『북한지北漢誌』의 첫 머리에 실려있다. 『북한지』는 1711년 북한산성 축성에 참가하고 이후 팔도 도총섭八道都摠攝의 직위로 산성 내 승영사찰 운영을 총괄했던 승려 성능性能이 1745년에 간행했다.

북한산성의 수도방위군 - 승병(僧兵)  285

참가는 불교에 대한 조선 지배층의 인식을 새롭게 했지만, 한편으론 축성 정책에 의승군 조직을 활용하게 하는 계기가 됐던 것이다.

국가방위정책의 변화도 의승군 활용에 영향을 미쳤다. 임진왜란 이후 산성에 대한 중요성이 새롭게 부각되면서 전국의 방어 요충지에 산성을 쌓아 방위를 강화하는데, 이런 국가방위정책의 흐름이 의승군 동원의 한 배경이 됐다. 전란 후의 피폐한 사회 실정으로 인해 국가사업에 필요한 인력이 부족했던 것도 승려 동원의 한 요인이 되었다. 전란 후 승려의 수는 더 늘어난 상태였으며, 더구나 이들은 승단이라는 조직을 갖추고 일정한 훈련을 기친 인력이었다. 재징 익화로 곤란을 겪던 조정 입상에서 보면 승려만한 인력이 따로 없었다.

경기도 광주의 남한산성(南漢山城) 축성이 그 시작이었다. 남한산성은 전란이나 변란이 일어날 경우 조정의 피난처이자 장기 항전지로 삼을 목적으로 인조(仁祖) 2년인 1624년 축성공사를 시작해 1626년에 공사를 마무리 지었다. 둘레 8km에 이르는 대규모 산성으로 건설됐는데, 전국 여러 사찰의 승려들이 축성에 동원됐다. 축성인력을 중심으로 조직을 갖춘 승려들은 성곽 공사는 물론 성내 건축물 조성과 사찰 건축에도 투입됐다. 축성이 끝난 뒤에는 산성 내 9개 사찰에 승영을 두고 350여 명의 의승군이 관군과 분담해 산성 관리와 수비를 맡았다. 남한산성 승영은 군제와 유사한 조직체계를 갖추었으며, 당시 이 지역 방어를 책임지던 중앙방위군인 수어청(守禦廳) 아래 편제된 병영이자 일종의 특수부대에 해당했다. 이후 남한산성 승군 조직과 운영체계는 조선 후기 승영 정책의 본보기로 자리 잡는다.

남한산성과 장경사

남한산성 원성元城의 동쪽 성곽지대. 성벽이 능선을 부드럽게 타고내리다 크게 굴곡을 그린다. 그 안쪽 골에 장경사長慶寺가 자리 잡고 있다. 1620년대 남한산성 축성에 동원되고 이후 성곽수비를 맡았던 승영사찰 중 하나이다. 일제에 의해 대부분의 승영사찰이 파괴됐는데, 그 중 장경사가 비교적 피해가 적어 옛 모습을 일부 간직하고 있다.

## 북한산성 사찰은 왜 암문(暗門) 근처에 있나?

북한산성 내의 사찰은 주로 성문(城門) 가까운 곳에 배치됐다. 산성 북측을 보면 서암사(西巖寺)가 수문(水門) 근처에, 상운사(祥雲寺)가 북문 아래에 있다. 산성 동측으로는 용암문 근처에 용암사(龍巖寺)가 있고, 보국문 위쪽에 보국사(輔國寺)가 위치해 있다. 남측으로는 대성문 아래(뒤쪽) 지역에 보광사(普光寺)가 자리를 잡고 있다. 산성 서측을 보면 원각사(圓覺寺)가 부왕동암문 근처에 있으며 그 안쪽 지역엔 부왕사(夫旺寺)가 위치해 있다. 가사당암문 지역에는 국녕사(國寧寺)가 자리를 잡았다. 원효암(元曉庵)과 봉성암(奉聖庵) 두 암자도 성곽 근처에 자리를 잡고 있다. 진국사(鎭國寺: 지금의 노적사)는 성곽 지대에 있지는 않지만 중성문이 있는 산기슭에 위치해 있다. 이처럼 11개 사찰 중 9개 사찰이 성문(城門) 지역에 있는데, 특히 암문(暗門) 근처에 다수의 사찰이 자리를 잡고 있다. 사찰의 이런 배치 형태는 군영의 군사시설 입지와 차이를 보인다. 관성소와 삼군문 유영의 병사들은 대성문과 대동문, 대서문 등 산성의 주요 진출입로와 행궁, 창고를 수비하고 승군은 암문을 중심으로 한 성곽 수비를 담당한 관리체계를 보인다. 군영의 관리가 소홀하거나 담당하기 힘든 지역에 승영사찰을 배치해 산성 방어와 관리의 공백을 메우려 한 것이다. 이처럼 북한산성의 사찰은 전통적인 사찰입지의 원리를 따른 게 아니라 군사 목적에 따라 그 입지가 결정됐다.

북한산성 승영사찰의 본부인 중흥사는 산성 가운데 지역에 위치했다. 성곽 지역에 흩어져 있는 승영사찰을 효율적으로 관리하고 통제할 수 있는 중심 지역에 승영본부를 배치한 것이다. 이러한 입지는 북한산성 관리를 총괄하는 관성소의 위치도 고려한 것으로 보인다. 승영 운영과 관리를 위

중흥사

1890년대 초반의 중흥사 대웅전이다. 조선 후기 북한산에 성곽이 새로 구축되면서 북한산성 내의 사찰은 수행 공간이자 성을 지키는 군영이 된다. 중흥사는 이 승영사찰의 본부였다. 북한산성을 찾았던 조선 후기의 실학자 정약용은 중흥사에서 하루를 지낸 감회를 이렇게 기록했다.

절에서 지나는 길손 반겨주는데
객을 맞는 마음가짐 한결같구나
(……)
노승이 창칼을 늘어놓았으니
높은 베개 베고 덧없는 호강 누리네

북한산성의 수도방위군 - 승병(僧兵)

287

해 관성소와 자주 연락을 취해야 한다는 점을 감안해 관성소에서 멀지 않은 곳에 승영본부를 둔 것이다. 고려 후기 불교문화의 한 축을 이뤘던 중흥사는 이제 북한산성 시대를 맞아 승영사찰의 중심지가 됐다.

태고사(太古寺)가 위치한 곳은 고려시대 중흥사의 부속 암자였던 태고암 자리이며, 이 시기에도 중흥사의 승영 관리를 보조하는 역할을 했을 것으로 추정된다. 태고사는 장서각 역할을 겸해 유교 경전과 역대 고문서, 시문집, 족보 등의 판목을 보관하기도 했다.

승영사찰로 거듭난 태고사는 지금까지 그 맥이 이어져 오고 있다. 이 외에도 국녕사와 상운사, 진국사(지금의 노적사), 원효암, 봉성암이 북한산성 내의 사찰로 남아 있다.

승영사찰 시설은 크게 두 분야로 나누어져 있었다. 하나는 종교의례를 행하는 불전(佛典)이며 다른 하나는 군사시설이었다. 무기와 군량미를 저장하는 창고가 주된 군사시설이었으며, 그 외 군사훈련장과 그에 따른 부속시설이 마련돼 있었다. 군사훈련은 대체로 사찰 내 큰 마당에서 행해졌으며 누각이 군사훈련을 지휘하는 장대(將臺) 역할을 했다. 이 누각 규모가 법당 규모보다 큰 것으로 나타나고 있어, 승영 사찰에서는 불전시설보다 군사시설을 더 중요시했던 것으로 파악된다. 부왕사의 경우 누각은 정면 5칸에 측면 2칸인데 비해 법당은 정면 3칸에 측면 2칸이었다. 중흥사의 경우도 누각인 만세루는 정면 6칸에 측면 3칸이며, 법당은 정면 5칸에 측면 3칸 규모였다.

각 승영사찰에는 무기와 군수품을 보관하는 창고가 마련돼 있었다. 병영의 군창(軍倉)이 아닌 별도의 창고를 두어 승병들이 사용하는 무기와 군물(軍物)을 관리했다. 조선 후기에 북한산성 사찰을 둘러보고 남긴 기행문을 통해 당시 상황을 그려보자.

> 드디어 보광사(普光寺)에 이르렀다. 법당의 오른쪽 조정(藻井: 화재를 예방할 목적으로 수초 모양의 그림을 그려 넣은 천장)에 세 사람의 성명(姓名)을 크게 써 놓았다. 승려들은 모두 군사와 무기

(兵)에 관한 이야기를 했으며, 벽실(壁室)에는 창·칼·활·화살 등을 저장하고 있었다. 황혼 무렵에 태고사(太古寺)에 도착해 투숙하였다.

- 이덕무(李德懋), 「기유북한(記遊北漢)」 『청장관전서(靑莊館全書)』

　북한산성 축성 약 50년 뒤인 1761년에 실학자 이덕무(李德懋: 1741~1793)가 남긴 기록으로, 당시 승영사찰은 종교의례를 행하는 사찰이라기보다는 병영에 가까운 모습을 보이고 있다. 승영의 군물(軍物) 창고인 승창(僧倉)에는 이덕무가 본 활과 화살, 창, 칼 외에도 총(銃)과 포(砲)도 저장해 놓고 있었다. 그런데 특이한 점은 승창에 조총과 철자포(鐵子砲) 등의 화기는 보관하고 있지만 이를 쏘는데 필요한 화약은 없다는 사실이다. 이로 미루어보아 승영에는 독자적인 군사권이 없었음을 알 수 있다. 승영은 평상시 산성의 수비와 관리를 주 임무로 하고 비상시에는 병영의 지휘와 명령을 받아 군사 활동을 수행하는 보조 역할에 그치고 있었던 것이다.

　또한 승영에서는 무기 제조에 필요한 숯을 보관했으며, 용암사에는 약 1,000석에 이르는 숯을 사찰 마당에 매장해 관리했다. 무기류 외의 군물로는 1,380여 개에 이르는 밥솥을 보관하고 있었다. 이는 삼군문 유영에서 보관한 밥솥보다 월등히 많은 양으로, 유사시 군기 제조를 위해 보관해

용암사지
북한산성 동쪽 성벽이 지나는 용암문 인근 산지, 경사지에 축대시설이 남아 있다. 1711년 북한산성 축성 뒤에 승영사찰의 하나로 건립된 용암사가 자리했던 곳이다. 용암사는 87칸 규모의 사찰로 용암문 지역의 수비와 관리를 맡았다.

둔 무기 재료로 추측된다. 사찰의 군창 주위엔 못을 조성해 화재에 대비했으며, 각 사찰에 무기를 분산 배치함으로써 적에 의한 무기 탈취의 손실을 최소화하려 했다.


## 조선 후기 사회는 왜 승려를 필요로 했나?

사찰 조성과 함께 승영 조직도 갖춰나갔다. 승영 조직은 남한산성의 예를 따라 군사 조직과 비슷하게 편제되었다.[3] 중흥사를 승영본부로 삼고 산성 내 사찰을 예하 부대로 삼았다. 승영의 최고 책임자로 총섭(總攝)이라는 직함을 가진 승대장(僧大將) 1명을 두고 그 아래 승영 전체를 관리할 장교급 승병 30여 명을 소속시켰다. 각 사찰에는 승장(僧將)과 수승(首僧) 1명씩을 배치하고 그 아래에 의승 3명을 두었다. 각급의 수장과 분야별 지휘관을 두고 그 아래 군사업무를 분장하는 소임을 두는 조직체계였다.

이후 숙종 40년(1714년)엔 승병 규모를 늘려 본격적인 산성 관리에 들어갔다. 함경도와 평안도를 제외한 전국에서 350여 명의 승려를 뽑아 올려 각 승영사찰에 배치했다. 이들 일반 승병을 의승군(義僧軍)이라 했는데, 매년 여섯 차례로 나누어 두 달씩 근무하는 방식으로 운영됐다. 지역의 승려가 의승군으로 복무할 때 발생하는 비용은 소속 사찰에서 부담했다. 이 의승입번제(義僧立番制) 실시로 인해 전국의 사찰에선 의무적으로 의승군을 올려보내야 하는 책무를 지게 되었고, 이를 통해 북한산성 승영의 최고책임자인 총섭은 전국 사찰에 큰 힘을 행사할 수 있는 위상을 갖게 된다. 조정에서도 승영 운영과 관리의 편리를 위해 총섭의 권한을 굳이 억제하지 않았다.

총섭을 중심으로 한 의승입번제는 국가 입장에서 보면 승려에게도 군역의 의무를 부과한다는 측면이 강했지만 불교계에선 이로 인해 큰 어려움을 겪었다. 의승군 인력과 그 유지에 필요한 경비는 물론 근무할 때 드는 잡비까지 부담해야 해 사찰 운영이 어려운 곳이 있을 정도였다. 당시

**성城과 왕국** I 북한산성이 전하는 스물여섯 가지 한국사 이야기

사찰은 산성 관리와 성곽 수리뿐 아니라 관아에서 행하는 건축 공사에도 동원됐다.[4] 능묘(陵墓) 조성과 제방 공사, 종이 제조 등 여러 국역(國役)까지 맡고 있었다. 특산물을 바치던 조세제도를 쌀로 납부하게 한 대동법(大同法)이 실시됐지만 능묘 조성과 종이 제조 등에 대해서는 예외 규정을 두었는데, 이 부담을 사찰에서 떠맡게 된 것이다. 일부 사찰에서는 산지 작물이나 제조품을 지방 관청에 납부해야 하는 의무까지 지고 있었다.

이런 상황에서 승군 운영의 폐단이 심해지고 변화를 요구하는 불교계의 목소리가 높아지자 1756년(영조 32년)엔 의승입번제를 폐지하고 의승번전제(義僧番錢制)를 실시한다. 사찰에서 의승군을 올려보내는 대신 돈을 납부하고, 국가에서 이 돈(番錢)으로 승영에 상주할 의승군을 고용해 산성을 관리하는 제도였다. 이 의승번전제를 제도화해 시행하기 이전에 이미 사찰 일부에서는 승영에 복무할 승려를 보내는 대신 돈으로 대체하고 있던 상황이었다. 승병을 보내는 게 돈으로 대신하는 것보다 사찰 입장에서 더 큰 부담이었기 때문이다.

하지만 의승번전제의 실시로도 사찰 형편은 크게 나아지지 않았다. 흉년에도 평년처럼 번전을 징수했으며 각 사찰의 사정을 고려하지 않고 번전이 부과됐다. 거기다 승려들이 감당해야 하는 각종 부역도 여전한 상태였다. 사찰의 부담을 덜기에는 의승번전제로는 역부족이었다. 결국 1785년(정조 9년)엔 번전을 반으로 줄이게 되고, 이는 승군 제도가 폐지되는 19세기 말까지 지속된다. 승군 제도에 대한 국가의 이러한 조치는 불교계에 대한 시혜라기보다는 산성 관리를 해나가기 위한 어쩔 수 없는 선택이었다.

승영의 승병들은 아침저녁으로 불전에서 예불을 올리고, 낮에는 창고를 지키고 군사훈련을 행했다. 살생을 금한다는 불교의 근본 교리와 부합되지 않는 일이었지만 산성을 보수하고 군사시설물을 수리했으며 화살과 화약 같은 무기를 만들었다. 북한산성의 승려들은 종교인이자 군인이었으며 북한산성의 사찰은 도량이자 병영이었다.

각 사찰은 승영에 소속돼 지휘를 받고 있었지만 기본적으론 북한산성 운영을 총괄하는 관성소와 삼군문 유영의 통제를 받고 있었다. 북한산성의 사찰은 조정 입장에서 보면 불교계를 위한 종교시설이 아니었다. 건축 자체를 승려들이 맡았다 해도 북한산성 사찰 건립을 주관한 곳은 국가기구인 삼군문이었다. 사찰 건립에 소요되는 재원도 나라에서 부

**상운사**

조선 후기 승영사찰이었던 상운사는 북한산성 북쪽 성벽이 지나는 영취봉의 남쪽 중턱에 자리 잡고 있다. 사진 오른쪽의 능선이 영취봉이며 왼쪽으로는 원효봉이 솟아있다. 이 원효봉과 영취봉이 만나는 능선에 북한산성의 북문이 자리 잡고 있는데, 상운사는 훈련도감 유영과 함께 북문 지역의 수비와 관리를 맡았다.

담했으며 사찰 설계와 건축의 감독도 관리의 지휘 아래 진행됐다. 조직 편제에 있어서도 군제를 따랐으며 운영의 권한과 결정권도 국가기관인 관성소에 있었다. 불교계 입장에서야 승영사찰을 도량으로도 여겼겠지만 국가 입장에선 국방정책에 따른 분명한 군사시설이었다.

한편으론, 국가방위체제에 승영이 편제되었다는 사실은 나라에서 불교를 인정한 셈이나 다름없었다. 불교 공인을 공식화하거나 천명하지는 않았지만 한 국가의 근간이 되는 군제에 불교 조직을 포함함으로써 실제적으로 불교를 허용하고, 나아가 일정한 한도 내에서 불교교단의 유지를 위한 정책까지 시행했던 것이다.

조정의 이러한 태도나 시책이 불교 진흥을 위한 것이 아님은 물론이다. 국가 정책사업에 필요한 노동력을 확보하고 모자라는 군역(軍役)을 충당하기 위한 전략적 방책이었다. 조선은 성리학에 기반하고 불교를 물리치는 국가이념을 내세웠지만, 또 한편으론 그렇게 세운 국가의 운영을 위해 불교계를 끌어들이지 않을 수 없었던 것이다. 조선 후기 들어 체계적으로 진행된 승려를 동원한 축성정책은 불교억압정책의 직접적인 산물이라기보다 사회 실상과 제도 변화에 따른 선택적 정책에 더 가까웠다. 불교계에서는 억압을 완화시키고 교단의 존속을 위해서도 조정의 요구에 응하지

않을 수 없는 입장이었다. 일정한 선을 두고 불교계와 조정의 타협이 이뤄졌으며 승군 운영은 그 한 결과였다. 조정의 불교정책에 좀 더 적극적인 승려 세력은 이를 기회로 불교진흥을 꾀했을 수도 있겠지만 결과는 그렇지 못했고 승려 개인이나 일부의 입신출세에 활용되었을 뿐이다.

오래 전 이 땅에 나라가 열릴 즈음, 북한산은 왕궁을 호위하는 군대가 주둔하던 국방의 요충지이자 전투가 벌어지던 전쟁터였다. 그때 그곳은 하나의 나라를 이룬 정치권력이 다른 정치권력과 부딪쳐 세력다툼을 벌이던 투쟁과 정복의 땅이자 방어와 수호의 땅이었다. 그 뒤 북한산은 참선의 승려들 정좌하고 독경 소리 가득한 신앙의 성(城)이었다. 정치권력은 자기 보존과 영속을 위해 이 성을 후원했고, 이 성의 사람들은 정치권력의 영원을 기원하며 자신들의 성에 더 큰 사원(寺院)을 지었다. 그때 그곳은 왕궁의 신전이자 신앙의 숲이었다. 그리고 그 뒤, 북한산에는 튼튼한 성곽이 새로 만들어지고 군영의 깃발이 높이 올려졌다. 이 산의 주인이 된 새로운 정치권력은 지난 사원을 멀리했지만, 한편으론 이 숲의 성에 또 다른 사원을 조성했다. 불전(佛殿)과 무기고가 한 공간에 들어섰고, 승려들은 경전과 칼을 함께 들었다. 이제 그곳은 방어와 수호의 땅이자 신앙의 숲이었다. 정치권력과 종교가 만나고, 권력자와 구도자는 한 곳을 바라보면서 또한 서로 다른 곳을 바라보았다. 어색하지만, 그래서 서로 어깨까지 걸 수는 없지만 하나의 성을 함께 지켜야 했다. 그건 시대의 족쇄였다.

이 지상에 사람들이 모여 살면서 왕궁과 사원의 깃발은 내려진 적이 없었다. 어느 한 곳의 깃발이 더 높이 올라갔겠지만 결코 자신만의 성에 혼자만의 깃발을 내걸 수도 없었다. 때론 서로 치켜세우며 함께 깃발을 올렸고, 또 때로는 자신의 깃발을 좀 더 높이 올리기 위해 서로 다투었지만 어느 한쪽도 다른 쪽의 깃발을 온전히 없앨 수는 없었다. 북한산의 산성에는 왕궁과 사원의 깃발, 그 정치권력과 종교가 만들어내는 이 지상의 빛과 그림자가 지금도 고여 흐르고 있다.

# 21

# 수도 한양을
# 사수하라

## 영조시대의 북한산성

- 북한산성의 왕과 왕세손

- 영조의 시대

- 영조의 북한산성, 왕세손의 북한산성

- 도성 수호의 배후기지 – 영조시대의 북한산성

## 북한산성의 왕과 왕세손

> 도읍 북쪽에 견고한 성(城) 있으니
> 그곳 높은 봉우리들 한양 땅을 지켜주네
> 산성에 오를 때마다 군사 뒤따르고
> 이곳까지 호위하니 그 모습 장하도다
> ─ 영조(英祖) 어제시(御製詩)「북한산성(北漢)」『열성어제(列聖御製)』

왕은 다시 북한산성에 올랐다. 이제 일흔아홉, 산행을 하기엔 무리인 나이었다. 하지만 오래 전부터 마음에 품어온 듯, 왕은 북한산 행차를 서둘렀다. 재위 48년인 임진년(壬辰年: 1772년) 4월 10일, 이날의 북한산성 거둥은 영조(英祖, 재위: 1724~1776)에게는 특별한 의미가 있었다. 선왕(先王)이자 부왕(父王)인 숙종(肅宗, 재위: 1674~1720)이 북한산성을 찾은 지 60주년이 되는 해였다. 북한산성 성곽 공사가 끝난 다음 해인 임진년(1712년) 4월 10일, 당시 연잉군이던 영조는 숙종을 모시고 이곳 북한산성에 올랐다. 그리고 60년이 지난 이날, 부왕 숙종의 북한산성 행행(行幸)을 기념하는 자리를 마련한 것이다. 이날 행차에는 이제 약관의 나이를 넘긴 왕세손(王世孫)이 동행했다. 영조의 손자이자 죽은 사도세자(思悼世子)의 아들로, 뒷날 정조(正祖, 재위: 1776~1800)로 즉위할 그 왕세손이었다.

* 북한산성에서의 영조의 활동은『영조실록』권118(영조 48년 4월 10일)의 기록을 토대로 구성했다. '왕세손 시절 정조의 북한산성 행차'는 정조가 왕세손 시절에 북한산성에 행차한 뒤 남긴 글(어제시)을 근거로 삼았다.

행궁 편전(외전)을 나온 영조는 왕세손과 함께 뜰을 거닐었다.* 지난 행차 때보다 행궁 주위로 수목(樹木)이 더 울창해졌고 담장의 흙빛도 한참 은은해졌다. 이번이 세 번째 북한산성 행차였다. 1712년의 첫 번째 행차는 부왕인 숙종을 모시고 북한산성 축성현장을 둘러보는 자리였다. 그리고 48년 뒤에 다시 이곳을 찾았고, 이번 행차에서는 왕세손을 앞세웠다. 마치 60년 전 이날 부왕 숙종이 자신과 동행했던 것처럼 영조는 이날 행차에 왕세손이 어가(御駕) 행렬을 호위하게 했다.

이제 내년이면 여든 살이 아닌가. 영조는 자신의 나이를 헤아리며 왕세손을 돌아본다. 우려와 달리, 왕세손은 그동안 믿음직스런 면모를 보여주

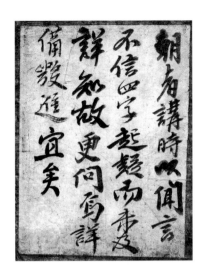

고 있었다. 총명했고 학문 탐구에도 열의가 대단했으며 예술에도 깊은 관
심을 보였다. 결단력도 있었고, 무엇보다 자신의 마음을 다스릴 줄 아는
심정 깊은 인물로 성장했다. 10년 전 11살의 나이에 아버지(사도세자)를 잃
어야 했던, 어린 나이로는 감당하기 힘든 비극을 겪은 왕세손으론 보이지
않았다. 그것도 할아버지인 자신의 명에 의해 뒤주에 갇혀 죽어가는 아버
지를 지켜봐야 했던 왕세손이 아닌가.

재위 38년(1762년), 영조는 마침내 사도세자(후일의 장헌세자)를 뒤주에 가
둔다. 그리고 여드레 뒤에 세자는 뒤주 속에서 굶어죽는다. 한 나라의 최
고 권력자인 왕이 다음 왕위를 이을 후계자에게 내린 극형이자 아버지가
아들을 죽여야 했던 혈연을 거스른 대사건이었다. 그것은 권력 쟁취와 당
파의 영속을 위해서는 무엇이든 할 수 있다는 조선 후기의 뒤틀린 당쟁이
가져온 비극이었다. 군주를 정점으로 권력질서를 유지하고 왕위승계를
통해 체제의 영속을 보장받았던 왕조체제의 구조적 한계가 이 비극의 한
배경으로 놓여 있었다.

소론(少論) 계열의 학자로부터 학문을 배운 사도세자(1735~1762)는 1749
년(영조 25년)에 대리청정으로 정사를 펴면서 노론(老論)에 비판적인 입장

을 견지했다. 당시 조정은 당파의 인재를 골고루 등용한다는 탕평책(蕩平策)에도 불구하고 노론이 정권의 실세를 점하고 있었다. 상대적으로 열세에 있던 소론 계열에서는 세자에게 기울었고, 세자는 소론계 인사를 등용해 노론의 경계심을 불러일으켰다. 세자의 소론 우대는 당시 노론을 중시했던 영조와도 정치적 긴장과 함께 갈등을 유발하게 한다. 장차 세자가 왕위에 오를 경우 노론의 입지는 좁아질 것이 분명했고, 노론은 권력 유지를 위해 세자에 대한 견제에 더욱 힘을 쏟게 된다. 특히 노론은 세자의 비상식적인 행동을 부풀려 영조와 세자 사이를 더욱 멀어지게 하면서 세자로서의 자격을 문제 삼았다. 그 진위에 대한 논란이 있지만, 노론 측의 주장을 따르면 당시 세자는 칼을 휘둘러 궁녀를 죽이는 과격한 행동을 하고, 왕궁을 몰래 빠져나가는 등 일탈 행동을 벌이는 정신병자로 취급되고 있었다. 영조와 세자의 갈등은 더욱 깊어갔다. 이런 정국 아래서 1762년, 노론 세력의 사주에 의해 그간의 세자의 비행을 알리는 글이 영조에게 전해지면서 세자는 위기에 처하게 된다. 분노한 영조는 직접 세자를 심문하면서 죄를 다그치고 세자에게 자결을 요구한다. 하지만 세자는 이에 불복하고, 결국 영조의 분노는 세자의 죽음으로 끝이 난다.

그리고 10년의 세월이 흘렀다. 그 사이, 아버지를 살려달라던 어린 왕세손은 자신의 뒤를 이을 후계자로 자랐고 영조는 왕권을 강화하고 군주 중심의 통치질서를 확립하는데 진력을 다했다. 정국 운영의 기본은 여전히 탕평정책을 표방했지만 그 속내를 보면 권력 다툼의 강도는 크게 줄어들지 않았다. 왕세손에 우호적인 세력과 이를 견제하는 세력 간의 암투도 여전했다. 자신들이 원하는 군주를 권좌에 앉혀야 그들의 권력도 영속할 수 있었다. 정치권력의 마당에 발을 디딘 이상 누구도 이를 완전히 거부할 순 없었다. 천륜마저 끊게 만드는 자리, 그게 왕의 자리였다.

그렇지만 영조는 왕세손만은 정쟁에 휘말리지 않기를 원했을 것이다. 영조 후반기의 왕권 강화와 정국 안정책은 여기에 목적을 두었을 것이고, 그 결과 왕세손이 순조롭게 왕위를 이어나가길 바랐을 것이다. 그게 자신의 결단에 의해 죽음으로 끝난 아들과의 비극, 그 메울 수 없는 간극을 조금이나마 채울 수 있는 길이었으리라. 어린 나이에 아버지를 잃게 한 할아버지, 세월이 흘러도 소멸되지 않는 왕세손에 대한 그 부채의식을 조금이나마 덜 수 있는 길이었으리라. 영조는 자신이 겪어야 했던 왕위승계 과정이 왕세손에게 되풀이되지 않기를 진정으로 원했을 것이다.

## 영조의 시대

영조는 목숨을 건 암투와 정쟁을 겪으며 왕위에 올랐다. 숙종 때의 당파 간 대립구도로 희빈 장씨(禧嬪 張氏, 1659~1701)가 낳은 왕세자(뒷날의 경종)는 소론의 지지를 받았고, 숙빈 최씨(淑嬪 崔氏, 1670~1718)의 아들로 왕자가 된 연잉군(뒷날의 영조)은 노론의 힘을 얻고 있었다. 희빈 장씨를 제거하는 데 앞장섰던 노론은 왕세자가 즉위하는 걸 어떻게든 막아보려 했지만 숙종이 승하하자 왕세자가 경종(景宗, 재위: 1720~1724)으로 왕위에 오른다. 이에 노론 세력은 왕위승계 작업에 착수해 경종이 왕위에 오른 다음 해인 1721년에 연잉군을 경종의 뒤를 이을 왕세제(王世弟)로 추대한다. 경종이 후사가 없고 병약하다는 게 왕세제 책봉의 근거였다. 숙종이 승하하기 전에 "경종의 뒤를 연잉군이 잇도록 하라."는 말을 남겼다는 노론 측의 주장도 왕세제 책봉의 명분으로 작용했다.

노론 측은 왕세제 책봉에 만족하지 않고 연잉군에 의한 대리청정까지 요구한다. 이에 소론 세력은 강하게 반발하며 대리청정을 무산시키고 노론 세력 일부를 정계에서 몰아낸다. 이후 노론이 반역 행위를 했다는 고변이 이어져 170여 명의 노론계 신하들이 죽임을 당하거나 유배형에 처해진다. 노론의 지지를 받아 다음 임금의 자리까지 예정해 놓았던 연잉군은 고립 상태에 빠지고, 한때는 역모에 관련된

혐의를 받아 사면초가의 위기에 놓이기도 한다. 이후 연잉군은 그를 지지하는 소수의 신하들과 일부 왕실 세력의 보호로 불안한 나날을 보내다가 1724년에 경종이 승하하자 왕위에 오른다.

피비린내 나는 정쟁을 거쳐 권좌에 오른 영조는 붕당의 갈등과 반목을 완화하고 왕권을 강화할 목적으로 탕평책(蕩平策)을 실시한다. 당파에 관계없이 유능한 인재를 등용하고 관직도 각 당파에 배분한다는 인사원칙을 세운다. 영의정이 노론이면 좌의정은 소론 중에서 임명하는 방식으로, 각 당파가 서로를 견제해 정권을 독점할 수 없게 한다는 의도였다. 이러한 탕평책은 정국 안정에 상당한 기여를 하며, 이는 국가정책 추진의 긍정적인 배경으로 작용한다. 하지만 노론의 지지로 왕위에 오른 영조였기에 이시기 탕평책은 일정한 한계를 가질 수밖에 없었다. 특히 재위 후반기에 이르면 노론에 치우친 인사정책이 나타나며, 집권세력 내부의 갈등 양상이 심화되는 경향을 보이기도 한다. 사도세자의 죽음은 이런 정세에서 일어난 비극적 사건이었다.

영조는 탕평책으로 붕당 간 반목을 최소화하고 왕권을 강화하면서 한편으론 제도개편과 문물정비에 박차를 가했다. 형벌제도를 개선해 사형을 시킬 때는 3심을 거치도록 하는 삼복법(三覆法)을 시행하고 사대부 집안에서 임의로 형벌을 가하지 못하도록 했다. 가혹한 형벌도 폐지했다. 이에 따라 불에 달군 쇠로 몸을 지지는 낙형(烙刑, 단근질)과 살을 따고 흠을 내어 먹물로 죄명을 찍어 넣는 자자형(刺字刑), 죄인을 묶어 놓고 무릎 위를 널빤지로 누르거나 돌을 올려놓는 형벌인 압슬형(壓膝刑) 등이 금지된다. 이와 함께 민의(民意)를 수렴하는 현장정치를 확대해나갔다. 신문고 제도를 부활시켜 백성의 억울함을 들어주고, 영조 자신이 궁궐 밖으로 자주 나가 백성의 형편을 살피고 목소리를 들었다.

민생안정정책도 다각도로 벌여나갔다. 청계천 준설사업을 벌여 범람을 막고 주거환경을 개선했다.* 농업을 장려하고 농본정책을 펴 농업 생산력을 높였다. 국방 의무를 대신해 세금으로 내던 군포(軍布)를 2필에서 1필

* 청계천 준설 공사는 춘궁기인 1760년 봄에 실시됐다. 이로 인해 홍수 피해가 줄고 청계천의 물이 맑아졌다. 당시 빈민 6만여 명이 노임을 받으며 이 공사에 동원돼 빈민구휼 효과도 가져왔다. 공사 8년 전, 무리한 백성 동원을 우려한 영조는 청계천에 나가 공사 추진에 대한 도성 주민의 의견을 들었다. 또한 공사비용과 준설에 필요한 기구와 기계를 미리 마련하도록 지시했다. 영조 시기의 청계천 공사는 민의를 수렴하고 철저한 준비를 거친 뒤에 이뤄진 공익사업이었다. 생태와 문화 환경을 무시하고 편법과 탈법을 일삼으며 엄청난 속도로 밀어붙인 개인의 치적 사업이 아니었다.

로 줄이는 균역법(均役法)을 실시해 백성의 부담을 크게 줄였다.

탕평 정국을 위해, 붕당의 근거지로 활용되는 서원의 무분별한 설치를 억제했다. 한편으론 인쇄술을 개량해 다양한 서적을 편찬하며 문화 진흥의 기반을 마련한다. 학자를 우대하고 학풍을 진작시켜 학문 발달을 꾀했으며, 특히 실학자를 후원하고 실학 서적을 편찬해 조선 실학의 기틀을 마련했다. 홍대용의 『연행록(燕行錄)』과 유형원의 『반계수록(磻溪隧錄)』이 이 시기에 편찬된 대표적인 실학 저서였다.

이처럼 영조는 재위 기간 내내 제도개혁과 민생정책을 지속적으로 추진했다. 그 결과 정치와 산업, 사회, 문화 등 다방면에 걸친 부흥기를 맞이하게 된다. 영조 시대의 이러한 성과는 선대(先代)인 숙종 시기에 마련된 사회경제적 발달에 힘입은 바 컸다. 임진왜란과 병자호란 뒤의 혼란한 사회를 수습하고 사회발전의 토대를 마련한 숙종 시대의 유산이 영조 대에 이르러 더욱 탄탄하게 다져지고, 이러한 성과는 다시 다음 세대로 이어져 조선 사회는 문화 중흥의 시대를 맞는다.


### 영조의 북한산성, 왕세손의 북한산성

영조는 이날 세 번째 북한산성 행차에서도 굳이 동장대(東將臺)에 올랐다. 노구를 우려하는 대신들의 마음을 모르는 바 아니었지만 이날 행차의 목적지가 동장대인 양 임금의 결심은 흔들림이 없었다. 그렇게 시단봉에 올랐고, 그곳 정상의 동장대에 서서 영조는 말없이 북한산성을 내려다보았다. 완만하게 굽이진 성곽이 천천히 몸을 뒤틀며 능선과 골짜기를 타고 흘러내렸다. 행궁을 안고 남장대와 대남문을 지나 그 아래 북악산과 도성의 거리까지 ……. 왕의 시선은 이 땅 어디로든 흘러갈 것만 같았다.

그 시선으로 낯익은 뒷모습이 차올랐다. 정책의 득실을 판단해야 할 때마다, 인물의 능력을 따져야 할 때마다, 냉철한 결단을 내려야하는 갈등의 순간마다 힘이 돼 주었던 그 어깨였다. 그 흔들림 없는 왕도(王道)의 지

표는 60년 전 그때 동장대의 이 자리에 서서 이제 막 완성된 북한산성을 응시하던 부왕(父王) 숙종의 뒷모습이었다. 그때 연잉군이었던 영조는 부왕의 어깨 너머로 성곽을 내려다보며 들뜬 가슴을 달래었다.

영조의 어깨에 힘이 실렸다. 수십 년의 세월이 흘러 부왕이 발 디디고 섰던 그 자리

**행궁에서 본 동장대**
북한산성 행궁에서 올려다본 시단봉이다. 봉우리 정상에 동장대가 보인다.
1772년(영조 48년) 영조가 당시 왕세손인 정조와 함께 동장대에 오르면서, 왕권을 강화하고 강한 나라 조선을 세우려던 조선 후기 세 명의 왕인 숙종·영조·정조가 모두 북한산성에 행차하게 된다.

에 아들인 영조가 버티어 서서 북한산성을 가슴에 안아 들이고 있었다. 이제 영조는 부왕 '숙종의 북한산성'을 넘어 '자신의 북한산성'을 저 산 아래에 모두 쌓은 것일까?

왕세손은 몇 걸음 뒤에 서서 산성을 내려다보고 있었다. 마치 60년 전 연잉군이 그랬던 것처럼 왕세자는 영조의 어깨 너머로 자신이 쌓아가야 할 '새로운 북한산성'을 그려보고 있었다. 그 일이 결코 쉽지 않으리란 걸 영민한 왕세손은 잘 알고 있었다. 즉위를 꺼리는 세력을 물리치고 왕위에 오르는 것부터가 힘든 일이었다. 대신들 간의 서로 다른 목소리를 조정하고, 당파의 이익을 누르고 나라의 이익을 헤아려야 하며, 때로는 대신들과 암투에 가까운 힘겨루기를 해야 할 것이다. 긴 안목으로 나라의 내일을 설계하고 넓고 깊은 가슴으로 민생정책을 추진해야 하리라.

그런데 이날 북한산성 동장대에서는 이 모든 게 두렵지 않았다. 가슴 벅차 올랐다. 선대(先代)가 터놓은 길 있는데 어딜 헤맬 것이며, 선대가 쌓아놓은 주춧돌과 기둥 튼튼한데 이 나라 천년만년의 집짓기에 무얼 꺼릴 것인가? 도의(道義)를 위해서는 무엇에도 흔들리지 않을 굳은 의지, 공명정대해 조금도 부끄럼 없는 마음, 무한한 천지의 기운과 같은 기개, 그 호연지기(浩然之氣)의 기상이 북한산성 동장대를 가득 채우고 있었다.

왕세손은 이날의 북한산성 행차를 이렇게 노래했다. 영조를 모시고 도성으로 돌아가는 행차 길에서의 심정이었다.

> 국왕 호위하는 산성 길에 말 타고 돌아갈 때
> 구불구불 좁은 비탈길 가파르기도 하여라
> 하늘 높은 기세는 세 바위 봉우리로 솟고
> 땅 위의 경치는 두 장대(將臺)가 으뜸이어라
> 길게 늘어선 깃발은 구름 그림자 뒤엎고
> 바람결에 북소리 물소리 뒤섞이네
> 오늘의 여유로운 행차엔 느긋한 일도 많았는데
> 어느새 앞 숲에는 석양볕이 쌓이네
>
> – 정조 어제시(御製詩), 「북한산 도중에서 회자를 뽑아 읊다(北漢途中拈回字)」, 『홍재전서(弘齋全書)』

## 도성 수호의 배후기지 – 영조시대의 북한산성

영조 대에 들어 북한산성은 큰 변화를 맞는다. 축성 이후 북한산성 관리를 총괄해오던 경리청(經理廳)이 폐지되고 총융청(摠戎廳)에서 이를 대신하게 된다. 인조(仁祖) 때인 1623년에 설치된 총융청은 한양 외곽인 경기(京畿) 일대의 경비를 책임진 중앙 군영(軍營)이었다. 영조 23년(1747년) 들어 도성 내에 있었던 이 총융청 본부를 북한산성 아래쪽의 탕춘대 지역으로 이전하고 북한산성 관리와 함께 경기 북부 지역의 방어를 담당하게 한다. 북한산성 내에 설치돼 산성 수비를 맡았던 경리청 산하의 관성소(管城所)는 총융청에 이속돼 임무를 수행했다. 이로써 35년 동안 북한산성 관리를 주관했던 경리청 시대가 끝이 나고 북한산성은 총융청 시대를 맞는다.

축성 직후인 1712년에 설치한 경리청은 특별기구 성격의 산성 관리처였다. 성곽 수비와 함께 군량미(軍糧米) 확보와 보관이 주요 임무였는데, 숙종

말년부터 군량미 관리의 어려움이 지적돼 왔다.[1] 이후 경종(景宗, 재위: 1720
~1724) 대 들어선 경리청을 폐지하자는 목소리가 높아진다. 군량미인 향
곡(餉穀) 관리에 따른 폐단이 경리청 폐지의 한 이유였다. 산성 내 창고에
보관해놓은 향곡을 매년 봄에 대여했다 가을에 되받는데, 이 과정에서 관
리들이 정해진 양 이상을 납부하게 해 백성들의 원망을 샀다. 100되의 쌀
을 빌렸지만 되갚을 땐 150되의 쌀을 갚아야 할 정도로 관리의 수탈이 심
했다. 창고에 보관해둔 곡식도 규정된 양에 미치지 못할 때가 많았고, 그
나마 보관된 곡식도 창고 관리를 제대로 하지 않아 부패하기 일쑤였다. 경
리청의 북한산성 관리 전반에 문제가 있었던 것이다.

승영사찰의 운영에도 문제가 있었다. 지방 사찰에서 올라와 승군으로
근무하는 승려들은 운영비와 생활비 등의 명목으로 승영에 돈을 내야했
는데, 이 과정에서 비리가 일어났다. 사찰과 시설물 보수를 위해 승영에
배당한 경비를 유용하기도 했다. 한때 조정에서는 승영의 이런 비리를 문
제 삼아 승영사찰 자체를 폐지하자는 주장이 제기되기도 했다.

관성소의 책임자를 엄단하고 승영사찰 관리를 강화했지만 폐단은 쉽게
없어지지 않았다. 이런 상태에서 경리청을 폐지하자는 주장이 힘을 얻게
된 것이다. 이 경리청 폐지 주장의 이면에는 북한산성 중심의 도성 방위체
제에 대한 반발이 놓여 있었다. 북한산성 축성을 반대했던 세력이 관리의
어려움과 관리자의 부정부패를 이유로 내세워 북한산성 운영 자체를 문
제 삼은 것이다. 관리기구에 대한 대안이 없는 상태에서의 경리청 폐지는
북한산성의 위상 약화로 이어질 것이고, 결국은 방위시설로서의 북한산
성이 폐기되는 상황을 불러올 수도 있었다. 하지만 문제점을 개선해 기존
관리체제를 유지하자는 주장도 만만치 않아 경리청은 북한산성의 주관기
구로 계속 남게 된다. 축성이 끝나고 방위시설로 자리를 잡아가고 있었지
만 북한산성의 효용성에 대한 논의는 계속되고 있었던 것이다.

북한산성 관리 문제는 영조 대에 들어서도 뚜렷한 해결책을 찾지 못한
다. 향곡 관리와 승영사찰 운영을 둘러싼 잡음이 이어지고 경리청에 대한

불만도 계속됐다. 영조는 관리 규율과 감독을 강화해 기존 관리체계를 개선하는 한편 성곽과 군사시설물을 보수해 북한산성 운영을 계속해나갔다. 결국 북한산성 관리문제는 영조 재위 중반기에 단행한 수도권 방위전략의 변화로 결말을 보게 된다.

영조는 1750년을 전후해 수도권 방위정책의 근간으로 도성을 반드시 사수하겠다는 도성방위전략을 채택한다. 전란이 발생하면 도성 외곽의 산성에 들어가 항전을 한다는 기존의 '보장처 중심의 방위전략'이 아니라 도성을 떠나지 않고 도성에서 적과 싸우겠다는 '도성 중심 방어전략'을 천명한 것이다.[2] 이 '도성 중심 방위전략' 추진 과정에서 중앙 오군영의 위상이 제고되고 역할이 분담된다. 훈련도감·어영청·금위영 등 삼군문은 도성 수비를 분담해 책임지고 총융청과 수어청은 수도 외곽지역을 방위하게 된다. 이처럼 삼군문에 의한 도성 중심 방위전략이 확고해지면서 북한산

**도성삼군문분계지도**
1751년(영조 27년)에 도성 수비에 관한 법률과 규정을 기록한 『어제수성윤음御製守城綸音』에 수록된 지도이다. 이 도성삼군문분계지도都城三軍門分界地圖는 도성 방위를 위한 삼군문의 경비 구역을 보여준다. 한양의 동쪽 지역 대부분은 어영청이 맡았고, 남동쪽 일부와 남서쪽 지역은 금위영이 담당했다. 북서쪽 구역은 훈련도감이 책임졌다. 또한 각 군의 군사를 전·후·좌·우·중前後左右中의 5군으로 나누어 관할 구역 내에 배치했다.

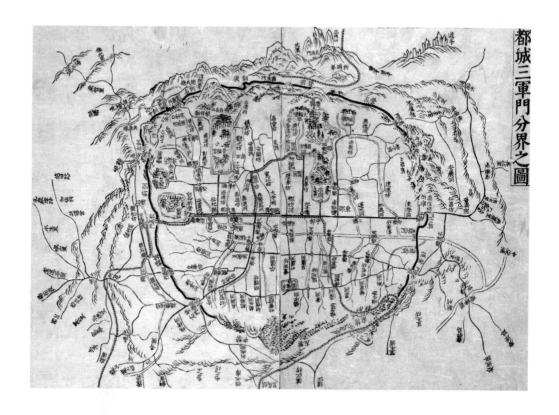

수도 한양을 사수하라 - 영조시대의 북한산성

성은 총융청의 관리 하에 들어가게 된다.

도성 중심 방어전략에 대한 구상은 영조 4년(1728년)에 일어난 무신란(戊申亂)을 계기로 본격화됐다. 무신란은 소론 과격파들과 남인(南人)이 영조와 노론을 제거하고 새 왕을 추대하기 위해 일으킨 난으로, 주도자인 이인좌(李麟左, ?~1728)의 이름을 빌려 이인좌의 난이라고도 일컫는다.*

병란을 일으킨 세력은 청주성을 함락하고 한양으로 북상하며 기세를 올린다. 그런데 변란에 대처하는 영조의 태도는 이전의 왕들과는 달랐다. 영조는 도성 외곽의 산성으로 피신하라는 대신들의 권유를 물리치고 도성을 지키겠다는 강한 의지를 내보인다. 즉위 초부터 영조는 "외적이 침입하지 못하게 하는 것이 상책(上策)이고, 도성을 지키는 것이 중책(中策)이며, 도성을 버리고 피난하는 것은 하책(下策)"이라며 도성 수호의 뜻을 비친 바 있었다.

반란군은 얼마 지나지 않아 진압되었고, 이후 영조는 도성 방위를 강화하면서 이와 연계된 일련의 국방정책을 펴나갔다. 우선 국왕 호위를 담당하는 금군(禁軍)의 처우를 개선하고 군사력을 증대시킨다. 화차(火車)를 개량하고 조총(鳥銃)을 제작해 무기 개발에도 힘을 쏟았고 군사훈련을 강화해 국가방위력을 높여나갔다. 성곽 정책에도 관심을 기울여 국방 요충지에 설치된 진(鎭)의 성곽을 수리하고 평양 중성(平壤中城)을 수축한다. 남한산성을 개축하고 돈대를 설치해 방어력을 강화했으며, 강화도의 외성(外城)도 개축해 해상 방어력도 다진다. 이어 1744년 무렵엔 도성 수축에 들어간다. 삼군문이 도성 수축 공사를 전담했으며 수축 후에도 수비와 관리를 담당하게 했다. 이와 함께 중앙 군영이 중심이 된 도성 중심 방위전략을 구체화시키고 그동안 논란이 되어온 북한산성 관리 문제도 확정짓는다.

> 이번 5월 1일, 임금이 비변사 당상(堂上)에게 명을 내렸다. "북한산성을 총융청에 소속시키는 일은 국가의 대계(大計)이다. 이미 도성을 (수도 방위의) 근본지지(根本之地)로 하였으니 이 일은 수레의 두 바퀴와도 같고 새의 두 날개와도 같은 일이 되었다. 이에 서로 틈이 생겨서는 아니 될 것이다. (……) 북한산성에 제공하였던 삼군문

의 군향(軍餉)과 군기(軍器)는 이제 총융청에 속하도록 하고, 차후에 삼군문은 그 유영에 군량을 보내지 말고 일절 줄이도록 하라.”

- 『비변사등록(備邊司謄錄)』 영조 23년(1747년) 5월 1일

북한산성이 총융청의 관리 아래 들어감으로써 북한산성의 성격 또한 바뀌게 된다. 숙종 대에 마련한 도성방위체제의 기본은 위기가 닥치면 임금이 북한산성에 들어가고 훈련도감·금위영·어영청의 삼군문이 북한산성을 방어한다는 전략이었다. 이제 도성 중심 방위전략을 채택함으로써 북한산성은 총융청이 방어의 주체가 돼 한양 북쪽 지역을 방비하는 외곽 군사요충지로 자리를 잡는다. 도성을 지키겠다는 방위전략에 따라 남한산성과 강화도 수도 한양을 수호하는 외곽 방어기지로 자리매김한다. 18세기 초 숙종 대에 북한산성 축성논쟁과 함께 제기돼 논란을 거듭했던 도성수호 방위정책이 18세기 중반 영조 대에 들어 결실을 보게 된 것이다. 이 시기의 도성수호 방위정책은 당시 조선 사회의 자신감의 표출이기도 했다. 17세기 이래 인구가 증가하고 산업이 발전하면서 국방력 또한 제 궤도를 찾았고, 이를 토대로 도성을 지키겠다는 의지 또한 확고해질 수 있었다.

도성 중심 방위전략은 북한산성을 버린다는 뜻이 아니었다. 영조가 ‘수레바퀴’와 ‘새의 날개’에 비유했듯이 도성만으론 한양 방비에 완벽을 기할 수 없으며, 북한산성만으로도 도성을 지켜내기 힘들다고 보았다. 도성과 북한산성이 쌍을 이루어 제 역할을 다할 때 한양의 방어력이 최대가 된다고 본 것이다. 도성 중심 방위전략이 정착된 이후에도 영조는 도성 방위라는 큰 목적 아래 북한산성 성곽을 수리하고 진출입 도로를 정비하는 등 북한산성 관리를 지속적으로 해나갔다. 특히 북한산성과 도성을 연결하는 탕춘대성(蕩春臺城)을 중시해 대대적인 수축 공사를 벌인다. 탕춘대라는 이름을 연융대(鍊戎臺)로 바꾸고, 이 지역 활성화를 위해 군수품을 만드는 마을을 조성하기도 했다. 영조의 이러한 일련의 조치는 숙종 말년에 추진했던 수도권 방위정책을 마무리하는 국가사업이었다. 그것은 도성과 탕춘대성, 북한산성을 연결해 도성 북부 지역을 일사불란한 체계를 갖춘 방위지역으로 조성하는 국방정책이었다.

北漢圖（三）

# 22

## 수도권
## 방위체제를 완성하라

### - 정조시대의 북한산성

• 정조와 북한산성

• 조선 후기 정치·문화의 중흥기

• 수원 화성, 남한산성, 강화성, 그리고 북한산성

## 정조와 북한산성

영조(英祖)의 뒤를 이어 왕위에 오른 정조(正祖, 재위: 1776~1800)는 즉위 초부터 북한산성 관리를 엄격하게 시행했다.

> 대신(大臣)과 경기 암행어사(京畿暗行御史) 이병모(李秉模), 북한 산성 어사(北漢山城御史) 이경양 (李敬養)을 소견(召見) 하였다. (…….) 이경양이 올린 보고문서에서 논한 바에 따라 북한산성의 군량미 가운데 허위로 기록된 6천3백 석(石)을 관리부서로 하여금 즉시 채우게 하자고 청하니, 임금이 그렇게 하라고 지시했다. 총융 사(摠戎使) 이주국(李柱國)을 파직시켰는데, 부임한 지 9개월이 되 었어도 결손이 생긴 북한산성 군량미를 충당하지 못했기 때문이 었다.
>
> - 『정조실록(正祖實錄)』 권3, 정조 1년(1777년) 6월 1일

정조는 북한산성 관리를 주관하는 총융청의 최고책임자인 총융사를 임 무를 소홀히 했다는 이유로 경질하는 과단성을 보인다. 이처럼 정조는 왕 명으로 어사(御史)를 파견해 북한산성의 운영 실상을 점검하게 하고 책무 를 다하지 못한 관리자는 엄벌에 처했다. 이후 정조는 북한산성 관리자의 처벌 규정을 법제화해 책무의 객관적 기준을 마련한다. 북한산성의 현장 책임을 맡고 있는 관성장(管城將)의 경우, 관리하는 곡물 중 70석(石) 이상 이 모자라면 삭탈관직(削奪官職)하고 평생 관직임용을 금지시켰다. 40석 에서 70석이 모자라면 파직시키고, 15석에서 40석이 모자라면 죄상을 추 궁해 심문하도록 했다. 허위 문서를 작성해 군량미를 부정하게 출납했을 경우엔 3년의 유배형에 처하고 5년 동안 벼슬자리에 오르지 못하도록 했 다. 이처럼 처벌 규정을 문서화해 분명히 함으로써 책임자 문책이 그때그 때의 상황이나 사사로운 감정에 휘둘리지 않도록 했다. 이와 함께 죄과가 없을 경우엔 최소한 1년 내에는 경질하지 않는다는 조항을 두었다. 관리 자의 책임뿐 아니라 권한까지 명시함으로써 한발 앞선 관리복무규정을

**성城과 왕국 |** 북한산성이 전하는 스물여섯 가지 한국사 이야기

마련한 것이다.

정조는 이후에도 어사를 파견해 북한산성 관리와 수비에 대한 감독을 철저히 해나간다.

> 교리(校理) 신기(申耆)를 북한산성의 안찰어사로 삼았다. 이에 임금이 봉서(封書)를 내려 하명했다. (……)
> "조정에서 근본에 힘쓰는 정책은 의당 산성(山城)으로부터 해야 한다. 산성 관리와 근무 실태에 대해 조사하고 평가하도록 그대를 북한산성 군기(軍器)·향곡(餉穀)·성가퀴(城堞) 등을 살필 안찰어사로 임명한다. 그대는 모름지기 곧 달려가 먼저 각 군문(軍門)의 열쇠를 거두어 몰래 행하는 폐단을 엄중히 방지하도록 하라. 군기와 향곡을 점검하고 돌아올 때에 성가퀴를 두루 살펴서 별도의 문서로 작성해 보고하도록 할 것이며, 성안의 민폐와 승병(僧兵)의 폐단에 대해서도 마땅히 물어보고 오라."
>
> ―『정조실록(正祖實錄)』권20, 정조 9년(1785년) 6월 17일

북한산성의 관리 실태를 조사한 교리 신기는 그 결과를 문서로 작성해 임금에게 올린다. 군량미와 무기 관리가 제대로 되지 않고 있으며 성곽 일부 시설은 보수가 필요하다고 알린다. 승병을 비롯한 병사들의 근무 상태에 문제가 있음을 지적하고 병사들에 대한 교육과 훈련이 필요하다는 의견도 덧붙인다.

> "신(臣)이 군기(軍器)를 검열할 때 하급 장교(軍校)들에게 포(砲)를 쏘는 방식과 절차에 대해 질문하고 화약과 탄환의 무게가 얼마인지 물었으나 모두 자세히는 대답하지 못했습니다. 한갓 기구만 있을 뿐 제대로 사용할 줄은 모르는 형편이었습니다. 지금 포를 담당할 군인을 새로이 정하고, 겸하여 포 쏘는 방식을 가르쳐 기예가 우수한 자를 군관으로 임명해 급료를 지급하는 방책이 필요하니

다. 이는 민심을 위무하는 일이며, 동시에 군사 장비를 준비해 방비를 갖추는 일이니 실로 일거양득이라 하겠습니다."

- 『정조실록(正祖實錄)』 권20, 정조 9년(1785년) 6월 17일

정조는 북한산성 어사의 보고를 받은 뒤 이에 대한 조치를 취하고 책무에 태만한 총융사를 규정에 따라 삭탈관직에 처한다.

정조는 산성 정책의 기본을 성곽의 적절한 관리와 합리적인 운영에 두었다. 임진왜란 때 조령(鳥嶺)이라는 천혜의 방어지역을 판단 잘못으로 왜군에게 내어준 사실을 지적하며* 산성이 들어선 입지나 규모만을 믿어서는 안 된다는 입장을 보였다. 성곽 축조의 목적에 맞게 시설 관리를 해나가지 못하거나 책임자의 효율적인 운영이 뒷받침되지 못한다면 천혜의 입지를 갖춘 산성도 제 역할을 다해내지 못할 것이라 보았다. 성곽의 외형적 규모나 수치를 우선할 게 아니라, 성곽 관리와 운영의 내실을 다지는 게 더 중요하다는 입장이었다.

법률과 규정에 따른 책무와 권한, 정책 추진에 있어서의 효율성과 합리성 중시, 공론(空論)이 아니라 사실에 근거해 실질을 추구하는 실사구시(實事求是)의 자세. 북한산성 관리정책을 통해 엿볼 수 있는 정조의 이러한 태도와 시각은 성곽 정책뿐 아니라 재위 24년 내내 추진한 여러 정책에서도 어렵지 않게 확인된다.

*조령은 충청북도 괴산과 경상북도 문경의 경계 지역에 있는 험한 고개로 한양과 영남 지역을 연결하는 교통로이자 군사요충지였다. 임진왜란 당시 신립 장군이 천험의 요새인 조령에서 왜적과 맞서지 않고 그 북쪽인 충주 지역의 평지에서 외적과 맞서 싸우다 크게 패했다. 충주를 지키지 못하면 그 북쪽 수백 리가 외적의 공격에 쉽게 무너질 수 있으며, 이 충주를 보존하려면 그 길목인 조령을 반드시 지켜야 한다는 게 당시의 중론이었다.

## 조선 후기 정치·문화의 중흥기

정조는 영조 말년인 1775년 대리청정을 거쳐 다음 해 왕위에 오른다. 정조 또한 영조와 마찬가지로 힘든 과정을 거쳐 군주의 자리에 오를 수 있었다. 왕위 계승을 반대하는 세력에 의한 비방과 투서에 시달렸고 괴한의 침입으로 신변의 위협을 느껴야 할 때도 있었다.

어렵게 왕위에 오른 정조는 왕정체제 안정을 위한 개혁 작업에 착수한

다. 즉위에 반대한 대신들을 처벌하고, 영조의 탕평론을 이어받아 붕당정치의 폐해를 최소화하고 왕권을 강화하는 정책을 추진한다. 당시 큰 세력을 형성했던 노론과 소론 외에 남인 계열의 인물까지 등용하는 과단성을 보인다.

정조는 변화된 조선 후기의 사회 실정에 맞게 제도를 개혁하고 문물을 정비해 나갔다. 국립 도서관 격인 규장각(奎章閣)에 국왕 자문과 왕명 출납 등의 기능을 부여해 이를 왕정 수행의 핵심기구로 삼는다. 규장각을 토대로 인재를 양성해 자신의 친위세력을 확보하고, 이들 새로운 인물을 통해 개혁 정책을 추진했다. 실학파 학자를 등용해 후원하며 이들의 사상과 경륜을 정책에 반영해나갔다. 정약용과 박제가, 이덕무 등의 실학자들이 뜻을 펼쳤고, 이들에 의해 실학사상이 체계화된다. 규장각을 통한 다양한 문화사업도 추진했다. 정치·사상·교육·산업·군사 등 여러 분야의 서적을 간행해 제도와 문물 정비의 기반을 쌓는 동시에 문화와 예술을 진흥시켰다. 이러한 배경에서 문화의 독자성이 구현되고, 여기에 사회 발전에 따른 자긍심이 더해지면서 정조 시대는 문예부흥의 시기를 맞는다.

정조는 위민정치(爲民政治)를 표명했다. 도성 밖으로까지 이어진 능행을 현장 정치의 마당으로 활용해 백성의 목소리를 들었다. 고서(古書)의 활자에 갇힌 명분뿐인 왕도정치가 아니라, 백성들의 호소와 상언(上言)을 몸소 체험하며 이를 정책에 반영시켜나가는 군민정치(君民政治)를 지향했다. 세제 합리화를 꾀했고 왕실 재정으로 진휼정책을 펴기도 했다. 민생안정을 위해 농업 발전에 힘썼으며 상업 발달을 위한 획기적인 정책도 실시했다. 시전(市廛) 상인이 가졌던 특정 상품에 대한 전매권을 없애 상업 활동의 기회를 균등하게 보장했다.

정조는 선대에 이룩한 문물 정비와 증대된 경제력을 바탕으로 사회 여

**규장각**

규장각은 정조 개혁정치의 산실이었다. 당시 규장각에는 관직이 높은 관료라 하더라도 함부로 들어갈 수 없었다. 외부 권력의 간섭을 막기 위해 정조는 다음과 같은 글을 적은 현판을 내렸다.

_비록 고관 대신일지라도 규장각 관료가 아니면 당 위에 올라오지 못한다.
雖大官文衡 非先生毋得升堂

_손님이 와도 일어나지 말라.
客來不起

러 분야에 걸친 개혁 정책을 꾸준히 추진했다. 학문을 진흥시키고 다양한 문화사업을 일으켜 사회 전반의 활성화를 꾀했다. 실질적인 민본정치를 펴나가고 문화정치가 구현됨으로써 정조의 시대는 조선시대 최고의 중흥기를 구가한다.

## 수원 화성, 남한산성, 강화성, 그리고 북한산성

재위 후반기인 1793년, 정조는 북한산성 수축사업을 벌인다. 축성된 지 80년이 지나면서 성가퀴와 성랑이 허물어신 곳이 많아져 시설 보완이 시급한 실정이었다.

> 총융사(摠戎使) 이방일(李邦一)이 아뢰었다. "북한산성의 성가퀴와 성랑 보수를 다음달 3일에 시작하려 합니다. 성가퀴는 훈련도감·금위영·어영청의 세 유영(留營)에서 각자의 구역을 따라 장교를 정하여 개축하도록 하고, 성랑은 본청(총융청)에서 물력(物力)을 얻어 지금 다시 건축하고자 합니다."
>
> - 『비변사등록(備邊司謄錄)』 정조 17년(1793년) 3월 20일

총융청에서 수축사업을 주관하지만 필요한 물자와 인력 충당을 위해 훈련도감과 금위영, 어영청 등의 삼군문에서 공사를 분담하기로 했다. 군영의 병사 외에 건축기술자와 산성 주변에 거주하는 주민을 공사인력으로 고용하고, 이들에게는 일정한 급료를 지불하기로 했다. 춘궁기를 맞아 곤란을 겪는 주민들이 많아 군창(軍倉)의 곡식도 대여하기로 한다. 공사는 곧 시작됐고, 정조는 진행과정을 보고받으며 북한산성 수축사업을 직접 챙기는 열의를 보인다.

> 총융사 이방일(李邦一)이 아뢰었다. "신(臣)이 올라가 북한산성의 성가퀴와 성랑 공사를 감독하니 성가퀴 3,317첩 내에서 237첩은 세 유영에서 이미 수축을 마쳤고, 성랑 127처 내에서 13처는 본청

**성城과 왕국 | 북한산성이 전하는 스물여섯 가지 한국사 이야기**

(총융청)에서 역시 개수를 마쳤습니다. 차례대로 5등분하여 5년을 한도로 수축하고자 했으나, 물력(物力)을 변통하는데 다소 어려움이 있습니다.

- 『비변사등록(備邊司謄錄)』 정조 17년(1793년) 4월 15일

북한산성 성곽 수리가 이뤄지던 이 무렵, 한양 남쪽에서는 신도시 조성에 뒤이은 대규모 성곽건설이 추진되고 있었다. 정조의 명에 의해 실학자인 정약용(丁若鏞, 1762~1836)이 신도시인 수원에 들어설 성곽의 설계작업을 한창 진행하고 있었다.

1789년 정조는 당쟁의 와중에 죽음을 맞은 아버지 장헌세자(사도세자)의 묘를 이전하기로 한다. 정조는 즉위 초부터 사도세자를 장헌세자로 추존하며 복권을 시도했는데, 묘지 이전도 그에 따른 추모사업의 하나였다. 그해 9월에 경기도 양주에 있는 장헌세자의 묘를 수원의 화산(花山) 지역(지금의 경기도 화성시 안녕동)으로 옮긴다.[1] 왕릉 10리 내에는 민가를 둘 수 없다는 예법에 따라 당시 화산 주변에 있었던 수원도호부의 관청과 민가는 팔달산 아래로 이전하게 된다. 기존 읍치에서 북쪽으로 5km 정도 떨어진 곳이었다. 이 과정에서 신도시 건설이 추진돼 지금 수원시의 모태가 된 수원읍이 조성됐다.

정조는 새롭게 조성될 수원도호부를 계획도시로 꾸미고자 했다. 주민 이주정책으로 이주민의 세금을 감면하는 파격적인 조건을 내걸었다. 상업자금을 지원하고 시장을 활성화시키는 등 적극적인 상업육성책도 펼쳤다. 장헌세자의 새로운 묘지가 조성된 다음 해인 1790년엔 관청이 완성되고 정착한 주민은 700여 가구에 이르렀다. 이후 시장이 발달하고 주민이 더욱 몰리면서 수원 신읍은 도시의 모습을 갖춰나갔다. 임금이 행차할 때 머물 행궁도 조성한다. 읍치를 옮기던 해에 1차

융릉(현륭원)

사도세자와 그의 비妃 혜경궁 홍씨를 합장한 능이다. 정조는 이 융릉 관리에 큰 정성을 들였다. 인근에 사찰을 지어 사도세자의 넋을 위로하게 했으며, 그 자신 융릉을 자주 찾았다. 아버지 사도세자와 함께 지낸 날이 겨우 10년, 생전에 함께 한 시간이 너무 짧았던 것일까. 정조는 죽어 아버지 곁에 있기를 원해 결국 융릉 근처에 묻혔다.

완공된 행궁은 이후 수년에 걸쳐 계속 증축돼 570여 칸에 이르는 규모로 완성된다.

　정조는 확장된 수원읍을 방비할 성곽이 필요하다는 판단 아래 축성사업을 펼치기로 하고, 1792년 들어 정약용에게 읍성 설계를 맡긴다. 정약용은 기존의 축성술은 물론 중국과 일본, 서양의 축성기술까지 받아들여 성곽제도에 관한 저술을 정리하며 수원 신읍의 성곽설계 작업을 추진해나갔다. 이 과정에서 당시로서는 획기적인 축성기구들이 고안된다. 무거운 물건을 들어 올리는데 사용하는 거중기(擧重機)와 돌이나 목재 등 건설 자재를 나르는 유형거(遊衡車)가 대표적인 발명기구였다.

　성곽 축조공사는 1794년에 시작됐다. 공사는 철저한 책임시공제 아래

　　**성城과 왕국 I** 북한산성이 전하는 스물여섯 가지 한국사 이야기

이뤄졌다. 이와 함께 보수 없이 부역(負役)의 형태로 인력을 쓰던 관행에서 벗어나 공사에 동원된 인부에게 급료를 지불했다. 이는 상공업 발달에 따라 임금 노동자가 증가한 당시의 사회상을 반영한 정책이기도 했다.

처음엔 10년을 예상했던 공사였지만 3년이 채 되지 않은 1796년에 공사를 마무리 짓는다. 체계적인 설계와 효율적인 축성기구의 사용으로 33개월 만에 축성을 끝내게 된 것이다. 성곽은 약 5.5km에 이르는데, 이전 시기의 성곽에서는 보기 어려웠던 군사시설물이 설치됐다. 벽돌로 벽을 높이 쌓고 벽면에 총구를 낸 돈대인 공심돈(空心墩)은 방어시설이자 망루의 역할을 겸했다. 화포를 주요 무기로 삼는 방어시설을 계획해 포를 쏠 수 있는 포루(鋪樓)와 포사(鋪舍)를 여러 곳에 설치함으로써 성곽의 방어력을 강화했다. 돌과 벽돌을 섞어 쌓음으로써 성벽의 견고함도 높였다. 이처럼 주변에 피난성인 산성을 따로 마련하지 않고 읍성 자체에 강력한 방어시설을 구축함으로써 수원 신읍은 읍성과 산성의 기능을 동시에 갖춘 복합적인 성곽도시로 탄생한다.

정조는 수원 신읍을 상업도시이자 자급자족의 농업지역으로 육성하고자 했다. 신읍 주변에 국영농장인 둔전(屯田)을 개간해 군인들이 군사 업무를 맡으면서 농사를 짓도록 했다. 또한 농업 발전을 위해 관개시설인 저수

화성 서장대

화성 서쪽 성곽에 있는 군사지휘소이다. 정조는 1795년에 어머니 혜경궁 홍씨의 회갑연을 치르고 아버지 사도세자의 묘소 참배를 마친 뒤, 이곳 서장대에 올라 군사훈련을 참관했다. 행궁에서는 신하들과 활쏘기를 겨루었다. 밤에는 불꽃놀이를 즐겼는데 백성들이 몰려들어 잔치 분위기를 이루었다. 정조의 화성 행차는 효심의 발로만이 아니라, 수구 세력을 제어하고 당리당략에 눈먼 권신들을 제압해 군주의 위상을 높이고 부국강병의 초석을 쌓으려는 정치적 결단이기도 했다.

지를 조성하게 하고, 양잠사업을 위해 곳곳에 뽕나무를 심게 했다. 정조는 농업과 상업이 조화되고, 거기에 군사시설까지 갖춰진 새로운 도시를 건설하고자 했던 것이다.

정조는 성곽공사가 시작되기 전인 1793년에 수원 신읍에 군대를 주둔시켰다. 국왕 호위군대인 장용영(壯勇營)을 확대해 내영(內營)은 한양에 두고 외영(外營)은 수원 신읍에 설치했다. 장용영 외영은 사도세자의 묘지와 행궁을 지키는 군대로 출발했지만 수원 신읍이 확대되고 성곽이 축조되면서 도성 남쪽을 방어하는 군대로 위상을 높여나갔다. 이 시기 들어 수원 신읍의 명칭을 화성(華城)이라 칭하고 수원도호부(水原都護府)를 수원유수부(水原留守府)로 승격시킨다. 수원부사(水原府使)의 지위도 한성부의 수장인 한성판윤과 같은 정2품의 유수(留守)로 격상된다. 이렇게 해서 수원유수부인 화성은 도성 주변에 위치한 상업도시이자 국가방위의 중심지역으로 성장한다.

한편 정조는 남한산성을 수축하고 남한산성이 위치한 광주 지역을 다시 유수부로 지정해 이 지역의 중요성을 제고한다. 강화도에는 왕실과 국가 서적을 보관하는 외규장각을 설치해 이에 대한 방비를 해나간다. 강화읍성과 외성을 수축해 성곽 방어력을 높이고 도성 배후기지로서의 기능을 강화한다.

숙종 대에 본격화된 조선후기 수도권 방위정책은 정조 대에 수원 화성이 건설됨으로써 대단원의 끝을 맺는다. 그 시작은 북한산성 축성논쟁과 이후 이뤄진 북한산성 축성이었다. 숙종은 북한산성 축조를 통해 선란에 대비한 항전지와 보장처를 마련하고 도성방위를 위한 발판을 조성했다. 숙종 대의 수도권 방위정책은 유사시 한양 주변에 있는 성곽으로 들어가 항전한다는 전략이었지만, 이는 수도 한양을 버리지 않고 끝까지 지킨다는 도성방위정책을 촉발하는 계기이자 밑거름으로 작용한다. 이후 영조 대에는 도성사수(都城死守)의 방위정책이 확립되고, 이에 따라 북한산성과 남한산성, 강화성은 수도 한양 지역을 지키는 외곽 군사요충지이자 배후기지로 자리를 잡는다. 이어 정조 시대를 맞아 한양 남쪽에 수원 화성이 들어섬으로써 외적으로부터 수도를 보호할 네 곳의 성곽방어기지가 만들어진다. 한양 외곽으로 수원 화성·남한산성·강화성·북한산성이 버티고 섬으로써 도성사수의 수도권 방위정책은 한층 확고해진다.

숙종에서 정조에 이르는 4대에 걸친 시기는 조선후기 국토방위정책이 재편돼 수도권 중심의 방위전략이 정착되던 시기였다. 임진왜란과 병자호란이라는 전란의 피해와 외침의 굴욕을 딛고 강한 나라를 세우려는 도전의 시대였다. 성곽정책은 그러한 자주국방의 요체였다. 북한산성은 그 도전의 상징적 깃발이었고, 또한 그 도전의 여정에서 조선의 수도 한양을 호위하는 흔들림 없는 방어기지였다. 이 도전의 시대는 자존의 시대이기도 했다. 군주 중심의 통치질서를 확립해 새로운 사회를 만들고, 그래서 조선의 문화를 일구려는 패기와 긍지가 넘치던 때였다. 18세기 후반 정조의 시대는 그 절정에 이른 시기였다. 하지만 이 시기는 다가올 암울한 세기를 예고하는 혼돈이 자라는 시대이기도 했다. 정조의 시대가 끝나면서 19세기 조선사회는 격랑과 긴 어둠의 시대로 질주한다.

北漢圖三

# 23

# 북한산성 풍류(風流)

## 선비와 사대부의 북한산성

조선 후기의 실학자이자 문인인 이덕무(李德懋, 1741~1793)는 자신이 좋아하는 산수(山水)로 북한산을 으뜸으로 꼽았다. 이덕무는 20대 초반 시절, 북한산으로 공부하러 가는 벗을 보내며 글을 쓰면서 북한산에 대한 간절한 마음을 내보인다.

> 신사년(1761년, 영조 37년) 가을에 남군자휴[南君子休: 자휴는 남복수(南復秀)의 자]·여수[汝修: 남홍래(南鴻來)의 자]와 함께 양식을 마련해 처음으로 북한산을 찾았다. 열두 곳의 사찰을 유람하니 마음이 기뻐 무엇인가 얻은 것이 있는 것만 같았다. 모두 사흘을 다니다가 돌아왔지만 오히려 석별의 아쉬움이 있었다. 천하의 산수(山水)가 여기에 다 모여 있다는 생각이 저절로 들었다. 그리하여 밤이면 이따금 북한산을 꿈꾸었는데, 지금도 여전히 그러하다.
> - 이덕무(李德懋), 「북한산으로 독서하러 가는 이중오(李仲五)를 보내는 서(序)」, 『청장관전서(靑莊館全書)』

조선 후기에도 북한산은 독서와 학습하는 곳이자 몸과 마음을 닦는 일깨움의 공간이었다. 한양과 경기 지역에 거주하는 선비들에겐 한 번은 찾아야 하는 명승지로도 자리 잡는다.

> 누각에서 내려와 말을 치달려 중성(重城)으로 돌아드니, 산은 더욱 빼어나면서 험준하고 물은 더욱 맑으면서 세찼으며 바위는 더욱 고우면서 기이했다. 수려한 나무가 우거지고 그윽한 새가 서로 지저귀고, 절간과 불탑이 구름 사이로 솟았다. 좁은 길을 낀, 소나무 울타리를 한 띳집에서는 밥을 짓고 있었다.
> - 유광천(柳匡天), 「유삼각산기(遊三角山記)」 『귀락와집(歸樂窩集)』

동장대(東將臺)에 오르니 우뚝한 모양은 마치 구름을 헤치고 하늘로 올라가는 듯했다. 급한 골짜기와 높은 산등성이가 개미 구릉 같

아 보였고 장강(長江)과 대해(大海)가 한 종지 물처럼 작게 보였다.
한마당 놀이를 하고 칠언율시(七言律詩)를 지었다.

- 신명현(申命顯), 「유북한기(遊北漢記)」 『평호유고(萍湖遺稿)』

불타오른 가을 잎이 백운대와 만경대의 저 깊은 땅속 1억7천만 년 전의 기억을 불러온다. 바위로 서기 전, 뜨거운 불덩어리로 흘렀던 눈부신 탄생의 비밀이 북한산의 가을 잎으로 영근다. 눈 내려 골은 한층 깊어졌다. 하늘로 더욱 몸 섞으며 북한산은 영묘한 아득한 날의 기운을 나무와 바위와 흙에 흩뿌린다. 이 신령의 제단으로 탐욕과 비열의 그들, 그 이녕泥濘의 세상이 무너져내린다.

북한산성은 산행과 풍류의 공간이었다. 북한산성이 들어선 북한산은 도성 지역에서 가장 높은 산으로 한양과 주변 지세를 조망할 수 있는 최적의 산행 장소였다. 거칠면서도 수려한 산세는 곳곳에 기암괴석과 계곡을 품었고, 계류(溪流)는 수목(樹木) 그림자를 적시며 골을 휘감았다. 골짜기와 산자락엔 정취 담은 누정과 크고 작은 사찰이 들어서 있었다. 더구나 하루 여정이면 충분한 거리여서 북한산은 일찍부터 도성 주민이 즐겨 찾는 유락(遊樂)의 장소였다.

북한산은 선비와 사대부, 문인 관료들에겐 자연과 가까이 하며 멋과 운치를 즐길 수 있는 풍류처이기도 했다. 거기엔 잠시 현실에서 벗어나 자연에 몸과 마음을 맡길 수 있는 여유와 휴식이 있었고, 때로는 감흥에 젖어시를 짓고 한 잔 술에 산수(山水)와 삶을 노래하는 자유분방함이 있었다. 때로는 사물의 이치와 자연의 조화에 의탁해 자신을 돌아보고 속세의 삶을 관망할 수 있는 사색과 성찰이 함께 했다.

> 단풍잎 삼나무가 행궁을 감추어주니
> 암자 하나 있으나 여느 곳과 같구나
> 처마 끝은 이슬에 젖고 북두성 가까운데
> 아늑한 풍경소리는 바위 웅덩이로 떨어지네
>
> - 이덕무(李德懋), 「태고사에 묵으며(宿太古寺)」『청장관전서(靑莊館全書)』

바람은 잔잔하고 이슬은 정결하니 8월은 아름다운 계절이고, 물은 흘러 움직이고 산은 고요하니 북한산은 아름다운 지경(地境)이며, 개제순미(豈弟洵美)한\* 몇몇 친구는 모두 아름다운 선비이다. 이런 아름다운 선비들과 이런 아름다운 경계에 노니는 것이 어찌 아름다운 일이 아니겠는가?

- 이옥(李鈺), 「중흥유기(重興遊記)」『담정총서(潭庭叢書)』

## 풍류 계곡

1793년 8월 하순, 이옥(李鈺, 1760~1815)은 창의문을 나와 세검정을 거쳐 북한산성으로 향했다.\* 벗이자 학우인 세 명의 일행과 함께 한 가을날의 북한산 유람이었다. 이옥 일행은 대남문이 있는 북한산성 남측 성곽을 거쳐 산성으로 들어갔다.

> 성가퀴는 도성에 비해 비록 낮고 얕지만 초루(譙樓)는 모두 새로 단장하여 산뜻하다. 성랑(城廊)은 규모 있게 되어 있어 창졸간에 일이 생겨도 외적을 막을 수 있게 해놓았다.
>
> - 이옥(李鈺), 「중흥유기(重興遊記)」『담정총서(潭庭叢書)』

북한산성에서는 이 해 봄부터 성곽시설물을 보수하고 있었다. 정조(正祖)의 명에 의해 성가퀴와 초루, 성랑 등을 새로 단장하는 공사였는데, 이옥 일행은 보수를 마친 초루와 성랑을 보게 된 것이다. 이옥은 북한산성 내에서 2박 3일의 일정을 잡아놓았다. 계곡과 누정이 있는 명승지를 찾아보고 성곽시설물과 사찰 등도 느긋하게 둘러볼 계획이었다.

성균관 유생으로 출사를 준비하던 이옥은 이 무렵 힘든 나날을 보내고 있었다. 지난 해 정조 임금에게 올린 글이 불경스럽고 괴이한 문체로 지적돼 이를 고치지 않으면 과거응시 기회를 박탈한다는 엄명을 받은 것이다. 하지만 이옥은 자신의 문체를 지킨다는 쪽으로 마음이 기울고 있었고, 보잘것없는 양반가 출신이라 이래저래 앞날은 불투명해져 가고 있었다. 이해 가을의 산행은 이런 울적한 심사를 달래보려는 마음도 없지 않았다.

정조는 이 무렵 왕권을 강화하고 통치이념인 성리학 체제를 견고히 하기 위해 문체반정(文體反正) 정책을 추진하고 있었다. 당시 유행하던 소설체 문장을 잡문체라 규정하고 전통적인 고문(古文)을 문장의 모범으로 삼도록 했다. 민간에 떠도는 이야기를 주제로 한 패관소설류나 일정한 체계와 문장 형식에 구애받지 않고 쓰는 글도 배격의 대상이 됐다. 이옥의 글도 정조가 규정한 '바로잡아야 할 글'에 속해 견책을 받게 된다. 북한산성 유람은 이 시기에 이뤄진 산행이었다. 이옥은 이 해 가을의 산행이 있은 지 수년 뒤에도 문체 문제로 출사에 불이익을 받지만 소신을 선택하는 결단을 내린다. 결국 이옥은 평생 관직에 나가지 못했고, 고향으로 돌아가 저작 활동에 전념한다. 입신출세 대신에 자신의 문체와 문학적 지향이라는 신념을 선택한 것이다. 이후 그가 남긴 산문과 시는 서민문학의 발흥과 자유분방한 문풍(文風)을 내세운 조선 후기 문학의 한 흐름을 대변하는 뛰어난 작품으로 평가받는다.

이옥은 북한산성을 유람한 뒤 이때의 경험을 「중흥유기(重興遊記)」로 정리했는데, 당시의 여느 기행문과 달리 일정별로 서술하지 않고 성곽·누정·관아 건물·사찰 등 소재별로 나누어 엮는 개성을 보인다. 제목도 '북한산'을 달지 않고 북한산성 중심부를 지칭하는 '중흥동(重興洞)'에서 따옴으로써 여타의 북한산 기행문과 차별을 둔다. 이옥은 「중흥유기」에서 자연과 사물의 있는 그대로의 모습, 곧 사실 정보에 치중하면서도 자연미를 세

밀하게 표현하고 그것을 생생하게 되살리려 했다. 여기에 여행자의 감흥과 정서까지 담아내는 은근함을 보인다.

이옥 일행은 대남문 쪽 성곽을 뒤로 하고 산성의 숲 깊은 곳으로 천천히 발길을 옮겼다. 오를수록 가을이 짙어지고 있었다.

**산영루 초석**
주춧돌 아직 굳건해 북한산 계곡의 단풍 봉우리가 산영루의 누각 처마 되어 슬며시 들어앉았다. 산 그림자가 계곡 물 위에 비치는 곳이라 하여 산영루山映樓라 이름했다는 곳. 북한산성 가운데 지역에 위치한 산영루와 그 주변은 북한산에서 가장 운치 있는 절경 중 한 곳으로 꼽힌다.

산에 오르기 전에는 모두들 단풍은 이르다고 말하였는데, 산에 들어와 보니 단풍과 낙석(絡石)과 나무로서 의당 붉어질 것은 이미 다 붉어져 있었다. 석류화의 붉음, 연지의 붉음, 분(粉)의 붉음, 꼭두서니의 붉음, 성혈(猩血)의 붉음, 짙게 붉기도 하고 옅게 붉기도 한 것이 이르는 곳마다 빛깔이 같지 않았다. 보는 위치가 같지 않고 나무 또한 다르기 때문이다.

– 이옥(李鈺), 「중흥유기(重興遊記)」 『담정총서(潭庭叢書)』

이옥은 북한산성의 명승지 중 산영루(山映樓)가 있는 계곡 풍경에 가장 심취했던 것으로 보인다. 유람하는 사흘 동안 중흥사 가까이 있었던 산영루를 세 번이나 찾는다.

산색(山色)의 어둠과 밝음, 물 기운(水氣)의 흐림과 밝음을 이번 걸음에서 모두 파악하게 되었다. 다시 보니 저녁 산은 마치 아양을 떠는 것 같아 고운 단풍잎이 일제히 취(醉)한 모양이요, 아침 산은 마치 조는 것 같아 푸름이 아련히 젖어드는 모양이다. 저녁의 물은 매우 빠르게 흘러 모래와 돌이 제자리에 있지 못하며, 아침의 물은 기(氣)가 있어 바위와 구렁이 비에 적셔진 것과 같다.

– 이옥(李鈺), 「중흥유기(重興遊記)」 『담정총서(潭庭叢書)』

산영루의 이방인

1880년대 중반의 산영루 풍경. 누각에는 서양인이 포함된 일행이 계곡을 내려다보고 있고, 주춧돌 주변엔 이들을 안내한 일꾼으로 보이는 촌부 여럿이 모여 있다. 1884년부터 주한 미국 대리공사를 지낸 조지 클레이튼 포크George C. Foulk가 촬영한 사진인데, 누각의 외국인은 포크 공사와 그 일행으로 짐작된다. 이덕무, 정약용, 김정희 등 조선의 지성이 찾아들어 관조의 시간에 잠겼던 산영루는 이제 제국주의 열강의 선봉자들에게 호기심과 감탄의 대상이 된다. 산영루는 일제강점기인 1915년과 1925년의 큰 홍수로 완전히 유실됐다.

이옥은 낮과 저녁, 다음날 아침까지 이렇게 세 번 산영루에 올랐다. 그때마다 달리 보이고 느껴지는 산과 계곡의 정취를 치밀하게 묘사한다. 사물의 양상(樣相)을 전달하되 그에 대한 느낌을 비유적으로 슬쩍 끼워 넣음으로써 객관적 사실과 주관적 정서를 무리 없이 버무린다. 산영루가 있는 계곡의 경치가 글을 읽는 사람의 눈앞에 그대로 다가오는 듯하다. 그것도 고정된 하나의 풍경이 아니라 시간에 따라 느낌을 달리하는 다양한 풍경으로 말이다.

산영루 계곡은 북한산성을 찾는 사람이면 반드시 발길을 하는 북한산의 최고 명승지였다. 1779년에 북한산성 유람을 나섰던 이엽(李燁, 1729~1788)과 유광천(柳匡天, 1732~1799)은 산영루 계곡의 초여름을 이렇게 노래한다.

> 맑은 여울이 돌아 흐르는 곳에 우뚝 선 붉은 누각은 바로 산영루였다. 아로새긴 난간이 시내에 잠겨 석양에 붉은 물결 일렁이고, 숲에 이내가* 자욱하여 푸른빛이 성긴 창으로 떨어지니, 일찍이 이 누각의 경물(景物)을 묘사한 시에 화답했었는데, 올라보니 그 기이함이 한결 더하다.
>
> - 유광천(柳匡天), 「유삼각산기(遊三角山記)」, 『귀락와집(歸樂窩集)』

* '이내'는 해 질 무렵 멀리 보이는 푸르스름하고 흐릿한 기운을 이른다.

폭포 가운데 다가가니, 맑은 여울물이 누각 주춧돌에 부딪쳐 쏟아지듯 흩어져 날린다. 흩뿌려지는 물방울이 마치 옥이 부서져 날리는 듯하고 거문고 소리가 울리는 듯했다.

- 이엽(李燁), 「북한도봉산유기(北漢道峰山遊記)」 『농은집(農隱集)』

* 북한산성을 유람한 뒤 이엽은 「북한도봉산유기北漢道峰山遊記」를, 유광천은 「유삼각산기遊三角山記」를 남긴다. 이 기록을 따라 이엽과 유광천의 북한산성 유람 여정을 구성했다.

문인 관료인 이엽과 유광천은 다른 동료 한 명과 함께 2박 3일 일정으로 북한산성 유람에 나선 길이었다. 북한산의 진면목을 보기 위해 초봄부터 계획을 세웠지만 서로의 일정이 맞지 않아 여름에 들어선 음력 4월 중순에야 산행에 나서게 됐다.* 초여름이라고는 하지만 아직 봄기운이 남아 있을 때였다. 이들의 산행은 업무에서 잠시 손을 놓고 도성의 번잡함에서도 물러나 몸과 마음의 여유를 찾는 일종의 휴가이기도 했다.

산영루 위로 길이 점차 험해지고 가팔라졌다. 큰 바위가 층층이 서 있고 나무 그늘 무성한데, 괴이한 새 울고 맑은 물 세차게 흐르니 그윽한 정취를 가늠 수 없었다. 푸른 풀밭에 말을 잠시 쉬게 했다. 숲을 헤치고 경치 좋은 곳을 골라서 옷을 벗고 발을 씻으며, 한창려(韓昌黎)의 "흐르는 물에 맨발 담그고 시냇돌을 밟으니"라는 구절을 조용히 읊으니 또한 절로 기묘한 운치가 있었다.

- 이엽(李燁), 「북한도봉산유기(北漢道峰山遊記)」 『농은집(農隱集)』

속됨 없이 운치가 있으며, 풍취 있고 멋스럽게 노는 일. 이들의 북한산 유람은 말 그대로 풍류(風流)였다. 산수(山水)의 겉만 훑고 바쁘게 다른 곳으로 발길 옮기지 않으며, 반드시 해야 할 뭔가를 정해놓고 거기에만 매몰되지도 않는다. 그렇다고 술과 악공이 동원된 질탕한 유희를 벌이지도 않는다. 맑은 바람 푸른 물에 시(詩) 한 구절 불러오니 음풍농월(吟風弄月)이 따로 없고, 산수(山水)에 몸과 마음을 풀어놓는다. 그래서 북한산성 계곡에서의 이들의 몸짓과 언어는 자연과 인생과 예술이 혼연일체가 된 그윽한 삼매경을 지향한다.

## 왕의 별궁, 백성의 집

이옥은 북한산성 행궁을 비롯해 관아와 창고 등을 두루 살펴본다. 이에 관해서는 비교적 짧은 기록을 남겼지만 당시 북한산성 운영과 관련된 중요한 사실을 전한다.

> 산성 안에는 행궁(行宮)이 있는데 석림헌(昔臨軒)이라고 한다. 선원첩(璿源牒)을 보관하는 곳이 있다. 산성을 관장하는 장영(將營)이 있고 훈국창(訓練都監倉庫)이 있고 금영창(禁衛營倉庫)이 있고 어영창(御營廳倉庫)이 있는데, 모두 한 곳에 있지 않다.
> - 이옥(李鈺), 「중흥유기(重興遊記)」「담정총서(潭庭叢書)」

이옥은 행궁 내에 있었던 선원첩 보관소를 언급한다. 선원첩은 왕실의 족보를 일컫는데, 당시 북한산성 행궁에는 왕실의 족보와 함께 중요 문서를 보관하는 왕실서고(王室書庫)가 마련돼 있었다. 영조 때인 1760년 무렵, 북한산성 행궁에 왕실의 족보를 보관하는 공간을 갖춘 이래 행궁의 서고(書庫) 기능이 점차 확대돼 온 것이다.

**북한산성 행궁**
1907년 무렵의 북한산성 행궁으로, 임금이 업무를 보는 외전 건물이다. 1905년 말부터 일본 주재 독일대사관 무관으로 근무했던 헤르만 산더 Hermann Sander가 조선 여행 중에 촬영했다. 헤르만 산더는 이 사진에 '국왕의 마지막 피신처'라는 간략하면서도 함축적인 설명을 달았다.

영조 당시 북한산성에는 출판 시설도 갖춰져 있었다. 1766년에 영조 자신이 손수 『소학(小學)』의 뜻을 풀이한 『어제 소학지남(御製小學指南)』을 북한산성과 남한산성에서 간행하도록 한다. 이런 사실로 미루어 북한산성이 왕실 문서나 서적을 간행하는 역할까지 맡았던 것으로 짐작된다. 정조대에 들어선 당시 활발하게 추진됐던 서적편찬사업에 힘입어 북한산성 행궁의 서고 기능과 출판 기능이 더욱 강화된다.

임금이 일렀다. "존경각(尊經閣)을 건립하도록 한 법의 근본 취지
가 분명히 있는데, 책이 완전히 질(帙)을 갖추지 못하고 있으니, 이
어찌 태학(太學)의 수치가 아니겠는가? 북한산성에 있는 경서(經
書)를 각기 2건(件)씩, 운책(韻冊)을 5건씩 인쇄해 내각(內閣)으로
하여금 매 권(卷)마다 보장(寶章)을 찍어서 존경각에 보관하도록
하라."

- 『정조실록(正祖實錄)』 권29, 정조 14년(1790년) 2월 24일

**북한산성의 민가와 절터**

1907년 무렵의 북한산성. 산자락에
나랑이 밭을 일구었고, 초가 몇 채가
오도카니 낮게 둥지를 틀었다. 저쪽
산자락엔 두세 채의 기와집이 자리를
잡았다. 왼쪽의 기와 건물 아래로 축
대를 쌓은 빈터가 보이는데, 절터로
짐작된다. 1779년에 북한산성 민가를
찾은 이엽과 유광천이 느꼈던 그 '산
골의 질박함'은 여전하지만 아직 봄이
깊지 않은지 집 앞에 꽃은 피지 않았
고, 불탄 사찰 건물은 기울어져가는
나라의 운명을 암시하듯 어둔 그림자
를 던진다.

이엽과 유광천 일행은 북한산성의 서북 측에 있는 대서문을 통해 산성
내로 들어와 중성(重城)과 중흥사를 거쳐 행궁에 이르렀다.

중흥사에서 동쪽으로 몇 리를 가니 행궁이 있었다. 말에서 내려 행
궁 문으로 들어가 형세를 두루 돌아보았다. 대저 이 산은 봉우리가
높고 계곡은 좁지만 이곳에 이르러서 조금 넓게 트였다. 앞에는 관
아 4~5구(區)와 시골집 수십 가구가 산에 의지해 마을을 이루었
는데, 집집마다 아름다운 꽃을 섞어 심어 문득 번화하다는 생각이
들었다. 복사꽃 필 때 오지 못한 것이 매우 아쉬웠다.

- 이엽(李燁), 「북한도봉산유기(北漢道峰山遊記)」 『농은집(農隱集)』

　　**성城과 왕국 I** 북한산성이 전하는 스물여섯 가지 한국사 이야기

이들은 행궁 안을 둘러볼 수 있는 기회를 가졌는데, 아마도 중앙의 관료로 재직하고 있어서 행궁 출입이 가능했던 것 같다.

그런데 이엽은 행궁보다는 인근에 위치한 민가에 더 마음을 빼앗긴다. 비록 수십 가구의 규모지만 곳곳에 초여름 꽃이 가득해 산성마을은 번화한 곳으로 다가왔다. 그런데도 이엽은 한창 봄일 때 피는 복사꽃까지 그리워한다. 이번 봄에 북한산성 유람 일정을 잡았다가 초여름으로 미뤄진데 대한 아쉬움도 숨기지 않는다. 이엽은 이미 중성(重城) 지역을 지나면서 산성마을의 정취에 매료돼 있었다.

> 성 안에는 여염집이 잇달아 있었다. 소나무 울타리를 한 띳집이 은은히 숲속에 비치고 돌 틈으로 흐르는 시냇물과 솟아오르는 샘물이 좌우로 어울려 흐르는데, 또렷하여 마치 그림 같았다. 바위 아래, 두 갈래 쪽진 머리를 한 계집종이 돌샘에서 길어 올린 물을 어깨에 메고 즐거워하며 가는데, 그 얼굴빛이 참 아름다웠다. 산골의 질박함이 이렇게 아름다운 줄 생각도 못했다. 비유하자면 바위틈에 핀 딸기 꽃이 푸르고 굳센 가운데 여전히 울긋불긋함을 간직한 것과 같으니, 이 어찌 점철된 조화의 오묘함이 아니겠는가?
>
> - 이엽(李燁), 「북한도봉산유기(北漢道峰山遊記)」, 『농은집(農隱集)』

북한산성은 남한산성이나 수원 화성과 달리, 계획적으로 거주지를 조성하지 않아 규모가 큰 고을이 형성되진 않았다. 여기에 산세까지 험해 마을이 소규모 단위로 산성 내 여러 곳에 흩어져 있었는데, 주로 진출입로 지역이나 관아 건물과 사찰이 있는 지역에 민가가 들어섰다. 유람객이 많이 찾는 중흥동 인근 지역에도 마을이 조성돼 있었다.

18세기 후반 당시 북한산성 내의 마을은 많을 땐 5백 가구에 이르기도 했다지만 대개는 2백 가구 안팎이었던 것으로 추정된다. 이들은 주로 산에 의지해 양식을 구하거나 성곽 보수공사의 인부로 동원돼 생계를 꾸려갔다. 농사지을 땅이 거의 없는 산성 내에서의 생활은 대체로 곤궁했으며, 개중에는 살길을 찾아 떠돌던 유랑민도 있었다. 선비와 사대부들이 민가를 보면서 느꼈던 여유로움과 질박한 정취의 이면에는 하루하루를 힘겹게 살아가야 하는 산성 주민들의 팍팍한 생활 속내가 담겨 있었다. 산성 내 일부 주민은 유람객을 상대로 주점을 열기도 했다.

> 행궁 앞 주막에서 한 잔 반을 마시고 태고사에서 반 잔을 마셨다. 상운사에서 한 잔을 마시고 훈국창(훈련도감 창고) 지역의 주막에서 한 잔을 마셨다.
>
> ― 이옥(李鈺), 「중흥유기(重興遊記)」, 『담정총서(潭庭叢書)』

이옥은 북한산성 산행을 준비하면서 이번 유람에서 지켜야 할 규율 중 하나로 술에 내한 질제를 꼽았디. "술의 종류를 따지지 말 것이며, 마시되 반드시 두 잔까지만 마신다."는 엄격한 자기만의 주도(酒道)를 세웠다. 그리고 유람을 끝내고나서 그동안 마신 술의 양을 정확히 기록한 뒤 "산에 갈 때는 술이 진실로 없을 수 없으나, 또한 진실로 많아서는 안 된다."는 말로 마무리한다. 술의 종류를 이것저것 따지지 않는다는 태도는 과도한 형식에 얽매어 즐거움을 잃는 어리석음을 범하지 않겠다는 자세로, 이는 자유분방함을 추구하는 마음의 발로로 볼 수 있다. 술의 양에 대한 절제는 몸가짐과 마음을 함부로 흩트리지 않으려는 다짐이기도 하다. 몸과 마음을 평소와 달리 느긋하게 풀어놓되, 그렇다고 완전히 놓아버리지도 않는 유유자적의 상태, 이 또한 유람과 산행에서 가져야하는 마음의 중용일 것이다. 멋스럽게 노는 몸과 마음의 흥취가 거기에 깃들어 더해지니, 조선 선비와 사대부의 풍류가 여기 있었다.


## 수행도량과 승영사찰

사찰은 북한산을 문화의 공간으로 만들었다. 산성 안팎의 여러 사찰은 세속의 희로애락을 잠시 접어둘 수 있는 믿음의 공간을 제공했고, 시대를 거쳐온 사찰 도량은 그 자체가 종교문화와 예술의 집적이었다. 그래서인

**성城과 왕국 l** 북한산성이 전하는 스물여섯 가지 한국사 이야기

지 북한산성 유람에 나선 이들은 산성 내의 사찰을 중심으로 일정을 잡는 경우가 많았다.

이옥은 북한산성을 유람하면서 산성 내 11개 사찰 중에서 8곳의 사찰에 들렀다. 중흥사(重興寺)·태고사(太古寺)·상운사(祥雲寺)·진국사(鎭國寺, 지금의 노적사)·부왕사(扶旺寺) 등을 찾았는데, 법당의 규모와 구조를 기록하고 법당 내의 불상과 불화(佛畵)에 대해서도 상세하게 전한다. 사찰에서 만난 여러 승려의 됨됨이를 평하고 승영사찰 승려의 특이한 복장에 대해서도 언급한다. 이곳 승려의 복장이 꽤 흥미로웠던 모양이다.

> 검은색 옷을 입고 털로 짠 벙거지를 쓰고, 벙거지 꼭대기에는 붉은 깃털이 꽂혀 있다. 허리에 두른 청금대(靑錦帒)가 늘어뜨려져 엉덩이 부분에 이르고, 쟁그랑 쟁그랑 쇳소리를 내며 걷는 자도 있었다. 이들은 승려로서 군직(軍職)에 있는 자들이었다. 승려의 염주는 나무로 만들어 옻칠을 한 것이 많았는데, 가난한 승려는 율무로 만든 것을 사용하기도 했다.
> — 이옥(李鈺), 「중흥유기(重興遊記)」『담정총서(潭庭叢書)』

부왕사지

버려진 절터의 긴 주춧돌 여럿이 북한산의 암봉을 올려다본다. 노적봉, 백운대, 만경대 …… . 북한산의 암봉은 햇살 머금어 말간데 절터의 승탑 아랜 그림자 짙다. 북한산성 중심부 계곡과 부왕동암문 사이에 있는 부왕사지이다. 부왕사는 북한산성 축성 뒤 110여 칸 규모의 승영사찰로 건립돼 북한산성 서쪽 성곽지대에 위치한 부왕동암문 지역의 수비를 맡았다. 한국전쟁기를 거치면서 퇴락해 폐사됐다.

이 시기 승병들은 직업군인과 같은 방식으로 산성 관리에 임하고 있었다. 지방 사찰에서 뽑아 올린 승려를 대상으로 교대로 근무하게 하는 방식이 아니라, 승영에 상주할 승병을 뽑아 산성 관리와 수비를 맡기고 있었다. 북한산성 사찰의 승려들은 수도승인 동시에 군인이었으며, 사찰 또한 수행도량이자 군영(軍營)이었다. 어울릴 것 같지 않은 이 두 가지 분위기를 이옥은 이렇게 전한다.

> 절에서 이틀을 묵는 동안 밤이면 느닷없이 범패(梵唄: 불교의 의식음악)를 부르는 자가 있었다. 또 한편으론, (병서인)『병학지남

*『병학지남』은 16세기 중기의 명나라 장수인 척계광이 지은 『기효신서紀效新書』에서 군대의 조련법에 관한 부분을 간추려 만든 우리나라의 병서兵書이다. 『대장청도도大將淸道圖』는 군대의 대장大將이나 귀인貴人이 행차할 때 소리를 질러 길을 비키게 하는 내용의 글과 그림이 실린 도첩이다.

(兵學指南)』과 『대장청도도(大將淸道圖)』를 외우는 자가 있었다.*
등불이 꺼져 누구의 입에서 나오는 소리인지 알지 못하였다.

- 이옥(李鈺), 「중흥유기(重興遊記)」『담정총서(潭庭叢書)』

북한산성을 유람하는 이들은 잠자리와 식사를 주로 사찰에서 해결했다. 사찰은 유람의 목적지 중 하나이자 숙식시설이기도 해 북한산성을 찾은 선비와 사대부들은 자연히 승려들과 만날 기회가 많았다. 이옥은 북한산성에 머문 사흘 동안 여러 승려를 만난다.

태고사의 돈예(頓藝)는 지팡이를 빌리는 일로 말을 나누었고, 상운사의 사언(師彦)은 술을 사오는 일로 말을 나누었다. 부왕사의 성일(晟日)과는 낮잠 잘 때 지팡이로 옆구리를 치면서 장난삼아 말을 나누게 됐다. 진국사의 승장(僧將) 풍일(豊一)은 더불어 말할 만하여 대화를 나누었다.

- 이옥(李鈺), 「중흥유기(重興遊記)」『담정총서(潭庭叢書)』

조선 초기부터 북한산 지역 사찰은 승려와 유학자가 만나는 교류의 공간이었다. 북한산 지역 사찰이 유생들의 공부하는 장소로 이용되고 사대부들의 유람지로 주목받음으로써 유학자와 승려가 자연스럽게 교유를 가질 수 있는 기회를 갖게 된 것이다. 이런 계기로 만난 유학자와 승려가 오랫동안 우정을 나눈 경우도 제법 있었다고 한다. 조선의 지배층은 억불정책을 지속적으로 추진했지만 실제 생활에서 사찰과 승려에 대해 적의에 찬 모습을 보이는 유학자는 그리 많지 않았다. 특히 조선 후기 들어선 선비나 사대부들에게 사찰은 특정한 종교공간이라기보다 생활의 한 공간으로 받아들여지는 경향이 강했다.

*북한산과 북한산성 유람을 나선 조선시대의 시인 묵객 대부분은 중흥사를 찾았다. 심수경(1516~1599), 허엽(1517~1580), 정철(1536년~1593), 이항복(1556~1618), 이정구(1564~1635), 김창협(1651~1708), 정약용(1762~1836), 김정희(1786~1856) 등이 중흥사를 다녀갔는데, 이들이 남긴 글이 지금까지 전해온다. 중흥사에 묵으며 공부를 한 인물로는 조선 전기의 김시습(1435~1493)을 비롯해 조선 중기의 문신인 심수경, 허균의 아버지인 허엽 등이 대표적이다

18세기 후반 북한산성을 찾은 이엽과 유광천에게서도 이런 모습을 확인할 수 있다. 북한산성 유람 중 이들은 승영사찰 본부가 있었던 중흥사에 묵게 된다.*

사찰 문에는 치영(緇營)이라 편액했다. 그 앞에는 창고가 가로로

뻗어 있고, 조금 앞의 작은 누각에는 숙종 임금(肅廟)의 어제시(御
製詩)가 걸려 있었다.

- 이엽(李燁), 「북한도봉산유기(北漢道峰山遊記)」 『농은집(農隱集)』

중흥사는 식량창고와 무기창고를 둔 130여 칸 규모의 큰 사찰이었다.
북한산성 승군의 최고책임자인 총섭(總攝)이 이 중흥사에 거처하며 산성
내의 모든 사찰을 관리했다.

저녁에 중흥사 동쪽 방에서 머무는데, 부질없이 흥이 나서 시를 지
었다. 어떤 승려가 자신이 치영(緇營)의 주인이라 했다. 바로 이곳
승려들을 통솔하는 벼슬인 총섭(總攝)의 직함을 가진 승려로서 푸
른 눈동자에 긴 눈썹을 지닌 이였다. 죽순과 막걸리를 대접하면서
산중의 고사(故事)를 잘 갖추어 말해주었다.

- 유광천(柳匡天), 「유삼각산기(遊三角山記)」 『귀락와집(歸樂窩集)』

유학자이자 문인인 유광천과 이엽, 그리고 승려 신분의 승군대장인 총
섭, 이들은 북한산성의 유래와 승영사찰의 조성 배경을 두고 한참 동안 한
담을 나눈다. 유광천과 이엽에게 승려는 멀리해야 할 상대가 아니었다. 사
찰이라는 종교공간 또한 거북스러운 곳이 아니었다. 산수(山水)에 묻힌 사
찰 공간은 오히려 마음을 침잠시켜준다.

밤에 일어나 달빛 아래 걷노라니 뜰 가운데 고목이 그늘을 드리웠
다. 그 속으로 달빛이 새어 나오니 "쌓인 물에 달이 비쳐 밝은데,
물풀들 어울려 떠다니네"라는 구절이 떠올랐다. 어슴푸레하여 마
치 생동감 있는 필획으로 그려내어 경치를 옮긴 듯하였다.

- 이엽(李燁), 「북한도봉산유기(北漢道峰山遊記)」 『농은집(農隱集)』

이엽은 사찰 달밤의 풍경에 자신을 풀어놓는다. 주변의 온갖 사물이 조
화를 이루니 천지자연의 순행이 어디 따로 있겠는가? 고목의 그늘이 없다
면 달빛이 이토록 마음을 아리게 하겠는가? 음(陰)이 없다면 양(陽)이 있을

수 없고 양이 있어 음이 있을 수 있는 것이니, 그러하듯 이 자연과 사람인 우리 모두 서로가 서로에게 기대어 살아가는 존재인 것이다. 그게 천지만 물의 조화이고 궁극의 이치이리라. 그렇게 북한산성 사찰에서의 유숙(留宿)은 또 다른 심신수행의 공간으로 다가왔다. 북한산성 사찰의 달밤 심원 해지고 한 유학자의 마음도 그래서 더욱 깊어갔으리라. 세파에 찌든 감정의 더께 벗겨지고 세상사 힘들어 모난 심정 부드러워지니 마음 한없이 청정해졌으리라.

## 동장대(東將臺)의 선비와 사대부들

다음날 아침, 이엽과 유광천 일행은 행궁을 둘러본 뒤 동장대(東將臺)에 오른다.

> 동장대에 오르니 사찰과 군영(軍營) 건물이 손바닥 안에 있는 듯 확연해졌다. 산의 형세는 삼면으로 절벽이 우뚝한데, 서쪽 한 모퉁이만 약간 평평했다. 물이 그 입구를 돌고, 석회로 바른 성가퀴와 층층이 지은 보루가 아득히 산등성이를 에워싸고 있어 하늘처럼 둥글게 엎드린 산이 몇 굽이인지 알 수 없었다.
> – 유광천(柳匡天), 「유삼각산기(遊三角山記)」 『귀락와집(歸樂窩集)』

동장대는 산성 안팎을 두루 관망할 수 있는 최적의 장소였다. 그래서 북한산성을 찾은 선비나 사대부들은 이곳 동장대에 올라 산성의 형세와 한양 주변의 지세를 살폈다.

> 도성의 백만 가옥이 나월봉에 가려져 다만 가벼운 먼지와 푸른 연기가 산허리를 감싸고 있으니 사람 사는 세상을 상상할 만하였다. 다른 곳을 바라보니 한강 일대가 (도성의) 삼면을 둘러싸고, 은빛 파도와 하얀 물결이 섬과 더불어 서로를 삼켰다 토해내고 있었다.
> – 이엽(李燁), 「북한도봉산유기(北漢道峰山遊記)」 『농은집(農隱集)』

숙종과 영조, 왕세손 시절의 정조가 올랐던 그 동장대였다. 도성을 응시하며 그들이 군주로서의 길을 찾았듯이 조선의 사대부들 또한 동장대에서 자신들이 가야할 길을 보았으리라. 도성을 감싸 도는 한강이 바다로 흘러들어 망망대해의 기상으로 살아나듯 동장대의 사대부들도 더 넓고 깊게 가슴을 열고 민족의 땅을 안으려 했으리라.

> 그런데 그 험준함을 버리고, 방비함을 스스로 잃어버렸다. 외적이 이를 알고 침입해 성곽 아래의 수치를 남겼으니, 병자호란 때의 눈물이 천고토록 눈을 찢어지게 하였다.* 그래서 구름까지 닿는 북한산성을 쌓았으니, 비록 양을 잃고 난 뒤에 우리를 고친 격이지만 이는 참으로 전란에 대한 경계이다. 그러나 수비는 장수를 얻는데 있고, 보전하는 것은 인화(人和)에 있다. 이러한데 금성탕지(金城湯池)의 근심 없음만을 믿어서야 되겠는가? 비록 그러하나, 지금 나와 그대들은 한가로이 군문(軍門)의 북과 나발 소리를 들으면서 한가한 날을 얻어 여유롭게 놀러와 이곳에서 즐기니, 태평성세의 다행이 아니랴.
>
> - 유광천(柳匡天), 「유삼각산기(遊三角山記)」, 『귀락와집(歸樂窩集)』

* '성곽 아래의 수치'는 1636년에서 1637년에 일어난 병자호란 당시 인조와 대신들이 남한산성에 들어가 항전하다 청나라에 굴욕적인 강화조약을 맺은 사실을 뜻한다.

북한산의 산수(山水)는 민족의 자존을 상징하는 징표로 떠올랐고, 북한산성의 성곽시설은 북한산을 민족의식의 공간으로 만들었다. 성곽이 들어섬으로써 북한산은 도성을 지키는 진산(鎭山)으로 더욱 확고하게 자리를 잡았고, 북한산성은 점차 호국의 성소(聖所)로 받아들여졌다. 북한산성에 오른 선비와 사대부들은 그곳 동장대(東將臺)에서 도성을 바라보며 한양이 조선의 중심임을 새삼 느끼곤 했다. 북한산성은 북한산의 산수자연과 함께 민족의식을 북돋우고 역사인식의 폭과 깊이를 심화시키는 각성(覺醒)의 공간이자 일깨움의 장소였다. 그래서 북한산성 산수유람은 성찰과 성장의 풍류에 다름 아니었다. 그 북한산성 풍류의 길에서 조선의 사대부들은 조선이 세상의 중심이 되는 날을 한껏 꿈꾸었으리라.

北漢圖三

白雲峰

麻哨峰

將臺

訓局

尚門

群雲寺

元曉菴

中城門

國草寺

覺寺

暗門

下倉

重興寺

宮

暗門

# 24

## 북한산성에
## 저무는 해

• 세도정치 시대의 북한산성

• 흥선대원군 시대의 북한산성

• 웅혼의 동장대(東將臺), 격랑에 묻히다

# 세도정치 시대의 북한산성

> 석양 무렵 원효봉에 올랐는데, 그 아래에는 원효암(元曉庵)이 있다. 서쪽을 바라보니 푸른 바다가 만 리에 펼쳐져 있어 끝이 보이지 않는다. 많은 돛배가 빠르게 오고가는데 마치 겨자씨 같아 보인다. 이윽고 넓은 바다가 온통 붉게 물드니, 마치 명경대(明鏡臺) 가운데 촛불이 서로 비추는 것 같다. 고개를 돌리는 사이, 해는 이미 떨어져 보이지 않는다.
>
> — 양의영(梁義永), 「유북한기(遊北漢記)」, 『죽파유집(竹坡遺集)』

1858년 가을, 북한산성 유람에 나선 양의영(梁義永, 1816~1870)은 북한산 원효봉(元曉峰) 정상에 서서 석양에 젖은 바다 풍경에 마음을 빼앗기고 있었다.* 세 명의 일행과 함께 닷새 일정으로 북한산성 유람에 나섰는데, 이날은 이틀째 되는 날로 북한산성 북측 성곽이 지나는 곳에 위치한 원효봉에 올랐다.

*양의영은 1858년 가을에 북한산성을 유람한 뒤 「유북한기(遊北漢記)」를 남겼다. 이 기록을 참고해 양의영의 북한산성 유람 여정을 구성했다.

양의영은 근래 들어 벗과 더불어 산수(山水)를 찾으며 시문(詩文)에 힘쓰고 있었다. 그동안 여러 차례 과거시험(科擧試驗)을 보았지만 뜻을 이루지 못해 관직을 위한 학문은 이미 단념한 상태였다. 능력 있는 인재를 뽑는다는 과거제도의 취지는 빛이 바랬고, 과거(科擧)는 권세가와 부유한 가문의 전유물이 된 지 오래였다. 관직에 나아가 입신출세하리라는 꿈을 포기하고 세상사에서 한 발 물러서 있었지만 그렇다고 마냥 마음 편하지만은 않았다. 혼탁하고 어지러운 시절을 관망하는 것도 힘들기는 마찬가지였다. 그나마 이 땅의 산수(山水)가 있어 하루하루를 달랠 수 있었다.

그런 시절을 보내며 이 땅 곳곳의 선경(仙境)을 찾았고, 이번 가을엔 그동안 마음에 두었던 북한산성 유람에 나섰다. 양의영 일행은 대서문을 거쳐 산성 내의 북쪽 지역을 둘러본 뒤 남쪽으로 내려가는 여정을 잡았다.

중흥사(重興寺)는 승려가 거주하는 각 사찰을 총괄하는 곳이며 승병들이 근무하는 곳이어서 북한산에선 번잡한 지역에 속한다. 마을 민가 곳곳엔 사람들이 많아 제법 한양과 같은 번화한 분위기가 느껴진다. 주막을 찾아 술을 샀다. (……) 중흥(重興寺)의 골짜기 입구부터 보광사(普光寺) 아래에 이르기까지는 사람들이 많이 다녀 그 길가로 술집과 찻집이 끊이지 않는다.

- 양의영(梁義永), 「유북한기(遊北漢記)」 『죽파유집(竹坡遺集)』

이 시기엔 이전 시대에 비해 더 많은 사람들이 북한산성을 찾았던 모양이다. 이엽과 이옥이 북한산성을 유람했던 18세기 후반에 비해 중흥사 주변에 있는 마을의 규모가 커지고 주막과 찻집 같은 상업시설도 훨씬 많아진 상태였다. 19세기 중반, 북한산성 일부 지역은 외관상으로 볼 때 여느 번화한 곳 못지않았고 북한산성 지역은 도성과 그 주변에서 가장 인기 있는 유람지로 자리를 잡았다. 하지만 이어지는 양의영의 기록으로 볼 때, 당시 북한산성은 도성 외곽의 방어 요충지로서는 큰 문제가 있어 보인다.

근래에는 창고 관리가 잘못되고 있어 창고에 남아 있는 곡식이 겨우 백분의 일에 지나지 않는다. 성가퀴는 세월이 지나면서 무너졌는데도 수리하지 않고 있으며, 활과 쇠뇌(弩)는 모두 아교가 풀어져 쓸 수가 없는 상태이다. 승려들은 주색에 빠져 기예를 익히지 않는다. 누가 이를 집정자(執政者)에게 알려 성(城)을 온전하게 하고, 창고를 채우고 병사를 훈련시켜 무기를 쌓는다면 이 어찌 위급할 때 믿을 수 있는 곳이 되지 않겠는가?

- 양의영(梁義永), 「유북한기(遊北漢記)」 『죽파유집(竹坡遺集)』

19세기 중반의 북한산성은 성곽시설물 보수도 문제였지만 운영과 관리 전반에 있어 심각한 폐단을 드러내고 있었다. 산성 관리에서 가장 중요한 군량미가 규정량에 크게 미치지 못하고 무기 보관도 제대로 이뤄지지 않고 있었다. 승병을 비롯한 군사인력 관리도 거의 방치된 상태나 다름없었다. 나라 전체의 기강이 무너지고 관리들의 부정부패가 극에 달한 당시의 세도정치(勢道政治) 여파가 북한산성 운영과 관리에도 큰 영향을 미치고 있었던 것이다.

북한산성 선정비

1907년 무렵의 북한산성 중심부 계
곡 지역이다. 계곡으로 산영루가 보
이고, 그 오른쪽 경사지에 비석이 늘
어서 있다. 북한산성을 관리하던 최
고 책임자의 공덕을 기리기 위해 세
운 선정비다. 26기 정도가 남아 있
는데 모두 19세기에 세운 비다. 이
시기는 정조 사후의 세도정치기로 관
리의 부정부패와 수탈이 조선 역사상
가장 심했다. 19세기 후반엔 외세의
침략까지 더해 나라의 존속마저 위협
받던 상태였다. 책임자가 떠날 때 의
례적으로 세운 불망비不忘碑라 치부
하더라도 당시의 민생과 나라 형편을
감안해보면 마냥 고개를 끄덕일 수는
없다.

　　19세기를 직전에 둔 1800년, 정조의 갑작스런 죽음은 조선사회의 향방
을 뒤틀어 놓는다. 18세기를 거치면서 왕권 강화와 군주 중심의 통치질서
를 토대로 사회 전반의 개혁과 함께 부국강병을 추진하던 조선사회는 19
세기 들어 몇몇 권세가를 중심으로 나라가 운영되는 세도정치 아래 놓이
게 된다. 외척(外戚)이 주요 관직을 차지하고 권력을 독점해 정국을 좌우
함으로써 왕은 정치권력을 상실하고 이름뿐인 군주로 남는다. 세도 가문
은 당시 국정 최고 의결기관이던 비변사(備邊司)의 관직을 독점하며 전횡
을 휘둘렀고, 이에 따라 관직 매매가 성행하고 과거시험도 부정부패로 얼
룩진다. 지방 관리의 수탈도 갈수록 심해졌으며, 특히 삼정(三政)의 문란은
백성의 생존 자체를 위협할 정도로 그 폐해가 심했다. 삼정은 토지세인 전
정(田政), 군역(軍役) 대신 군포(軍布)를 내는 군정(軍政), 봄에 곡식을 대여했
다 가을에 돌려받는 환곡(還穀)을 이르는데, 관리들은 이 삼정 운영에서 규
정 이상을 요구하고 갖은 편법을 동원해 백성을 수탈했다.

　　농업기술의 발전으로 농업 생산력이 증대했지만 토지제도의 모순과 지
배층의 수탈로 부의 편중이 심해지면서 농민층의 분화를 가속화시켰다.
토지를 잃고 유랑민으로 떠도는 농민이 늘어났지만, 한편에선 대규모 토
지를 소유한 양반관료층이 부를 축적해갔다. 상업이 발달해 시장이 활성
화되고 보부상을 중심으로 한 전국적인 유통망도 형성됐다. 하지만 조선

의 지배층은 산업 구조의 변화와 생산력 발전에 따른 적절한 사회제도를 마련하지 못한 채, 대체로 사리사욕에 몰두하며 지도층으로서의 책임의식을 회피하고 있었다.

전통적인 신분질서도 크게 흔들렸다. 부를 축적한 평민과 상민이 공명첩(空名帖)을 사거나 족보를 매매해 양반으로 신분 상승을 꾀했고, 한편에선 몰락 양반이 발생했다. 조선의 지배층인 양반은 세도정치의 영향력 아래 포함된 권반(權班), 지역 사회에서 힘을 행사하며 명맥을 유지하는 향반(鄕班), 정치와 경제 분야 모두에서 배제된 잔반(殘班)으로 분화돼 갔다.

19세기 중반인 철종(哲宗, 재위: 1849~1863) 대에 이르면 세도정치가 극에 달하면서 사회 전반의 난맥상과 혼란은 더욱 심해진다. 지배층의 수탈은 더 가혹해지고 농민들의 삶은 한층 피폐해져갔다. 이에 따라 농민층의 저항 방식도 변해갔다. 조세 거부나 군역(軍役) 회피 등의 소극적 저항에서 무장 투쟁이라는 적극적인 항거로 바뀌게 된다. 1862년 진주 농민봉기를 거치면서 백성들의 항거는 전국 곳곳으로 확산된다. 19세기 초반에도 도적 횡행과 함께 민란이 일어나고 홍경래의 난과 같은 대규모 반란이 발생했지만 이 시기의 민란은 조선 사회의 근간을 뒤흔들 정도로 그 양상이 심각했다. 민란은 전라도와 경상도, 충청도 등 삼남(三南) 전역을 휩쓸었고, 농민뿐 아니라 몰락 양반과 재야 학자까지 가담해 조선 사회의 통치질서를 위협했다. 지배층은 삼정의 문란을 막을 기구를 설치하고 수탈을 일삼은 관리를 처벌했지만 사회 모순을 극복할 근본적인 대책을 마련하지는 못했다.

사회 혼란과 모순의 심화는 예언사상과 미륵신

**철종**
1861년에 그린 철종의 어진. 전해오는 조선시대 어진 중 군복 차림의 어진으로는 유일하다. 세도정치 시대의 이 기구한 운명의 군주는 초상화를 통해서라도 군주의 힘을 보이고 싶었던 것일까? 사도세자의 아들이자 정조의 아우인 은언군의 손자, 형인 회평군의 옥사로 강화에 유배돼 농부로 살던 왕족, 그러다 열아홉의 나이에 궁중에 불려와 왕위에 오른 임금. 3년 동안의 수렴청정을 거쳐야 했고, 이후 삼정의 폐해를 막고 민란 수습에 힘써보지만 세도정치의 굴레에 묶여 철종은 끝내 힘 있는 군주의 길을 가지 못했다.

앙 같은 구원신앙의 발흥을 가져왔으며, 한편으론 천주교의 확산을 촉진
시켰다. 17세기 청나라를 통해 소개된 천주교는 국가 차원의 탄압에도 불
구하고 19세기 중반기엔 민간에 점차 뿌리를 내린다. 1860년엔 천주교의
확산에 자극받아 후천개벽(後天開闢) 사상과 인내천(人乃天) 사상을 근간으
로 한 동학(東學)이 창시된다. 통치이념이자 사회제도 유지의 토대가 된 성
리학은 변화하는 사회현실을 담아내지 못함으로써 일정한 한계를 드러내
고, 그 위상과 영향력 측면에서도 위기에 처한다.

　　조선을 둘러싼 대외 정세와 국제관계도 크게 변하고 있었다. 청나라가
서구 열강에 굴복해 문호를 개방했고, 일본 또한 미국의 무력에 의해 문을
연 뒤 서구 열강과 통상조약을 체결한다. 이 무렵 서구 열강은 '모양이 다
른 배'라는 뜻의 이양선(異樣船)의 출현으로 조선 사회에 그 존재를 알려왔
다. 18세기 중반 영조 시대부터 이양선에 대한 기록이 보이기 시작하지만
19세기 순조(純祖, 재위: 1800~1834) 대 이후 그 출현 빈도가 증가한다. 이들
은 한반도 연안과 해안 지형을 측량하며 조선에 대한 관심을 높여나갔는
데, 이는 이 시기 흉흉해진 민심을 더욱 동요시켰다.

　　19세기 초반에서 중반에 이르는 세도정치 하에서의 국방정책 또한 이
전 시대의 진취성과 개혁성이 크게 위축된다. 만연한 부정부패와 계속되
는 사회 혼란은 나라의 재정 악화를 초래했고, 이는 국방비 감소로 이어졌
다. 정조 시대의 최대 군영이었던 장용영(壯勇營)이 19세기 들어 전격 폐지
되고 이후에도 중앙군의 규모를 줄이는 정책이 취해졌다. 이 같은 국방정
책으로 삼군문(三軍門)을 중심으로 한 중앙 오군영(五軍營)의 군사력이 저
하되면서 영조 대에 정착된 도성방위체제의 기반이 흔들리게 된다. 여기
에 각 군문(軍門)의 기강 해이와 부정부패까지 더해져 국방력 약화를 가속
화시켰다. 양의영이 북한산성을 찾았던 1858년 당시의 북한산성 성곽 관
리와 운영 실태는 나라의 혼란과 당시 국방정책의 취약을 그대로 반영하
고 있었던 것이다.

## 흥선대원군 시대의 북한산성

1863년, 고종(高宗, 재위: 1863~1907)이 열두 살의 나이로 즉위하면서 조선은 또 다른 변화와 혼란의 시기를 맞는다. 어린 고종을 대신해 아버지인 흥선대원군이 국정을 총괄하는 섭정의 자리에 오르면서 강력한 개혁정치를 추진한다. 흥선대원군은 세도정치 아래 피폐해진 나라를 일으키기 위해 정치제도와 사회제도를 개편하고 민생안정책을 실시한다. 통치질서 안정과 왕실 재건을 위해 왕권을 강화하고 중앙집권적인 정치기강을 수립한다. 이와 함께 부국강병책을 추진해 군사력을 증강시키고 군사시설에 대한 운영과 관리도 바로잡아 나갔다.

1880년대에 조선을 찾아 선교사로 활동하고 이후 조선의 국권회복에 협조한 미국인 헐버트Homer Bezaleel Hulbert는 자신의 저서에서 흥선대원군을 이렇게 기록했다.

그는 개성이 강하면서도 오만한 기질을 가진 남자였다. 백성들은 아무리 그를 미워하더라도 한편으로는 항상 그를 존경했다. 그는 아마도 한국의 정치 무대에서 찾아보기 어려운 걸물이었던 것 같다. 그는 매사에 반항적이었으며, 어떠한 난관에 봉착하더라도 그것이 도덕적인 문제이든 경제적인 문제이든 관계없이 자신이 의도한 바를 관철해 나가는 불굴의 투지를 가진 사람이었다.

의정부(議政府)에서 아뢰었다. "경기 감사(京畿監司) 유치선(兪致善)의 보고를 보니, '북한산성의 군량미로 쓰기 위해 고양(高陽)에 보관한 2,000석(石) 가운데 유랑민 출신의 주민에게 대여한 쌀이 138석이며, 관아의 실무관리자인 조봉엽이 몰래 빼낸 쌀이 771석입니다. 이 909석은 여러 방책을 동원했지만 거두어들일 길이 없습니다. 이에 군량미를 사사로이 사용한 관아의 서리(胥吏)는 법에 따라 처벌하고, 두 해에 걸쳐 군량미를 되갚지 않은 이들에 대해서는 따로 조처하도록 특별히 허락하여 주십시오.'라고 하였습니다."

ㅡ『고종실록(高宗實錄)』 권3, 고종 3년(1866년) 8월 19일

의정부의 보고를 검토한 흥선대원군은 군량미를 빼돌린 서리를 엄벌에 처해 엄중한 산성관리의 본으로 삼는다. 환곡의 일종인 환수되지 않은 군량미에 대해서는 탕감이라는 특별조치를 취함으로써 고을 주민의 부담을 덜어준다. 빈민구휼정책 차원에서 이뤄진 조치였다.

흥선대원군은 집권 초기부터 민란의 원인이 됐던 삼정의 문란을 개선함으로써 관료의 부정부패와 수탈을 막고 농민생활의 안정을 꾀하고자 했다. 폐단이 가장 심했던 환곡의 경우 관아에서 운영하는 방식이 아니라 마을 주민들이 스스로 운영하게 해 농민에게 돌아가는 부담을 줄였다. 양반과 지주가 함부로 농민의 토지를 빼앗지 못하게 했으며, 세금을 내지 않기 위해 토지대장에서 누락시킨 땅을 찾아내 전정(田政)을 바로잡으려 했다. 군정(軍政)에서도 획기적인 조치를 취했다. 지배층의 거센 반대에도 불구하고 양반에게도 군포(軍布)를 징수하는 호포제(戶布制)를 실시한다. 호포제는 효종과 숙종, 영조 등 조선 후기의 몇몇 군주가 시도했지만 끝내 온전하게 이뤄내지 못했던 개혁정책이었다.

지배층 개혁에도 착수해 60여 년 동안 권세를 휘두른 외척을 몰아내고 당파와 지역, 신분을 가리지 않고 인재를 등용한다. 당시 면세와 면역의 특권을 누리며 농민 수탈과 붕당의 근거지로 활용되던 서원도 정비한다. 유생들의 반대를 무릅쓰고 600여 개소에 달했던 서원을 철폐해 47개소만 남기는 과감한 조치를 취한다. 지배 세력에 대한 이러한 조치는 백성에 대한 양반의 횡포를 막고 세도정치와 붕당정치의 뿌리를 없애 왕권을 강화하려는 정책이기도 했다.

『대전회통(大典會通)』과 『육전조례(六典條例)』 등의 법전을 편찬해 제도적 차원에서의 체제 정비를 추진한다. 이와 함께 군주 중심의 통치질서를 확립하고 왕실의 위엄을 과시하기 위해 임진왜란 때 불탄 경복궁을 중건한다. 재정 마련을 위해 원납전(願納錢)을 징수하고 고액권인 당백전(當百錢)을 발행하는데, 이 과정에서 통화팽창으로 인한 경제적 혼란이 일어나고 백성의 원성을 사기도 했다.

정치기구 정비도 단행해 정무와 군사 업무를 총괄하던 비변사를 폐지한다. 의정부(議政府)를 국정 최고기관으로 부활시켜 정치와 행정 업무를 담당하게 하고 삼군부(三軍府)를 설치해 국방과 군사 업무를 맡게 한다. 행정권과 군사권을 분리한 이러한 정치기구 재정비는 왕권을 높이는 방안이자 군권(軍權)을 바로 세우는 조치이기도 했다. 이와 함께 무반(武班)의 지위와 권한을 바로잡아 국방력 강화를 위한 토대를 다진다.

홍선대원군은 강화도에 침략한 프랑스 군대와 전투를 벌인 병인양요(丙寅洋擾) 이후엔 군사력을 더욱 강화하며 부국강병책에 박차를 가한다. 1866년 프랑스군은 그해 발생한 천주교 탄압에 대한 보복으로 한강 하류와 강화도에 침입해 조선군과 대치

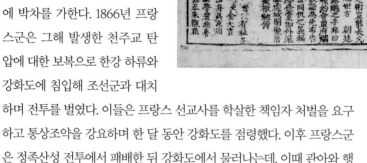

하며 전투를 벌였다. 이들은 프랑스 선교사를 학살한 책임자 처벌을 요구하고 통상조약을 강요하며 한 달 동안 강화도를 점령했다. 이후 프랑스군은 정족산성 전투에서 패배한 뒤 강화도에서 물러나는데, 이때 관아와 행궁에 불을 지르고 외규장각에 보관 중이던 서적과 은(銀)을 약탈해갔다.

외침을 막아냈지만 조선은 서양 열강의 막강한 군사력에 눌려 큰 인명피해와 막대한 재산손실을 보아야 했다. 이를 계기로 홍선대원군은 우선 도성 방비체계를 재정비해 중앙군을 증강시켰다. 병인양요 시기에 북한산성 소속 승군(僧軍)은 도성 외곽 요충지인 양주진(楊州鎭)을 수비하는 임무를 맡았으며, 수도권 방위에 대한 필요성이 커지면서 이후 북한산성도 이전 시기에 비해 엄중하게 관리된다. 또한 해안 경비와 수군을 강화했다. 서양 열강의 침입 경로가 된 경기 연안의 해안 수비를 위해 강화도에 두었던 진무영(鎭撫營) 소속 군사를 크게 늘린다. 지방에는 모두 3만 명 정도의 포군(砲軍)을 설치해 비상사태가 발생하면 언제든 전투에 임할 수 있는 상비군(常備軍) 형태로 운영했다. 새로운 무기 개발도 이뤄졌다. 전함(戰艦)을 건조하고, 수중에 설치해 적의 군함을 폭파시키는 수뢰포(水雷砲)를 만들었으며, 중포(中砲)·소포(小砲) 같은 화포도 개발했다. 이러한 신무기 개발을 위해 중국을 통해 서양과학기술 서적을 들여오기도 했다.[1]

흥선대원군의 부국강병책은 왕조체제 유지의 토대를 다지는 작업이었고, 한편으론 외세의 침략을 물리치려는 자주정신의 발로이기도 했다. 이런 입장에서 흥선대원군은 프랑스에 뒤이은 미국의 문호개방 요구를 거절한다. 1871년 미국은 강화도 연안에 침입해 일방적인 통상조약을 강요하며 무력을 행사한다. 조선을 힘으로 굴복시켜 개항을 실현시키려는 전략이었지만 흥선대원군은 잇단 전투패배와 손실에도 불구하고 끝내 통상조약을 거부한다.

프랑스와 마찬가지로 미군의 무력 침입은 주권침해였고 영토침략행위였다. 흔히 이 시기 흥선대원군의 정책을 다른 나라와의 통상과 교역을 금한다는 쇄국정책으로 규정하지만 그 바탕에는 외국의 침략에 대항해 독립국가로서의 위상을 지키고 자주권을 행사한다는 국가안보의 문제가 놓여 있었다. 흥선대원군은 처음부터 서양 열강에 부정적인 입장을 가지지 않았으며 일견 우호적인 태도를 지녔다. 이후 서양 열강 세력의 침략성이 분명해지자 흥선대원군은 통상 거부로 맞섰고, 이는 외세에 대항해 나라를 지키려는 자구책이자 주권국가의 정당한 권리행사였다. 문제는 서양 열강의 침략 목적과 제국주의적 침탈 야욕에 있었지 흥선대원군의 쇄국정책이 아니었던 것이다. 그렇다면 흥선대원군 시기를 쇄국의 시대로 볼 것이 아니라 부국강병과 이에 따른 자주권 확립의 시대라 보아도 좋을 것이다.

### 웅혼의 동장대(東將臺), 격랑에 묻히다

지난달(8월) 24일 입시(入侍) 때에 임금이 아뢰었다. (……) "영조 때 경리청을 옮겨 총융청 아래 둔 것은 오로지 잘 다스리고 굳게 방어하자는 임금의 뜻이 담긴 조치였다. 근래 들어 (북한산성) 행궁이 낡고 관아 건물과 성가퀴가 기울어져 무너진 곳이 많은데 해당 관청에서는 사용할 경비가 모자라 수축할 방안이 없다고 한다.

하지만 이처럼 중요한 지역을 결코 버릴 수 없다. 지금부터 해당 관청을 무위소(武衛所)에 소속시키고, 보수에 적합한 시기를 찾아 공사를 거행하도록 하라."

– 비변사등록(備邊司謄錄), 고종 16년(1879년) 9월 6일

1879년 들어 북한산성 관리는 총융청에서 궁궐 수비를 담당하는 무위소로 이관된다. 영조 때 폐지된 경리청을 부활시켜 북한산성 수축 공사를 맡게 하고, 이후 경리청을 무위소에 속한 북한산성의 하위 관리기구로 둔다.

고종은 1873년 흥선대원군으로부터 정권을 넘겨받으면서 궁궐 수비를 강화하기 위해 무위소를 설치했다. 무위도통사(武衛都統使)를 최고책임자로 삼아 각 군영에서 우수한 병사를 차출해 1만2천 명의 군사를 두었으며, 무위도통사는 금위영·어영청·훈련도감 등 중앙 군영까지 통솔하는 막강한 권한을 갖는다. 고종 16년인 1879년엔 총융청 아래 소속돼 있던 북한산성까지 휘하에 둠으로써 무위소는 궁궐 수비와 함께 수도방위까지 담당하게 된다. 이처럼 고종은 궁궐을 보위하는 무위소를 통해 도성과 수도권 방위까지 통제하도록 해 왕권강화를 위한 군사적 기반을 구축한다.

고종

한편에선 고종을 이렇게 본다. "그는 해박한 지식과 현명한 정치 감각을 소유했으며, 주권수호에 대한 확고한 의지 아래 과감한 조치를 취했다." 이와는 다른 시각도 제시된다. "그는 유약했으며 왕비인 명성왕후 민씨와 그 일가에 끌려다녔다. 공인이자 왕으로서 신망을 얻지 못했다." 고종에 대한 이런 극과 극의 평가는 당시의 혼란한 사회상과 얽히고설킨 국제정세를 감안하면 그리 놀랄만한 일이 아닐지도 모른다.

흥선대원군이 적대 세력에 의해 물러나면서 조선사회는 또 한 번의 변화를 맞는다. 고종은 흥선대원군과 달리, 외세의 압력에 의한 개방정책을 받아들여 1876년 일본과 수호조약을 체결한다. 이어 서구 열강과도 조약을 맺으며 개항 정책을 추진해 나갔다. 동양의 정신문화는 그대로 계승하고 서양의 기술만 받아들이자는 동도서기(東道西器)의 구호 아래 서구의 기술문명과 문물제도를 도입해 조선사회의 변화를 꾀했다. 하지만 이 과정에서 개화파와 수구파의 대립이 격화되면서 지배층 내의 반목이 커지고 사회 혼란이 심화됐다. 청나라와 일본은 이러한 국내의 혼란을 틈타 내정 간섭을 자행(恣行)했다.

여기에 고종이 친정(親政)을 하면서 등장한 왕비의 척족 세력이

정권을 장악해 세도정치의 폐해까지 더해졌다. 이 시기 세도정치의 중심은 왕비였다. 고종의 왕비인 명성왕후 민씨는 흥선대원군을 물리치고 고종을 실질적인 권좌에 앉히는데 큰 기여를 했으며, 이후 민씨 척족이 국정을 장악하는데도 구심점 역할을 했다. 당시 척족 출신의 대신들은 인사와 재정, 군사 등 정권의 핵심 요직을 장악해 실권을 행사했다. 매관매직이 성행하고 백성에 대한 수탈이 가중됐다. 왕비가 중심이 돼 세도정치를 부활시키고 거기에 민생정책까지 실패하고 있었으니 왕실을 보는 백성의 시선이 마냥 고울 수는 없었다. 민생은 피폐해지고 민심은 조정에서 멀어져갔다.

세도정치의 여파는 북한산성 운영에까지 영향을 미치고 있었다.

> 마침내 시내를 따라 내려와 중흥사에 이르니, 절은 비었고 승려도 없었다. 사람들에게 물으니, "북한산에 승대장(僧大將)이 있어 팔도의 승병(僧兵)을 총섭(總攝)하였으니, 여기가 그 치소(治所)이다. 이 총섭의 자리는 북한산성 내의 승려가 맡아왔는데, 지금은 북한산성 밖의 세력 있는 승려에게 열세 개의 사찰을 빼앗겼다. 그래서 이곳의 모든 승려들이 절을 비우고 쏟아져 나와 다투었다."라고 하였다.
>
> — 박문호(朴文鎬), 「유백운대기(遊白雲臺記)」, 『호산집(壺山集)』

북한승도절목

북한산성 중심부 계곡 지대. 선정비가 사리한 지역의 바위에 1855년에 새긴 명문銘文이 전해온다. 이른바 북한승도절목北漢僧徒節目. 여기엔 북한산성 승영사찰 관리를 총괄하는 총섭을 북한산성 외부에 있는 사찰의 승려로 임명하면서 발생한 폐단을 지적해놓았다. 이와 함께 북한산성 사찰의 승려 중에서 총섭을 선출하길 요구하고 비밀투표에 의한 선출방안을 제시했다. 하지만 승려들의 이러한 촉구에도 총섭 선출을 둘러싼 불화는 쉽게 근절되지 않았고, 1882년 박문호 일행이 북한산성을 찾았을 때도 이런 갈등 현장을 목격하게 된다.

1882년 봄, 북한산을 유람하던 길에 중흥사를 찾은 유학자이자 문인인 박문호의 기록이다. 박문호 일행이 중흥사를 찾기 직전에 북한산성의 승영사찰 운영과 관리를 총괄하는 총섭 자리를 두고 한바탕 충돌이 있었던 모양이다. 이 무렵 전국의 승영사찰에는 권세가와 연결된 승려가 총섭에 임명돼 여러 가지

문제를 일으키고 있었다. 지금으로 치면 '낙하산 인사'에 해당하는데, 이러한 파행적인 인사 조치는 승병조직의 기강을 무너뜨리고 운영비 유용과 시설물 관리의 부실을 초래해 산성 운영 전반에 악영향을 미쳤다.

이 무렵 국내 정계와 대외관계는 더욱 혼란스러워지고 있었다. 개화파와 수구파의 격한 대립은 임오군란(1882년)과 갑신정변(1884년)을 야기했고, 이를 빌미로 청나라와 일본은 조선에서 독점 세력을 구축하려고 각축을 벌였다. 일본은 경제적 침탈까지 시도해 국내 경제와 산업 질서를 어지럽혔고, 그 부담은 고스란히 백성들에게 전가됐다. 1890년대 들어선 흉년까지 겹쳐 민심은 더욱 흉흉해졌다. 마침내 1894년 들어 동학농민혁명이 일어난다. 억압받던 농민들은 정치와 사회제도의 개혁을 요구하고, 한편으론 외세 배격을 주장하며 지배층에 항거했다. 청나라와 일본은 이를 빌미로 조선에 군대를 파병한다. 그런데 동학농민혁명이 일정 부분 해결의 실마리를 찾은 뒤에도 일본은 철병을 거부하고 조선의 내정개혁을 요구하며 침략야욕을 노골화한다. 이에 조선은 제도·행정·사법·군사·경제·교육 등 사회 여러 분야에 걸친 개혁을 단행한다. 이른바 갑오개혁(甲午改革)이었다. 이 갑오개혁은 근대적 변화를 지향한 획기적인 내용을 담고 있었지만, 한편으론 일본의 정치적 개입에 기대어 수행됐다는 점에서 이후 일본의 조선침략을 위한 토대를 다지게 한 측면도 내재해 있었다.

갑오개혁은 북한산성의 마지막 날을 앞당겼다. 갑오개혁이 추진되면서 북한산성 관리기구인 경리청을 없애고 더불어 승군제도도 폐지한다. 북한산성 축성과 함께 산성을 지키고 관리해온 승영(僧營)의 문이 닫히고 승병(僧兵)들도 북한산성을 떠난다. 조정에서는 갑오개혁 한 해 전까지도 북한산성을 수축하며 관리를 해나갔지만 조선사회를 휩쓴 거대한 변화와 혼란의 소용돌이 앞에서 북한산성은 점차 무력해져갔다.

> 경리청(經理廳)에서 아뢰었다. "북한산성 행궁과 성가퀴, 관아 건물을 중수(重修)하고 보축(補築)하였습니다."
> -『고종실록(高宗實錄)』 권30, 고종 30년(1893년) 5월 18일

갑오개혁 후인 1897년 조선은 나라 이름을 대한제국이라 고치고 자주
권 수호에 힘을 쏟지만 외세의 간섭을 떨쳐내기엔 역부족이었다. 일본은
침략 강도를 더해가며 조선에서의 독점적 위치를 차근차근 구축해나갔고
20세기 들어선 국권 찬탈의 야욕을 거침없이 드러낸다. 조선은 점점 더
깊은 혼란의 어둠 속으로 빠져들었고 북한산성에도 그만큼 그늘이 짙어
갔다.

일본의 병탄 야욕이 노골화되던 1904년, 북한산성 중흥사에 원인모를
화재가 발생해 사찰 건물이 거의 소실된다. 3년 뒤에는 고종이 강제 퇴위
를 당하고 군대까지 해산된다. 군사력 없는 국가는 멸망한 국가나 다름없
었다. 이 무렵 북한산성 내에는 '일본군 헌병분견소'가 설치돼, 외적을 물
리치려 쌓은 성이 외적을 품고 외적을 보호하게 되는 굴욕의 시간이 더욱
깊어갔다.

2년 뒤인 1909년엔 북한산성 행궁의 사고(史庫)에 보관된 서적과 왕실
물품을 도성 내로 옮긴다. 북한산성 행궁의 서고(書庫)는 고종 대에 들어
조선왕조실록(朝鮮王朝實錄)을 보관하는 사고(史庫)를 겸한 것으로 추정되
는데, 이 행궁 사고와 서고의 물품을 종친부(宗親府)로 이관한 것이다. 종친
부는 역대 국왕의 계보(系譜)와 초상화를 보관하고 왕실문서를 관리하던

관서였다. 규장각과 홍문관, 강화도 사고(史庫)의 도서도 북한산성 행궁의 서적과 함께 종친부로 옮겨져 일제의 관리를 받게 된다.[2] 일제의 주도 아래 진행된 조선왕실 관리정책의 일환으로 진행된 조치였다.

1910년, 마침내 일본은 조선을 강제 병탄하며 자신들의 오랜 야욕을 이룬다. 왕과 재상(宰相)의 나라, 사대부와 양반의 국토, 유학자와 선비의 산하(山河)인 조선은 500년 역사를 끊고 종말을 고한다. 북한산성 또한 나라의 운명과 함께 국가방위시설로서의 역할을 마감한다.

고종은 친정(親政) 후, 군사 체계를 재정비하고 신무기를 개발하며 강병책을 꾀했지만 힘 있는 나라를 일으키기엔 제반 토대가 약했고 추진력 또한 충분하지 못했다. 수구 세력은 변화된 세계정세를 읽어내지 못한 채 백성의 삶을 외면하고 기득권 수호에 급급했다. 개화 세력은 뜻을 품었지만 종종 외세를 끌어들였고, 그 외세에 기대어 세력 내 계파를 형성하며 서로 다투었다. 나라보다 가문을 우선시한 지배층이 있었고, 백성과 이웃보다 일본이라는 외적을 가까이 두려한 탐욕과 비열의 인간들이 있었다. 그렇게 나라는 문을 닫았고, 이 땅에는 이제 외세의 압제와 수탈에 시달려야 하는 조선의 백성들이 하염없이 남아 있었다.

나라 잃은 북한산성은 그 후로도 굴욕과 수치의 나날을 맞아야 했다. 왕실의 권위와 존엄을 증명하던 행궁은 사사로이 전용되어 낯선 이들의 별장이 되었다. 백성을 돌보려던 군주의 왕도(王道)는 흔적을 감추었고 백성과 함께 이 땅을 지키던 동장대의 그 기상도 스러져갔다. 오랫동안 웅혼의 성지(城地)였던 북한산성엔 한동안 비극의 그늘만 가득했다.

> 북한산성 사고(史庫) 건물을 10년 동안 영국 교회에 임대하는 것을 허가하였다. 총독부(總督府)에서 사람을 내세워 청하였기 때문이다.
>
> -『순종실록부록(純宗實錄附錄)』권3, 순종 5년(1912년) 1월 8일(양력)

北漢圖〔三〕

廉峭峰

白雲峰

門

將臺

局訓

元曉菴

祥雲寺

中城門

國寧寺

暗門

西巖寺

下倉

暗門

重興寺

暗門

# 25

# 사람들은 다시
# 그 성(城)에
# 대해 이야기했다

- 폐허의 유적지

- 북한산성 금괴전설

- 우리 시대의 북한산성

## 폐허의 유적지

왕국은 스러졌고 북한산성은 유적지(遺跡地)가 되어갔다. 나라의 멸망과 함께 북한산성은 철저히 버려졌다. 일제에 의해 시설이 철거되었으며, 방치된 산성으로 홍수와 산사태까지 휩쓸었다. 성곽과 성내(城內) 시설물은 오늘의 군사시설이 아니라 어제의 자취가 되었다. 군기(軍旗) 펄럭이던 성랑(城廊)은 성벽 아래로 허물어져 내렸고, 군령(軍令) 우렁찼던 장대(將臺)의 초석엔 이끼가 무성했다. 승병들은 사찰을 떠났고 법당엔 독경 소리 멎었다. 행궁이 있던 자리엔 주춧돌만이 남아 지난 왕국의 흔적을 떠올리게 했다. 나라를 잃은 지 불과 20년도 되지 않아 북한산성은 폐허의 유적이 되었다.

그래도 수목엔 물이 오르고 어김없이 새들이 찾아들었다. 군인도 승려도 떠났지만 남은 사람들은 어떻게든 삶을 이어가야 했다. 산성마을 사람들은 북한산성 산비탈에 살구나무를 심었다. 계절이 바뀌면 폐허의 유적지 곳곳으로 연붉은 꽃이 피고 과실 향이 퍼져 흘렀다. 하지만 그건 처연한 아름다움이었다. 북한산성 마을은 18세기 후반 정조(正祖) 시대의 한 지식인이 그려보았던 복사꽃 피는 산골마을은 될 수 없었다. 태평성대(太平

**대서문**
바위 봉우리 여전히 우뚝하고 성문 아직 굳건하건만 왕국의 군주도 신하도 풍류가객도 이제 발길하지 않는다. 대서문 문루 위로 원효봉 무겁고, 그 뒤로 영취봉과 백운대, 만경대가 무언無言의 성벽으로 굳어진다. 1931년에 일제가 발간한 『조선고적도보』에 실린 대서문 사진이다.

**성城과 왕국 |** 북한산성이 전하는 스물여섯 가지 한국사 이야기

聖代)의 왕국은 잊혀져갔고 음풍농월(吟風弄月)의 풍류는 사치나 다름없는 시대였다. 압제가 깊어가는, 이민족의 지배를 받아야 하는 식민의 시대였다.

도성을 호위하는 진산(鎭山)의 기억도 흐려져 갔다. 1920년대 후반, 북한산의 주봉(主峰)인 백운대에 돌계단을 만들고 쇠기둥을 박아 등산로를 조성했다. 신령의 기운 잦아드는 북한산은 기어이 밟고 올라야 하는 등반의 산으로 변해갔다. 일제가 북한산 봉우리 정상 곳곳에 쇠말뚝을 박고 있다는 소문도 들려왔다. 산의 기운을 누르고 지맥(地脈)을 단절시켜 조선의 정기(精氣)를 끊으려 한다는 것이다.

## 북한산성 금괴전설

또 다른 소문도 퍼져나갔다. 북한산성 어딘가에 엄청난 양의 금괴가 묻혀있다는 소문이 전설처럼 떠돌았다. 이른바 '북한산성 금괴 매장설'이었다.

> (……) 천 명의 병사와 사백의 승병을 주둔시키고 삼대 군창에 군량을 저장하는 등 예기치 못한 몽진농성에 대비하려고 하였으나 지금은 빈터만 남아 잡초가 황량하고 벌레소리만 시끄러울 뿐이다. 전설에는 행궁터에 칠십만 원의 정제 금괴가 묻혀있다고 하나 믿을만하지 않고, 몇 년 전 이 부근 땅 속에서 막대한 양의 소금 덩어리와 수만 관의 숯을 발굴하였다는 것은 사실이니, 아마도 식용 소금을 준비하였던 것이다.
>
> – 동아일보, 1939년 10월 28일(양력)

"행궁터에 금괴가 묻혀 있다."는 소문을 전설이라 칭한 것으로 보아, 북한산성 금괴 매장설은 이미 꽤 오랫동안 많은 사람들의 입에 오르내렸던 것으로 보인다. 소문이 일시적인 잡담으로 그치지 않는다면 그 소문은 당대의 사회상과 소문을 공유하는 사람들의 정서를 반영하기 마련이다. 실제로 금괴 전설은 터무니없는 소문만은 아니었다.

북한산성에는 전란에 대비해 여러 창고를 두고 무기와 식량을 보관했는데, 일부는 효율적인 관리를 위해 지중(地中)에 보관하기도 했다. 1930년대 후반에 발견된 숯(목탄)은 19세기 당시 땅 속에 묻어두었던 숯이었다.

> 소금 50석: 구워서 100덩이로 만들어서 훈련도감 창고의 군기고에 봉해 둔다.
> 숯 2,120석: 1,100석(石)은 동문(東門) 안에 묻어두고 1,020석은 용암사(龍巖寺) 앞에 묻어둔다.
> — 『만기요람(萬機要覽)』 군정편(郡政編) 3, 총융청(摠戎廳), 군저(軍儲)

『만기요람(萬機要覽)』은 순조(純祖, 재위: 1800~1834) 때인 1808년 왕명에 의해 편찬된 서적으로, 18세기 후반기부터 19세기 초에 이르는 조선왕조의 재정(財政)과 군정(軍政)에 관한 사항이 집약돼 있다.* 이 『만기요람』에는 금괴 전설의 유래를 추측할 수 있는 단서가 남아있다. 19세기 초 북한산성 관리를 총괄하던 총융청의 비축 물량과 재정 상태에 대한 기록이 그 것이다.

> <은 · 전 · 향곡(銀錢餉穀) 등>
> 은 · 돈 · 쌀 · 콩 · 장 · 소금 · 숯. 은(銀) 20,495냥 2돈 4푼 5리[12,250냥은 북한(北漢)에 있고, 8,245냥 2돈 4푼 5리는 신영에 있음]. 은의 대금(銀代錢) 10,900냥 8전, 특별준비금(別備錢) 1,317냥 영(零), 보토소의 돈 2,954냥, 합계 15,171냥 영(零).
> — 『만기요람』 군정편(郡政編) 3, 총융청(摠戎廳), 군저(軍儲)

19세기 초에 북한(北漢), 곧 북한산성에 약 459kg의 은(銀)을 보관하고 있었던 것이다. 조선 후기에 은(銀)은 일본이나 중국과의 무역에서 결제수단으로 쓰였으며, 그 자체가 무역품으로 교역되기도 했다. 조선 내에서도 화폐 대용으로 유통됐다. 산성 관리와 유사시 필요한 화폐의 하나로 총융청에서 은을 보유하고 있었으며 그 일부를 북한산성에 보관했던 것이다.

군사 요충지이자 유사시 왕실 피난처이던 강화도에도 은을 보관했다. 1866년 프랑스 군대의 침략으로 야기된 병인양요 때 프랑스군은 막대한 양의 은괴(銀塊)와 서적을 약탈했다. 프랑스군은 강화도에서 물러나면서 강화 행궁과 관아를 불태우고 이곳에 보관

외규장각과 강화유수부 동헌

강화 행궁지에 있는 외규장각外奎章閣(왼쪽 건물)과 강화유수부 동헌江華留守府東軒(오른쪽 건물). 병인양요 때 훼손되고 소실된 건물을 정비하고 복원했다. 외규장각은 조선시대 왕립 도서관이자 학술과 정책을 연구한 규장각의 부속기관이며, 강화유수부 동헌은 조선시대 강화 지역의 행정기관인 강화유수부의 관아 건물이다.

돼 있던 은괴 약 890kg과 외규장각에 소장돼 있던 도서 340여 권을 본국으로 가져갔다. 이 같은 사례로 미루어, 도성 외곽 지역에 위치한 산성은 당시 국제 화폐로 통용되던 은을 보관하는 장소로 활용되고 있었다.

한양 주변 지역의 산성에 은이 보관돼 있었다는 이런 역사적 사실이 '금괴 매장'을 떠올리게 하는 또 다른 사건이나 사실과 결합됨으로써 북한산성 금괴 매장설이 나타나게 된 것으로 보인다. 북한산성 내의 땅 속에서 대량의 숯이 발견되었다는 사실이 그것이다. '산성에 매장된 숯'이라는 인식이 산성 내에 또 다른 무엇, 곧 금괴도 매장되었을 수 있다는 추측으로 전이된 것이다. 이후 시간이 경과하면서 소문이 꼬리를 물고, 여기에 확신이 더해지면서 북한산성 금괴 매장설은 점점 널리 퍼졌을 것이다.

고종(高宗) 독살설과 이에 따른 비밀 금괴에 관한 소문도 북한산성 금괴 매장설에 신빙성을 더했던 것으로 보인다. 1919년 고종(재위: 1863~1907)이 승하했을 당시, 민간에는 고종이 조선총독부의 지시에 의해 독살되었다는 설이 널리 퍼졌다.* 고종이 금괴 85만 냥(31,875kg)을 황실재정을 담당하던 책임자에게 맡겨 매장시켰으며, 이후 망명을 기도하다가 이를 눈치챈 일제와 그 앞잡이에 의해 살해되었다는 것이다. 이러한 고종 독살설은 당시 민족의 분노를 자아냈으며, 이는 그해 3월에 일어난 기미독립운동의 기폭제로 작용했다. 또한 고종의 비밀 금괴는 대한제국 황실에서 독립을 위해 군자금을 조성하고 군주가 독립을 위해 힘을 다했다는 인식을 심어

*고종의 사인은 뇌일혈이라 했지만 사망 직후부터 독살설이 퍼져나갔다. 죽은 지 하루 이틀밖에 안됐는데도 시신이 심하게 부풀었고 이가 이미 다 빠졌으며 부패가 훨씬 빨리 진행됐다고 한다. 식혜를 마신 지 30분도 안 돼 심한 경련을 일으키다 승하했으며 검은 줄이 목 부위에서 복부까지 길게 나 있었다는 말도 나왔다. 하지만 이는 직접 본 사람의 증언이 아니라 전해 들은 말일뿐이고 독살설 자체가 명확한 근거가 없는 소문이라며 고종 독살설을 부인하는 주장도 만만치 않다. 고종 독살의 진위는 아직 분명하게 규명되지 않고 있다.

주었다. 고종이 독립운동을 지원하기 위해 비밀리에 금괴를 매장했다는 지난 소문에 대한 기억이 '북한산성 금괴 매장'에 대한 추측을 증폭시키고, 나아가 소문 유포에도 한몫을 했을 것이다.

북한산성 행궁터 어딘가에 금괴가 묻혀 있을 것이란 소문은 호사가(好事家)가 지어낸 단순한 이야깃거리가 아니었다. 몇 가지 분명한 역사적 사실에 과장과 허구가 더해졌지만, 거기에는 당시 백성들의 염원 또한 담겨 있었다. 북한산성 금괴 매장설이 퍼지던 1930년대 후반은 일제의 압제가 심해지고 수탈이 가중되던 때였다. 민족문화 말살정책이 한층 강화되고 조선의 기상과 정신을 지워 식민체제를 더욱 공고히 다져나가던 시기였다. 이런 시대 상황에서 압제와 수탈에서 벗어나고 싶은 심정은 더욱 절박했을 것이며 자주독립에 대한 꿈도 깊어갔을 것이다. 이 무렵 북한산성 내에서 숯과 소금 덩어리가 발굴되면서 자주독립에 대한 염원은 독립운동을 위한 비밀 군자금인 '고종의 금괴'에 대한 기억을 불러오고, 결국은 지난 시대에 나라의 은을 보관했던 북한산성에 금괴가 매장돼 있을 것이란 추측을 낳게 한 것이 아닐까?

일제 식민정책의 강도가 해가 갈수록 더해 가고, 군사시설로서의 북한산성에 대한 이미지를 하나하나 없애갔지만 백성들이 마음 속 깊이 자리잡은 그 뿌리마저 없앨 수는 없었다. 백성들의 가슴에서 조선의 수도인 한양을 지키는 북한산성, 국가방위의 요충지라는 북한산성의 그 기상을 모두 지워버릴 수는 없었다.


## 우리 시대의 북한산성

외세가 물러가고 북한산은 다시 한 나라 수도의 진산(鎭山)이 되었다. 하지만 분단은 북한산 너머의 길을 막았고, 뒤이은 전쟁은 북한산성에 포화의 짙은 그늘을 몰고 왔다. 북한산 일대에서 격전이 벌어져 사람들이 죽었으며 산성 내에 남아 있던 사찰과 마을이 불탔다. 성곽은 이미 전투를 위한 군사시설이 아니었지만 북한산성은 전쟁의 소용돌이에 더욱 폐허가 되었다.

그래도 이 땅의 사람들은 전쟁의 참상을 딛고 새로운 시대를 향해 달음질쳤고, 북한산 아래의 수도 서울은 빠르게 변해갔다. 길이 넓혀지고 건물이 솟고 사람들이 모여들었다. 북한산을 오르는 등산객이 많아지고 계곡을 찾는 사람들이 늘어나 북한산은 수도권 사람들의 유원지가 되어갔다. 북한산성 내의 계곡에도 유람객이 찾아들었고 성곽 길은 등산로이자 탐방로가 되었다. 태고사(太古史)와 상운사(祥雲寺) 등 산성 내 몇몇 사찰과 암자도 새로 지어 10여 개에 달했던 옛 산성 사찰의 맥을 이었다.

대서문의 봄

4월 하순의 북한산성 대서문. 지난날 '전투의 성문'에 이제 꽃향기 맑다. 아래쪽 성벽은 의상봉으로 이어지고, 위쪽으로 오른 성벽은 원효봉에 섞인다.

1983년엔 북한산 지역이 국립공원으로 지정되면서 북한산의 자연생태 자원과 북한산성의 역사문화 자원이 하나로 엮이는 자리가 마련된다. 1990년대 들어선 북한산성 시설물 복원사업을 시작해 무너진 성곽을 새로 쌓고 대성문과 대동문 등 일부 성문을 복원했다. 2010년엔 산길을 다듬어 북한산과 인근 도봉산을 한 바퀴 도는 약 72km에 이르는 둘레길을 조성했다.

이제 북한산은 세계에서 단위 면적당 가장 많은 탐방객이 찾는 국립공원이 됐다. 매년 수백만 명에 이르는 사람들이 북한산과 북한산성을 찾아 성곽길을 걷고 바위 봉우리에 오른다. 그렇게 북한산은 우리 역사의 전면에 등장한 지 2천년 만에 가장 많은 사람이 붐비는 산이 됐다.

그리고 그 산의 한 가운데로 지금도 역사의 숲 살아난다. 천 년을 그랬던 것처럼 북한산의 구름 흐르고 바람결이 북한산성 성곽을 감싸 안으면 어제의 유적은 오늘 우리 시대의 숲이 되어 자라난다.

北漢圖三

# 26

# 북한산성,
# 혹은 왕국에 대한 기억

북한산의 바위 봉우리는 밤을 새워 하늘과 만나고 동장대의 투명한 햇살은 성곽의 새벽을 깨운다. 천 년, 거기에 또 천 년의 약속처럼 오늘 다시 북한산성의 그들을 만난다.

1

원대한 나라, 그 개국의 꿈을 담은 온조의 눈빛이 북한산 저 아래 아리수의 물결로 빛난다. 북벌(北伐)의 근초고왕, 남벌(南伐)의 광개토왕과 장수왕, 그들 군주의 호령이 북한산 골짜기를 메운다. 강한 나라, 풍요의 왕국이라는 대업을 세우며 진흥왕이 북한산을 오른다.

그때 그곳은 국경지대이자 전쟁터였다. 물리력이 충돌하는 교전지이자 피비린내 나는 전투지, 삶과 죽음이 교차하는 생존과 죽임의 땅이었다. 그렇게 전투와 전쟁을 거쳐 고대 국가의 기틀이 잡혀갔고 이 땅의 고대 문명도 함께 달음질쳤다. 산성은 고대 문명의 한 부분이 집단 간 갈등과 전쟁에 기대고 있다는 역사적 사실을 증언한다. 한강 북쪽에 있었던 그 북한산성은 그러한 시대의 숨김없는 증거다.

2

북한산 승가사(僧伽寺) 석굴(石窟)엔 지금도 신라 승려의 망치질 소리 울린다. 암벽 물방울 소리에 섞이는 그 울림은 이 지상에서의 구도를 향한 몸부림이다. 수 세기 뒤, 고려의 왕 현종(顯宗)이 석굴의 승려 석상(石像) 앞에서 왕실의 번영과 태평성대를 기원한다. 또 그 몇 세기 뒤엔 승려 보우(普愚)가 북한산 중흥산성의 암자에서 깨달음의 화두를 소멸시킨다. 하지만 그 소멸 저편으로 속세의 권세를 등에 업은 수도승의 그림자가 드리운다.

그때 북한산은 신앙과 구도의 숲이었다. 예술을 꽃피우고 문화를 흐르게 하던 비옥한 대지였다. 또한 그때 북한산은 정치권력과 세속종교가 만나 서로의 영속과 번영을 다지는 속(俗)의 제단이었다. 북한산의 사찰은 그 속됨(俗)과 성스러움(聖)을 모두 안으며 시대의 격랑을 타고 흘렀다. 그

북한산은 지금도 분명하게 전해준다. 이 지상에서 성(聖)은 끝내 속(俗)을 버릴 수 없고, 속 또한 성을 완전히 내칠 수 없다는 사실을. 그래서 권력과 종교가 어떤 관계를 맺어야 이 땅에 진정 자비와 사랑 넘치고 안녕과 풍요가 가득할 수 있는지를 북한산은 오늘도 진지하게 묻고 있다.

**다시 북한산성으로**

오늘도 조선의 성곽은 북한산 능선을 드높인다. 이쪽 봉우리의 그늘도 저쪽 봉우리의 빛도 모두 안아들인다. 사람 사는 곳, 어느덧 거기 솟아 깊고 투명한 시대의 산울림 된다.

3

북한산 옛 산성엔 한 나라를 지키려는 장수와 새로운 나라를 세우려는 장수가 서로 칼날을 부딪치며 싸우는 소리가 지금도 들려온다고 한다. 그 아래 북한산 자락의 붉은 단풍잎엔 채 영글지 못한 정도전의 꿈이 지금도 아침 이슬로 맺힌다고 한다.

그때 북한산은 사대부와 재상의 나라, 선비와 양반의 나라, 그래서 왕도(王道)의 왕국을 건설하려 했던 혁명가들의 웅지(雄志)였다. 하지만 혁명은 시대를 거치면서도 미완으로 남았고, 그 큰 뜻은 새로운 나라가 문을 닫을 때까지 이루어야 할 이상으로 떠돌았다. 재상과 선비의 나라엔, 그들이 이끌던 지상의 현실엔 오히려 패도(覇道)의 그늘이 질 때가 많았다. 내세운 명분과 거침없는 약속 뒤에 드리운 빛의 그늘이 지금도 북한산 한쪽으로 기울고 있다.

4

동장대의 기둥 너머로 숙종(肅宗)의 용포(龍袍) 자락 휘날린다. 젊은 연잉군의 눈빛이 북한산성 아래 도성을 안는다. 성장한 연잉군이 영조(英祖)가 되어 다시 동장대에 서고, 여전히 빛나는 눈빛엔 부강한 나라를 건설하려는 의지 굳세다. 그 곁에서 젊은 날의 정조(正祖)가 왕도(王道)의 미래를 품는다.

그때 북한산성은 치욕의 역사를 딛고 조선의 영광을 이룰 굳센 보루였다. 부국강병의 초석이었고 강한 군주의 기상을 드높일 든든한 버팀대였다. 또한 그곳은 권력투쟁의 장이었다. 왕권(王權)과 신권(臣權)이 부딪치고 붕당 간의 힘겨루기가 일어나던 다툼의 성(城)이었다. 그 성은 더 많은 힘, 더 큰 권세를 누리려는 붕당 세력의 물리적 기반이 되어 방위시설이라는 본연의 책무를 다하지 못할 때가 있었다.

5

산영루 계곡에 물보라 흩어져 투명하다. 물빛은 녹음에 물들고 수목(樹木)은 계곡 하늘에 잠겨 무한(無限)을 길어 올리니, 어느새 조선 선비들의 풍류 익어간다. 북한산성 계곡에서, 벼슬 대신 자신의 문학관을 선택해 자존을 지킨 문사(文士) 이옥(李鈺)과 조우한다. 산성 달밤의 흥취에 젖은 사대부 관료 이엽(李燁)과 유광천(柳匡天)을 만난다.

그때 북한산성은 풍류의 공간이었다. 각박한 현실에서 벗어나 몸과 마음을 본래의 자리로 내려놓고 자연과 더불어 즐기니, 온갖 멋 넘쳐났다. 때론 그 멋스러움은 세상사 이치를 밝히고 내면을 응시하게 하는 성찰의 시간으로 이어졌다. 하지만 선비와 사대부의 음풍농월 뒤엔 하루 끼니를

**성城과 왕국 | 북한산성이 전하는 스물여섯 가지 한국사 이야기**

걱정해야 하는 배고픈 농민의 탄식이 깊어갔고, 태어나자마자 노비가 되어야 하는 질기디질긴 신분의 예속이 있었다. 조선의 사대부 이엽은 풍류의 그날 북한산성을 찾아 복사꽃 핀 산성마을의 흥취를 가슴에 그렸지만, 오늘 북한산성은 산성마을의 복사꽃 향기가 마냥 향기롭지만은 않을 것이라 말한다.


6

성가퀴로 햇살 넘치면 어느새 그 아래 성곽의 그림자 길어진다. 바람 휘돌아 성벽을 훑으면 저쪽 어디선가 병사의 군호(軍號) 소리 들린다. 창(槍)을 쥔 거친 손에 힘줄 돋는다. 그래도 성곽 너머로 잡혀오는 고향 돌담의 아지랑이와 노모(老母)의 얼굴, 병사의 눈빛에 깊은 그리움이 어린다. 성곽 안쪽, 사찰 법당엔 향냄새 짙고 염불 소리 맑다. 사찰 무기고에선 승장(僧將)의 독려 아래 화포 손질이 한창이다. 승창(僧倉)엔 전란에 대비한 무기 가득하고, 그 옆 법당엔 살생을 금한다는 경전 빛난다. 성벽을 넘어온 큰 나무 한 그루가 짙은 그늘을 성곽 길에 뿌려놓는다. 일렁이는 그 나무 그늘로 창을 든 승려의 긴 그림자가 덮인다. 성곽 길을 걷는 승려의 손길이 떨리고 성가퀴에는 아직 햇살 투명하다. 시대의 모순처럼 길게 뻗어있는 승영사찰의 성곽 길, 창을 든 승려의 고뇌가 깊어간다.

햇살 비집고 든 성벽의 돌 틈으로, 거친 바위 다듬는 장인(匠人)의 망치 소리 울린다. 군살 박힌 석공(石工)의 손을 거쳐 하나 둘 성벽이 쌓이고 능선으로 성곽이 차츰차츰 띠를 두른다. 떠도는 유랑민과 배고픈 농민도 돌을 나르고 성벽을 쌓아올린다. 그렇게 성돌을 나르는 목도꾼의 노랫가락 드높지만 높아지는 성벽 아래로 한숨 소리 깊어간다.

그때 그곳은 군주와 대신의 성, 사대부와 선비의 성이었지만 또한 병사와 승려의 성, 장인과 역부의 성, 유랑민과 농부의 성, 이 땅 민초의 생존의 성이기도 했다. 그리고 하늘에 몸 섞는 북한산의 저 바위 봉우리는 지금도 잊지 않고 있다고 한다. 북한산 성곽의 긴 그림자가 결국 이 땅 사람들의 땀과 눈물이었다는 것을 …….

7

북한산에 오르면 한강 보인다. 한강 흘러 서해와 만나고, 그곳 깊은 바다는 창공에 잠긴다. 그곳 어딘가에 고뇌에 찬 흥선대원군의 뒷모습 어린다. 먼 바다로부터 서양의 우람한 함선 나타나 나라의 문을 열라며 함포를 쏘았고, 조선은 영토 침략과 주권 침해에 맞서 싸웠다. 외세를 물리치고 나라를 일으켜야 하는 결단의 시기, 그건 혼돈의 시대이기도 했다. 고종(高宗)은 외세에 문을 열었다. 일본과 서양 열강 세력이 조선의 수도에 진을 치고 서로의 야욕을 다투었다. 북한산 아래로 혼란과 격랑의 시대가 이어졌고, 조선은 끝내 부활하지 못했다.

그때 북한산성은 오욕의 성이었다. 그리고 사람들은 조선의 멸망을 두고 오랫동안 쇄국과 개화를 이야기했다. 하지만 외세에 국권을 빼앗긴 것은 어느 누구의 쇄국 정책 때문만이 아니고, 또 다른 어느 누구의 개화 정책 때문만도 아니었다. 국토를 모두 성곽으로 둘러쌀 수 없고, 또 쌓는다 해도 적의 침입을 막을 수 없는 현실이었다. 문을 열고 바다 저편의 문명을 받아들여 힘을 키운다 해도 외세의 야욕을 물리치기엔 발 디딘 곳이 너무 허약했다. 조선의 멸망은 하루아침에 일어난 비극이 아니었다. 새로운 시대를 준비할 토대가 형성됐지만 조선 후기의 또 다른 지배세력은 이를 허물어버렸고, 그들이 앞다투어 이끈 탐욕과 부패의 시대에 이미 조선 멸망의 그림자가 짙어가고 있었다.


8

그렇게 왕국은 스러졌고 성(城)의 깃발은 내려졌다. 장군의 호령 멎었고 병사들은 떠났다. 사원의 산문(山門)은 열리지 않았고 구도승은 돌아오지 않았다. 세월이 흘렀고, 바람과 햇살만이 옛 산성을 맴돌았다.

그때 북한산성은 나라와 민족의 자존을 그리는 염원의 성이었다. 그 어느 날처럼 새로운 나라가 열렸고 바람과 햇살은 산성의 기억을 실어다주었다. 바람 속에 햇살 사이에 지난 시대의 영욕이 어른거렸고 성곽과 사원은 유적(遺跡)이 되어 지난 시절을 증언했다.

지금, 어느 빛나는 눈동자 있다면 이 유적지에서 오늘 이 지상의 왕국과 사원을 보리라. 이 땅의 왕과 대신들과 병사들과 승려들과 장인들과 백성들을 만나리라. 그대 손길 다정하다면 그들에게 손 내밀리라. 그대 마음 아름답다면 그들 껴안으리라. 맑은 이슬 열린 아침 숲에서 그대와 나의 손으로 어느 누구의 성이 아닌 모두의 성, 그래서 막힘없어 찬란하고 아름다운 우리 시대 이 성의 깃발을 올리리라.

　이천 년의 성채(城砦), 북한산성. 천 년 이천 년 뒤에도 북한산의 숲과 함께 영원할 성. 아프고도 벅찬 북한산성 성곽에 기대어 다시 흘러갈 한반도의 푸른 역사를 그린다.

# 참고문헌 및 주(註)

## 원전자료 및 자료집

『삼국사기(三國史記)』

『고려사(高麗史)』

『조선왕조실록(朝鮮王朝實錄)』

『비변사등록(備邊司謄錄)』

『만기요람(萬機要覽)』

『열성어제(列聖御製)』

『홍재전서(弘齋全書)』 정조(正祖)

『성호전집(星湖全集)』 이익(李瀷)

『미수기언(眉叟記言)』 허목(許穆)

『아방강역고(我邦疆域考)』 정약용(丁若鏞)

『완당전집(阮堂全集)』 김정희(金正喜)

『청장관전서(靑莊館全書)』 이덕무(李德懋)

『태고화상어록(太古和尙語錄)』 보우(普愚)

『삼봉집(三峯集)』 정도전(鄭道傳)

『귀락와집(歸樂窩集)』 유광천(柳匡天)

『평호유고(萍湖遺稿)』 신명현(申命顯)

『담정총서(潭庭叢書)』 이옥(李鈺)

『농은집(農隱集)』 이엽(李燁)

『죽파유집(竹坡遺集)』 양의영(梁義永)

『계서선생문집(溪墅先生文集)』 이계서(李溪墅)

『호산집(壺山集)』 박문호(朴文鎬)

『북한산 조사연구 자료집』 경기문화재단, 2011

## 참고자료 및 주(註)

### 01 프롤로그 : 북한산성, 나라와 운명을 같이 하다

**참고자료**

A.H. 새비지-랜도어(A.H. Savage-Landor), 신복룡·장우영 역주, 『고요한 아침의 나라 조선』 집문당, 2010

김윤우, 『북한산 역사지리』 범우사, 2001

박인식, 『북한산』 대원사, 2003

조면구, 『북한산성』 대원사, 2003

강현, 「關野貞과 건축문화재 보존 – 한국건축문화재 보존과의 연관관계를 중심으로」 『건축역사연구』 14-1, 2005

우동선, 「세키노 타다시(關野貞)의 한국고건축 조사와 보존에 대한 연구」 『대한건축학회 논문집-계획계』 22-7, 2006

황평우, 「문화재위원회의 가슴 아픈 역사」 문화유산신문(2010.6.21)

太田秀春, 「일본의 식민지 조선에서의 고적조사와 성곽정책」 서울대학교대학원 석사학위논문, 2002

김지선, 「조선총독부 문화재정책의 변화와 특성」 고려대학교대학원 석사학위논문, 2008

### 주(註)

1) 식민지 지배 이데올로기 형성에 활용된 성곽이라는 개념과 그 내용은 다음의 논문을 참고했다; 太田秀春, 『일본의 '식민지' 조선에서의 고적조사와 성곽정책』 서울대학교대학원 석사학위논문, 2002

**02 북한산성, 숙종시대 최대의 국가 프로젝트**

**참고자료**

백종오 外, 『북한산성 행궁지 종합정비기본계획』, 고양시·경기문화재연구원, 2009

임성준·박언곤, 「북한산성 내 양주행궁의 구성원리에 관한 연구」, 『대한건축학회 학술발표대회 논문집』 19, 대한건축학회, 1999

정재훈, 「조선시대 국왕의례에 대한 연구 – 강무(講武)를 중심으로」, 『한국사상과 문화』 50, 한국사상문화학회, 2009

김지영, 「조선후기 국왕 행차와 거둥길」, 『서울학연구』 30, 서울시립대학교 서울학연구소, 2008

「조선후기 국왕 행차에 대한 연구」, 서울대학교대학원 박사학위논문, 2005

임성준, 「북한산성 내 건축물의 배치 및 공간구성에 관한 연구」, 홍익대학교대학원 석사학위논문, 2000

나신균, 「인조~숙종대 행궁의 배치와 공간이용에 관한 연구」, 명지대학교대학원 석사학위논문, 2001

**주(註)**

1) 이하의 '정조와 숙종의 북한산성 행행'에 관해서는 주로 다음의 논문을 참고해 정리했다; 나신균, 「인조~숙종대 행궁의 배치와 공간이용에 관한 연구」, 명지대학교대학원 석사논문, 2001

2) 북한산성 행궁에 관해서는 주로 위 나신균과 다음의 논문을 참고해 정리했다; 서영일, 「북한산성 행궁지의 현황」, 『북한산성 행궁지 종합정비기본계획』, 경기문화재연구원, 2009

3) 이하의 거둥(行幸)의 정치적 의미와 함의에 대한 개념과 내용은 주로 다음의 논문을 참조해 재정리했다; 김지영, 「조선후기 국왕 행차에 대한 연구」, 서울대학교대학원 박사학위논문, 2005; 「조선후기 국왕 행차와 거둥길」, 『서울학연구』 30, 서울시립대학교 서울학연구소, 2008

4) 이하의 숙종의 행행에 대해서는 위 김지영의 논문을 참고해 정리했다.

5) 영조의 행행과 그 의미에 대해서는 위 김지영의 논문을 참고했다.

**03 북한산성은 어디에 있는가? 최초의 북한산성을 찾아서**

**참고자료**

김윤우 편저, 『북한산 역사지리』, 범우사, 2001

조면구, 『북한산성』, 대원사, 2003

민경길, 『북한산 1』, 집문당, 2004

심광주, 「북한산성의 현황과 축성방법」, 『북한산성 축성 300주년 기념 심포지엄』, 경기문화재단, 2001

북한산중흥사복원추진위원회, 「북한산 중흥사의 역사와 문화」, 『북한산성과 호국도량 북한산 중흥사』, 북한산중흥사복원기념학술연찬회, 2012

성주탁, 「한강유역 백제초기 성지연구(城址研究)」, 『백제연구』 14, 충남대학교 백제연구소, 1983

강인구, 「백제 초기 도성(都城) 문제 신고(新考)」, 『한국사연구』 81, 한국사연구회, 1993

차용걸, 「한성시대 백제의 건국과 한강유역 백제 성곽」, 『백제논총』 4, 백제문화개발연구원, 1994

박해옥, 「백제초기 도성(都城) 한성(漢城)의 위치」, 『응용지리』 17, 1994

이우태, 「북한산비(北漢山碑)의 신고찰」, 『서울학연구』 12, 서울시립대학교 서울학연구소, 1999

오경후, 「1901년대 今西龍의 삼각산 명칭해석에 대한 검토」, 『한국사상과 문화』 47, 한국사상문화연구원, 2000

**주(註)**

1) 이하, 삼국시대의 북한산성과 고려시대의 중흥산성에 관한 내용은 주로 다음의 책을 참고했다: 민경길, 『북한산 1』, 집문당,

2004

2) 북한산 명칭의 성격과 시대별 명칭 문제에 대해선 위 민경길
의 저서와 다음의 자료를 취합해 정리했다; 오경후, 「1910년대
今西龍의 삼각산 명칭해석 대한 검토」, 『한국사상과 문화』 47,
한국사상문화연구원, 2009; 김윤우 편저, 『북한산 역사지리』,
범우사, 2001; 북한산중흥사복원추진위원회, 「북한산 중흥사
의 역사와 문화」, 『북한산성과 호국도량 북한산 중흥사』, 북한
산중흥사복원기념학술연찬회, 2012

3) 지형 분석을 통한 삼국시대 북한산성의 위치에 대해서는 다
음의 논문을 참고했다; 이우태, 「북한산비의 신고찰」, 『서울학
연구』 12, 서울시립대학교 서울학연구소, 1999; 차용걸, 「한성
시대 백제의 건국과 한강 유역 백제 성곽」, 『백제논총』 4, 백제
문화개발연구원, 1994

## 04 삼국시대의 성곽 전시장, 우리 성곽의 요람
### 참고자료

김홍 편저, 『한국의 군제사』, 학연문화사, 2001

임용한, 『전쟁과 역사』, 혜안, 2001

차용걸 外, 『경기도의 성곽』, 경기문화재단, 2003

서영대 外, 『고구려의 문화와 사상』, 동북아역사재단, 2007

손영식, 『한국의 성곽』, 주류성, 2011(증보판)

성주탁, 「한강유역 백제초기 성지연구」, 『백제연구』 14, 충남대학
교 백제연구소, 1983

임기환, 「고구려·신라의 한강 유역 경영과 서울」, 『서울사학연구』
18, 서울시립대학교 서울학연구소, 2002

홍보경, 「한강유역 신라 성곽의 특징과 성격」, 『한민족연구』 6, 한
민족학회, 2008

신광철, 「고구려 남부전선 주둔부대의 생활상-한강유역의 고구
려 보루를 통해서」, 『고구려발해연구』 38, 고구려학회,
2010

## 주(註)

1) '삼국시대의 성곽 전시장' 관련 내용은 주로 다음의 책을 참고
해 정리했으며, 제목도 여기서 빌려왔다; 차용걸 외, 『경기도의
성곽』, 경기문화재단, 2003

2) 성곽의 종류와 그 기능에 대해선 주로 다음의 책을 참고해 정
리했다; 손영식, 『한국의 성곽』, 주류성, 2011(증보판)

3) 한성시대의 백제 성곽은 다음의 자료를 참고해 정리했다; 백
종오, 「백제 성곽」, 『경기도의 성곽』, 경기문화재단, 2003; 이기
봉, 「한국의 역사와 성곽의 다양성, 그리고 세계문화유산으로
서 남한산성의 가치」, 『2011 남한산성 국제학술심포지엄』, 남
한산성 문화관광사업단, 2011

4) 한강 유역의 고구려 보루는 주로 다음을 참고했다; 신굉칠,
「고구려 남부전선 주둔부대의 생활상」, 『고구려발해연구』 제
38집, 고구려학회, 2010; 최종택, 「경기지역 고구려 관방체
계」, 『경기도의 성곽』, 경기문화재단, 2003; 여호규, 「고구려
의 성과 방어체계」, 『고구려의 문화와 사상』, 동북아역사재단,
2007

5) 신라 성곽은 주로 다음의 논문을 참조했다; 심광주, 「신라 성
곽」, 『경기도의 성곽』, 경기문화재단, 2003

## 05 신라 진흥왕은 왜 북한산에 비를 세웠나?
### 참고자료

노용필, 『신라 진흥왕순수비 연구』, 일조각, 1996

임용한, 『전쟁과 역사』, 혜안, 2001

민경길, 『북한산 1』, 집문당, 2004

노용필, 「진흥왕 북한산순수비 건립의 배경과 그 목적」, 『향토서
울』 53, 1993

이우태, 「북한산비의 신고찰」, 『서울학연구』 12, 서울시립대학교
서울학연구소, 1999

임기환, 「고구려·신라의 한강 유역 경영과 서울」, 『서울사학연구』
18, 서울시립대학교 서울학연구소, 2002

신형식, 「신라의 영토 확장과 북한산주」 『향토서울』 66, 서울특
　　　별시 시사편찬위원회, 2005

최영성, 「추사 금석학의 재조명」 『동양고전연구』 29, 동양고전
　　　학회, 2007

이도학, 「백제 웅진기 한강 유역 지배 문제와 그에 대한 인식」 『향
　　　토서울』 73, 서울특별시 시사편찬위원회, 2009

전덕재, 「신라의 한강 유역 진출과 지배방식」 『향토서울』 73, 서
　　　울특별시 시사편찬위원회

강창은, 「6세기 중반 한강 유역 쟁탈전과 관산성 전투」 『진단학
　　　보』 111, 진단학회, 2011

## 주(註)

1) 신형식은 진흥왕의 한강유역 진출을 '낙동강 유역과 한강 유역
　　의 연결'이자 '동해문화권과 서해문화권의 연결'로 파악했다.
　　이 분석을 따랐으며, 그 외 진흥왕 관련 내용도 신흥식의 논문
　　을 참조했다; 신형식, 「신라의 영토 확장과 북한산주」 『향토서
　　울』 66, 서울특별시 시사편찬위원회, 2005

2) 5~6세기 삼국쟁패기에 관련된 사안은 위 신형식의 논문과
　　다음의 논문을 참고해 정리했다; 임기환, 「고구려·신라의 한
　　강 유역 경영과 서울」 『서울사학연구』 18, 서울시립대학교 서
　　울학연구소, 2002; 전덕재, 「신라의 한강 유역 진출과 지배방
　　식」 『향토서울』 73, 서울특별시 시사편찬위원회; 강창은, 「6세
　　기 중반 한강 유역 쟁탈전과 관산성 전투」 『진단학보』 111, 진
　　단학회, 2011

3) '패도정치와 왕도정치, 그리고 영토확장' 항목은 주로 위 신
　　형식과 임기환의 논문, 다음의 논문을 참고했다; 노용필, 「진
　　흥왕 북한산순수비 건립의 배경과 그 목적」 『향토서울』 53,
　　1993; 이우태, 「북한산비의 신고찰」 『서울학연구』 12, 서울시
　　립대학교 서울학연구소, 1999

4) 영역화 지배방식과 군사 거점 중심의 지배방식에 대해서는 위
　　임기환의 논문을 참고했다.

## 06 성곽전투의 시대

### 참고자료

유재춘, 『근세 한일성곽의 비교연구』 국학자료원, 1999

김홍 편저, 『한국의 군제사』 학연문화사, 2001

차용걸 外, 『경기도의 성곽』 경기문화재단, 2003

국사편찬위원회 편, 『나라를 지켜낸 우리 무기와 무예』 두산동
　　　아, 2007

손영식, 『한국의 성곽』 주류성, 2011(증보판)

유재춘, 「2011 남한산성 국제학술심포지엄 토론 요지」 『2011 남
　　　한산성 국제학술심포지엄』 남한산성 문화관광사업단,
　　　2011

성주탁, 「한·중 고대 도성건축에 관한 비교사적 연구」 『백제연구』
　　　20, 충남대학교 백제연구소, 1989

김성태, 「삼국시대 궁(弓)의 연구」 『학예지』 7, 육군사관학교 육
　　　군박물관, 2000

　　　「부소산성의 무기」 『부소산성』 부여군, 2006

　　　「고구려의 무기·무장·마구」 『고구려의 문화와 사상』 동
　　　북아역사재단, 2007.

　　　성곽전투와 무기체계의 발달」 전쟁기념관 교사문화교
　　　실 강의자료, 2011

차용걸, 「한국 성곽의 특징과 아름다움」 『koreana korean』
　　　vol.19-no1, 한국국제교류재단, 2005.3

김병용, 「서양 중세 도시 성곽 축조와 유지에 관한 소고」 『역사와
　　　담론』 59, 호서사학회, 2011

### 주(註)

1) 성곽전투 장면은 다음의 논문을 참고해 구성했다; 김성태, 「부
　　소산성의 무기」 『부소산성』 부여군, 2006

2) 신라의 공병부대는 다음의 자료를 참고했다; 심광주, 「신라성
　　곽」 『경기도의 성곽』 경기문화재단, 2003; 김홍 편저, 『한국
　　의 군제사』 학연문화사, 2001

3) 축성법과 무기, 축성법과 전략전술은 주로 다음의 자료를 참

고했다; 손영식, 『한국의 성곽』 주류성, 2011(증보판)

4) 성곽 전투와 무기의 내용은 위 심광주 논문과 다음의 자료를 참고해 정리했다; 김성태, 「고구려의 무기·무장·마구」 『고구려의 문화와 사상』 동북아역사재단, 2007; 국사편찬위원회 편, 『나라를 지켜낸 우리 무기와 무예』 두산동아, 2007; 손영식, 『한국의 성곽』 주류성, 2011(증보판)

5) 성곽 전투와 전략전술은 다음의 논문을 참고했다; 김성태, 「성곽전투와 무기체계의 발달」 전쟁기념관 교사문화교실 강의자료, 2011

6) 우리 성곽의 특징에 대해서는 주로 다음의 자료를 참고해 정리했다; 유재춘, 「2011 남한산성 국제 학술 심포지엄 토론 요지」 『2011 남한산성 국제학술심포지엄』 남한산성문화관광사업단, 2011; 유재춘, 『근세 한일성곽의 비교연구』 국학자료원, 1999; 차용걸, 「한국 성곽의 특징과 아름다움」 『koreana korean』 vol.19-no1, 한국국제교류재단, 2005.3

## 주(註)

1) 고려시대 마애불 조성의 배경과 현황은 주로 다음의 논문을 참고했다; 이성도, 「고려시대 마애불의 조형성 연구」 『미술교육논총』 24-3, 한국미술교육학회, 2010; 이경화, 「한국 마애불에 반영된 민간 신앙」 『종교문화학보』 1, 한국종교간대화학회, 2006

2) 고려시대 마애불의 조형적 특성에 대해서는 다음의 논문을 참고했다; 이경화, 「한국 마애불의 조형과 신앙」 전남대학교대학원 박사학위논문, 2006

3) 마애불 조성과 화강암 재료에 대해서는 위 이성도의 논문을 참고해 정리했다.

4) 마애불 조성에 반영된 민족신앙의 내용은 주로 위 이경화의 논문과 다음의 논문을 참고해 정리했다; 표인주, 「암석의 신앙성과 서사적 의미 확장」 『용봉인문논총』 36, 전남대학교 인문과학연구소, 2006; 신종원, 「한국 산악숭배의 역사적 전개」 『숲과 문화』 12-4, 숲과 문화 연구회, 2003

## 07 북한산의 바위와 암봉, 그리고 마애불(磨崖佛)

### 참고자료

신종원, 「한국 산악숭배의 역사적 전개」 『숲과 문화』 12-4, 숲과 문화 연구회, 2003

이경화, 「한국 마애불에 반영된 민간신앙」 『종교문화학보』 1, 한국종교간대화학회, 2006,

정지희, 「북한산 서부지역 고려불상의 연구」 『강좌미술사』 26, 한국불교미술사학회, 2006

표인주, 「암석의 신앙성과 서사적 의미 확장」 『용봉인문논총』 36, 전남대학교 인문과학연구소, 2006

이성도, 「고려시대 마애불의 조형성 연구」 『미술교육논총』 24-3, 한국미술교육학회, 2010

이경화, 「한국 마애불의 조형과 신앙」 전남대학교대학원 박사학위논문, 2006

조홍섭, 「북한산의 기원」 네이버 캐스트, 2009

## 08 북산산 중흥산성, 불심(佛心)의 숲에 덮이다

### 참고자료

대한불교조계종 불교문화재발굴조사단, 『북한산의 불교유적』 대한불교조계종 총무원 문화부, 1999

북한산중흥사복원추진위원회, 『북한산성과 호국도량 북한산 중흥사』 불광연구원, 2012

남동신, 「북한산 승가대사상과 승가신앙」 『서울학연구』 14, 서울시립대학교 서울학연구소, 2000,

조경시, 「고려 현종의 불교신앙과 정책」 『한국사상사학』 29, 2007

조현걸, 「고려 초기에 있어서 불교의 정치적 기능」 『대한정치학회보』 15-3, 대한정치학회, 2008

윤경진, 「고려 문종 21년 남경 설치에 대한 재검토」 『한국문화』 49, 서울대학교 규장각 한국학연구원 (한국문화), 2010

주(註)

1) 승가 대사와 승가신앙에 관한 내용은 주로 다음의 논문을 참고해 정리했다; 남동신, 「북한산 승가 대사상과 승가신앙」 『서울학연구』 14, 서울시립대학교 서울학연구소, 2000

2) 고려 전기 왕들의 승가사 및 북한산 사찰 행차 배경에 대해선 위 남동신의 논문과 다음의 논문을 참고해 정리했다; 조경시, 「고려 현종의 불교신앙과 정책」 『한국사상사학』 29, 2007; 정병삼, 「북한산의 불교 문화사적 의의」 『북한산의 불교유적』 대한불교조계종 불교문화재발굴조사단, 1999

3) 남경 건설에 대해서는 1067년에 처음 이뤄졌다는 주장과 11세기 말에서 12세기 초에 와서야 추진 됐다는 주장이 맞서고 있다. 이에 대해서는 다음의 논문을 참조했다; 윤경진, 「고려 문종 21년 남경 설치에 대한 재검토」 『한국문화』 49, 서울대학교 규장각 한국학연구원(한국문화), 2010

## 09 북한산의 선승(禪僧), 고려 궁궐의 왕사(王師)

참고자료

대한불교조계종 불교문화재발굴조사단, 『북한산의 불교유적』 대한불교조계종 총무원 문화부, 1999

북한산중흥사복원추진위원회, 『북한산성과 호국도량 북한산 중흥사』 불광연구원, 2012

조경시, 「고려 현종의 불교신앙과 정책」 『한국사상사학』 29, 2007

김강녕, 「고려시대 호국불교의 정치적 함의」 『민족사상』 창간호, 한국민족사상학회, 2007

조현걸, 「고려 초기에 있어서 불교의 정치적 기능」 『대한정치학회보』 15-3, 대한정치학회, 2008

최경환, 「태고 보우의 인맥과 공민왕대초 정치활동」 서울대학교 대학원 석사학위논문, 2010

주(註)

1) 공민왕 즉위 초의 개혁정치와 보우의 활동에 대해서는 주로 다음 논문의 도움을 받았다; 최경환, 「태고 보우의 인맥과 공민왕대초 정치활동」 서울대학교대학원 석사학위논문, 2010

2) 1356년 공민왕의 개혁정치와 보우의 활동은 주로 위 최경환의 논문을 참고했다.

3) 고려시대 정치와 불교의 관계에 대해서는 주로 다음의 논문을 참조했다; 조현걸, 「고려 초기에 있어서 불교의 정치적 기능」 『대한정치학회보』 15-3, 대한정치학회, 2008; 조경시, 「고려 현종의 불교신앙과 정책」 『한국사상사상』 29, 한국사상사학회, 2007

## 10 그들의 성(城)

참고자료

김당택, 「고려 우왕대 이성계와 정몽주·정도전의 정치적 결합」 『역사학보』 158, 역사학회, 1998

김영수, 「위화도회군의 정치」 『한국정치학회보』 33-1, 한국정치학회, 1999

홍영의, 「최영−구국의 영웅인가 망국의 책임자인가」 『역사비평』 48, 한국역사연구회, 1999

최봉준, 「고려 우왕대 사대부의 성장과 분기」 『학림』 24, 연세대학교 사학연구회, 2003

존 B. 던컨, 김범 옮김, 『조선왕조의 기원』 너머북스, 2013

주(註)

1) 공민왕과 우왕 시기 사대부 세력의 동향과 그 성향에 대해선 주로 다음의 논문을 참조했다; 최봉준, 「고려 우왕 대 사대부의 성장과 분기」 『학림』 24, 연세대학교 사학연구회, 2003

2) 급진 사대부 세력과 이성계의 제휴에 관한 내용은 위 최봉준의 논문과 다음의 자료를 참고했다; 김당택, 「고려 우왕대 이성계와 정몽주·정도전의 정치적 결합」 『역사학보』 158, 역사학회, 1998

3) 우왕 시대의 정치 성격, 요동정벌, 위화도회군에 대해선 주로 다음의 논문을 참고했다; 김영수, 「위화도 회군의 정치」 『한국정치학회보』 33-1, 한국정치학회

4) 정치세력과 요동정벌의 목적에 대한 해석은 위 김당택과 김영수의 논문을 참고했다.

5) 최영에 대한 평가는 위 김영수의 논문을 참고해 정리했다.

6) 개혁파 사대부의 혁신제도에 대한 내용은 주로 위 최봉준의 논문을 참고했다.

7) 이색에 대한 평가는 위 김영수의 논문을 참고해 정리했다.

『서울학연구』 5, 서울시립대학교 서울학연구소, 1995; 이상해, 「한양도성 경관의 원형」 『건축』 36-1, 대한건축학회, 1992

3) 궁궐 배치와 입지의 상징적 기능에 관한 일부 내용은 위 이우종의 논문과 이기봉의 연구자료를 참고했다. 특히 조선 궁궐의 권력 상징화 패턴인 '하늘=산=왕'이라는 개념은 이기봉의 연구자료에서 빌려왔다; 이기봉, 「한국의 역사와 성곽의 다양성, 그리고 세계문화유산으로서 남한산성의 가치」 『2011 남한산성 국제학술 심포지엄』 남한산성 문화관광사업단

4) 이기봉의 위 연구자료 102쪽 참고

## 11 북한산, 조선의 진산(鎭山)이 되다

**참고자료**

이상해, 「한양도성 경관의 원형」 『건축』 36-1, 대한건축학회, 1992

이우종, 「중국과 우리나라 도성의 계획원리 및 공간구조의 비교에 관한 연구」 『서울학연구』 5, 서울 시립대학교 서울학연구소, 1995

이존희, 「한양 천도 과정」 『황실학논총』 2, 한국황실학회, 1997

이기봉, 「한국의 역사와 성곽의 다양성, 그리고 세계문화유산으로서 남한산성의 가치」 『2011 남한산성 국제학술심포지엄』 남한산성 문화관광사업단

서정규, 「한양천도에 풍수지리설이 미친 영향」 성균관대학교 교육대학원 석사학위논문, 1989

존 B. 던컨, 김범 옮김, 『조선왕조의 기원』 너머북스, 2013

**주(註)**

1) 이하, 태조의 한양 천도 배경 일부는 다음의 논문을 참고해 정리했다; 이존희, 「한양 천도 과정」 『황실학논총』 2, 한국황실학회, 1997

2) 이하, 한양 도성 조성에 반영된 풍수지리적 관점과 사상에 대해서는 주로 다음의 논문을 참고해 정리했다; 이우종, 「중국과 우리나라 도성의 계획원리 및 공간구조의 비교에 관한 연구」

## 12 북한산에 부는 바람

**참고자료**

대한불교조계종 불교문화재발굴조사단, 『북한산의 불교유적』 대한불교조계종 총무원 문화부, 1999

북한산중흥사복원추진위원회, 『북한산성과 호국도량 북한산 중흥사』 불광연구원, 2012

이정주, 「조선 태종·세종대의 억불정책과 사원건립」 『한국사학보』 6, 고려사학회, 1999

이종우, 「조선 전기 종교정책 연구」 한국학중앙연구원 한국학대학원 박사학위논문, 2010

**주(註)**

1) 조선 초기 억불정책과 포용정책에 관한 내용은 주로 다음의 논문을 참고했다; 이정주, 「조선 태종·세종 대의 억불정책과 사원건립」 『한국사학보』 6, 고려사학회, 1999; 이종우, 「조선 전기 종교정책 연구」 한국학중앙연구원 한국학대학원 박사학위논문, 2010

2) 『세종실록』 권26, 세종 6년(1424년) 10월 25일(위 이종우의 논문에서 재인용)

3) 태종과 세종 시기에 중창된 사찰에 대해서는 위 이정주의 논문을 참고했다.

## 13 37년 대토론! 북한산성 축성논쟁

**참고자료**

민경길, 『북한산 1』, 집문당, 2004

백종오 外, 『북한산성 행궁지 종합정비기본계획』, 고양시·경기문화재연구원, 2009

심광주, 「북한산성의 현황과 축성방법」, 『북한산성 축성 300주년 기념 심포지엄』, 경기문화재단, 2011

이현수, 「북한산성 축조와 경리청의 치폐(置廢)」, 『육사논문집』 31, 육군사관학교, 1986

이태진, 「숙종대 북한산성의 축조와 그 의의」, 『북한산성지표조사보고서』, 서울대박물관, 1991

임춘화, 「숙종대 북한산성 축성과 그 정론」, 한국외국어대학교대학원 석사학위논문, 1993

**주(註)**

1) 이하, 숙종 대의 북한산성 축성논쟁은 주로 다음의 논문을 참고했다; 이태진, 「숙종대 북한산성의 축조와 그 의의」, 『북한산성지표조사보고서』, 서울대박물관, 1991; 이현수, 「북한산성 축조와 경리 청의 치폐(置廢)」, 『육사논문집』 31, 육군사관학교, 1986; 임춘화, 「숙종대 북한산성 축성과 그 정론」, 한국외국어대학교대학원 석사학위논문, 1993

2) 숙종 시기의 북한산성 축성 현황에 대해서는 위 이태진의 논문과 다음의 자료를 참고해 정리했다; 성능, 『북한지』; 백종오 外, 『북한산성 행궁지 종합정비기본계획』, 고양시·경기문화재연구원, 2009; 심광주, 「북한산성의 현황과 축성방법」, 『북한산성 축성 300주년 기념 심포지엄』, 경기문화재단, 2011

## 14 환국(換局)과 숙종의 여인들

**참고자료**

이한우, 『숙종, 조선의 지존으로 서다』, 해냄, 2010

박시백, 『숙종실록』, 휴머니스트, 2010

이희환, 「숙종과 기사환국」, 『전북사학』 8, 전북대사학회, 1984

이희환, 「갑술환국과 숙종」, 『전북사학』 11·12, 전북대사학회, 1989

신복룡, 「당쟁과 식민지 사학」, 『한국정치학회보』 24(특별호), 한국정치학회, 1991

김범, 「한국 정치의 명암」, 네이버 캐스트, 2012

## 15 숙종의 조선, 영욕의 시대

**참고자료**

이한우, 『숙종, 조선의 지존으로 서다』, 해냄, 2010

이태진, 「숙종대 북한산성의 축조와 그 의의」, 『북한산성지표조사보고서』, 서울대박물관, 1991

이근호, 「18세기 전반의 수도방위론」, 『군사』 37, 국방군사연구소, 1998

김웅호, 「조선후기 도성중심 방위전략의 정착과 한강변 관리」, 『서울학연구』 24, 서울시립대학교 서울학연구소, 2005

홍성욱, 「조선 숙종대 남한산성 정비와 외성 축조의 의미」, 『동학연구』 29, 한국동학학회, 2010

라경준, 「조선 숙종대 관방시설 연구」, 단국대학교대학원 박사학위논문, 2012

**주(註)**

1) 조선 후기 국토방위전략의 변화는 다음의 논문을 참고해 정리했다; 김웅호, 「조선 후기 도성중심 방위전략의 정착과 한강변 관리」, 『서울학연구』 24, 서울시립대학교 서울학연구소, 2005; 라경준, 「조선 숙종대 관방시설 연구」, 단국대학교대학원 박사학위논문, 2012; 이근호, 「18세기 전반의 수도방 위론」, 『군사』 37, 국방군사연구소, 1998

2) 성곽시설과 병권장악의 관계에 대해서는 다음의 논문을 참고했다; 홍성욱, 「조선 숙종대 남한산성 정비와 외성 축조의 의미」, 『동학연구』 29, 한국동학학회, 2010

3) 축성 찬반과 자파 내 세력 견제의 양상에 대해서는 다음의 논문을 참고했다; 이태진, 「숙종대 북한 산성의 축조와 그 의의」, 『북한산성지표조사보고서』, 서울대박물관, 1991

4) 왕권강화와 왕권견제라는 시각은 위 이근호의 논문을 참조해 재정리했다.

## 16 북한산성 공병부대

### 참고자료

조면구, 『북한산성』, 대원사, 2003

김동욱, 「조선시대 조영조직 연구(1)」, 『대한건축학회지』 27-112, 대한건축학회, 1983

김동욱, 「조선시대 조영조직 연구(2)」, 『대한건축학회지』 27-113, 대한건축학회, 1983

이현수, 「북한산성 축조와 경리청의 치폐(置廢)」, 『육사논문집』 31, 육군사관학교, 1986

이태진, 「숙종대 북한산성의 축조와 그 의의」, 『북한산성지표조사보고서』, 서울대박물관, 1991

심광주, 「북한산성의 현황과 축성방법」, 『북한산성 축성 300주년 기념 심포지엄』, 경기문화재단, 2011

임춘화, 「숙종대 북한산성 축성과 그 정론」, 한국외국어대학교대학원 석사학위논문, 1993

김영모, 「조선시대 성곽의 축성법 변화에 관한 연구」, 명지대학교 대학원 석사학위논문, 2007

임성준, 「북한산성내 건축물의 배치 및 공간구성에 관한 연구」, 홍익대학교대학원 석사학위논문, 2000

안샘이나, 「조선시대 조정수호를 위한 성곽도시의 축성론과 도시구조」, 한국예술종합학교 예술전문사 과정 학위논문, 2012

### 주(註)

1) 북한산성 축성의 인력조직에 관해서는 다음의 논문을 참고했다; 심광주, 「북한산성의 현황과 축성방법」, 『북한산성 축성 300주년 기념 심포지엄』, 경기문화재단, 2011; 임성준, 「북한산성내 건축물의 배치 및 공간구성에 관한 연구」, 홍익대학교 대학원 석사학위논문, 2000

2) 조선시대 공장제도에 대해서는 다음의 논문을 참고했다; 김동욱, 「조선시대 조영조직 연구(1)」, 『대한건축학회지』 27-112, 대한건축학회, 1983; 김동욱, 「조선시대 조영조직 연구(2)」, 『대한건축학회지』 27-113, 대한건축학회, 1983; 김영모, 「조선시대 성곽의 축성법 변화에 관한 연구」, 명지대학교 대학원 석사학위논문, 2007

3) 축성 관련 각자석에 대한 사실은 주로 다음의 자료를 참고했다; 조면구, 『북한산성』, 대원사, 2003

4) '패(牌) 각자석'에 대한 내용은 위 심광주의 논문을 참고해 정리했다.

5) '축성재원 지원 관청'은 다음의 논문을 참조했다; 임춘화, 「숙종대 북한산성 축성과 그 정론」, 한국외국어대학교대학원 석사학위논문, 1993

6) 북한산성 관리에 대한 내용은 위 임성준의 논문과 다음의 논문을 참고해 정리했다; 이태진, 「숙종대 북한산성의 축조와 그 의의」, 『북한산성지표조사보고서』, 서울대박물관, 1991; 이현수, 「북한산성 축조와 경리청의 치폐(置廢)」, 『육사논문집』 31, 육군사관학교, 1986

7) '한양 주변 도성 비교'에 관한 내용은 다음의 논문을 참고했다; 안샘이나, 「조선시대 조정수호를 위한 성곽도시의 축성론과 도시구조」, 한국예술종합학교 예술전문사과정 학위논문, 2012

## 17 지형을 활용하고 축성기술을 총동원하라

### 참고자료

조면구, 『북한산성』, 대원사, 2003

민경길, 『북한산 1』, 집문당, 2004

손영식, 『한국의 성곽』, 주류성, 2011(증보판)

심광주, 「북한산성의 현황과 축성방법」, 『북한산성 축성 300주년 기념 심포지엄』, 경기문화재단, 2011

라경준, 「조선 숙종대 관방시설 연구」, 단국대학교대학원 박사학위논문, 2012

임성준, 「북한산성내 건축물의 배치 및 공간구성에 관한 연구」, 홍익대학교대학원 석사학위논문, 2000

안샘이나, 「조선시대 조정수호를 위한 성곽도시의 축성론과 도시구조」, 한국예술종합학교 예술전문사 과정 학위논문, 2012

## 주(註)

1) 성벽 쌓기와 지형 활용에 대해서는 다음의 자료를 참고했다; 심광주, 「북한산성의 현황과 축성방법」, 『북한산성 축성 300주년 기념 심포지엄』, 경기문화재단, 2011; 임성준, 「북한산성 내 건축물의배치 및 공간 구성에 관한 연구」, 홍익대학교대학원 석사학위논문, 2000

2) 축성 과정과 방식, 시설물에 대해서는 위 심광주의 연구자료와 다음의 자료를 참고했다; 조면구, 『북한산성』, 대원사, 2003; 손영식, 『한국의 성곽』, 주류성, 2011(증보판); 라경준, 「조선 숙종대 관방시설 연구」, 단국대학교대학원 박사학위논문, 2012

3) 북한산성 성문에 대해서는 위 심광주의 연구자료와 조면구의 저서를 참고해 정리했으며, 다음의 자료도 참고했다; 민경길, 『북한산 1』, 집문당, 2004

4) 북한산성 성문의 명칭 변화에 대해서는 위 조면구와 민경길의 저서를 참고해 정리했다.

## 18 북한산성의 심장 - 행궁(行宮)
### 참고자료

백종오 外, 『북한산성 행궁지 종합정비기본계획』, 고양시·경기문화연구원, 2009

임성준, 「북한산성 내 건축물의 배치 및 공간구성에 관한 연구」, 홍익대학교대학원 석사학위논문, 2000

나신균, 「인조~숙종대 행궁의 배치와 공간이용에 관한 연구」, 명지대학교대학원 석사학위논문, 2001

허중민, 「조선시대 행궁의 입지 및 공간구성에 관한 연구」, 성균관대학교대학원 석사학위논문, 2007

윤해근, 「조선시대 행궁의 풍수지리 연구」, 대구한의대학교 사회개발대학원 석사학위논문, 2007

## 주(註)

1) 북한산성 행궁의 입지 선택 시 고려할 사안과 참여 관부에 대해서는 다음의 논문을 참고했다; 임성준, 「북한산성 내 건축물의 배치 및 공간구성에 관한 연구」, 홍익대학교대학원 석사학위논문, 2000

2) 북한산성 행궁의 규모와 구조, 배치원리에 대해서는 위 임성준의 논문과 다음의 논문을 참고했다;나신균, 「인조~숙종대 행궁의 배치와 공간이용에 관한 연구」, 명지대학교대학원 석사학위논문, 2001; 허중민, 「조선시대 행궁의 입지 및 공간구성에 관한 연구」, 성균관대학교대학원 석사학위논문, 2007; 백종오 外, 『북한산성 행궁지 종합정비기본계획』, 고양시·경기문화재연구원, 2009

3) 숙종 시기의 행궁 조성과 중수에 대해서는 주로 위 나신균의 논문을 참고해 정리했다.

4) 숙종의 행행과 행궁 이용에 관한 사실은 위 나신균의 논문을 참고했다.

## 19 장기 항전지와 방어진지를 구축하라
### 참고자료

조면구, 『북한산성』, 대원사, 2003

이근호, 「18세기 전반의 수도방위론」, 『군사』 37, 국방군사연구

소, 1998

이태진, 「숙종대 북한산성의 축조와 그 의의」, 『북한산성지표조
　　　사보고서』, 서울대박물관, 1991

김웅호, 「조선후기 도성중심 방위전략의 정착과 한강변 관리」,
　　　『서울학연구』 24, 서울시립대학교 서울학연구소, 2005

라경준, 「조선 숙종대 관방시설 연구」, 단국대학교대학원 박사학
　　　위논문, 2012

임성준, 「북한산성내 건축물의 배치 및 공간구성에 관한 연구」,
　　　홍익대학교대학원 석사학위논문, 2000

안샘이나, 「조선시대 조정수호를 위한 성곽도시의 축성론과 도
　　　시구조」, 한국예술종합학교 예술전문사 과정 학위논
　　　문, 2012

## 주(註)

1) 지형과 용도에 따른 북한산성의 세 구역은 다음의 논문을 참
　고해 정리했다; 안샘이나, 「조선시대 조정 수호를 위한 성곽도
　시의 축성론과 도시구조」, 한국예술종합학교 예술전문사과정
　학위논문, 2012

2) 산성 시설물에 대한 내용은 위 안샘이나의 논문과 다음의 자
　료를 참고해 정리했다; 조면구, 『북한산성』, 대원사, 2003; 임
　성준, 「북한산성내 건축물의 배치 및 공간구성에 관한 연구」,
　홍익대학교대학원 석사학위논문, 2000

3) 북한산성의 창고 설치에 대해서는 주로 위 조면구의 저서와
　임성준의 논문을 참고했다.

4) 탕춘대성 축성에 대해서는 주로 위 조면구의 저서와 안샘이
　나의 논문을 참고했다.

5) 숙종시대 방위정책의 성격에 대해서는 다음의 논문을 참고해
　정리했다; 김웅호, 「조선후기 도성중심 방위 전략의 정착과 한
　강변 관리」, 『서울학연구』 24, 서울시립대학교 서울학연구소,
　2005; 라경준, 「조선 숙종대 관방시설 연구」, 단국대학교대학
　원 박사학위논문, 2012; 이근호, 「18세기 전반의 수도방위론」,
　『군사』 37, 국방군사연구소, 1998

## 20 북한산성의 수도방위군 - 승병(僧兵)

### 참고자료

이병두, 『북한산성과 팔도사찰』, 대한불교진흥원, 2010

북한산중흥사복원추진위원회, 『북한산성과 호국도량 북한산 중
　　　흥사』, 불광연구원, 2012

여은경, 「조선후기 산성의 승군총섭」, 『대구사학』, 28, 대구사학
　　　회, 1987

김갑주, 「남북한산성 의승번전의 종합적 고찰」, 『불교학보』 25, 동
　　　국대학교 불교문화연구원, 1988

오경후, 「조선후기 승역의 유형과 폐단」, 『국사관논총』 107, 국사
　　　편찬위원회, 2005

임성준, 「북한산성내 건축물의 배치 및 공간구성에 관한 연구」,
　　　홍익대학교대학원 석사학위논문, 2000

이정미, 「조선후기 산성 승영사찰 건축에 대한 연구」, 부산대학교
　　　대학원 석사학위논문, 2006

### 주(註)

1) 이하, 승영사찰의 건축과정, 인력조직 및 운용에 대해서는 주
　로 다음의 논문을 참고했다; 이정미, 「조선 후기 산성 승영
　사찰 건축에 대한 연구」, 부산대학교대학원 석사학위논문,
　2006; 임성준, 「북한산성내 건축물의 배치 및 공간구성에 관
　한 연구」, 홍익대학교대학원 석사학위논문, 2000

2) 임진왜란 시기의 승병 활동과 이후의 승병 활용에 대해서는
　위 이정미의 논문과 다음 연구자료를 참고해 정리했다; 조명
　제, 「조선후기 승군의 북한산성 축성과 중흥사의 산성관리」,
　『북한산성과 호국도량 북한산 중흥사』, 불광연구원, 2012

3) 승영 조직과 운영에 대해서는 주로 위 이정미의 논문과 다음
　의 논문을 참고했다; 여은경, 「조선후기 산성의 승군총섭」, 『대
　구사학』, 28, 대구사학회, 1987

4) 조선후기 사찰의 국역 부담과 의승번전제에 대해서는 주로
　다음의 논문을 참고했다; 오경후, 「조선후기 승역의 유형과 폐
　단」, 『국사관논총』 107, 국사편찬위원회, 2005

## 21 수도 한양을 사수하라 - 영조시대의 북한산성

### 참고자료

백종오 外, 『북한산성 행궁지 종합정비기본계획』 고양시·경기문
　　화재연구원, 2009

이현수, 「북한산성 축조와 경리청의 치폐(置廢)」 『육사논문집』
　　31, 육군사관학교, 1986

이태진, 「숙종대 북한산성의 축조와 그 의의」 『북한산성지표조
　　사보고서』 서울대박물관, 1991

김웅호, 「조선후기 도성중심 방위전략의 정착과 한강변 관리」
　　『서울학연구』 24, 서울시립대학교 서울학연구소, 2005

나신균, 「인조~숙종대 행궁의 배치와 공간이용에 관한 연구」
　　명지대학교대학원 석사학위논문, 2001

한국학중앙연구원, 「영조」 『한국민족문화대백과』 2010

김정미, 「조선후기 중흥기를 이끈 임금 정조」 네이버캐스트,
　　2010

### 주(註)

1) 경리청의 폐단과 혁파, 총융청의 북한산성 관리에 대해서는 주
　로 다음의 논문을 참고했다; 이현수, 「북한산성 축조와 경리청
　의 치폐(置廢)」 『육사논문집』 31, 육군사관학교, 1986

2) 도성 방위전략의 변화에 관해서는 위 이현수의 논문과 다음
　의 김웅호의 논문을 참고해 정리했다. 특히 도성 중심 방위전
　략에 관련된 개념은 김웅호의 논문에 도움을 받았다; 김웅호,
　「조선후기 도성중심 방위전략의 정착과 한강변 관리」 『서울
　학연구』 24, 서울시립대학교 서울학연구소, 2005

## 22 수도권 방위체제를 완성하라 - 정조시대의 북한산성

### 참고자료

박천우·김은진, 「화성 축성에 관한 연구」 『장안논집』 23-1, 장안
　　대학, 2003

김웅호, 「조선후기 도성중심 방위전략의 정착과 한강변 관리」

　　『서울학연구』 24, 서울시립대학교 서울학연구소, 2005

한상권, 「정조의 군주관」 『조선시대사학보』 41, 조선시대사학회,
　　2007

안샘이나, 「조선시대 조정수호를 위한 성곽도시의 축성론과 도
　　시구조」 한국예술종합학교 예술전문사 과정 학위논
　　문, 2012

한국학중앙연구원, 「정조」 『한국민족문화대백과』 2010

이근호, 「조선후기 개혁과 대통합을 실현한 군주 정조」 네이버
　　캐스트, 2010

### 주(註)

1) 이하, 수원 신도시와 화성 조성에 대해서는 주로 다음의 논문
　을 참고했다; 안샘이나, 「조선시대 조정수호를 위한 성곽도시
　의 축성론과 도시구조」 한국예술종합학교 예술전문사과정 학
　위논문, 2012

## 23 북한산성 풍류

### 참고자료

강혜선, 「삼각산 일대의 사찰과 한시」 『한국한시연구』 5, 한국한
　　시학회, 1997

김철운, 「놀이하는 몸: 자연과 인공의 경계에서」 『철학연구』 36,
　　고려대학교 철학연구소, 2008

김선희, 「유산기를 통해 본 조선시대 삼각산 여행의 시공간적 특
　　성」 『문화역사지리』 21, 한국문화역사지리학회, 2009

권경록, 「18세기 삼각산의 문화지형과 공간의 재발견」 『민족문
　　화논총』 47, 영남대학교 민족문화연구소, 2011

김주미, 「조선후기 산수유기의 전개와 특징」 성균관대학교대학
　　원 석사학위논문, 1994

장현아, 「유산기로 본 조선시대 승려와 사찰」 동국대학교대학원
　　석사학위논문, 2004

**24 북한산성에 저무는 해**

참고자료

연갑수, 『대원군집권기 부국강병책 연구』, 서울대학교출판부, 2001

민경길, 『북한산 1』, 집문당, 2004

이태진, 「숙종대 북한산성의 축조와 그 의의」, 『북한산성지표조사보고서』, 서울대박물관, 1991

이주천·김진환, 「병인양요의 재조명」, 『원광대학교인문학연구소논문집』 8, 원광대학교인문학연구소, 2007

김혜승, 「19세기 조선에서의 근대 형성: 내재적 발생과 도달점」, 『한국정치외교사논총』 31-2, 한국정치외교학회, 2010

나신균, 「인조~숙종대 행궁의 배치와 공간이용에 관한 연구」, 명지대학교대학원 석사학위논문, 2001

한국학중앙연구원, 「병인양요」, 『한국민족문화대백과』, 2010

한국학중앙연구원, 「세도정치」, 『한국민족문화대백과』, 2010

이원순, 「이하응」, 『한국역대인물종합정보시스템』, 한국학중앙연구원

박상수, 「양의영」, 『한국역대인물종합정보시스템』, 한국학중앙연구원

「19세기 한국」, 위키백과

**주(註)**

1) 대원군 집권기의 군사력 증강에 대해서는 주로 다음의 책과 논문을 참고했다; 연갑수, 『대원군집권기 부국강병책 연구』, 서울대학교출판부, 2001; 김혜승, 「19세기 조선에서의 근대 형성: 내재적 발생과 도달점」, 『한국정치외교사논총』 31-2, 한국정치외교학회, 2010

2) '1909년 북한산성 행궁의 서적 이관'에 대해서는 다음의 논문을 참고해 정리했다; 나신균, 「인조~숙종대 행궁의 배치와 공간이용에 관한 연구」, 명지대학교대학원 석사학위논문, 2001

**25 사람들은 다시 그 성(城)에 대해 이야기했다**

참고자료

박인식, 『북한산』, 대원사, 2003

이병두, 『북한산성과 팔도사찰』, 대한불교진흥원, 2010

이주천·김진환, 「병인양요의 재조명」, 『원광대학교인문학연구소논문집』 8, 원광대학교인문학연구소, 2007

## 도움주신 분들

이 책에 게재된 사진과 관련한 사항은 '경기문화재단 북한산성문화사업팀'에서 맡았습니다. 각 사진의 저작권은 사진 소장처에 있습니다. 사진 게재를 허락한 기관과 소장자에게 감사의 마음을 전합니다.

경기도박물관
국립중앙박물관
국립민속박물관
국립고궁박물관
서울역사박물관
수원화성박물관
불교중앙박물관
영집 궁시박물관
서울대학교박물관
숭실대학교 한국기독교박물관
국립문화재연구소
국립중앙도서관
선경도서관
국사편찬위원회
한국학중앙연구원
규장각한국학연구원
남한산성문화관광사업단
북한산국립공원사무소
경기문화재단
경기문화재연구원
경기도
수원시
고양시
서울시
청주시
평택시

전주시
배용순(부천대학교)
정명식(문화재청)
이민식(수원화성박물관)
심준용(A&A 문화유산연구소)
김재홍(한국문화유산연구센터)
Stephen Dreher Ottmar(1965-66년 당시 용산美8軍사령부 복무)
이길범(작가)
김정호(작가)
최진연(데일리안 기자)

# 성城과 왕국

북한산성이 전하는 스물여섯 가지 한국사 이야기

지은이 | 조윤민

엮은이 | 경기문화재단 북한산성문화사업팀

펴낸이 | 최병식

디자인 | 정진호

펴낸날 | 2013년 11월 11일

펴낸곳 | 주류성출판사

주소 | 서울특별시 서초구 강남대로 435(서초동 1305-5) 주류성빌딩 15층

전화 | 02-3481-1024(대표전화)   팩스 | 02-3482-0656

홈페이지 | www.juluesung.co.kr


값 20,000원

ISBN  978-89-6246-111-4  03910